上海连成集团总部

上海连成集团上海工业园

上海连成（集团）有限公司创立于1993年，是一家专注于泵、阀、环保设备和流体输送系统、电气控制系统等研发和制造的大型企业。产品种类涵盖多个系列，共5000多种，广泛应用于市政、水利、建筑、消防、电力、环保、石油、化工、矿业、医药等领域。经过20多年的快速发展和市场布局，集团现拥有五大工业园区，总部设在上海，生产基地分布于江苏、大连和浙江等经济发达地区，总占地面积55万m²。旗下拥有上海连成泵业制造有限公司、上海连成电机有限公司、上海连成阀门有限公司、上海连成环境工程设备有限公司、上海连成集团通用设备安装有限公司、上海连成集团物流有限公司、上海连成集团苏州股份有限公司、上海连成（集团）大连化工泵制造有限公司、浙江佳电电机股份有限公司、甘肃连成工业设备有限公司、上海阿美泰克工业设备有限公司等多家全资子公司及控股公司。集团总资本6.5亿元，总资产超过30亿元。2020年集团销售收入达33亿元，纳税总额超过1亿元，累计向社会捐赠超1000万元，销售业绩始终保持行业前茅。

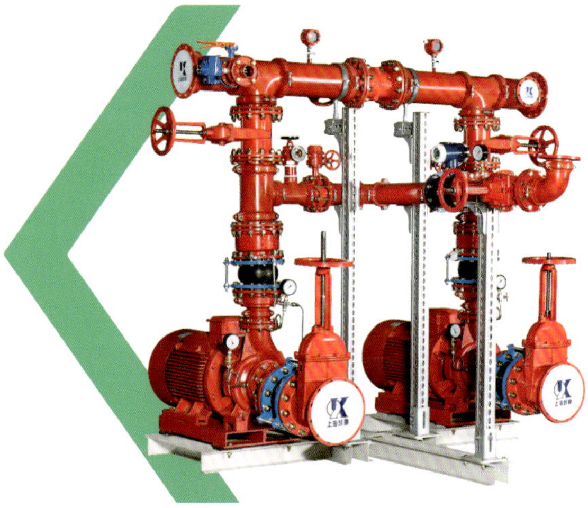

中国机械工业年鉴系列

中国通用机械工业年鉴

2021

中国机械工业年鉴编辑委员会
中国通用机械工业协会
编

本书设有综述、行业概况、人物、企业概况、统计资料、附录6个栏目，集中反映2020年通用机械行业的发展情况，详细记载了泵、风机、阀门、压缩机、真空设备、干燥设备、减变速机、分离机械、气体分离设备、冷却设备等分行业的发展情况，提供了通用机械行业的部分经济指标。

本书主要发行对象为政府决策机构、机械工业相关企业决策者和从事市场分析、企业规划的中高层管理人员以及国内外投资机构、贸易公司、银行、证券、咨询服务部门和科研单位的机电项目管理人员等。

图书在版编目（CIP）数据

中国通用机械工业年鉴.2021/中国机械工业年鉴编辑委员会，中国通用机械工业协会编.—北京：机械工业出版社，2022.4

（中国机械工业年鉴系列）

ISBN 978-7-111-70620-5

Ⅰ.①中… Ⅱ.①中… ②中… Ⅲ.①机械工业—中国—2021—年鉴 Ⅳ.①F426.4-54

中国版本图书馆CIP数据核字（2022）第068925号

机械工业出版社（北京市西城区百万庄大街22号　邮政编码 100037）

策划编辑：魏素芳

责任编辑：魏素芳

责任校对：李　伟

责任印制：刘超琼

北京宝昌彩色印刷有限公司印制

2022年5月第1版第1次印刷

210mm×285mm·21印张·20插页·573千字

标准书号：ISBN 978-7-111-70620-5

定价：380.00元

购书热线电话（010）88379838、68326294

中国机械工业年鉴系列

作为『工业发展报告』

记录企业成长的每一阶段

中国机械工业年鉴

编辑委员会

中国通用机械工业年鉴

优化产品结构
发展自主品牌

中国通用机械工业年鉴
执行编辑委员会

中国通用机械工业年鉴

优化产品结构
发展自主品牌

中国通用机械工业年鉴
编辑出版工作人员

总　编　辑　石　勇

主　　　编　田付新

副　主　编　刘世博　周晟宇

执行主编　赵　敏

责任编辑　魏素芳

编　　　辑　陈美萍

美术编辑　韩　靓　刘超琼

地　　　址　北京市西城区百万庄大街22号（邮编100037）

编　辑　部　电话（010）68997962　88379828

发　行　部　电话（010）88379838　88379054

电子邮箱　cmiy_cmp@163.com

中国通用机械工业年鉴
编写人员

编　写　人（排名不分先后）

孙　放	解　刚	匡中华	郭　瑞	刘海芬
刘亚利	高书燕	李多英	刘雅生	王世超
尹　证	李金禄	杨　洁	王国轩	刘　蕾
邱　娟	董　友	张文玲	马　麟	郭华桥
高　静	邱明杰			

中国通用机械工业年鉴

优化产品结构
发展自主品牌

中国通用机械工业年鉴
特约顾问单位特约顾问

特约顾问单位	特约顾问
沈阳鼓风机集团股份有限公司	戴继双
杭州制氧机集团股份有限公司	蒋　明
四川空分设备（集团）有限责任公司	单金铭
上海电气鼓风机厂有限公司	富志刚
中核苏阀科技实业股份有限公司	彭新英
上海电气阀门有限公司	郭玮明
上海阿波罗机械股份有限公司	陆金琪
林德亚太工程有限公司	查文杰
重庆水泵厂有限责任公司	李方忠
浙江亿利达风机股份有限公司	吴晓明
北京中科科仪股份有限公司	张永明
南方泵业股份有限公司	沈勤伟
宣达实业集团有限公司	叶际宣
上海凯士比泵有限公司	姚梦兴
上海连成（集团）有限公司	张锡淼
浙江力诺流体控制科技股份有限公司	陈晓宇
重庆通用工业（集团）有限责任公司	张福伦
无锡创明传动工程有限公司	陶燕频
上海东方泵业（集团）有限公司	吴永旭
淄博真空设备厂有限公司	黄　毅
爱诺执行器有限公司	朱文华
江苏赛德力制药机械制造有限公司	顾根生
兰州真空设备有限责任公司	冯　焱

前　言

2020年是极不平凡的一年，面对严峻复杂的国际形势和新冠肺炎疫情的严重冲击，全党全国各族人民在以习近平同志为核心的党中央领导下，取得了战疫情、稳经济增长的双胜利。通用机械行业认真贯彻执行党中央、国务院各项部署，积极推进复工复产和“六稳”“六保”发展方针，行业各项经济指标在第四季度由负转正，全年实现了正增长。

2020年，通用机械行业实现营业收入8 454.18亿元，同比增长0.59%；实现利润总额620.06亿元，同比增长3.8%；完成出口交货值1 143.79亿元，同比增长0.69%。通用机械主要产品中，泵、风机、压缩机、气体分离设备、减变速机等行业产量均保持了一定的增长。

《中国通用机械工业年鉴》作为通用机械行业代表性的信息密集型工具书，全面、系统地记录了行业在转型升级、高端制造、“两化融合”以及推进重大技术装备国产化等方面取得的成就，是记录通用机械行业发展轨迹的集大成之作。

在《中国通用机械工业年鉴2021》的编撰过程中，得到了通用机械行业各有关企事业单位和相关用户的大力支持，中国通用机械工业协会与中国机械工业年鉴编辑委员会在此表示衷心的感谢，不足之处敬请指正。

通用机械行业是机械工业的重要组成部分。国家“十四五”规划中提出加快构建以国内大循环为主体、国内国际双循环相互促进的新发展格局，通用机械行业将面临更加光荣而艰巨的任务。我们既是行业的记录者，更是行业发展的实施者和推动者，让我们携手，共创通用机械行业的美好未来。

中国通用机械工业协会会长

2022年3月

索

引

优化产品结构

发展自主品牌

广告索引

序号	单位名称	页码
1	杭州制氧机集团股份有限公司	封面
2	中核苏阀科技实业股份有限公司	封二联版
3	上海连成（集团）有限公司	前特联版
4	上海凯泉泵业（集团）有限公司	前特联版
5	宣达实业集团有限公司	前特页
6	上海凯士比泵有限公司	前特页
7	南方泵业股份有限公司	前特页
8	浙江力诺流体控制科技股份有限公司	后特页
9	林德亚太工程有限公司	封三联版
10	浙江力诺流体控制科技股份有限公司	封底
11	上海电气鼓风机厂有限公司	A1
12	重庆通用工业（集团）有限责任公司	A2 ～ A3
13	北京中科科仪股份有限公司	A4 ～ A5
14	无锡创明传动工程有限公司	A6 ～ A7
15	上海东方泵业（集团）有限公司	A8
16	上海阿波罗机械股份有限公司	A9
17	重庆水泵厂有限责任公司	A10
18	淄博真空设备厂有限公司	A11
19	爱诺执行器有限公司	A12
20	江苏赛德力制药机械制造有限公司	A13
21	兰州真空设备有限责任公司	A14
22	浙江亿利达风机股份有限公司	A15

装备制造企业

团）有限责任公司

INDUSTRY(GROUP)CO.,LTD.

双级高效离心式冷水机组

工业大型离心式压缩机

三元流高效节能离心通风机

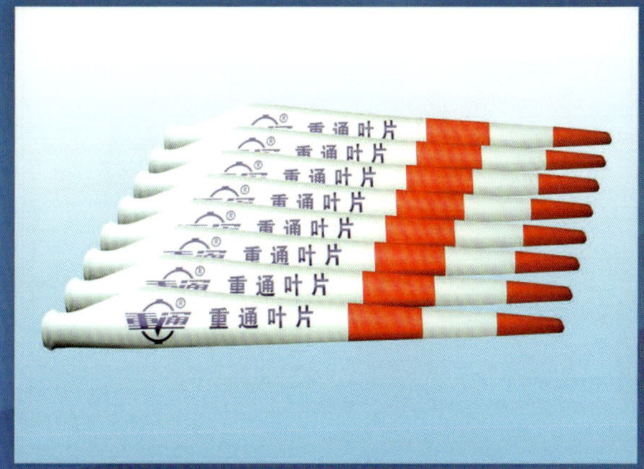

风力发电叶片

做专、做精、做强

▪ 专业的挠性联轴器产品和服务

主要产品包括膜片联轴器、膜盘联轴器、风电联轴器，可以为各种可能的工业应用提供挠性传动解决方案。

▪ 拥有自主知识产权，引领核心技术发展

持续近40年专业研发，建有各类研发试验设施；截至2020年年底，累计获得国家专利60项（其中发明专利10项）。

▪ 丰富的工程应用业绩

累计交付膜片联轴器、膜盘联轴器80多万套，已交付产品最高传递功率110MW，最大公称转矩10500kN·m，最大外径3330mm，最高转速60000r/min，最长达12m。

▪ 纯熟的专业制造经验

大规模定制生产，年产膜片、膜盘联轴器15万套。

▪ 宽泛的应用领域

石油、天然气、化工、冶金、建材、火电、核电、风电、舰船、航空、轨道交通及各类试验研发设施。

广告
east
智领未来
·INTELLIGENCE·
品质成就价值 创新成就未来
Quality achieve value
Innovation achieve the future
东方智慧水务AR云平台
上海东方泵业(集团)有限公司
SHANGHAI EAST PUMP (GROUP) CO.,LTD.
上海宝山区富联路1588号 No.1588,Fulian Road,Baoshan District,Shanghai,China 邮编/Zip cod: 201906
总机 / Tel: 0086-21-33718888 销售热线 / Sales Tel : 0086-21-56022222 传真 / Fax : 0086-21-56025566
客服热线 / Customer Service Hotline : 400 1666 099 http://www.eastpump.com E-mail : eastpump@163.net

APOLLO MACHINERY
阿波罗机械 创建卓越精英团队 打造百年盛世品牌

升华自我 共享未来
实现客户价值 提升员工价值 按国际一流标准振兴中国装备制造业

关于我们 ABOUT US

上海阿波罗机械股份有限公司（简称阿波罗）于 2001 年注册成立，注册资金 1.4 亿元。公司主要从事各类高端核电用泵系统以及核燃料循环、后处理相关设备的集成研发、设计、生产制造、供应链管理以及延伸服务等，主要产品为核电用泵（各类核级泵及重要非核级泵）和核电相关后处理设备。公司建有两个厂区，分别位于上海市奉贤区八字桥路 1818 号以及上海市奉贤区亿松路 555 号，总占地面积 80 万㎡，拥有各类高精尖数控加工设备、焊接设备及检验检测设备百余套。现有员工 450 余人，研发人员占 30% 以上，其中研究生学历 30 余人、博士 1 人。公司是高新技术企业、上海市知识产权优势企业、上海市“专精特新”中小企业、上海市绿色工厂、国家 AAA 级资信企业，设有上海市院士工作站、上海市企业技术中心。公司自 2006 年起积极参与核电国产化建设，投入巨资，致力于各类高端核电用泵系统以及核燃料循环、后处理相关设备的研发，2009 年 2 月获得国家核安全部门颁发的核三级泵设计 / 制造资格许可证书，2013 年获得核二级泵设计 / 制造资格许可的扩证证书。

目前公司建有四支专业化技术团队，包括以核电泵行业领军人物为代表的核级泵开发、设计、制造团队；核电非标设备（包括燃料循环相关设备）开发、设计、制造团队；高端石油、石化、LNG 泵开发、设计、制造团队；基于云计算和大数据的转动设备智能诊断方案团队。公司院士工作站每年组织院士专家参与公司重大项目的技术评审活动，组织公司科研人员攻克技术难关，取得了一系列的科研成果。公司与多家院校和科研院所开展产学研合作。截至 2020 年年底，公司拥有发明专利 30 项、实用新型专利 144 项、高新技术成果转化 8 项、国家重点新产品 3 项、上海市重点新产品 4 项。

压水堆核电站前端招标 25 项关键设备中，泵类设备占 12 项。阿波罗自行研制开发完成了 11 项并通过了专家鉴定，其中完全拥有自主知识产权产品 5 项。目前正在开展第四代核电主泵的研制工作，并且已经取得了突破性的进展，第四代钠冷快堆主泵已经完成样机试验。公司主要产品“核电站混凝土蜗壳海水循环泵”获得上海市科学技术进步奖三等奖，“CVP 混凝土蜗壳海水循环泵”入选上海市高新技术成果转化项目自主创新十强，该产品市场占有率 75% 以上；“百万千瓦级压水堆核电站主给水泵国产化研制”获得上海市科学技术奖，已承接该泵 34 台（套）；“核电站辅助给水系统集成优化设备”入围国家能源部门第一批能源领域首台（套）重大技术装备项目，市场占有率 100%；“核电站用辅助给水电动泵的关键技术开发及企业体制机制创新”获得上海市科学技术进步奖三等奖。

公司核电业务占比 85.18%。目前国内在建和在运行的 63 个核电机组，阿波罗公司均提供了产品及服务，其稳定的质量、优异的性能获得了用户的一致好评。阿波罗已经成为中国核电工程有限公司、中广核工程有限公司、国核工程有限公司及中国中原对外工程有限公司的合格供应商。

公司以“升华自我，共享未来”为经营理念，以“实现客户价值、提升员工价值、按国际一流标准振兴中国装备制造业”为使命，以“创建卓越精英团队，打造百年盛世品牌”为愿景，秉持“事业高于一切，责任重于一切，严细融于一切，进取成就一切”的核工业精神，始终坚持“安全第一，质量第一”的方针。每位员工誓以“每个人都是一道安全质量屏障”为核心价值观，以客户为中心，让每一位用户能够放心地使用我们的产品，享受我们的服务带来的美好体验。

证券代码:832568

全国统一服务热线:
0086-21-67159999-8050

上海阿波罗机械股份有限公司
SHANGHAI APOLLO MACHINERY Co., Ltd.
地 址：上海市奉贤区南桥镇亿松路555号
邮 编：201401
电 话：0086-21-67159999
传 真：0086-21-67158001
E-mail：ljq@apollopump.com
产品服务接待人：邵 凯
邮箱：shaokai@apollopump.com

广告

CME 重庆机电集团

重庆水泵厂有限责任公司
CHONGQING PUMP INDUSTRY CO.,LTD.

重庆水泵厂有限责任公司（简称重泵公司）始建于1951年，隶属于重庆机电控股（集团）公司，是中国通用机械工业协会副会长单位和中国通用机械工业协会泵业分会副理事长单位。公司现有在岗职工890人，占地面积12.8万m²，建筑面积7.82万m²，注册资金1.96亿元。

重泵公司拥有300余项专利技术，荣获2014年度国家科技进步奖二等奖等5项国家科技奖励，并获得中国机械工业科学技术奖、能源科技进步奖一等奖、重庆市优秀新产品一等奖等100多项殊荣。

重泵公司致力于自有核心技术的泵及泵系统的研发，推动国家重大装备及关键工艺创新。公司产品包括离心泵和容积泵两大类，可提供泵系统成套“交钥匙”解决方案的集成服务。公司坚持科技创新，2016年被国家五部门联合认定为国家企业技术中心。

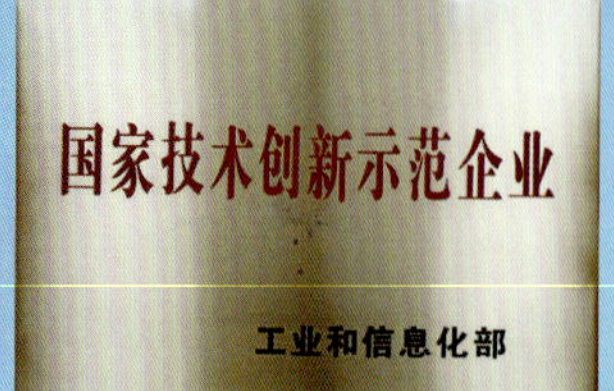

服务热线：023-65312261

官方网址：www.cqpump.com

地址：重庆市沙坪坝区井口工业园A区井盛路8号

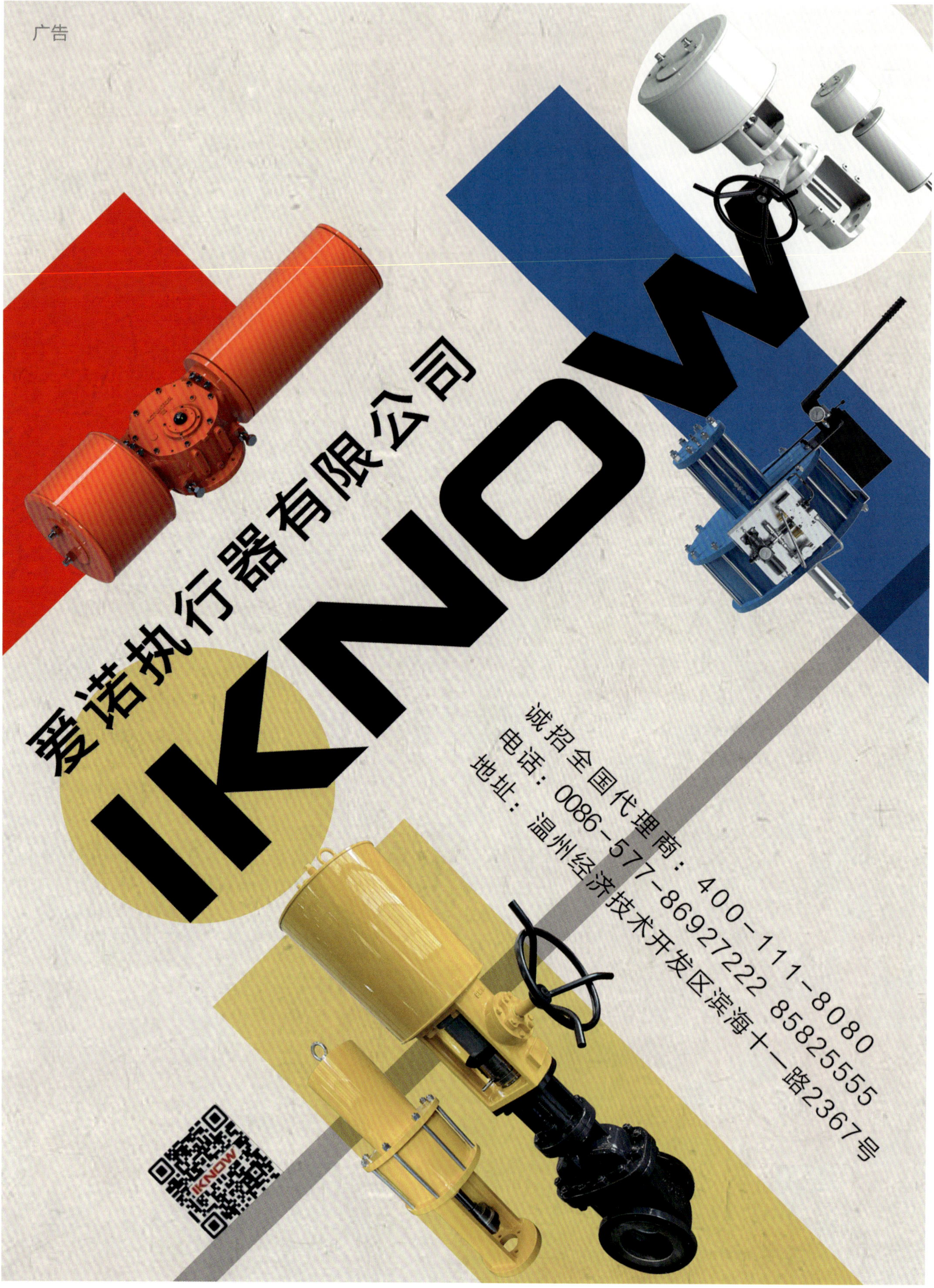
爱诺执行器有限公司
IKNOW
诚招全国代理商：400-111-8080
电话：0086-577-86927222 85825555
地址：温州经济技术开发区滨海十一路2367号

赛德力 Saideli 江苏赛德力制药机械制造有限公司

离心机制造专家

关于赛德力

江苏赛德力制药机械制造有限公司是一家集科研、生产于一体的高新技术企业。公司于1953年建厂，1970年开始生产离心机，拥有51年的离心机生产经验。赛德力公司位于江阴长江公路大桥北端，紧邻京沪、宁通、同三、沿江高速，经济环境和地理位置优越，是离心、干燥设备专业制造商，中国分离机械标准化技术委员单位、JB/T 20139—2011《药用离心分离机械 要求》起草单位、中国通用机械工业协会分离机械分会副理事长单位、全国制药装备标准化技术委员会委员单位、中国化学制药工业协会副会长单位、全国智能制药装备主任委员单位，具备国家压力容器特种设备制造许可证。

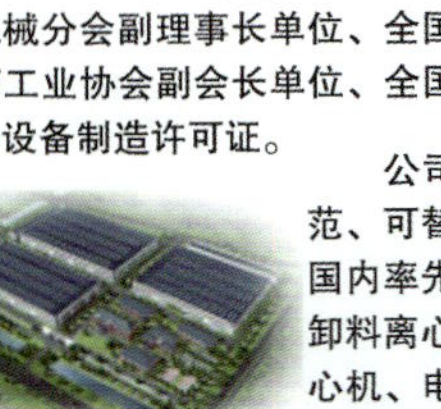

公司研制开发高技术含量、符合药品生产GMP规范、可替代进口的优质产品，引领国内行业的发展，在国内率先开发了翻袋离心机、吊袋离心机、全自动螺旋卸料离心机、GKC无菌级卧式刮刀离心机、虹吸刮刀离心机、电脑程序控制超大型超大口径立式刮刀离心机、全自动拉袋式离心机（专利申请号：CN 201020240923.1）以及高标准洁净区的离心干燥机、连续运转的加压转鼓过滤机等100多个品种。销售网络遍及全球，产品销往德国、西班牙、巴西、阿根廷、俄罗斯、拉脱维亚、印度尼西亚、越南、泰国、马来西亚、韩国、印度、日本、乌克兰等国家，深受国内外用户欢迎。

加工设备

机器人自动焊接设备

德国希斯卧式车铣加工中心

德国希斯数控立式车床

日本东芝镗铣加工中心

主要产品

FW卧式翻袋离心机

FSD离心干燥一体机

GKC全自动卧式刮刀离心机

GKF卧式刮刀离心机

GKH虹吸型卧式刮刀离心机

LLGZ立式拉袋下卸料离心机

LGZ立式刮刀离心机

LWL卧式螺旋筛网离心机

LWD浓缩过滤离心机

YG加压转鼓过滤机

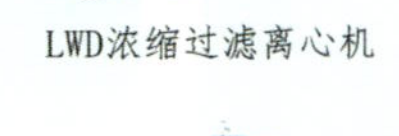

LB/LBF平台密闭全翻壳离心机

洗涤、过滤二合一（三合一）离心机

地　　址：江苏省靖江市中洲路31号
销售热线：0523-84808886
外贸热线：0086-523-84808395
传　　真：0523-84808995
网　　址：www.saideli.com
邮　　箱：sales@saideli.com

企业风采

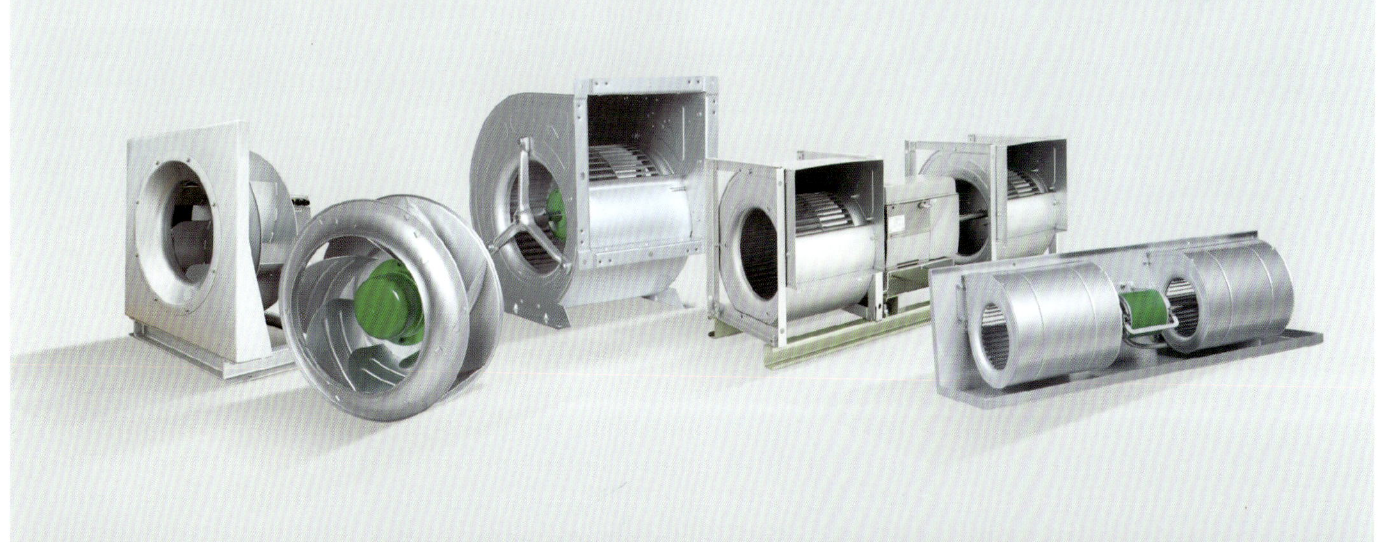

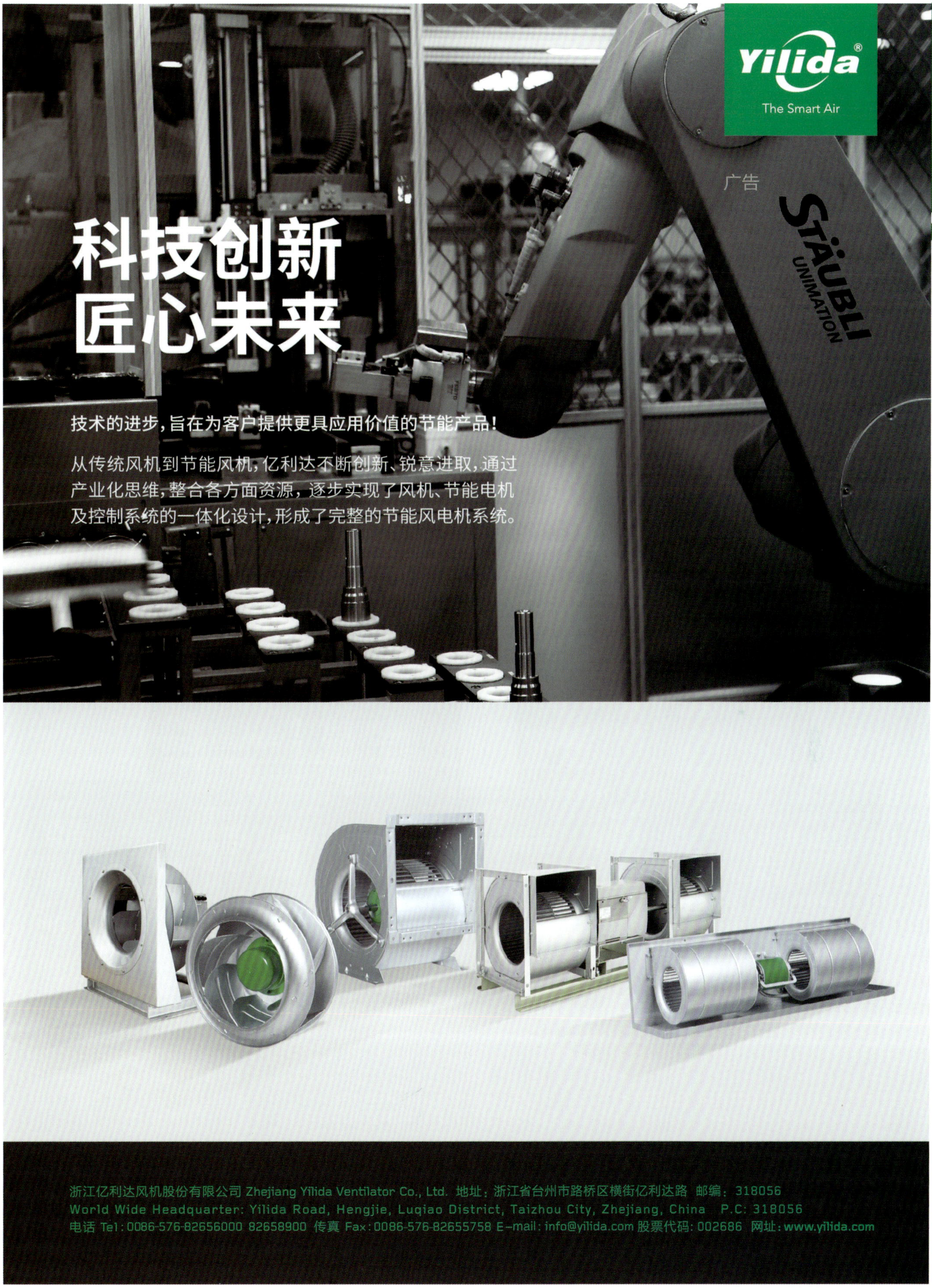
Yilida®
The Smart Air
广告
STÄUBLI
UNIMATION
科技创新
匠心未来
技术的进步，旨在为客户提供更具应用价值的节能产品！
从传统风机到节能风机，亿利达不断创新、锐意进取，通过产业化思维，整合各方面资源，逐步实现了风机、节能电机及控制系统的一体化设计，形成了完整的节能风电机系统。
浙江亿利达风机股份有限公司 Zhejiang Yilida Ventilator Co., Ltd. 地址：浙江省台州市路桥区横街亿利达路 邮编：318056
World Wide Headquarter: Yilida Road, Hengjie, Luqiao District, Taizhou City, Zhejiang, China P.C: 318056
电话 Tel：0086-576-82656000 82658900 传真 Fax：0086-576-82655758 E-mail：info@yilida.com 股票代码：002686 网址：www.yilida.com

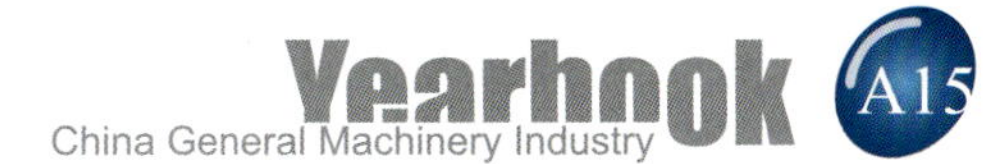

综合索引

优化产品结构
发展自主品牌

中国工业年鉴出版基地

综述

公布通用机械行业及各分行业的“十四五”发展规划

P3 ～ 148

行业概况

从生产发展情况、市场及销售、科技成果及新产品、基本建设及技术改造、企业结构调整等方面报道我国通用机械行业各分行业的发展情况

P151 ～ 216

人物

2020 年度中国通用机械行业科技进步贡献奖获奖人员介绍

P219 ～ 232

企业概况

介绍部分企业的经营理念和成功经验，为管理者成功决策助力

P235 ～ 244

统计资料

公布 2020 年通用机械主要产品进出口数据

P247 ～ 328

附录

公布 2020 年通用机械行业部分获奖项目和“能效之星”产品目录，介绍 2020 年第十届中国（上海）国际流体机械展览会情况

P331 ～ 335

编辑说明

一、《中国机械工业年鉴》是由中国机械工业联合会主管、机械工业信息研究院主办、机械工业出版社出版的大型资料性、工具性年刊，创刊于1984年。

二、根据行业需要，中国机械工业年鉴编辑委员会于1998年开始出版分行业年鉴，逐步形成了中国机械工业年鉴系列。该系列现已出版了《中国电器工业年鉴》《中国工程机械工业年鉴》《中国机床工具工业年鉴》《中国通用机械工业年鉴》《中国机械通用零部件工业年鉴》《中国模具工业年鉴》《中国液压气动密封工业年鉴》《中国重型机械工业年鉴》《中国农业机械工业年鉴》《中国石油石化设备工业年鉴》《中国塑料机械工业年鉴》《中国齿轮工业年鉴》《中国磨料磨具工业年鉴》《中国机电产品市场年鉴》《中国热处理行业年鉴》《中国电池工业年鉴》《中国机器人工业年鉴》《中国工业车辆年鉴》和《中国机械工业集团有限公司年鉴》。

三、《中国通用机械工业年鉴》由中国通用机械工业协会和中国机械工业年鉴编辑委员会共同编撰，2002年开始出版。2021年版设有综述、行业概况、人物、企业概况、统计资料、附录6个栏目，集中反映2020年通用机械行业的发展情况，详细记载了泵、风机、阀门、压缩机、真空设备、干燥设备、减变速机、分离机械、气体分离设备、冷却设备等分行业的发展情况，提供了通用机械行业的部分经济指标。

四、《中国通用机械工业年鉴》主要发行对象为政府决策机构、机械工业相关企业决策者和从事市场分析、企业规划的中高层管理人员以及国内外投资机构、贸易公司、银行、证券、咨询服务部门和科研单位的机电项目管理人员等。

五、在年鉴编撰过程中得到了中国通用机械工业协会及各分会、行业专家和企业的大力支持和帮助，在此深表感谢。

七、由于水平有限，难免出现错误及疏漏，敬请批评指正。

中国机械工业年鉴编辑部

2022年3月

目　　录

综　　述

通用机械行业“十四五”发展规划……3
泵行业“十四五”发展规划……27
风机行业“十四五”发展规划……37
阀门行业“十四五”发展规划……51
压缩机行业“十四五”发展规划……64
真空设备行业“十四五”发展规划……76
干燥设备行业“十四五”发展规划……85
减变速机行业“十四五”发展规划……93
分离机械行业“十四五”发展规划……102
气体分离设备行业“十四五”发展规划……112
冷却设备行业“十四五”发展规划……124
气体净化设备行业“十四五”发展规划……132
能量回收装备行业“十四五”发展规划……138

行业概况

2020年泵行业概况……151
2020年风机行业概况……163
2020年阀门行业概况……176
2020年压缩机行业概况……183
2020年真空设备行业概况……188
2020年干燥设备行业概况……192
2020年减变速机行业概况……199
2020年分离机械行业概况……205
2020年气体分离设备行业概况……209
2020年冷却设备行业概况……212

人　　物

2020年度“中国通用机械行业科技进步贡献奖”
获奖名单……219
人物介绍……220

企业概况

部分优秀企业介绍……235

统 计 资 料

2020 年通用机械主要产品进口情况 · · · · · · · · · · · · 247

2020 年通用机械主要产品出口情况 · · · · · · · · · · · · 248

2020 年通用机械主要产品进口量值（按贸易方式统计）· 250

2020 年通用机械主要产品出口量值（按贸易方式统计）· 260

2020 年通用机械主要进口国家（地区）量值 · 272

2020 年通用机械主要出口国家（地区）量值 · 294

附 录

2020 年通用机械行业获奖项目 · · · · · · · · · · · · · · · · 331

“能效之星”产品目录（2020）（摘选）· · · · · · · 332

2020 第十届中国（上海）国际流体机械展览会概况 · 334

Contents

Overview

Development Plan of General Machinery Industry in the 14th Five-Year Plan Period ················ 3
Development Plan of Pump Industry in the 14th Five-Year Plan Period ························· 27
Development Plan of Fan Industry in the 14th Five-Year Plan Period ························· 37
Development Plan of Valve Industry in the 14th Five-Year Plan Period ························· 51
Development Plan of Compressor Industry in the 14th Five-Year Plan Period ·················· 64
Development Plan of Vacuum Equipment Industry in the 14th Five-Year Plan Period ················ 76
Development Plan of Drying Equipment Industry in the 14th Five-Year Plan Period ················ 85
Development Plan of Speed Reducer/Variator Industry in the 14th Five-Year Plan Period ·············· 93
Development Plan of Separation Machinery Industry in the 14th Five-Year Plan Period ··············· 102
Development Plan of Air Separation Equipment Industry in the 14th Five-Year Plan Period ······ 112
Development Plan of Cooling Equipment Industry in the 14th Five-Year Plan Period ············· 124
Development Plan of Air-Cleaning Equipment Industry in the 14th Five-Year Plan Period ······ 131
Development Plan of Energy Recovery Equipment Industry in the 14th Five-Year Plan Period ······ 138

A Survey of Industry

Survey of Pump Industry in 2020················ 151
Survey of Fan Industry in 2020 ················ 163
Survey of Valve Industry in 2020················ 176
Survey of Compressor Industry in 2020 ··········· 183
Survey of Vacuum Equipment Industry in 2020································· 188
Survey of Drying Equipment Industry in 2020································· 192
Survey of Speed Reducer/Variator Industry in 2020································· 199
Survey of Separation Machinery Industry in 2020································· 205
Survey of Air Separation Equipment in 2020································· 209
Survey of Cooling Equipment Industry in 2020································· 212

Personage

A List of Winning Scientific and Technical Progress Contribution Award of China General Machinery Industry in 2020 ········ 219
Introduction to the Winners ········ 220

A Survey of Enterprises

Introduction of Excellent Enterprises ········ 235

Statistical Data

Import Situation of Main General Machinery Products in 2020 ········ 247
Export Situation of Main General Machinery Products in 2020 ········ 248
The Volume and Value of Import of Main General Machinery Products in 2020 (Statistics by Trade Mode) ········ 250
The Volume and Value of Export of Main General Machinery Products in 2020 (Statistics by Trade Mode) ········ 260
Import Volume and Value of Main General Machinery Products from Main Business Partner Countries and Areas in 2020 ········ 272
Export Volume and Value of Main General Machinery Products to Main Business Partner Countries and Areas in 2020 ········ 294

Appendix

Prize–Winning Items of General Machinery Industry in 2020 ········ 331
A Catalog of Products Listed as Energy Efficiency Star (2020) (Excerpt) ········ 332
A Summary of the 10th China (Shanghai) International Fluid Machinery Exhibition in 2020 ········ 334

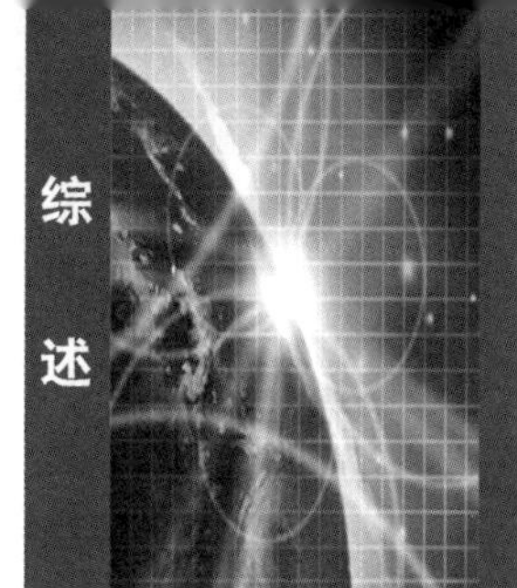

公布通用机械行业及各分行业的“十四五”发展规划

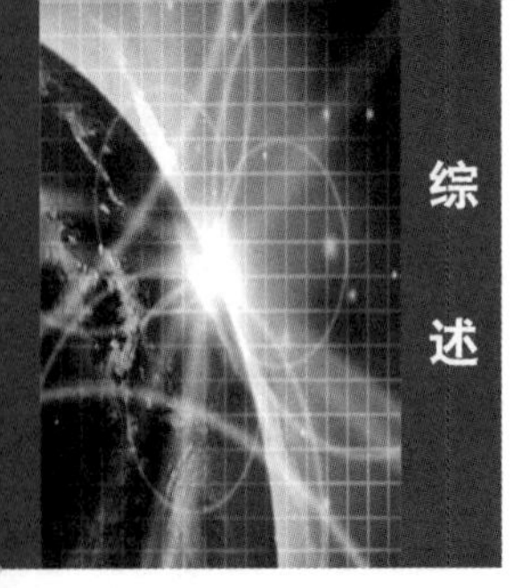

综述

通用机械行业“十四五”发展规划
泵行业“十四五”发展规划
风机行业“十四五”发展规划
阀门行业“十四五”发展规划
压缩机行业“十四五”发展规划
真空设备行业“十四五”发展规划
干燥设备行业“十四五”发展规划
减变速机行业“十四五”发展规划
分离机械行业“十四五”发展规划
气体分离设备行业“十四五”发展规划
冷却设备行业“十四五”发展规划
气体净化设备行业“十四五”发展规划
能量回收装备行业“十四五”发展规划

通用机械行业“十四五”发展规划

前言

“十四五”时期，是我国由全面建成小康社会向基本实现社会主义现代化迈进的关键时期，是“两个一百年”奋斗目标的历史交汇期，也是全面建设社会主义现代化国家的重要机遇期。

从外部环境看，世界正经历百年未有之大变局。世界经济重心调整，政治和贸易格局变化，科技与产业发展日新月异，未来五年必将是中国深化改革发展的五年，也是立足新突破的五年。

从内部环境看，我国市场化进入深度改革期，新一轮科技革命引领产业变革，人工智能、云计算、大数据、工业互联网等新技术成为引领创新和驱动转型的先导力量，智能工厂、共享制造等新模式、新业态不断涌现。随着产业融合加深加快，众多先进技术融合发展，未来五年将成为我国机械工业发展重塑的五年。

通用机械是机械工业的重要组成部分，是我国装备制造业的重点行业，承载着为国民经济高质量发展提供关键配套设备保障、带动相关产业发展的重任。促进通用机械行业发展，是贯彻国家发展理念、实施制造强国战略的重要使命。

依据《中华人民共和国国民经济和社会发展第十四个五年规划和2035年远景目标纲要》《能源生产和消费革命战略（2016—2030）》和“2030/2060碳达峰碳中和”等国家战略目标及相关产业政策，为明确“十四五”时期通用机械行业的发展思路、目标及重点任务，引导行业健康可持续发展，加快新旧动能转换、深化产业结构调整、提升产业链水平，特制定此规划，规划期为2021—2025年。

一、通用机械行业发展现状

（一）行业地位与总体水平

通用机械行业包括泵、风机、压缩机、阀门、气体分离设备、减变速机、分离机械、真空设备、干燥设备、气体净化设备、冷却设备和能量回收装备12个专业行业，产品广泛应用于石油化工、电力、冶金、交通、环保、城市基础设施、国防建设等各领域，在国民经济的发展中发挥着重要作用。

“十三五”以来，在国家一系列产业政策的推动下，通用机械行业取得了令人瞩目的成绩，产业综合实力有了显著提高，一大批国产首台（套）重大技术装备研制成功，填补多项国内空白，并在石油石化、油气集输、天然气液化、煤炭深加工、核电、超（超）临界火电等国民经济关键领域得到工程应用，改变了我国大型通用机械关键设备依赖进口的被动局面，为增强国家综合实力、提升国际市场竞争力提供了有力支持和强力保障，为我国国民经济发展做出了重要贡献。

“十三五”期间，通用机械行业坚持稳中求进，持续推进高质量发展，核心竞争力不断增强，呈现出良好的发展态势。企业充分发挥科技创新的引领作用，通过产学研用相结合，多项新产品、新技术、新工艺研发取得实质性突破，提升了产业链整体水平。企业转型升级不断深化，基于自身优势，延伸服务，拓展市场，由传统生产型制造企业向智能制造、工程成套和服务型制造企业转型。通用机械行业已经形成集研发设计、制造、成套和技术服务为一体的，产品门类齐全的工业体系。

（二）“十三五”行业经济运行情况

“十三五”期间，通用机械行业经济运行态势平稳，经济结构不断优化，运行质量不断提升，主营业务收入、工业增加值、产品产量、利润总额稳步增长。

目前通用机械行业规模以上企业有5 000余

家，其中：泵企业约占 21%，风机企业约占 8%，压缩机企业约占 9%，阀门企业约占 34%，气体分离设备企业约占 10%。全行业拥有总资产近万亿元，实现销售收入 8 000 多亿元，实现利润总额 600 多亿元，完成出口交货值 1 000 多亿元。

“十三五”期间，通用机械主要产品产量虽有所波动，但总体保持平稳增长，除阀门产品外，其他产品产量平均增速均达到 7% 以上，达到历史最好水平。其中，风机、气体分离设备的产量实现两位数增长，泵、压缩机和减速机的产量也实现了近 10% 的增长。

“十三五”期间通用机械行业产品进出口保持稳定增长。据海关统计，2020 年通用机械行业主要产品进出口总额为 293.47 亿美元，其中：出口额为 173.05 亿美元，进口额为 120.42 亿美元，顺差为 52.63 亿美元。“十三五”期间通用机械主要产品出口平均增速高于进口平均增速，贸易顺差持续加大。“十三五”期间通用机械行业主要产品进出口情况见表 1。

表 1　“十三五”期间通用机械行业主要产品进出口情况

项目	2016 年	2017 年	2018 年	2019 年	2020 年
进口额（亿美元）	95.26	105.75	125.97	127.24	120.42
出口额（亿美元）	136.69	145.41	163.96	167.12	173.05
进出口总额（亿美元）	231.95	251.16	289.93	294.36	293.47
顺差（亿美元）	41.43	39.66	37.99	39.88	52.63

“十三五”是通用机械行业经济运行的重要调整期。自 2012 年行业发展同比增速回落后，2016 年行业经济运行增速呈现恢复性增长。“十三五”期间，虽然行业营业收入总量下降，但利润总额基本保持平稳，行业资产总额和出口交货值有所增长。

“十三五”通用机械行业经济运行总体上保持平稳低速增长态势，随着行业推进供给侧改革，实现转型升级发展，整体经济运行质量有所提升。

二、“十三五”行业发展取得的成就

“十三五”期间，通用机械行业积极适应经济发展的新常态，不断强化企业自主创新能力，在重大装备国产化、关键技术研发、企业转型升级等方面取得了丰硕成果。

（一）行业整体素质提升

通用机械行业紧紧围绕国民经济重点工程建设和满足人们生活水平的需要，以技术创新引领企业发展，带动质量提升，取得可喜成绩。“十三五”期间，骨干企业研发投入占销售收入的比例平均接近 4%，研发能力逐渐加强，新产品产值占产品总产值的比例达到 60% 以上，高端产品比例明显提升。在关键技术研发、先进加工制造等方面攻克多项难题，取得一系列成果，并在重大技术装备首台（套）产品市场化、工程化推广应用中得到充分验证，产品技术水平和产品质量赶超国外同类产品，逐步形成具有一定国际竞争优势的通用机械装备制造体系。

伴随激烈的市场竞争，企业的管理理念发生深刻变化，多数企业树立起市场、效益、质量、成本、品牌、全球化等适应市场发展要求的理念，战略管控、购并整合、流程再造、精益生产、供应链管理等新的管理思想已经被许多企业管理者接受，越来越多的先进管理方法和手段被企业应用。通过构建企业文化、建立学习型组织、推进管理创新，员工素质不断提高，员工的使命感、归属感不断增强，助推行业企业管理升级。

随着国民经济主要领域的产业发展，在项目规模、技术水平、安全环保、大型化、自动化等方面的要求不断提升，促进通用机械行业的工艺装备和试验检测能力显著提高。行业企业通过实施技术改造、搬迁或新建项目，提升生产装备加工能力和水平，向大型化、自动化、智能化发展；

同时按照国际先进标准，重点加强企业实验、检测等能力建设。通过突破核心技术、提升关键产品的设计与制造水平，推进新型、高效、高精度的工艺装备及先进制造工艺技术的应用，为积极开拓市场、研制高新产品、扩大生产能力、改善产品质量创造了有利条件。

（二）重大技术装备国产化取得显著成果

围绕国家能源领域的重点需求，通用机械行业一大批重大技术装备完成首台（套）研制，并在很多关键领域实现国产化工程应用，为我国能源安全提供了有力保障。目前，年产千万吨炼油装备国产化率达93%；百万吨乙烯装备国产化率达到87%以上；年产150万～200万t精对苯二甲酸（PTA）装置装备国产化率达到80%以上；50万t/a合成氨、80万t/a尿素装置装备国产化率达到近95%；60万～100万kW超（超）临界发电机组、百万千瓦核电机组的通用机械装备国产化率达到85%以上。煤炭深加工、天然气输送、天然气液化领域的通用机械装备国产化比例也在不断提高，达到80%以上。

1. 天然气集输关键设备

为落实国家能源多元化战略并提升高效清洁能源的供给，我国先后建设了西气东输二线及三线工程、中亚管线、中缅管线、中俄管线，其中压气站的压缩机组、大功率加压泵和大口径全焊接球阀等关键设备全部实现国产化。

20MW电驱压缩机组在西气东输二线高陵站投入正常工业运行，各项技术指标达到国际先进水平，现已有140余套产品应用于长输管线的各加压站。

30MW燃驱压缩机组已在西气东输三线烟墩和浙江衢州压气站投入工业运行。

40″ Class600大口径高压全焊接球阀、48″ Class900和56″ Class900大口径高压全焊接球阀已经全部实现国产化。

2 500kW单级双吸水平中开式输油管线泵（双工况）在庆铁四线的林源、新庙、农安和梨树站成功投入工业运行。

首台6 000kW、41MPa、1 000r/min高速往复式注气压缩机成功应用于华北油田苏桥储气库。

2. 核电关键设备

依托国内核电工程建设，通用机械行业企业在核级泵和核级阀门国产化方面取得了可喜成绩。

我国具有完全自主知识产权的第三代核电技术“国和一号”完成研发，配套的核主泵完成样机制造及试验。自主品牌“华龙一号”核电机组主泵采用轴封泵。行业企业通过与国外企业开展技术合作，已全面掌握了轴封泵的设计、制造技术，并完成样机的试验和鉴定工作。自主品牌CAP1000核主泵目前已有订单，未来5年将投入工程应用。

在核级阀门方面，根据国家核电重大专项的计划安排和三代核电“华龙一号”特殊要求，行业重点阀门企业开展了新一轮的核电关键阀门攻关。AP1000和CAP1400三代核电主蒸汽隔离阀和爆破阀研制成功并在CAP1400示范工程、福清5号/6号机组、防城港3号/4号机组和出口的K2/K3项目上得到工程应用；主给水隔离阀，核一级的高压楔式闸阀、止回阀、高C_v值旋启式止回阀和核二级的电动弹簧式平行双闸板闸阀等研制成功，填补了国内空白；高温气冷堆和示范快堆（快中子发应堆）主蒸汽隔离阀和纳阀实现国产化。目前，除核电先导式安全阀和部分调节阀、控制阀正在研制中，三代核电阀门已基本实现了国产化。

3. 百万千瓦超（超）临界火电机组泵阀

依托国内多个百万千瓦超（超）临界火电项目，通用机械行业进一步推进配套泵阀的国产化研制，其中锅炉给水泵、凝结水泵及各类阀门的国产化成绩斐然。

660MW超临界火电机组用全流量锅炉给水泵组在山西华光发电厂成功投入运行，1 000MW全流量锅炉给水泵已经研发成功并通过了出厂鉴定。

主蒸汽管道气动疏水阀、储水罐水位调节阀、吹灰蒸汽调节阀，给水泵再循环调节阀、再热器喷水调节阀、汽机高压供汽站压力调节阀、锅炉循环管路调节阀等阀门，先后在国电黄金埠发电有限公司、神华神东电力和万州电厂 1 000MW 超临界机组以及华能长兴电厂 600MW 超临界机组投入运行。

经过近年的不断努力，超（超）临界火电机组用阀门国产化率达到 90% 以上。行业制造企业为广东华夏阳西电厂 2×1 240MW 超（超）临界火电机组提供了目前国内规格最大的三大风机机组。

4. 大型空分装置

石油化工、冶金项目的大型化带动了空分设备规模朝着大型、特大型方向发展，给国内制造企业提供了更多展示实力的平台。

在神华煤制油 10 万 m^3/h 等级大型空分项目中，国内企业真正实现了与国外高水平厂商的同台竞技。2017 年 3 月，首套国产 10 万 m^3/h 等级大型空分设备一次开车成功。同年，6 套国产空分装置全部投入运行，各项性能指标达到国外品牌同等先进水平，稳定性、可靠性及能耗指标均达到国际领先水平。

为整套空分装置提供动力的压缩机组多年来被国外几家知名企业垄断。在 10 万 m^3/h 等级空分装置中，首次采用了行业企业自主研发的轴流 + 离心式空气压缩机组，整套装置现场一次开车成功，并一直平稳运行，实现了我国压缩机制造史上的跨越式发展。

国产 10 万 m^3/h 等级空分装置及空气压缩机组的研制成功，填补了国内空白，是我国重大装备国产化的又一突破，标志着我国已进入大型空分设备制造强国的行列。该压缩机组成套设计制造及关键配套能力达到世界先进水平。

5. 天然气液化装备

为保障国家能源安全，满足城市燃气“互联互通”的要求，受国家能源局委托，以 300 万 t/a 液化天然气（LNG）接收站配套设备设计制造要求为依据，中国通用机械工业协会和中石油昆仑能源有限公司共同组织开展 LNG 关键设备国产化攻关工作。

LNG 关键设备国产化工作涉及各类高、低压潜液泵，装卸料臂，低温 BOG 压缩机，ORV 开架式汽化器，各类大口径、高压低温阀门等，均取得了显著成效。

泵行业攻克了 LNG 各类低温泵的关键技术，研制的中小型 LNG 潜液泵、LNG 罐内泵、小型液力透平、LNG 多级泵、LNG 船用泵在 LNG 液化厂、接收站、调峰站等装置成功应用。

在国产化示范项目、我国首座百万吨级国产化液化天然气工厂——湖北黄冈 500 万 m^3/d LNG 项目中，丙烯、乙烯、甲烷三大冷剂压缩机均为国内制造。该项目的成功投运，对于拓展国内外天然气液化市场具有重要意义。

6. 大型石化装备

随着石化装置规模不断扩大，并向大型化、一体化、智能化发展，通用机械行业在大型炼油（加氢裂化、催化裂化、延迟焦化装置等）、大型乙烯设备研制方面取得显著的成果。

国产首台 1 500kN 活塞推力压缩机组在中化泉州石化渣油加氢装置现场投入运行，主要技术指标达到国际同类产品先进水平，可满足我国石化、煤化工行业装置大型化发展的需要。

中海油惠州炼化 120 万 t/a 乙烯项目成功运行，其核心设备乙烯“三机”（乙烯压缩机、丙烯压缩机、裂解气压缩机）全部由国内企业制造，标志着我国拥有了具有百万吨级乙烯“三机”制造能力和业绩的高端压缩机制造厂商，乙烯装置配套压缩机组制造水平达到世界先进水平。

大型冷箱、大型球罐等特种设备研制成功，也为我国大型石化装置的发展做出了重大贡献。

千万吨级炼油、百万吨级乙烯等石化装置中的工艺流程泵国产化率逐年提高。其中，BB3 型水平中开多级化工流程泵最大流量可达 1 440m^3/h，最大扬程可达 1 600m，最大使用功率已达 3 000kW，覆盖 API 标准中 S-5（ZG230-450）到 D-2（A890-5A）所有材料；适用于高温、高压工况，易燃、有毒等危险液体输送的 B5 型卧式多级筒形泵（AP1610），部分产品已达到国际先进水平。

大量高温高压耐腐蚀专用阀门，乙烯清焦平板阀、大口径高压加氢阀、特种工艺控制阀、催化剂分配阀、高抗硫阀等产品的成功研制，改变了特种阀门依赖进口的局面，为石化行业的发展提供了保障。

（三）行业技术创新及科研开发取得显著成果

1. 技术创新取得丰硕成果

在国家供给侧结构性改革、各项产业政策的引导和市场的拉动下，通用机械行业以创新驱动转型升级发展，一批具有自主知识产权的高端产品实现了重大技术突破，取得了丰硕的科技成果。“十三五”期间，中国通用机械工业协会会同中国机械工业联合会，先后组织了200余项科技成果鉴定、技术方案评审、新产品推广等会议。这些新技术与装备为满足国民经济建设需要、促进行业技术进步发挥了重要的作用。

行业承担的国家科技重大专项“磁悬浮分子泵系列产品开发与产业化”项目，突破和掌握了磁悬浮分子泵设计制造的核心技术，填补了国内该领域空白，打破了磁悬浮分子泵完全依赖进口的局面，为完善我国真空相关高端装备制造产业链起到了积极的推动作用。

行业企业与重庆大学机械传动国家重点实验室共同攻克了RV机器人用减速器国际技术壁垒，自主研发出摆线针轮减速器、谐波减速器、轮边马达减速器等高精度减速器，实现了国产机器人用精密减速机国产化的重大突破。

行业企业还承担了多项国家科技部火炬计划项目、国家级星火计划项目、国家成果转化项目、国家创新基金项目，省级、市级科技重大专项、产品升级及产业化关键技术研究项目等。通过承担科研项目，行业企业完成了多项国家级、省级等新产品的研发，形成了大量专利技术，并逐步实现产业化。

通用机械行业的创新成果获得多项国家级、省部级科学技术奖。“大型乙烯装置成套工艺技术关键装备与工业应用”“大型灌溉排水泵站更新改造关键技术及工程应用”“高效离心泵理论与关键技术研究及工程应用”项目获得国家科技进步奖二等奖。“20MW级变频电驱压缩机组研制及工业性应用”“特大型空气分离设备关键技术开发及产业化”分别获得2015年度和2018年度中国机械工业科学技术奖特等奖。“特大型混流泵和轴流泵节能关键技术研究与应用”“40″～48″ Class900高压大口径全焊接球阀”“年产60万t天然气液化装置用双混合冷剂离心压缩机组研制”“1 500kN大型往复式压缩机组国产化研制”“大型往复压缩机流量无级调节系统关键技术及应用”“压水堆核电站用核二级主蒸汽隔离阀”“大型LNG储罐内潜液泵”等15项科技成果获得中国机械工业科学技术奖一等奖。另外，有87项科技成果获评中国机械工业科学技术奖二等奖，114项成果获评中国机械工业科学技术奖三等奖。

为引导制造业企业专注于细分产品领域精耕细作，从2016年起，工业和信息化部每年发布制造业单项冠军示范企业和培育企业、单项冠军产品。通用机械行业的沈阳鼓风机集团股份有限公司（离心压缩机）、成都成高阀门股份有限公司（管线球阀）、南京高精传动设备制造集团有限公司（风电用齿轮箱）、淄博水环真空泵厂有限公司（水环真空泵）、杭州杭氧股份有限公司（空气分离设备）、景津环保股份有限公司（压滤机）等入选单项冠军示范企业；江苏神通阀门股份有限公司（冶金特种阀门）、杭州新亚低温工业设备有限公司（低温泵）、江苏海鸥冷却塔股份有限公司（机力通风冷却塔）、利欧集团股份有限公司（微小型动力式泵）、宁波得利时泵业有限公司（凸轮式转子泵）等入选单项冠军培育企业；宁波埃美柯阀门有限公司的民用管道控制阀门、宁波天生密封件有限公司的核电站反应堆压力容器C形密封环、宁波鲍斯能源装备股份有限公司的螺杆主机（压缩机）获得单项冠军产品称号。

2. 创新研发体系建设取得成就

通用机械行业不断强化自主创新能力，注重

技术创新研发体系建设，为行业技术创新发展奠定了较好的条件基础。

在国家创新驱动发展的理念指引下，企业技术中心建设取得了长足的发展。至“十三五”末，通用机械行业被认定的国家级企业技术中心共 17 家，并有更多的企业技术中心被认定为省级、市级企业技术中心。一些企业还建立了海外研发中心，构建了吸引海内外高水平科研人才聚集，新产品、新技术研发的重要平台，形成行业技术创新发展的中坚骨干力量。

通过对企业创新投入、人才激励、创新合作、创新队伍建设、创新条件建设、技术积累储备、技术创新产出、技术创新效益等方面全面系统的评价，兰州高压阀门有限公司、重庆水泵厂有限责任公司、重通集团先后入选工业和信息化部国家技术创新示范企业名单。

行业企业充分发挥创新平台作用，开展新技术、新材料、新工艺、新产品的研发，不断优化产品结构，降低生产成本，提高产品核心竞争力。同时，推进技术研发与市场需求的紧密结合，通过与国内外科研机构、大专院校合作，形成院士工作站、博士后工作站、企业研究院、工程技术研究中心等多种“产学研”一体化共建模式，有效发挥院士等专家技术团队在解决重大关键技术难题、高层次人才培养、科技成果转化等方面的重要作用，提升企业创新能力，增强行业整体科研实力，加快科研成果的工程化、产业化进程。

3. 研发能力与试验检测手段得到提升

通用机械行业企业加大研发投入，提升企业研发及试验检测手段，为企业增强技术创新能力奠定了坚实的基础。

CAP1400 屏蔽主泵试验台是我国自主设计和建设的首台三代核电主泵用多功能全流量试验台架，可开展 AP/CAP 系列屏蔽主泵、“华龙一号”轴封型主泵、主泵变频器等设备的试验。该试验台填补了我国核电主泵试验台自主设计与建设的空白，带动了我国核主泵试验台建设和试验技术的纵深发展。

行业企业为研发 56″ Class900 大口径高压全焊接球阀，建成了全工况压力试验台架；为推动低温泵国产化进程，投资建设了低温试验台；建设了国内最先进的全工况（热态、冷态、联机）1 250MW 大型调速给水泵组试验站；建成国内企业中规模最大的 3D 高速成像粒子检测分析（PIV）实验室，通过流场数据采集和分析，优化流体机械结构，提高产品研发效率和设备的安全可靠性，提升了泵阀产品研发的能级水平。行业企业投资建设的透平工程中心实验室成为目前国内西南地区少数已建成的大型高端装备平衡试验公共服务平台。

行业多家企业的技术中心、实验室获得国家 CNAS 认可证书。这标志着企业建立了符合国际标准的质量管理体系，进一步提高了企业在国内外市场的竞争实力。

4. 节能技术装备得到快速发展

面对越来越严峻的世界能源形势，国家出台各项节能环保产业政策，引领市场发展。通用机械行业企业为发展节能技术和产品做出了诸多的努力，针对各系统运行中的耗能产品（如泵、风机、压缩机等），投入大量资源，开展节能技术研究，在降低能耗、提升产品及系统节能水平方面取得了突出成效。

“十三五”期间，通用机械行业有多项技术和产品列入工业和信息化部《节能机电设备（产品）推荐目录》和《“能效之星”产品目录》。其中：有 28 项技术列入《工业节能技术推荐目录》；有 370 个型号的产品列入《节能机电设备（产品）推荐目录》，包括 56 个型号的风机、72 个型号的泵、240 个型号的压缩机、2 个型号的干燥设备；有 96 个型号的产品列入《“能效之星”产品目录》，包括 19 个型号的风机、33 个型号的泵、53 个型号的压缩机。

2012—2020 年，通用机械行业共有 28 项技术列入《工业节能技术推荐目录》，有 640 个型号的产品列入《节能机电设备（产品）推荐目录》，有122个型号的产品列入《“能效之星”产品目录》。

（四）产业转型升级发展成效显著

1. 以市场为导向，加快供给侧改革

随着国家宏观经济从速度型转向质量型发展，需求市场呈现明显疲软态势，冶金、石化、煤炭、电力等重点领域的产品销售下滑比较严重。特别是“十三五”后期，中美贸易摩擦日益加剧，对制造业的市场造成较大的影响。面对新的经济发展环境，通用机械行业企业努力加快供给侧改革，以市场为导向，延伸产业链，扩展相关的需求市场，以客户为导向，为客户提供定制化及全方位整体服务，致力于打造集工艺装备研发、设计、制造及售后服务于一体的整体解决方案供应商，努力开辟新的市场领域。

面向建材、冶金、纺织等工业领域通用机械产品存量市场，行业企业大力开发节能产品，对在用高耗能产品进行节能改造，采用租赁、合同能源管理等多种方式，为用户节能减排提供系统解决方案，开拓了一片新的发展天地。

依托国家环保产业政策，大力拓展环保装备市场。发展智能一体化污水处理成套设备，在城镇污水综合治理和再生利用方面发挥了重要作用。以用户需求为导向，提供撬装式产品，产品集成度高、运行费用低，技术及市场优势明显。

2. 打造服务型制造，为用户创造价值

伴随制造业转型的步伐，行业越来越多的企业开始由制造业向制造 + 制造服务业转变，充分利用企业的专业人才优势和市场优势，开展增值服务，全行业工业服务产值占行业总产值的比例越来越高。

空分设备制造企业大力开展气体业务，通过投资新建、收购或兼并等方式设立专业气体公司，服务涉及钢铁、化工、有色冶炼、玻璃等行业。

为加快实施制造强国战略，推动制造业由生产型制造向服务型制造转变，工业和信息化部开展了服务型制造示范遴选工作，通用机械行业多家企业先后入选。其中：沈阳鼓风机集团股份有限公司以全生命周期管理示范模式、西安陕鼓动力股份有限公司以总集成总承包服务示范模式入选服务型制造示范企业；沈阳鼓风机集团测控技术有限公司的流程工业设备健康服务中心项目、合肥华升泵阀股份有限公司的化工重载机泵集群全生命周期管理项目、上海汉钟精机股份有限公司的汉钟精机云端服务建设项目、宁波德曼压缩机有限公司的新能源销售服务云端管控系统入选服务型制造示范项目；合肥通用机械研究院的高端流体机械设备与压力容器服务型制造平台入选服务型制造示范平台。

3. 智能制造得到快速发展

在国家大力培育和发展智能制造装备产业政策的引导下，通用机械行业通过推进智能制造，提升生产效率、技术水平和产品质量，实现制造过程和装备产品的智能化和绿色化发展。

2016年，沈阳鼓风机集团股份有限公司被列入国家智能制造试点示范企业。在2019世界智能制造大会上，“沈鼓云服务实现远程智能服务和预知性维修”案例入选“2019中国智能制造十大实践案例”。在推进产品智能化技术的基础上，行业多家企业建立了智能制造数据中心，对交互装备实施全过程、全方位、全天候的状态管理，实现设备运行无人值守、远程控制，为用户提供更加快捷、精准和可靠的售后服务，为未来打造产品系统集成技术服务能力奠定了基础。

为推进通用机械行业智能制造进程，培育行业竞争新优势，成立了中国通用机械行业智能制造企业联盟，目前联盟成员单位近40余家。通过该联盟促进行业智能制造系统集成共性技术和核心技术的交流与研究，为通用机械智能制造过程项目的实施提供咨询服务和解决方案，带动通用机械行业智能制造装备的发展。

4. 积极“走出去”，拓展国际市场

随着国家“一带一路”倡议的深化实施，通用机械行业企业在巩固国内市场的同时，积极“走出去”，大力拓展国际市场。

行业企业凭借世界首台600MW超临界循环流化床锅炉燃煤发电机组的运行业绩，获得全球最大的约旦阿塔拉特油页岩项目锅炉配套风机任务。在“一带一路”的标杆项目——文莱 800 万 t/a 炼油项目中，承建了目前中国出口海外最大的 223 000m^3/h 特大型变压吸附提纯氢气成套装置。行业企业先后取得了中东 75 万 t/a 合成氨及 120 万 t/a 尿素项目、油气田开采开发项目、文莱 800 万 t/a 炼油项目、美国英伟达尼龙化工三期项目、中东 MEG 循环气压缩机项目等重大项目订单；承揽了一批有重大影响和良好经济效益的国际项目设备成套供货业务，先后与意大利德西尼布、荷兰福陆、英国 PETROFAC、美国 UOP、德国林德及法国液空等全球知名工程公司合作，受到国际市场广泛认可，成功实现了中国高端设备“走出去”目标，实现了历史性突破。

行业研制的量大面广的节能环保风机、空气压缩机、阀门等产品产量居全球第一，远销至美国、德国、巴西、印度等 40 多个国家和地区。

中国通用机械工业协会努力建设国际交流平台，与德国机械设备与制造商协会、俄罗斯阀门协会、日本阀门协会等国际同行业机构建立了合作机制，在信息交流、行业技术、合作开发等领域展开更加积极与亲密的合作。

（五）行业标准化水平得到提高

“十三五”期间，通用机械行业的标准化水平得到普遍提升，制修订一大批国家标准、行业标准及团体标准，特别是团体标准的制定和实施，在行业健康发展中发挥了重要的作用。

通用机械重点行业标准化体系进一步完善。目前压缩机行业制修订标准 40 项，其中国家标准 9 项、行业标准 31 项，形成了既有主导产品标准、又有配套的测试方法标准及辅助的零部件和材料标准的相对齐全的标准体系。泵行业制修订标准 28 项，其中国家标准 12 项、行业标准 16 项，泵专业领域的现行标准对现有各类泵的覆盖率达到 95% 以上。阀门行业制修订标准 65 项，其中国家标准 12 项、行业标准 51 项、国际标准 2 项。风机行业目前已有国家标准、行业标准和地方标准 67 项，形成了覆盖经济社会各领域、各环节的标准体系。气体分离设备行业制修订国家及行业标准 39 项，其中国家标准 6 项、行业标准 32 项、国际标准 1 项。减变速机行业目前共有减变速机及齿轮等相关标准 251 项，其中国家标准 89 项、行业标准 161 项、地方标准 1 项。分离机械行业共有标准 90 项，其中国家标准 19 项、行业标准 71 项。

在国际标准转化方面，目前通用机械行业与压缩机及净化技术相关的国际标准共 27 项，已转化为国际标准的有 22 项，已列入计划且正在转化的标准有 4 项。与泵相关的国际标准共 21 项，其中已转化为国家标准的有 16 项，已列入计划且正在转化的标准有 5 项。与阀门相关的国际标准共 24 项，已转化为国家标准的有 17 项，已列入计划且正在转化的标准有 1 项。所有采标项目分别是等同或修改采用，因此水平与相应的国际标准相当。

另外，全国风机标准化技术委员会承担了国际标准化组织 ISO/TC117 技术委员会对口的标准化技术业务工作，并成功承办了第 30 次国际标准化 ISO/TC117 会议，加强了与国际标准化的交流与合作，提高了我国风机行业实质参与国际标准的能力。

通用机械行业的团体标准得到了快速发展。依据 2015 年国务院《深化标准化工作改革方案》中大力发展团体标准的精神，在国家各项相关政策引导下，通用机械行业大力发展团体标准，建立了团体标准工作两级管理机制，制定发布了《中国通用机械工业协会团体标准管理办法（试行）》等一系列管理制度文件，提出了团体标准工作遵循的原则和标准体系，并本着高起点、规范化的原则，组织各专业行业积极开展团体标准制定和宣传贯彻实施工作，取得了显著成效。中国通用机械工业协会在全国团体标准信息平台已经公告发布 22 项团体标准，其中《压缩空气站能效分级指南》《整体式高速齿轮传动装置通用技术规范》分别获评工业和信息化部 2019 年度、2020 年度百项团体标准示范应用项目。目前已经立项且正在制定中的团体标准有30余项。团体标准对快速满足市场需要、填补标准空白发挥了重要作用。

目前通用机械行业基本形成了以国家标准、行业标准、团体标准为核心，涵盖基础标准、产品标准、试验方法及检验方法标准、安全标准、能效标准等主要标准类别的标准化体系。这些标准为通用机械产品的设计、制造、安全生产、试验、质量检验、能效考核等提供了技术依据，为产业的发展起到了技术支撑作用。通用机械行业的标准体系已相对稳定，技术水平达到当前国际通用技术水平，基本可以满足国内电力、石油、化工、冶金、城市建设、国防军工等国民经济各领域所需通用机械产品的生产需求和发展需要。

（六）知识产权进一步受到重视

在新的经济发展环境中，创新驱动发展和知识产权战略越来越受到企业的重视。通用机械行业企业不断提升自主创新能力，发挥知识产权激励创新作用，开发新技术、新产品、新工艺，形成越来越多的专利技术，在促进行业技术进步与发展中发挥了重要作用。

企业在知识产权保护方面的意识增强，申报专利及获得专利授权、软件著作权等知识产权数量大幅增长，发明专利的数量占专利总数的比例逐年提升，行业专利水平得到显著提高。

通用机械行业的“一种大直径三元叶轮的铣制方法”“一种循环气压缩机叶轮的热处理工艺”及“大型离心压缩机试压机壳及其试压方法”等发明专利荣获第十九届中国专利奖。

部分行业企业取得知识产权管理体系认证证书，标志着知识产权管理水平迈上一个新的台阶，由粗放式管理迈向规范化、标准化、流程化管理。

三、行业发展中存在的主要问题

通用机械行业逐步从高速发展走向平稳增长，在重大技术装备国产化和转型升级发展等各方面取得了长足的进步。但仍存在一些问题和短板，制约行业的持续健康发展。

（一）行业创新能力依然薄弱

行业整体技术创新能力仍比较薄弱，不能完全满足国民经济各领域高端先进技术发展的需要；以企业为主体的研发能力水平不足，特别是在行业中数量占比较大的中小型企业表现尤为突出。

创新能力不强主要表现在：一是部分重大装备中高端产品的技术研发始终处于跟随性研发的被动局面，不具备前瞻性、主动性研发能力；二是尚有不少企业创新意识和技术基础薄弱，缺乏关键核心技术，企业产品以低端产品为主，利润空间微薄，持续高质量发展的后劲不足；三是虽然行业专利数量多，但发明专利占比小，特别是缺乏市场引领性的高质量发明专利占比较小，专利技术转化为生产力的能力不强。

创新能力不强的原因主要有以下几个方面：

（1）创新成本高，创新源动力不足。一方面，通用机械行业整体利润率低，巨大的研发投入因没有持续的市场销售支持而难以消化；另一方面，缺乏保护创新的市场体制和环境制度，企业创新成果得不到有效的法律保护，轻易被转移、仿制、抄袭，使企业创新成本投入与市场收效不匹配，企业的创新动力受挫而难于持续。

（2）以企业为主体的创新体系难以实现。受人才、体制、成本等诸多因素的制约，企业很难完全依靠自身资源力量形成较强的创新能力；而产学研用创新平台在实际操作中成效有限，创新研究成果真正实现产业化的难度较大，以企业为主体的创新体系建设不容易实现。

（3）产业共性技术基础研究缺位。尽管拥有一批国家级实验室、工程中心和各种创新平台，但受体制机制的制约，行业基础共性技术研发职能缺失，对行业技术创新的支撑作用不强，很难解决目前制约行业发展的具有战略意义的“卡脖子”技术难点和共性问题。

（二）产能矛盾加剧恶性竞争

长期以来，通用机械行业持续存在高端产品缺乏、中低端产品产能过剩的问题，结构性过剩特征明显。“十三五”期间，在行业总体产能已经过剩的基础上，基于阶段性、局部性市场需求的不平衡，行业部分企业过高预估未来市场及自身能力，仍有不少资金用于新建、扩建产能，导致企业产品同质化现象普遍存在，产能矛盾日益突出。

受产能过剩、经济发展放缓导致的市场需求疲软以及招投标制度的不完善等多重因素影响，市场竞争愈加激烈，企业无法获得技术与产品的真正价值体现和合理的利润空间。部分企业不惜以牺牲产品质量低价换取市场、维持生存，造成劣币驱逐良币的恶性竞争环境，严重制约了行业的健康发展。

（三）人才短缺制约行业发展

人才匮乏是通用机械行业面临的重要问题，特别是创新人才、管理人才、高技能产业工人以及应用型人才的不足，制约了行业创新发展。

我国机械行业因薪资待遇、体制机制、资源能力等多种原因在吸引高端人才、高技能人才等方面受到制约；很多中小企业受限于地域及所属行业特点，在招工方面受到排挤，影响了企业的良性发展。

（四）企业营商环境亟待改善

作为传统制造业，通用机械行业企业的经营负担仍然较重，特别是中小型民营企业，经营压力较大，企业自我持续发展能力不强，营商环境亟待改善。主要表现在以下几个方面：

（1）资金链紧张，税赋、债务负担沉重。一方面，企业人力成本较高，各项税赋压力大；另一方面，恶性竞争及财务管理制度不健全等问题导致企业应收账款长期居高不下，这些都加重了企业资金链紧张并陷入恶性循环。

（2）融资难、融资贵仍然是中小企业尤其是民营企业面对的问题之一。很多企业在融资过程中因融资渠道不畅，靠短期高利贷来缓解资金压力，极大地增加了融资成本及风险，企业经营举步维艰。

（3）行业企业在产业链中处于弱势地位，特别是在垄断行业、大型客户群体中缺少话语权。企业在经营中时常面对垫资生产、拖欠货款、不合理付款方式等霸王合同条款。行业企业无法直接享受到国家一些普惠降税政策的红利。

四、“十四五”行业发展面临的形势

目前，世界政治经济环境复杂多变，全球范围内的新冠肺炎疫情持续蔓延，给未来的经济发展带来很多不确定性，对制造业今后的市场发展造成较大的影响。与此同时，我国已进入高质量发展阶段，制度优势明显，治理效能提升，以国民经济畅通循环为主、国内国际双循环的市场导向为通用机械行业的发展带来新的挑战。“十四五”时期，通用机械行业的挑战与机遇并存。

（一）国际复杂经济形势的风险和深远影响

1. 逆全球化倾向对保障产业链安全的新要求

近年来，国际政治格局和经济环境发生了巨大变化，全球政治、军事、经济形势呈现局部动荡。美国发起的贸易摩擦持续蔓延且不断升级，国际经济与贸易格局面临重构，全球商业信心减弱，经济增长全面放缓。这将对我国制造业的国际竞争力造成较大负面影响，并严重威胁我国产业链的安全。

通用机械行业承担着国民经济主要能源领域诸多关键技术装备的配套任务，多年来，石油石化、电力、煤化工、天然气、冶金等领域的重大装备基本实现了国产化，但目前仍有少量高端产品依赖国外进口，一些重点产品的核心零部件、关键基础材料对外依存度依然偏高。这成为影响我国机械工业高质量发展的较大隐患。

2. 新冠肺炎疫情在全球蔓延的深远影响

新冠肺炎疫情给我国的经济发展带来更多的不确定性。由于全球疫情的不断蔓延和局部失控，世界经济面临较大的衰退风险，市场的恐慌情绪不断升级，贸易、经济脱钩的声音不断出现，全球产业链格局将在动荡中不断出现变化，世界经济下行风险会愈演愈烈，不稳定、不确定性因素显著增多，没有哪个国家能独善其身，躲过这场疫情的冲击。

从宏观层面看，全球化疫情将从需求端、供给端对我国制造业造成多维度冲击。面对今后常态化的疫情防控，通用机械行业在保障防疫与生产并举的同时，应准确认清局势，从阶段性危机和困境中寻求机遇，推进产业结构优化升级，增强应对外部挑战的能力。同时关注全球经济态势变化可能带来的产业链重构，捕捉更多的发展机遇。

（二）国内经济发展环境的机遇与挑战

1.国家“十四五”发展目标和2035年远景目标

党的十九届五中全会提出了2035年我国将实现的目标：经济实力、科技实力、综合国力将大幅跃升，经济总量和城乡居民人均收入将再迈上新的大台阶，关键核心技术实现重大突破，进入创新型国家前列。基本实现新型工业化、信息化、城镇化、农业现代化，建成现代化经济体系。

“十四五”时期经济社会发展主要目标之一是经济发展取得新成效。在质量效益明显提升的基础上实现经济持续健康发展，增长潜力充分发挥，国内市场更加强大，经济结构更加优化，创新能力显著提升，产业基础高级化、产业链现代化水平明显提高。

2.构建双循环新发展格局

在国际政治、经济、科技、文化、安全格局都在发生深刻调整的新形势面前，我国将坚定实施扩大内需战略，把满足国内需求作为推动高质量发展的出发点和落脚点，加快培育完整内需体系，畅通国内大循环，促进国内国际双循环，全面促进消费，拓展投资空间。加快形成以国内大循环为主体、国内国际双循环相互促进的新发展格局。

通用机械行业长期以来立足两个市场，依托国内市场和产品优势，不断在国外市场耕耘开拓，扩展企业更广阔的市场发展空间。未来以国内大循环为主体、国内国际双循环相互促进的新发展格局将对行业市场发展产生重要影响，更高质量发展要求的国内需求将是行业聚焦的主战场。

3.“双碳”目标推动行业发展

2020年9月22日，习近平主席在联合国大会上代表中国政府向世界宣告：中国力争2030年前二氧化碳排放达到峰值，努力争取2060年实现碳中和。2021年3月中央财经委员会第九次会议再次强调，实现碳达峰、碳中和是一场广泛而深刻的经济社会系统性变革，要把碳达峰、碳中和纳入生态文明建设整体布局。要实施重点行业领域减污降碳行动，如期实现“双碳”目标。各省市、各大央企也都陆续提出碳达峰、碳中和目标和具体行动计划。

“十四五”时期是碳达峰的关键期，围绕“双碳”目标，构建清洁低碳安全高效的能源体系，控制化石能源总量，着力提高能源利用效率，实施可再生能源替代行动，是未来能源发展的唯一选择。煤炭清洁利用、油气储运、先进核电装备等能源装备领域的发展为通用机械产品提供了更多的机会和更广阔的发展空间，也提出了更高的要求。

4.坚持创新驱动的发展理念

习近平总书记指出，实施创新驱动发展战略，是加快转变经济发展方式、提高我国综合国力和国际竞争力的必然要求和战略举措。创新是推动传统产业改造提升、促进新兴产业加快发展的动力源泉。“十四五”时期，我国将坚持创新在现代化建设全局中的核心地位，深入实施创新驱动发展战略，加快建设科技强国。实施创新驱动战略，将推动制造业高质量发展，强化工业基础和技术创新能力；培育新兴产业集群，发展新业态新模式，促进平台经济、共享经济健康成长。

围绕创新驱动和保护国家产业链安全，将促进基础技术和共性技术研究的深入，推动装备制造业更多尚未实现国产化的高端产品核心技术取得突破；各领域创新催生的新发展动能、新兴市场需求将对通用机械行业技术发展、产品发展以及经营模式等提出新的要求，通用机械行业自身强化科技创新体系和能力建设、深化转型升级发展，是满足国民经济各领域需要和行业持续健康发展的必由之路。行业企业在创新发展的过程中会有更多的市场机遇，同时也面临严峻的考验。

5.加快发展现代产业体系

“十四五”时期，我国将推进经济体系优化

升级，坚持把发展经济着力点放在实体经济上，建设制造强国、质量强国、网络强国、数字中国，推进产业基础高级化、产业链现代化，提高经济质量效益和核心竞争力。提升产业链供应链现代化水平，发展战略性新兴产业，加快发展现代服务业，推进能源革命，加快数字化发展。

在产业链的升级发展中，智能制造、服务型制造成为产业发展的主攻方向。智能制造正在引发制造业发展理念、制造模式发生重大而深刻的变革，重塑制造业的技术体系、生产模式、发展要素及价值链，推动制造业获得竞争新优势。国家发展改革委等 13 部委发布了关于支持新业态新模式健康发展的相关意见，要求加快推进传统企业数字化转型，壮大实体经济新动能，发挥互联网平台对传统产业的赋能和效益倍增作用，打造形成数字经济新实体；支持建设智能工厂，鼓励产业链核心企业打造产业数据中心等。

服务型制造具有先进制造业与现代服务业深度融合的特征，是制造业的发展趋势，也是推进我国经济高质量发展的必然选择。发展服务型制造是重塑我国制造业价值链、推动产业升级的有效途径。发展服务型制造为制造业提供新的增长空间，提高制造企业的附加价值和利润率，增强企业的综合竞争优势。特别是新一代信息技术的成熟和产业化为服务型制造的发展与模式创新提供了更广阔的空间。通用机械行业需要坚持构建以数据为核心的价值创造体系，实现客户、合作伙伴等利益相关者价值共创的目标，全方位重塑战略思维、业务流程、组织架构和商业模式，打造开放共享的服务型制造企业。

6. 企业经营发展环境依然严峻

“十四五”时期，我国工业产业转变发展方式、优化经济结构、转换增长动力进入攻关期。随着资源和环境约束不断加大，劳动力成本不断上升，投资和出口增速明显放缓，经济下行压力加大，全面深化改革的任务艰巨，制造业发展面临严峻挑战。尽管国家大力推进供给侧结构性调整，加大去库存、去杠杆、去产能、补短板的力度，但淘汰行业落后产能主要依靠市场化作用，行业产能过剩与市场需求的矛盾仍然突出。

在复杂严峻的经营发展环境下，通用机械行业结构性调整的出路在于大力实施创新驱动，继续推进重大装备国产化，提升产业链和产品的迭代升级，瞄准新兴市场，细化市场需求，做专、做精、做强，形成经济增长新动力。以满足经济社会发展和国防建设对重大技术装备的需求为目标，强化工业基础能力，提高综合集成水平，实现制造业的高质量发展，塑造国际竞争新优势，坚持健康可持续高质量发展。

五、主要应用领域市场需求

（一）石油石化

石油石化产业是国民经济的重要基础产业，直接关系到国家经济的健康发展和社会稳定。伴随着国民经济的快速增长，我国石油消费量逐年递增。目前我国已成为世界上仅次于美国的石油消费大国。数据显示，2020 年国内原油表观消费量 7.36 亿 t，比上年增长 5.6%，增速较上年回落 1.7 个百分点，对外依存度为 73.5%。与此同时，国内炼油能力持续较快增长，2020 年总能力升至 8.9 亿 t/a；石油加工量达 6.7 亿 t，同比增长 3.4%。随着各地区在建大型炼化项目的相继投产，原油加工能力将持续增加，预计 2025 年我国炼油能力将达到 10 亿 t/a。我国炼油能力过剩、成品油市场供大于求的状况日益加剧，未来继续优化产业结构、加快产业布局将成为石化产业高质量运行的重要课题。在“双碳”目标引领下，石化产业也做出能源结构清洁低碳化、大力提高能效、提升高端石化供给水平、加快部署二氧化碳捕集利用、加大研发力度、增加绿色低碳投资等承诺。

由国家发展改革委发布的《石化产业规划布局方案》明确了国家集聚建设上海漕泾、浙江宁波、广东惠州、福建古雷、大连长兴岛、河北曹妃甸、江苏连云港七大基地发展石化产业，同时支持民营和外资企业独资或控股投资以促进产业升级。七大基地的配套建设及竞争主体多元化发展，带动了石化全产业链跃进式扩能，加之中石化投资

2 000 亿元打造茂湛、镇海、上海、南京 4 个世界级炼化基地，多重利好驱动，“十四五”时期将成为石油石化产能集中释放期。大型炼化一体化装置、丙烷脱氢装置、聚烯烃装置等会呈现出集中建设、集中投产势态。预计“十四五”末，我国原油一次加工能力将超过 10 亿 t/a，炼油装置能力达到 2 000 万 t/a，乙烯装置能力达到 150 万 t/a。

所有配套项目中，炼化一体化项目成为石化行业转型的一致选择。除中石化镇海炼化、中海油惠州、恒力石化等几个项目开工建设或投产外，其他如连云港石化产业基地的盛虹炼化、山东裕龙岛、河北旭阳等数十个大型炼化一体化项目也都陆续启动。

通用机械行业的主要产品都是石油化工装置中的关键设备，如空分设备、泵、风机、压缩机、阀门、分离机械、冷却设备等。但目前新建大型装置多采用国外技术和工艺包，国内尚未完全掌握一些关键工艺和设备的核心技术，是石油石化产业高质量发展的最大瓶颈，也是通用机械行业重大装备国产化的重点。因此，未来研发炼化一体化项目中大型化、集成化、智能化、高端化的国产装备仍然是通用机械行业重点攻关的任务。

（二）煤炭深加工

我国是产煤大国，目前探明可采储量 1 145 亿 t，排名世界第三。在我国化石能源总储量中，煤炭资源储量占 94%，而石油和天然气仅分别占 5% 和 1%。由于传统煤化工产能过剩以及原油价格一路走低，加之我国制定的碳达峰、碳中和目标，煤炭消费未来将处于下降趋势。但限于我国多煤、少油、少气的自然条件，适度发展煤炭深加工产业，通过新型煤化工获得石油替代品，解决油气不足问题，仍然是国家能源战略技术和产能储备的必然举措。因此，现代煤化工加快减碳步伐、实现低碳转型已成当务之急。

国家能源局发布的《煤炭深加工产业示范“十三五”规划》在明确煤炭深加工产业发展定位的同时，也为未来煤炭清洁低碳高效利用指明了方向。该规划内容涵盖了煤制油、煤制天然气、低阶煤利用、煤制化学品、煤与石油综合利用等方面，包括 14 个示范项目和约 25 个储备项目，年投资规模近千亿元。大型煤气化、加氢液化、低温费托合成、甲醇制烯烃技术将进一步完善；百万吨低阶煤热解、50 万吨级中低温煤焦油深加工、10 亿立方米级自主甲烷化、百万吨级煤制芳烃等技术将完成工业化示范。由于各种原因，目前规划的项目中已投资建设的较少，可能会陆续启动。预计“十四五”末，我国煤制油、煤制天然气、低阶煤分质利用产能将分别达到 1 800 万 t/a、250 亿 m^3/a 和 2 500 万 t/a。

多年来，我国现代煤化工技术、工艺、装备都取得了长足进步，关键技术水平跃居世界领先地位。但目前背景下，产业整体仍需加大技术升级示范，并积极探索二氧化碳驱油等 CCUS 技术的开发和利用。“十四五”时期，大型先进煤气化技术、煤制油、煤制天然气、低价煤分质利用、煤炭综合利用等关键技术和设备要取得工业化突破。

为满足煤炭深加工领域的未来发展需要，通用机械行业关键设备［如 12 万 m^3/h 以上的特大型空分装置、大型气体压缩机、膨胀机、各类煤化工泵（两相流泵、进料泵、甲醇泵）、千万吨级工艺泵以及耐腐蚀、高温高压差调节阀等特殊阀门］要实现国产化研制和应用。

（三）油气集输

近年来，随着全球能源向低碳能源转型，天然气的地位进一步提升，2020 年我国天然气消费量 3 253.6 亿 m^3，占一次能源消费的 8.5%，对外依存度为 42%；预计 2030 年天然气消费量将达 6 000 亿 m^3，对外依存度将超过 50%。2030 年前后天然气将可能超越煤炭成为全球第二大能源。

国家发展改革委、国家能源局联合发布的《中长期油气管网规划》指出，对天然气进口通道要坚持“通道多元、海陆并举、均衡发展”的原则，预计到 2025 年基本形成“海陆并重”的通道格局。届时全国油气管网规模达到 24 万 km，其中原油、成品油、天然气管道里程分别为 3.7 万 km、4.0 万

km、16.3 万 km，原油管道进口能力达 1.07 亿 t，原油海上进口能力达 6.6 亿 t。天然气消费规模不断扩大，储运能力明显增强，并形成“主干互联、区域成网”的全国天然气基础网络；在全国范围内逐渐形成东北、华北、西北、西南、中西部和中东部等六大储气调峰中心，加快地下储气库建设，到 2025 年实现地下储气库工作气量达到 300 亿 m^3，预计 2030 年将超过 400 亿 m^3。

“十四五”末，天然气在能源消费中的占比将达到 12%，初步建成国家油气管网的全覆盖。这将给油气集输（包括常规天然气、页岩气、煤层气及液化天然气）及储运等产业带来广阔的市场。

1. 页岩气开采

随着“减少煤炭消费，增加清洁能源使用”的理念不断推广深化，以页岩气为代表的非常规清洁能源逐渐受到重视。而我国丰富的页岩气储量更是为整个行业发展提供了一个极佳的条件。数据显示，目前我国页岩气储量高达 31.6 万亿 m^3，遥遥领先于其他国家。

未来我国页岩气产业将会加快发展，海相、陆相及海陆过渡相页岩气开发均获得突破，新发现一批大型页岩气田，并实现规模有效开发，2030 年实现页岩气产量 800 亿～1 000 亿 m^3。2019 年财政部出台关于《可再生能源发展专项资金管理暂行办法》的补充通知，确定了多采多补的补贴新政策，给页岩气开发相关企业提供了较大的发展空间。

2. 煤层气开采

我国煤层气资源丰富，统计数据显示，埋深 2 000m 以上浅煤层气地质资源量约 36.8 万亿 m^3，主要分布在华北和西北地区。“十三五”期间新增煤层气探明地质储量 4 200 亿 m^3，建成 2～3 个煤层气产业基地，煤层气（瓦斯）抽采量达到 240 亿 m^3。我国煤层气产量规模在即将突破百亿立方米的基础上，预计到 2025 年达到 145 亿 m^3 左右。

3. 天然气液化及接收

随着液化天然气（LNG）生产技术的进步，天然气交易除依靠管网传输外，还以贸易形式走向全球。全球 LNG 贸易量连续多年保持稳健增长，2020 年创新高，达到 3.6 亿 t，预计 2030 年全球 LNG 的需求量将达 4.5 亿 t。而国际上大型 LNG 项目一般工程投资额高，天然气液化与接收装备的市场潜力巨大。

2020 年，我国 LNG 进口量达到 6 700 万 t，同比增长 11%。在“双碳”目标的背景下，LNG 需求将继续增长。“十四五”时期，预计天然气进口能力达到 1 500 亿 m^3，天然气（含 LNG）储运能力达到 400 亿 m^3，液化天然气接收站新建待建 30 座以上，接收能力达到 1.5 亿 t/a。

通用机械中的压缩机、泵、阀门等产品在油气集输管线领域应用广泛，“十四五”时期，无论在储气、油气输送，还是在 LNG 液化及接收站领域，通用机械行业企业都有较大的市场发展空间。

（四）电力

随着我国电力行业的快速发展，发电装机容量不断提高，并且一直保持着增长趋势。2020 年我国发电装机能力已达 22 亿 kW，其中火电装机容量为 12.45 亿 kW，占总装机容量的 56.6%；水电、核电、风电和太阳能装机容量分别为 3.70 亿 kW、4 989 万 kW、2.82 亿 kW 和 2.53 亿 kW。清洁能源装机总容量已经达到 9.55 亿 kW，占总装机容量的 43.4%。从总体布局看，火电装机容量占比在不断下降，清洁能源装机容量的占比逐年递增。在“双碳”目标下，未来新能源仍将保持快速发展势头，预计 2030 年风电和太阳能发电装机容量达到 12 亿 kW 以上，规模超过煤电，成为装机主体。

“十四五”时期，在能源布局方面，国家明确指出，要构建现代能源体系，推进能源革命，建设清洁低碳、安全高效的能源体系，提高能源供给保障能力。加快发展非化石能源，坚持集中式和分布式并举，大力提升风电、光伏发电规模；加快发展东中部分布式能源，有序发展海上风电；加快西南水电基地建设，安全稳妥推动沿海核电建设，建设一批多能互补的清洁能源基地。非化石能源占能源消费总量的比例提高到 20% 左右，形成风光水火储一体化协调发展格局。

“十四五”时期，新增煤电布局在西部和北部，东中部不再新增。同时逐步关停淘汰煤电 4 000 万 kW，到 2025 年煤电总装机力争控制在 11 亿 kW，中东部装机比例由 2020 年的 56% 下降到 52%。

风电领域预计年均新增装机容量 5 000 万 kW 以上，到 2025 年风电装机容量达到 5.4 亿 kW，其中海上风电装机容量达 3 000 万 kW。海上风能资源丰富，海上风电是风电未来发展的又一主战场。

光伏至少有约 3 亿 kW 总装机规模的增长，而分布式光伏也将会有 1 亿 kW 左右的新增规模。预计 2025 年太阳能装机容量达到 5.6 亿 kW，其中分布式能源装机容量在 1.7 亿 kW 左右，约占太阳能总装机容量的 33%。

核电作为一种可供大规模利用的清洁能源，具有不可替代的综合优势。2020 年，我国核电装机容量占总装机容量的 2.27%，考虑到我国能源状况，未来核电占比会逐渐提高。预计 2025 年核电装机规模将达到 7 000 万～ 8 000 万 kW，发展空间很大。

相对我国电源总装机，目前抽蓄电站装机占比为 1.43%，预计 2025 年能达到 3% 左右。据悉现有 2 亿 kW 以上的抽蓄电站项目在筹建阶段，“十四五”时期年投产规模 500 万～ 600 万 kW。

其他新能源（如生物质能、地热能、海洋能等）都将成为我国未来新能源发展战略中替代化石能源的重要能源。与此同时，二氧化碳捕捉利用与封存技术在“双碳”目标下必将得到快速发展。

电力行业的绿色发展将大力推进通用机械行业的技术进步和产业升级，为泵、阀门、减变速机、通风设备等企业带来新的机遇和挑战。

（五）钢铁

我国钢铁产量已经多年雄居世界首位，2020 年粗钢产量已达 10.6 亿 t，产能过剩成为不争的事实。“十四五”时期，我国钢铁行业高质量发展任务核心将聚焦在节能减排、优化布局、健康市场、提质增效、技术创新等方面。产能置换、节能改造将是未来阶段钢铁行业推动绿色低碳发展的重要途径。

通用机械产品在钢铁及建材等高耗能产业应用广泛，拥有巨大的存量市场和节能产品新生市场。调研显示，目前在线运行的高炉鼓风机、能量回收透平机组超过 1 000 台（套），节能改造需求强烈，每年市场需求为 8 亿～ 10 亿元，而量大面广的空压站同样具备广阔的节能空间。钢铁行业未来发展趋向于流程大型化、集约、高效节能化、绿色环保、智能化等方面，氢冶炼技术也成为碳达峰、碳中和目标下的新动向。轴流压缩机、能量回收透平机组、转炉（电炉）二次/三次除尘风机、节能型空压站、阀门、减速机及空分设备等作为冶金装置的重要设备，面临新的市场机会。新型节能产品的研发和市场推广应用是通用机械行业发展的重要任务。

（六）海洋工程装备

海洋储藏着大量的油气资源、生物资源和可再生资源等。近年来，加速海洋油气资源开发、提升海洋工程装备技术水平得到了国家的高度重视。21 世纪以来，海洋成为国家经济发展和对外开放的重要窗口。利用海洋资源、提升油气开采水平是我国能源发展战略的重要组成部分。

海洋工程装备制造是我国实施海洋强国战略的重要基础和支撑。工业和信息化部、国家发展改革委等八部委联合印发的《海洋工程装备制造业持续健康发展行动计划（2017—2020 年）》强调，我国持续发展海洋工程装备制造业，提升国际竞争力，产品结构迈向中高端，力争早日步入海洋工程装备总装制造先进国家行列。这一发展行动计划为海洋工程装备的发展指明了方向。

在国家一系列政策的引导下，我国海洋工程装备技术水平进步明显，未来海洋工程装备将呈现作业环境复杂化、装备规模大型化、浅海固定平台作业转向深海半浅平台作业等趋势。通用机械行业的风机、压缩机、泵、齿轮箱、阀门等服务于海洋领域的产品未来有一定的市场空间。

（七）氢能

加快氢能的开发与利用是解决环境、资源压力的必经之路，是国家可持续发展的重要举措。目前氢能产业的发展在世界各国备受关注，氢能及燃料电池技术是促进经济社会实现低碳环保发展的重要创新技术，已经在全球范围内达成了共识。多国政府都已出台氢能及燃料电池发展战略路线图，美国、日本、德国等发达国家更是将氢能规划上升到国家能源战略高度，氢能开发与利用已成为发达国家能源体系中的重要组成部分。

“十三五”以来，我国从地方到国家层面也纷纷推出促进氢能及燃料电池产业发展的各项利好政策。未来氢燃料电池汽车、变压吸附制氢及储运等技术将迎来更多的发展机会。在氢燃料电池汽车技术规模化示范运行的基础上，预计到“十四五”末，实现氢燃料电池汽车技术的推广应用，商用车规模达到 1 万辆，乘用车规模达到 4 万辆；到 2030 年，实现氢燃料电池汽车的大规模推广应用，氢燃料电池汽车产销规模达到 50 万辆。届时，国内还规划建成加氢站 1 000 座，隔膜加氢压缩机、氢循环泵、氢储运设备等产品将迎来历史性的市场机遇。

目前我国氢能和燃料电池全产业链中多项核心技术与国外先进水平差距明显，如先进电解水制氢、中长距离管道输氢、天然气掺氢运输、燃料电池电堆核心材料、70MPa 加注核心技术装备、高压氢气压缩机等。解决氢能核心技术问题是一个系统工程，需要行业相关人员在基础研究、技术攻关、试验配套及产业化的过程中共同努力。

（八）新型城镇化和绿色低碳发展

“十四五”时期，优化国土空间布局、推进区域协调发展和新型城镇化是我国实现发展目标的重要举措。我国将完善新型城镇化战略，构建高质量发展的国土空间布局和支撑体系。要构建国土空间开发保护新格局，推动区域协调发展，推进以人为核心的新型城镇化。要加快推动绿色低碳发展，持续改善环境质量，提升生态系统质量和稳定性，全面提高资源利用效率。

近年来，国家大力提升城市化建设水平，国务院出台了以“水十条”为纲领的各项环保产业政策，大力支持节能环保产业。污水处理是环保产业的重要领域。随着污水处理厂数量的增加，污水处理能力提升，我国污水年处理量大幅提升，水污染治理效果显著，2020 年污水处理量已超过 530 亿 m^3。预计“十四五”时期国家在该领域的投资仍会持续增长，年投资在 1 万亿元以上。该领域的发展对智能化、信息化、自动化技术的需求会越来越高，对通用机械产品提出了更高的要求，绿色环保的水处理设备、压缩机、风机、清洁泵、管线调压阀、排气阀、自力式控制阀等产品都将具有巨大的市场。

六、“十四五”行业发展思路与目标

（一）发展思路

在习近平新时代中国特色社会主义思想指引下，紧密围绕我国经济发展提质转型的总体要求，以新旧动能转换为动力，以绿色低碳、数字智能为方向，抓住新一轮科技革命引领产业发展的战略机遇，围绕实现“碳达峰、碳中和”目标以及国民经济内循环为主体、国内国际双循环相互促进的市场需要，全面提升通用机械行业发展实力。

继续大力推进重大技术装备国产化，补足短板，满足国家重点能源工程和国民经济重点领域建设需要；以国家产业政策为导向，积极应对国际形势变化，加大技术创新力度，提升产业基础能力和产业链水平，深化产业结构调整，形成具有国际竞争力的通用机械工业体系，实现通用机械工业从规模优势向质量优势的转变。

（二）发展目标

“十四五”时期，通用机械行业要继续深化供给侧改革，进一步转变传统发展方式，稳中求进，实现新的发展目标。

1. 行业经济运行

行业经济运行保持稳定，实现适度增长。提升行业经济运行质量，通过调整与发展，使行业利润水平明显改善。

2. 产品技术水平

重大技术装备国产化与示范应用得到全面提升，基本解决石化、电力、油气集输、天然气液化、煤炭深加工等重点领域重大技术装备的短板，在氢能领域取得一定突破，并实现工程化、产业化水平显著提高。

通用机械行业的中高端产品比例明显提高。到 2025 年，在风机、压缩机、泵、阀门、气体分离设备等重点产品领域，中高端产品占比达到 60% 以上，产品的设计、制造核心关键技术与国际先进水平的差距明显缩小。

继续加大节能技术与产品的开发，在风机、压缩机、泵等重点产品领域，节能产品占比达到 60% 以上，系统节能水平显著提高。

3. 产业转型升级

促进发展围绕产业链多元化经营的大型企业集团。到 2025 年，全行业形成 10 家工业总产值达 50 亿～ 100 亿元、具有较强综合竞争能力和行业引领能力的大型企业集团。

加强行业企业创新发展能力。到 2025 年，行业 50% 以上的企业拥有市级以上研发中心，重点企业技术研发投入占销售收入的 3% ～ 5%。

以创新驱动行业深化产业结构调整，促进转型升级发展；骨干企业实现从制造型企业向制造 + 服务型企业的转变。大力发展智能制造、绿色制造，智能化产品和制造过程智能化水平显著提高。

4. 产业国际化水平

依托“一带一路”建设，大力拓展国际市场。到 2025 年，行业工业产值中出口产品的产值占比达到 15% 以上，并实现中高档产品出口占比明显提高。

提升通用机械产品的国际市场竞争地位，在大型空分设备、大型压缩机组、天然气集输设备等重点产品领域，形成 5 ～ 10 个具备国际先进水平和竞争能力的优势品牌。

5. 产业标准化水平

进一步夯实标准化发展基础，构建国家标准、行业标准、团体标准、企业标准一体化协调发展的行业标准化体系，推动团体标准大力发展。到 2025 年，实现团体标准占比明显提升。

提高标准的国际化水平，强化国际标准的转化。在现有基础上，国际标准转化率显著提高，推动基础标准、检测方法标准、能效标准与国际接轨。

加强标准的宣传贯彻力度，构建标准、检测、评估、认证相结合的推广应用体系，有效提升标准的采标率。

七、“十四五”行业发展任务与发展重点

（一）行业发展重点任务

1. 强化产业基础研发能力

进一步完善产业创新体系，提升整体创新能力，依托高等学校、科研院所和具有行业优势的企业，推进体制机制健全、资源共享优势互补、具有较强技术推广能力的产业技术研发平台建设。

结合目前产业发展的基础薄弱环节及制约行业发展的“卡脖子”问题，组织开展跨行业、跨领域、跨区域、政府引导、金融支持的“政 - 产 - 学 - 研 - 用 - 金”协同创新。借助国家科技计划等技术创新支持政策，通过开展应用基础、产业共性关键技术和工程化示范研究，着力攻克一批共性关键技术，解决行业发展中的重大技术难题。在此基础上，建立适合于通用机械行业的创新性设计理论与方法、制造技术及工艺，通过长期努力，形成拥有自主知识产权的核心关键设计软件。

加大企业技术研发的投入，健全企业主导产业技术研发的体制机制，促进技术、人才等创新要素向企业集聚，强化企业技术创新主体地位和主导作用。加速新产品开发，提高产品的科技含量，提升各项性能指标和质量，摆脱同质化困境，占据市场主动权。鼓励有条件的企业加强技术研发机构和重点实验室的建设，更多行业骨干企业争取进入建设国家实验室的行列，带动行业中小企业创新发展，提升行业整体技术水平。

在提升基础研发能力的同时，需要加强创新型高端人才队伍的培养。一方面，充分利用高校人才资源；另一方面，企业要加速培养复合型高端人才。

2. 提升产业链综合水平

在国家产业政策指导和支持下，继续以企业为主体，聚合产、学、研、用各方力量，建立具有行业特色的产业联盟，促进制造企业和科研机构的技术与产品发展更加贴近工程应用和市场要求。在已有的技术优势基础上，补强技术短板，强化在产品核心关键配套件以及材料、密封等基础配套领域的技术合作，促进产业链上下游的系统性、协同性和完整性，提升产业链整体水平。

国家“双碳”目标的提出，必将加速能源替代和能源行业的转型，促进新能源新技术革命。行业企业应加强与能源、炼化等行业的融合，密切关注能源转型中新技术的发展，加速相关产品和技术的研发和升级。

促进形成一批具有国际竞争力的创新型领军企业，带动通用机械行业和产品上下游企业提高核心竞争力，增强产业的活力。深化实施知识产权战略，提升企业知识产权运用能力。统筹规划产业链关键环节的专利布局，在关键核心技术领域形成一批专利组合，构建支撑产业发展和提升企业竞争力的知识产权储备，打造企业向产业链高端跃升的能力和抵御国际复杂环境风险的能力。

3. 继续推进重大技术装备国产化

重大技术装备是制造业实力与水平的体现，是关系国家安全和经济命脉的核心要素。“十四五”时期，将继续推进重大技术装备的国产化进程，防范化解产业风险，保障国民经济健康发展。

继续保持并巩固在煤化工、大型石油炼化、长输管线、超（超）临界火电、核电、新能源等领域取得的成绩，不断提高重大装备的技术水平和产品质量，优化性能指标，提高产品可靠性，加快完成产品的标准化系列化工作，用成熟、完美的产品满足各种市场需求；以重大装备国产化为切入点，带动相关配套产品、上下游产品的技术进步与质量提升，逐步实现全产业链的国产化。

在已完成的百万吨乙烯“三机”、天然气长输管线关键设备、百万千瓦核电泵阀、10 万 m^3/h 大型空分设备及配套空气压缩机、百万千瓦超(超)临界火电机组关键阀门和天然气液化装置基础上，继续扩大优势，完成石油化工领域 150 万 t/a 及以上规模乙烯装置压缩机、12 万～ 15 万 m^3/h 等级以上特大型空分装置及压缩机、大规格（直径大于 1 600mm）特种刮刀卸料离心机、天然气领域 300 万 t/a 以上 LNG 装置配套冷剂压缩机、新型储气库用压缩机及汽车行业更高检测精度的氦检漏真空设备等重大装备的研发与应用。

开辟重大装备产品在新市场、新领域的应用，如一体式高压注气压缩机、大型储气库压缩机、90MPa 高压加氢压缩机、大型煤浆泵、高温熔盐泵、大功率平行轴齿轮箱、磁悬浮分子泵、海水淡化能量回收装置、大型绕管式换热器、LNG 大口径高压力深冷阀门及低温泵等，明确战略导向，加速核心技术攻关，研发技术过硬的大国重器，加快迈入全球产业链的中高端行列。

4. 深化行业转型升级发展

加快转型升级是增强市场竞争力、实现可持续发展的必然选择。在市场产能过剩的矛盾短期内难以化解的严峻环境中，需进一步深化行业转型升级发展，以新动能带动拓展企业的发展空间。

推进细分市场发展。通用机械产品应用于国民经济各个工业领域，庞大的内需市场是行业发展的基本保障。随着用户领域新技术、新工艺的发展，用户对产品的功能、品质要求不断细化，市场越来越呈现多元化特性，细分市场孕育着更加巨大的市场空间。通过研究用户细分市场的不同特点，明确对不同层次产品的需求，有针对性地开发产品、销售产品，在细分市场中获得新的市场生机。

推进服务型制造发展。充分利用新一代信息技术，立足产品全生命周期内用户的需求，为用户提供针对性的设计、系统解决方案、撬装集成、工程承包、运维服务、更新改造等多维度、全方位服务，推动零件标准化、配件精细化、部件模块化和产品个性化重组，加快更多企业从单一设备制造商向制造服务商的转变；围绕产业链上下游延伸发展，利用自身技术优势，开发产品周边市场，形成依托通用机械产品的新产业链，扩展企业经营空间；整合行业资源，加大培育发展服务型制造示范企业，培育发展具有核心技术的系统集成商，培育发展行业运维服务企业，形成行业服务型制造骨干力量，带动全行业服务型制造更好地发展，使工业服务产值占行业总产值的比例进一步提高。

推进精益生产管理。针对不同生产特点，培养精益企业文化，通过生产流程优化再造、细化流程管理、提高信息化应用水平等途径实施精益化生产，推动提升产品品质、降低生产成本、缩短交货期和提高企业生产效率，促进企业提高综合管理水平，使企业具备更强的市场竞争优势，助力企业持续健康发展。

推进塑造质量品牌。聚焦质量品牌发展，依托国家质量提升相关政策及国内国际质量体系认证，规范企业管理，形成全方位推进质量品牌建设的运行机制。同时大力推进先进质量管理方法，广泛开展各种质量品牌提升活动，打造出更多市场竞争力强、品牌价值高的优势企业和品牌，提升行业企业在全球产业分工和价值链中的地位。

5. 以智能制造引领行业提升

智能制造是制造业转型升级的重要途径，智能制造的理念对未来产业发展和分工格局将带来深刻影响，推动形成新的生产方式、产业形态和商业模式。

通用机械行业需着眼未来，统筹谋划，积极应对挑战，抓住全球制造业分工调整和我国智能制造快速发展的战略机遇期，充分发挥通用机械智能制造联盟的作用，聚焦制造过程关键环节，从基础条件较好且需求迫切的企业中遴选一批智能制造试点示范项目，总结形成有效经验和模式，在行业中大规模移植、推广。

选定的行业企业以智能制造为主攻方向，积极推动应用信息化、数字化、网络化及智能化技术，同时在企业管理体系、流程制度、标准规范等方面做好技术储备，为未来的智能运营、智能化生产及网络化协同奠定扎实的基础，进而构建新型制造体系，实现标准化、数字化设计、制造、交付，企业以高效率、高质量的生产方式，制造出更具个性化、智能化、服务化的产品，促进制造业向中高端迈进，培育经济增长新动能。

6. 坚持绿色发展理念

在“碳达峰、碳中和”背景下，通用机械行业的绿色发展势在必行。要依托绿色发展理念，围绕钢铁、有色、化工等传统服务领域的绿色升级，为用户提供高技术含量、高可靠性的绿色节能产品。以产品全生命周期资源能源消耗和环境负荷最小为目标，按照绿色设计理念，采用模块化、集成化、高可靠性等绿色设计方法，规划产品的绿色化解决方案，提高产品绿色化程度，建立相关绿色标准，推动行业绿色化发展。

通用机械中的风机、压缩机和泵等产品都是工业流程中的耗能大户，加大节能产品的研发和推广应用是行业转型升级的关键。“十四五”时期，要继续做好节能技术及产品的研发和推广工作，继续推出一批“能效之星”产品，大幅提高节能产品的比例。通过推广高技术节能产品，激活产业发展新动能，带动相关产品向高端、高效、精细迈进，推动行业高质量发展。同时，要从产品制造向应用服务拓展，指导用户选好产品、用好产品，使产品运行在高效工作区，以实现真正的节能。

加快实施行业企业的绿色改造升级，开发、推广产品制造过程的节能新工艺，提高设备利用率，加强环境污染治理，强化技术创新和管理，增强绿色精益制造能力，大幅降低能耗、物耗和水耗，建设绿色工厂，实现厂房集约化、生产洁净化、废物资源化、能源低碳化，实现通用机械行业的绿色高质量发展。

7. 培育推进共享制造新模式、新业态

通用机械行业中小型企业占大多数，很多企业的产品品种相似度很高。企业普遍存在低端加工能力过剩，大型、高端、精密制造能力缺乏的情况。依托国家《关于加快培育共享制造新模式新业态 促进制造业高质量发展的指导意见》的政策引导，不断优化行业制造资源配置，培育推进共享制造新模式、新业态，是通用机械行业走向高质量发展的有效途径。

要以实力雄厚、技术先进的大型机械加工企业为龙头，培育通用机械制造能力共享中心。聚焦加工制造能力的共享创新，重点发展汇聚生产设备、专用工具、生产线等制造资源的共享平台，发展多工厂协同的共享制造服务，集聚中小企业共性制造需求的共享工厂及以租代售、按需使用的设备共享服务。

以大型科研院所、大专院校为龙头，组建产学研用创新联盟，培育通用机械创新能力共享中心。围绕中小企业、创业企业灵活多样且低成本的创新需求，发展汇聚社会多元化智力资源的产品设计与开发能力共享平台，扩展科研仪器设备与实验能力共享。

以大型企业或大型工程公司为龙头，培育通用机械服务能力共享中心。围绕物流仓储、产品检测、设备维护、验货/验厂、供应链管理、数据存储与分析等企业普遍存在的共性服务需求，整合海量社会服务资源，探索发展集约化、智能化、个性化的服务能力共享模式。

8. 提高行业标准化水平

以国家《深化标准化工作改革方案》精神为指导，树立创新、协调、绿色、开放、共享的新发展理念，建立健全团体标准体系，进一步创新团体标准管理机制，强化团体标准的实施与监督，有效支撑行业创新发展和产业结构升级。

（1）构建与国家标准、行业标准协同发展的新型团体标准化体系。通过梳理通用机械行业标准化现状，围绕行业技术创新与健康发展对标准化的多方面需求，明确通用机械行业标准化发展的薄弱环节。协调国家标准和行业标准的发展目标与重点，针对标准空白和急需的标准化领域，大力推进发展团体标准。努力构建团体标准与国家标准及行业标准协同发展、互动互补的新型行业标准化体系。

（2）不断完善团体标准发展机制。要建立完善通用机械行业团体标准管理和工作机制，提高各专业行业团体标准工作水平，强化规范程序管理，保障团体标准的科学性、先进性、合理性，符合国家产业政策和行业健康发展的要求，完善知识产权政策，使通用机械行业团体标准工作得到持续稳定发展。

（3）加强团体标准产业链合作。以开放的原则发展团体标准，加强与上下游产业链各领域相关机构的交流与合作，共同探讨产业发展中的共性问题和制约产业发展的主要薄弱环节，特别是针对用户在产品选型、使用、检维修及再制造等方面的标准空白，联合开展团体标准工作，共同制定双标号团体标准，在上下游产业链共同推广实施。以团体标准为纽带，加强产业链协调发展和技术水平同步创新提升，促进通用机械行业带动零部件产品技术发展和满足用户领域产业发展需求。

（4）推进团体标准国际化。要推进通用机械行业团体标准的国际化进程，各专业行业探索加强与国际标准化组织机构的交流与合作，积极参与国际标准化活动；跟踪国际标准发展情况与趋势，围绕通用机械行业拓展海外市场的需要，在团体标准的制定过程中加大对国际标准的对接与转化工作力度，加快企业质量及运营管理模式对接，取得国际性准入许可认证，提升企业参与国际市场竞争的能力；推进在国际市场宣传推广通用机械行业团体标准，组织行业企业到国际平台参加各类展会、开展交流合作，为通用机械产品“走出去”提供标准化支撑。

（5）建立并完善行业检测机构体系。依据团体标准的特性和发展需要，进一步培育发展行业检测机构，推进质监系统检测机构、企业检测机构、其他社会化检测机构加强和完善针对通用机械产品及技术的检测能力，构建覆盖面广、条件完善的检测机构体系，为通用机械行业团体标准发展提供有力保障。

（6）依托团体标准发展评估、认定、认证，促进采标实施。充分发挥团体标准以市场需求为导向的技术引领作用，依托团体标准开展相关的评估、评定、认证等工作，突出团体标准的特色优势。通过评估、认定、认证，扩大团体标准的影响力，促进企业采用先进的标准，发展适应新业态需求的质量管理模式，推动质量管理向全供应链、全产业链、产品全生命周期延伸。同时依托团体标准，通过评估、认定、认证等方式，促进企业规范运营、行业健康发展。

（二）行业重点发展的技术与产品

1. 关键技术研究

（1）高效节能技术。围绕通用机械行业风机、压缩机、泵、冷却设备、干燥设备、气体净化设备、大型空分设备及系统开展高效节能技术研究。具体研究内容如下：

1）开发高效节能气动模型和泵水力模型，在此基础上形成相应的创新性设计理论与方法。

2）持续开展高效密封、减阻涂层、油/水润滑节能轴承、磁力轴承、气浮轴承、高效换热器等节能技术的研究与应用。

3）研究天然气管道掺氢技术对压缩机的影响。

4）吸附式干燥器工作流程的优化研究及变负荷冷冻式干燥机节能技术的应用。

5）LNG冷能利用的技术研究及应用。

6）结合管网性能特点及典型机组管网特性，开展负荷管网与机组的匹配性研究。

7）重视对数据机房等高密度散热对象进行高效冷却的研究与应用，加强复合冷却方式和分季节运行模式对节能、节水的技术经济性分析。

8)以能效标准为依据,以技术及其装备为支撑,以降低一次能源的消耗和提高单位能耗产值为目标，提高能源利用效率，实现过程节能、系统节能。

9）鼓励先进节能技术、信息控制技术与传统生产工艺的集成优化运用，加强流程工业系统节能。

（2）减振与降噪技术。围绕减变速机、风机、压缩机、真空泵、冷却设备等开展减振与降噪技术研究。具体研究内容如下：

1）研究地震、海况、风载、雪载等环境载荷下，各类稳态、瞬态动力响应分析，优化设备在役状态下的运行稳定性。

2）叶片尾迹噪声控制技术研究。

3）针对具体设备进行流动噪声产生机理研究。

4）双层微孔板及泡沫金属等噪声控制技术研究。

（3）先进工艺与智能制造技术。具体研究内容如下：

1）开展零部件热处理、焊接及加工过程热场分析和数值模拟，机组三维装配动态仿真。结合制造过程的大数据反馈分析，不断优化工艺，打造工艺技术新模式。

2）针对关键零部件，将精益生产理念与先进信息技术相结合，对材料极限处理、智能化一键式编程、高速高效铣削、全位置自动化焊接/修磨、智能在线监测等进行科技攻关，构建核心零部件的智能制造系统。

3）阀门关键复杂零部件的增材制造、3D打印工业制造等。

（4）新材料开发与应用。具体研究内容如下：

1）开展超低温合金、超高温合金、新型碳纤维等特殊材料的开发和应用，拓宽产品的应用领域。

2）开展耐蚀、耐磨、防粘结等类型涂层的表面处理技术研究，延长产品的稳定运行周期。

3）开展服役环境下材料疲劳性能、腐蚀疲劳性能及失效分析等研究，提高产品关键部件的使用安全性。

（5）智能控制技术。结合行业发展趋势，推进机组及成套设备运行参数监测，实现全系统设备运行能效在线分析、管理与运维，打造集故障分析、数据处理与决策支持为一体的专家系统。以云服务平台，为客户提供安全高效、持续稳定的智能设备应用体验，如一键启动的全智能型空分设备。

（6）其他技术。具体研究内容如下：

1）适合通用机械行业的碳交易方法论研究，如全生命周期分析研究；通用机械行业服务性公共平台的技术研究。

2）围绕泵、减变速机、压缩机及风机，开展转子动力学研究，提升产品安全性与稳定性。

3）围绕冷却设备，开发高效热质传递技术和物联网运行技术；开发闭式冷却塔抗冻和消雾冷凝模块应用技术；加强冷却水系统余压回收利用技术和新型高效节水的阻垢析垢复合技术的推广应用。

4）围绕行业企业生产的产品，开展针对性的仿真技术、高效的膜分离技术、高浓度废水处理技术、节水技术、超临界流体冷却技术、进风预冷低逼近度冷却技术、间接蒸发冷却技术、各种形式的干燥技术、冷却塔消雾节水技术及压缩空气的深度净化技术等研究。

5）围绕减变速机、真空智能悬浮分子泵、真空冶炼炉、真空热处理炉、真空浸渍设备和真空镀膜机等设备，开展动力—传动—控制集成一体化技术研究。

6）围绕阀门产品，突破高压、超高压安全阀设计技术；开展高温高压阀门寿命预测及在役监督技术研究；开展智能控制技术研究，包括智能操作、控制阀门（特别是核电、火电及高压加氢装置耐磨蚀高压差调节阀）、智能诊断、智能检漏及预警技术。

2. 核心产品研制

（1）大型石化及煤化工领域

1）油气开采。开采天然气、页岩气等所用的压缩机具有高出口压力、高压比的特点，对压缩机结构设计的合理性、安全性要求极为苛刻。

“十四五”时期重点在井口增压压缩机、气举压缩机、排水采气压缩机、处理厂压缩机、集气站压缩机、二氧化碳驱油压缩机、海洋平台用天然气压缩机等方面做好技术研发与新产品推广。

2）炼油化工。开发 150 万 t/a 乙烯装置乙烯制冷压缩机、丙烯制冷压缩机、裂解气压缩机，120 万 t/a PTA 装置压缩机，低密度聚乙烯装置中的高压二次压缩机，低温装置用氢气膨胀机，150 万 t/a 乙烯装置用急冷油泵、急冷水泵以及高压锅炉给水泵，炼油装置用贫胺液泵及液力透平机组，大型煤化工装置用煤浆泵、大流量甲醇泵、150 万～ 200 万 t/a 乙烯冷箱等。

开发 12 万～ 15 万 m^3/h 等级以上特大型空分设备，包括大型空气透平压缩机、增压机，大流量、高压立式多级低温离心泵，大流量、中高压膨胀机，特大型精馏塔，冷凝蒸发器，高压板翅式换热器，径向流分子筛吸附器。

开发高参数澄清型卧式螺旋卸料沉降离心机及复合型螺旋离心机。

开发大口径高温高压加氢阀、四通波纹管切换球阀、高压力等级多通道（4 通道以上）柱塞阀、多级减压耐磨控制阀、高压耐磨调节阀、超低温安全阀和高压先导式安全阀；LNG 储罐低温呼吸阀；空分设备用大口径三杆阀、高压液空节流阀、高压氧气放空全 MONEL 调节阀等。

（2）电力领域

1）核电。推动国内三代核电装置 CAP1000 反应堆冷却剂泵（50Hz）、CAP1400 反应堆冷却剂泵的应用。

开发船用小型堆屏蔽主泵，四代核电铅铋堆核主泵、电动辅助给水泵、重要厂用水泵、设备冷却水泵、额外热量导出泵，高温气冷堆的主氦风机、氦气透平压缩机组，核一级氦气隔离阀、氦气球阀，核电用水冷却塔，以及液力耦合器、罗茨风机等。

开发先导式安全阀、主蒸汽隔离阀执行机构、大气释放阀及电磁阀、限位开关等阀门及配套部件。

2）火电。实现 1 000MW 等级超（超）临界火电机组 100% 容量锅炉给水泵组国产化首台（套）工程应用。

研制高温主蒸汽闸阀、高加三通阀、主蒸汽安全阀、再热器安全阀和高低压旁路控制阀等。

（3）油气领域

1）长输油气管线。开发天然气领域用 18MW 一体式压缩机，完成 10MW 一体式压缩机试验测试并实现首台（套）应用，补全长输管线用压缩机的各类机型。

开发参数可调、最大功率超过 2 500kW 的高效多级管道输油泵。

研制天然气管线用 56in（1in=25.4mm）以上高压大口径全焊接球阀、强制密封阀、高压旋塞阀及配套的执行机构。

2）天然气液化及接收。根据城市燃气“互联互通”要求及中国设备和技术“走出去”的需要，围绕 300 万～ 800 万 t/a 天然气液化装置，开展 LNG 国产化攻关，做好技术储备。一方面，满足国内大量天然气液化接收站的需求；另一方面，在国外天然气液化市场寻求 500 万吨级别以上首台（套）示范应用的突破，未来走向更广阔的国际市场。

开发 350 万～ 800 万 t/a 天然气液化工艺技术及天然气液化装置用各类混合冷剂离心压缩机、大功率单轴离心式闪蒸汽（BOG）压缩机组（功率≥ 5 000kW，进气温度为 -160℃），液化天然气接收站闪蒸汽回收压缩机，浸没式燃烧汽化器（SCV）及卸料臂等。

开发大型铝制绕管式换热器（直径≥ 4 200 mm、换热面积≥ 30 000m^2）。

开发大功率、高/低压低温潜液泵，16in 1 500 磅级超低温上装式球阀、40in 1 500 磅级低温上装式球阀、42in 带检修仓超低温蝶阀及超低温轴流式止回阀等。

（4）钢铁领域。开发高效、高可靠性轴流压缩机，多级透平膨胀机（TRT），新一代高效（新叶型、新结构）透平膨胀机（TRT），大型离心风机高效叶型，大型（400m^3/h 以上）、高温（200℃）、高压（25MPa）矿浆泵以及大型隔膜泵和压裂泵组，节能、节水高效水蒸气喷射泵。

（5）海洋工程领域。以海洋工程项目为依托，完成海洋平台用大型天然气液化混合冷剂压缩机组样机研制，实现 200 万～ 300 万 t/a 浮式液化天然气（FLNG）装置用冷剂离心压缩机关键技术储备；加快气体分离设备、远洋船舶脱硫用泵、注水泵、外输泵、海水循环泵、海水提升泵及配套海工装备、大型舰船及 6MW 以上大型风力发电用的精密行星减速机和深海球阀、平板闸阀、止回阀等高端产品研发，不断拓宽海洋工程市场产品的成套能力。

（6）新兴市场领域。围绕天然气分布式能源、余热、环保市场，开发有机朗肯循环（ORC）透平机组；为加氢站配套的高水平高压隔膜压缩机、液驱活塞压缩机等；为氢燃料电池系统配套的高效、宽耐候性、轻质化、高洁净度空气压缩机；氢气储存、运输用的储氢罐、氢气控制阀门等；氢气液化装置设备，如氢气压缩机、板翅式换热器、氢气透平膨胀机、冷箱、阀门、液氢储罐、真空绝热夹套超低温截止阀；二氧化碳捕捉关键设备：二氧化碳压缩机（10MPa）、井口阀门等；为火电、核电和其他新能源以及余热发电机组配套或者直接提供原动力的超临界二氧化碳动力循环冷却系统。瞄准空气储能新市场，研制 100MW 空气储能用离心（往复）压缩机组、高负荷透平膨胀机及高效紧凑空气蓄热/换热器研制。

（7）其他领域关键设备

1）研制为重大装备配套（如大型离心压缩机、轴流风机、燃气轮机等）40MW 以上的高速传动装置、航空发动机高速齿轮箱和机器人 RV 减速机等。

2）开发满足信息、生物、医药和食品等行业需要的低温泵、各种结构的干式真空泵，制备 ITO 膜的磁控溅射镀膜机。

3）研发与完善高效低污染的新型粮食与农林产品干燥成套装置，综合利用可再生能源与工业余热、余能与废弃物的干燥系统及其设备。

4）开发压缩热吸附式干燥器、节能型鼓风热吸附式干燥器、节能环保型冷冻式干燥器、膜式干燥器、除菌过滤器和医用压缩空气净化过滤（抗病毒杀菌）一体机等。

5）开发胶体料液过滤与洗涤技术及成套装置，大规格虹吸刮刀卸料离心机及微滤、超滤、反渗透膜设备等。

6）开发大型开式机械通风冷却塔、寒冷地区防冻冷却塔、高位集水冷却塔、海水冷却塔、节水型消雾冷却塔、新型间接蒸发冷却塔和空冷器、干湿型冷却塔、水环热泵系统的换热塔，以及为垃圾焚烧发电厂、轨道交通电力升压站、西气东输加压站、数据中心、大型火电空冷机组配套的相关冷却设备。

八、保障措施和政策建议

（一）营造重大技术装备国产化市场环境

建议相关部委充分发挥行业组织的力量，强化推进已经实现国产化的重大技术装备产品的市场应用，促进重大技术装备产业化发展。

（1）进一步促进首台（套）政策落实到位，在重大工程项目中，鼓励行业骨干企业积极参与首台（套）示范应用，出台首台（套）产品资金支持政策，并制订具体实施方案。

（2）严格限制已完成国产化首台（套）攻关的项目进口相关设备，加大推进重大技术装备国产化后的产业化力度。对国家投资的大型建设项目提出采用国产装备的比例要求，其他大型投资项目参照政府采购要求，鼓励采购首台（套）产品。

（3）政府部门建立相关的协调机制，加强横向协调，进一步规范招投标行为，减少在项目招投标中对国产设备的歧视，营造更好的市场公平竞争环境。

（4）进一步优化首台（套）重大技术装备保险补偿机制；建立国家重大工程推进国产化装备的容错机制，为促进国产化装备的产业化发展创造有利的条件。

（二）国家及行业科技投入与奖励向产业化应用倾斜

国家及行业对重点领域的科技投入与奖励是对行业发展和技术研发方向的重要引导。建议国家、各级政府及行业各类科研基金、专项科技投入及科技奖励项目应突出重点，更加侧重产业化应用领域。

在科研资金支持项目立项、组织实施、评审验收、奖励表彰等全过程的机制体制上，更注重鼓励围绕工程化应用和市场需求相结合的科研技术攻关，鼓励以企业为主体、集产学研用各方资源共同研制的科技成果；统筹推进技术创新研发、实践验证、示范应用，实现产业化的市场应用，使科技投入在创新引领行业发展中真正发挥有效作用。

（三）推进企业减负，支持制造业企业发展

建议国家进一步强化对制造业企业的减负政策支持，特别是在降低企业用工成本及社会资源成本、加大增值税进项税额抵扣及税前抵扣力度、协调解决货款清欠、降低中小企业融资难度、杜绝违规收费等方面给予企业更多的政策支持；加强对政策实施的监督检查，使各项惠企政策真正落到实处。

通过国家及地方各级政府的相关产业政策的支持，使制造业企业获得合理、充足的利润空间。鼓励企业加大研发投入，增强创新能力，为企业持续健康发展提供活力。

（四）构建行业人才队伍支撑体系

以满足行业转型、提升发展需要为目标，通过建立切实可行的体制机制，加快培养带动行业发展的领军人才、创新型复合人才、高素质技能人才，为行业发展提供人才保障和智力支持。

促进企业、高等院校、科研机构、行业协会等各种资源相结合，发挥各自优势，并通过多种方式加强人才培育和人才队伍建设。特别是要根据行业特点强化技能岗位人才培养，以提升职业素质和职业技能为核心，建设配置合理、技艺精湛的高技能人才队伍。

（五）促进行业自律，优化企业经营环境

建议国家修改涉及企业经营的法规中相关低价中标的条款，为优质优价的产品获得市场认可提供有力的法律依据。

要通过团体标准等方式，规范行业诚信自律性要求。依托团体标准，开展认定评估与认证，建立行业自律性管理约束机制，规范企业行为，防止同业恶性竞争，促进企业诚信经营、健康发展。营造公平竞争、自律诚信的良好经营环境，为行业长远发展创造条件。

（六）充分发挥行业协会的作用

协会要充分发挥熟悉行业、贴近企业的优势，加强行业发展中的重大问题研究，积极推进产业结构调整，大力提升企业素质。

建议国家大力支持协会承接政府委托的工作，切实委托相关协会承担部分行业管理基础性工作，在制修订和实施产业政策、行业重大问题研究、制定和实施行业标准、行业重大科技投入项目、行业（企业）科技创新和管理创新成果的推广应用等方面，充分发挥行业协会的优势作用，使国家各项产业政策和措施更加有针对性地落实到位，获得更好的实效。

〔供稿单位：中国通用机械工业协会〕

泵行业“十四五”发展规划

前言

泵作为输送流体介质的通用机械设备，广泛应用于石油、化工、冶金、电力、水利、矿山、市政工程、核电和国防军工等领域。

泵行业是通用机械制造业的重要组成部分，担负着为国民经济各相关领域提供关键装备的任务。我国泵行业经过长期发展，已经成为产品种类齐全、规格完善、质量稳定的装备制造业基础产业之一，在国家经济建设中发挥着重要作用。促进泵行业健康稳定发展是满足国民经济各领域高质量发展配套需求的重要使命。

“十三五”期间，我国泵行业实现了平稳快速发展，行业规模进一步扩大，整体装备水平及自主创新能力明显提高，重点骨干企业以市场需求为导向，依托国家重大技术装备国产化，通过产学研用相结合，带动全行业不断发展，满足了国民经济建设需求。

为贯彻《中共中央关于制定国民经济和社会发展第十四个五年规划和二〇三五年远景目标的建议》精神，根据中国通用机械工业协会“十四五”发展规划编制总体要求，制定此规划，规划期为2021—2025年。本规划重点总结“十三五”期间行业取得的主要成绩，指出存在的问题，明确“十四五”时期泵行业发展思路、目标、重点任务，以期引导行业实现健康、稳定、高质量发展。

一、“十三五”行业发展概况

“十三五”期间，泵行业坚持市场导向，以重大技术装备成套为目标，形成了较完整的制造体系，有力地促进了我国石化、电力、冶金等领域重大装备国产化。全行业已形成了一批开发能力较强、加工手段齐全、制造技术水平较高的骨干企业，如沈阳鼓风机集团核电泵业有限公司、中国电建集团上海能源装备有限公司、重庆水泵厂有限责任公司、上海凯泉泵业（集团）有限公司、大耐泵业有限公司、襄阳五二五泵业有限公司、山东双轮集团股份有限公司、上海凯士比泵有限公司、上海东方泵业（集团）有限公司、上海连成（集团）有限公司、天津泵业机械集团有限公司、石家庄工业泵厂有限公司、大连深蓝泵业有限公司等。行业重点骨干企业的设计能力、生产规模、加工设备等基本达到国际先进水平。

目前国内泵行业规模以上企业1 000余家，实现年主营业务收入近2 000亿元，实现利润总额100多亿元，完成出口交货值近300亿元。

行业经济运行在2015年处于低点，从2016年开始呈现逐步增长发展态势，2017年全行业各项主要指标均达到最高值。“十三五”期间，全行业保持健康稳定发展态势，行业主营业务收入呈现冲高回落状态；利润指标受益于 2019 年年初国家出台减税降费政策，呈现冲高回落后平稳的状态；出口交货值受到中美贸易摩擦影响，在 2017 年达到高峰后出现回落，2020 年又出现加快增长态势。总体来看，“十三五”期间，国内泵行业经济运行出现小幅波动，但仍保持整体向上增长态势。

根据中国通用机械工业协会泵业分会的重点会员企业统计数据，“十三五”期间主要经济指标累计完成情况及各年度完成情况如下：

（1）累计完成工业总产值 2 970.1 亿元。其中：2016 年完成 515.1 亿元，同比增长 2.3%；2017 年完成 577.8 亿元，同比增长 6.81%；2018 年完成 643.8 亿元，同比增长 4.94%；2019 年完成 620.5 亿元，同比增长 4.19%；2020 年完成 612.9 亿元，同比增长 3.64%。

（2）累计完成利润总额 247.1 亿元。其中：2016 年完成 37.9 亿元，同比增长 3.6%；2017 年完成 53.1 亿元，同比增长 19.47%；2018 年完成 53.3 亿元，同比下降 5.16%；2019 年完成 48.1 亿元，同比增长 12.63%；2020 年完成 54.7 亿元，同比增长 10.14%。

（3）累计完成销售收入 2 878.2 亿元。其中：2016 年完成 491.7 亿元，同比增长 2.6%；2017 年完成 557.4 亿元，同比增长 7.32%；2018 年完成 611.9 亿元，同比增长 5%；2019 年完成 613.2 亿元，同比增长 4.88%；2020 年完成 604 亿元，同比增长 2.8%。

（4）累计完成出口交货值 316.15 亿元。其中：2016 年完成 53.1 亿元，同比增长 1.5%；2017 年完成 62.9 亿元，同比增长 13.78%；2018 年完成 70.4 亿元，同比增长 7.97%；2019 年完成 62.6 亿元，同比下降 8.2%；2020 年完成 67.15 亿元，同比增长 11%。

（5）累计完成新产品产值 1 338.8 亿元。其中：2016 年完成 211.6 亿元，同比增长 7.14%；2017 年完成 257.9 亿元，同比增长 21.88%；2018 年完成 275.6 亿元，同比增长 6.86%；2019 年完成 295 亿元，同比增长 7%，2020 年完成 298.7 亿元，同比增长 1.1%。

二、“十三五”行业成果回顾

（一）重大装备国产化及新产品开发

“十三五”期间，随着国民经济进入转型升级、创新发展阶段，泵行业骨干企业不断加大科研投入，取得了一系列科技成果。

在火力发电领域，百万千瓦超（超）临界机组 100% 容量高压锅炉给水泵通过鉴定；在石油化工领域，年产千万吨炼油装置用泵的国产化率达到 90% 以上，年产百万吨乙烯装置用泵的国产化率达到 90% 以上；在化肥领域，甲铵泵、液铵泵实现了国产化；在烟气脱硫方面，国内企业完全掌握百万千瓦火电机组烟气脱硫用浆液泵技术；百万千瓦核电机组泵产品国产化率超过 90%。

“十三五”期间，一批达到国内领先和国际先进水平的泵类产品相继研制成功。

“华龙一号”项目核二级安全壳喷淋泵和低压安注泵完成制造。百万千瓦级核电站常规岛用主给水泵机组和凝结水泵、“华龙一号”项目冷却水泵、应急给水泵、安全壳热量导出泵技术性能均达到了国际同类产品先进水平。“华龙一号”项目核三级高/低压反冲洗泵和 RCV 立式上充泵产品样机通过国家级鉴定，主要技术指标达到国际同类产品先进水平。

“百万千瓦火电机组 100% 容量给水泵”项目国产化研制成功，主要指标达到国际先进水平；“66 万 kW 火电机组 100% 容量给水泵国产化研发”项目获得中国机械工业科学技术奖二等奖；“超高压除磷系统关键技术研究及应用”项目获得 2018 年度中国机械工业科学技术奖二等奖；“太阳能光热电站熔盐泵（热泵）”项目通过成果鉴定，实现光热熔盐泵国产化。

核电常规岛主给水泵、循环水泵组等 30 多个重大新产品研制成功并通过国家级成果鉴定。

以中国科学院 MSR 高温熔盐工程样泵（四代核电主泵）、储备油库大型潜没油泵、光热发电导热油泵、LNG 海水提升泵为代表的国家重大科研项目相继研发成功。

研发成功化工酰氯装置中的关键设备酰氯光气泵。该产品的研发成功将实现进口产品替代。

研制成功高效节能大型烟气脱硫循环泵。该产品作为国家火炬计划项目及国家级重点新产品，主要技术指标达到国际先进水平。该产品的研制成功有力地推动了我国烟气脱硫装置的国产化进程。

研发成功包括大流量贫液泵及半贫液泵在内的 6 种关键泵产品，填补国内空白并应用在神华宁煤 400 万 t/a 煤间接液化项目中。产品获得中国石油和化学工业联合会科技进步奖特等奖。

完成浙江 16 万 m^3 LNG 储罐罐内潜液泵设计制造及低温试验，填补了国内空白。

研发成功乙烯装置用急冷油泵，打破国外公司在该领域的技术垄断。

超高温熔盐泵测试台架完成建设，成为全球首台（套）超高温熔盐泵性能测试装置。

“十三五”期间，泵行业的创新成果获得多项国家级、省部级科学技术奖项。其中，“大型灌溉排水泵站更新改造关键技术及工程应用”项目、“高效离心泵理论与关键技术研究及工程应用”项目获得国家科技进步奖二等奖；“特大型混流泵和轴流泵节能关键技术研究与应用”“大型 LNG 储罐内潜液泵”等项目获得中国机械工业科学技术奖一等奖。此外，还有多项科技成果获评中国机械工业科学技术奖二等奖、三等奖。

行业内主要高校主持研制的多项成果获得各级奖励。其中，“高端化工离心泵关键技术研究及工程应用”项目获得江苏省科技进步奖一等奖；“高效大功率矿用多级泵基础理论研究与工程应用”项目获得教育部高等学校科研优秀成果二等奖；“大型高能效灌排泵装置优化策略与关键技术应用研究”项目获得中国机械工业科学技术奖二等奖；“高效高可靠多级化工离心泵关键技术研究及工程应用”获得中国石油和化学工业科技进步奖二等奖。

（二）基本建设和技术改造

由于泵行业企业在“十一五”“十二五”期间已进行了大规模的技术改造，“十三五”期间企业基建和技改项目投资力度有所减弱。

广东肯富来泵业有限公司因城市规划而实施整体搬迁。新厂区投入资金 3 亿多元，总建筑面积超过 7.5 万 m^2，其中主体车间面积超过 5 万 m^2。

襄阳五二五泵业有限公司稳步推进产能调整及效率提升配套建设。改建原有涂装生产线，使整机和备件的漆装、包装、仓储及发运环节实现了集中作业，提高了发货效率；完成涂层修复再制造车间项目建设，满足了用户的新需求；完成化工渣浆泵装配线建造，使装配作业过程逐步向智能化方向转变。

山东长志泵业有限公司列入国家重点技术改造项目的“海洋油气开发装备用超低温 LNG 潜液泵输送系统建设及产业化”项目已经实施，面积超过 4 000m^2 的新厂房及设备开始使用；为提高企业信息化集成应用水平，公司投资 2 000 万元进行内部专网和硬件建设。

上海阿波罗机械股份有限公司江海厂区于 2018 年竣工投产，总投资近 6 亿元。新厂区建有先进的干式贮存容器和运输容器的生产线。

山东华成集团投资 1.18 亿元实施智能高效泵成套装置技术改造项目，生产高附加值的智能化、机电一体化成套真空机组。

中国电建集团上海能源装备有限公司投资 600 余万元，完成 PIV 三维拍摄实验室与 3D 打印实验室建设，实现有效改善离心泵内部流动结构、提高产品效率的目标，并用于产品过流部件设计验证以及成熟产品水力性能优化工作。

石家庄工业泵厂有限公司完成 V 法铸造工艺技术改造项目。项目投运后，每吨铸件成本降低 1 400 元左右，人力成本减少约 40%，铸件产能提高 60%。完成落砂及除尘系统节能环保改造项目，实现清洁生产、绿色铸造。

（三）产品专利及知识产权保护

“十三五”期间，企业注重知识产权保护，

随着新产品、新技术、新材料、新工艺的研究和开发，申报国家专利的数量也不断增加。据泵业分会对重点骨干会员企业的不完全统计，截至 2020 年年底，重点会员企业获得国家专利局批准的发明专利、实用新型专利总计超过 750 项。

（四）标准制修订

1. 团体标准

2017 年，中国通用机械工业协会泵标准化工作委员会成立，开始大力推动泵行业的团体标准工作。

《泵试验室（站）评定规范　第 1 部分：回转动力泵》和《烟气脱硫陶瓷衬里泵技术条件》两项标准于 2018 年年初正式发布。《凝结水泵技术条件》和《离心式渣浆泵综合性能评价》两项团体标准已经通过行业审查和终审，待正式发布实施。

2. 行业标准

“十三五”期间，泵行业制修订标准共计 33 项，其中国家标准 13 项、行业标准 20 项。这些标准补充完善了标准体系，有效解决了标准缺失，为泵的制造、安全生产、试验、质量检验等提供了技术依据，为行业的发展起到了技术支撑作用。

现行标准对现有各类泵的覆盖率达到 95% 以上，基本可以满足国内火电、石油、化工、冶金、城市给排水及舰船等领域用泵的生产需求，标准体系已相对稳定，技术水平达到当前国际通用技术水平。

（五）节能产品开发

绿色发展、节能减排是我国发展的一个重要战略。泵行业制造企业积极响应国家号召，在泵类产品升级改造过程中注重节能产品的开发和推广。“十三五”期间，泵行业共有 15 项泵类产品入选“国家工业节能技术装备推荐目录”，33 个型号泵类产品入选“‘能效之星’产品目录”。

截至 2020 年年底，泵行业会员企业有 18 家企业的 48 种产品通过了中国质量认证中心的节能产品认证；共有 72 个系列、近百种泵产品入选工业和信息化部《节能机电设备（产品）推荐目录》。

（六）人才培养

“十三五”期间，泵业分会会员企业共完成新产品产值 1 338.8 亿元，核电用泵、火电用泵、石化用泵等重要产品的国产化率逐年提升，重点骨干企业共完成 700 多种新产品开发研制，大部分产品达到国内领先和国外同类产品水平，这与企业重视科技开发、注重人才培养密切相关。

沈阳鼓风机集团核电泵业有限公司每年从兰州理工大学、大连理工大学、东北大学、哈尔滨工业大学等国内知名院校招聘优秀毕业生，对新员工进行培训后，安排到各个岗位轮训，使新员工尽快熟悉和掌握基本技能。公司对每个人进行职业生涯规划，加快人才培养的速度。

中国电建集团上海能源装备有限公司拥有一只经验丰富的研发团队。该团队成员的受教育水平高，专业能力强。其中，博士研究生 4 人、硕士研究生 76 人。该研发团队在企业的发展过程中起到了重要作用。

大耐泵业有限公司每年聘请专家对全体技术、销售人员进行产品理论知识、生产流程等方面的培训。公司鼓励技术人员进行科技创新，针对新产品研发、技术创新制定了一系列的激励政策。

（七）国家认定的企业研发中心及技术中心

为进一步提升自主创新能力，“十三五”期间，行业骨干企业通过建立高水平研发团队，不断增强核心技术能力，实现对产品整机、单元技术及辅助系统的技术开发，为企业发展奠定坚实基础。

沈阳鼓风机集团股份有限公司的企业研发中心在原有“两站、三院、四中心”的基础上，与哈尔滨工程大学联合成立技术中心。该技术中心在百万千瓦核电用泵、超（超）临界火电机组用泵、小型核电堆技术以及舰船用泵的研发中发挥了重要的作用。

重庆水泵厂有限责任公司完成国家认定企业技术中心和高新技术企业复评工作；获批重庆市博士后科研工作站，为企业进一步培养高端人才提供平台；获得“高参数特种工业泵重庆市工业和信息化重点实验室”认定，为企业进一步发展高温、高压、大流量等特殊泵产品提供保证。

上海凯泉泵业（集团）有限公司成立兰州技术中心、镇江水力研究中心，聘请兰州理工大学及江苏大学水力机械方面的专家，开展科研攻关。

丰球集团有限公司被认定为绍兴市工程技术中心，申报的国家高新技术企业、浙江省博士后工作站、浙江省科技型企业顺利通过专家评审。

（八）企业转型升级

“十三五”期间，泵行业重点企业加快转型升级步伐，加大向服务型制造企业转型的力度。同时积极开展智能制造，通过信息化提升企业核心竞争力。

合肥华升泵阀股份有限公司的“化工重载机泵集群全生命周期管理项目”列入工业和信息化部第一批“服务型制造”示范项目。昆明嘉和科技股份有限公司“云南石化机泵石油炼化项目总承包总集成（互联网＋传统制造）系统解决方案”列入工业和信息化部第二批“服务型制造”示范项目。

上海凯泉泵业（集团）有限公司完成智慧平台与无人值守项目，通过产品智能化、数字服务建设，实现故障预测与健康管理服务；通过能效管理服务、全生命周期管理服务，实现泵站智慧化管理。

重庆水泵厂有限责任公司建成覆盖生产、经营各环节的综合信息管理平台，打通企业内部存在的“信息孤岛”，实现订单全流程过程管理以及状态监控和反馈。公司导入 ESB 及 MDM 系统，进一步整合系统数据，公司数字化工控终端系统建设建成并投入使用。

襄阳五二五泵业有限公司产品远程监控系统建设完成并投入使用，可对在役重点产品实施动态远程监控，为用户提供及时、准确的运维服务，拓宽市场领域。

（九）“十三五”规划目标完成情况

“十三五”期间，泵行业共规划 36 项需要突破的关键技术以及 4 项技术改造项目。

目前，包括产品、工艺及水力性能研发在内的 27 项技术已经完成，还有些项目由于企业经营原因而无法持续投入；4 项技改项目已经完成。

三、行业发展中存在的问题

“十三五”期间，泵行业在前期快速发展的基础上，逐步走向平稳增长，重大工程项目国产化产品基本满足了国家经济建设的需要。通过多年的努力，行业企业实现了较大的发展，但是与国际先进企业相比仍有差距，体现在企业自主研发能力不足、管理水平有待提升、品牌效应及国际化水平有待提高等方面。行业企业对于技术含量高、附加值高的产品核心技术尚未完全掌握，企业国际市场影响力不强。

（一）自主创新能力需要提高

自主创新能力薄弱、缺少自主核心技术是行业中普遍存在的问题。行业中数量占比较大的中小企业缺乏自主研发能力的现象更为明显。

目前行业大多数产品已经基本实现了自主生产制造，但一些重大技术装备核心技术仍掌握在国外企业手中，对引进的技术进行再创新的少，缺乏自主创新。在国家重大项目中，国内企业所承制的高端产品所占比例较少，自主化的广度和深度仍有待提高。135 万 kW 超（超）临界火电站成套设备中的高压锅炉给水泵，千万吨炼油装置减压塔塔底泵，煤化工装置中液氧泵、液氮泵，LNG 装置中超低温潜液泵等仍需进口。原因主要有以下几个方面：

（1）研发资金投入匮乏，新产品研发能力不足。行业企业科技经费、研发资金投入不足已成为制约企业自主研发的重要因素。据不完全统计，行业企业研发资金投入占企业销售收入的比例不足 2%（泵业分会会员企业销售收入过亿元的企业超过 100 家，但研发资金投入占比达到 3% 的企业不到 10%），研发投入不足制约企业创新能力的持续提升。

（2）行业发展缺乏基础技术支撑。随着原来面向行业服务的研究院所已经逐步转制成经营性实体，工作重心发生了转变。行业基础性新技术、新工艺、新材料开发速度缓慢，共性技术研究对行业技术创新支撑能力较弱已经成为制约行业发展的瓶颈。

（3）知识产权保护水平较低，影响企业自主创新的积极性。企业通过巨额投入取得的创新成果难以得到有效保护，仿制、抄袭现象较为普遍，造成投入与收益不相匹配，维权成本高且往往达不到预期效果，这在很大程度上抑制了企业自主创新的动力。

（二）同质化严重，规模化企业数量不足

泵行业长期存在高端产品不足、中低端产能过剩的问题，小、弱、散现象严重，产品同质化问题突出。一些企业为维持生存，甚至不惜以低价换取市场。整体来看，国内泵行业大型企业少，企业规模普遍较小，产业结构单一，主导产品占比过大，缺乏规模效应，造成企业抵御市场风险的能力较弱。“十三五”期间，泵行业产值排名居前列的企业在生产规模、产品种类、技术水平方面都有了长足的进步，但仍然同国际知名企业具有一定的差距。

（三）重点领域市场拓展能力急需加强

高端市场拓展能力不足，造成部分领域国产化率偏低。国内泵行业经过长期发展，尤其是在国家重点工程项目建设的不断拉动下，产品技术水平同国外先进水平的差距已经显著缩小。但目前国外行业巨头在国内高端产品领域仍占据明显优势，国内企业在高端产品市场开发方面缺乏有效的应对策略，过多依靠国家产业政策倾斜，难以适应市场环境的要求。自主创新首台（套）重大技术产品缺乏运行业绩等实际问题没有得到完全解决，使得国产高端泵类产品难以逾越相关要求的制约，不能实现根本性突破。同时，由于高端产品大量进口，客观上影响了国内企业创新能力的提升，从而难以向高端产品市场拓展。

（四）产业链尚不完善

全行业总体设计、成套能力弱的问题仍然没有得到改善，尚未形成具有总承包能力的企业。科研院所、设计单位、制造企业之间的交流合作不够，行业内部仍然缺乏具有系统设计、成套能力和系统服务功能的总承包企业，在重大成套项目上难以为用户提供全面解决方案和“交钥匙工程”，严重制约企业在市场上的话语权，在国际市场上也无法得到相应的地位。

（五）营商环境仍需改善

“十三五”期间，国家坚持推动实体经济发展，出台大规模减税降费等一系列政策，支持实体经济发展，对行业发展起到了极大的促进作用。但整个经济环境仍处在逆周期调节中的大形势并没有改变，国际国内两个市场增长动力不足，企业经营压力仍然较大，营商环境需要得到持续改进。

在国家大规模减税降费政策出台后，企业负担有所降低，但税费负担仍然较重，涉企收费仍有较大下降空间。

行业内中小型民营企业融资难、融资成本高的问题已成为制约企业发展的重要因素。在国家出台一系列扶持政策后虽已得到不同程度的改善，但要解决根本性问题仍然任重道远。

泵行业企业经过多年发展，已经能够满足绝大多数市场领域的需求，但部分高端领域的市场准入问题应得到尽快解决，公平、公正的市场竞争环境对国内企业长期发展起到决定性作用。

四、“十四五”行业发展环境

（一）宏观经济环境

从国家“十四五”发展规划纲要和党中央提出的到 2035 年基本实现社会主义现代化远景目标来看，我国经济社会发展将进入一个新阶段。在未来相当长的一个时期，保持国民经济平稳健康发展以及坚持实施振兴实体经济战略将会成为经济发展主基调。作为重要基础性行业的石化、钢铁、冶金、化工、电力等传统市场预计保持总体稳定发展，技术改造力度将会加大。

国家提出的“双循环”发展格局将对经济发展产生重要影响，同时围绕碳达峰、碳中和的目标，清洁能源、可再生能源、先进核电装备等新兴领域将得到较快发展。泵行业将迎来新的发展机遇，尤其在节能、环保、新能源等新兴产业领域将有较大机遇。

（二）重点领域市场需求

在以国内大循环为主的新市场格局下，为满足国内的市场需求，一大批关系国计民生的重点项目将会陆续启动。在泵类产品重点应用领域，炼化一体化项目等石化工程建设将保持增长，1 500 万 t/a 及以上装置成为主流；大型煤化工、PTA（精对苯二甲酸）装置有新机遇；火电装机容量仍有小幅增长，但新增容量占总装机容量的比例预计将降至 50% 以下，而清洁能源装机容量占比将超过 50%；核电领域每年预计会有 4 ～ 6 套机组；钢铁及煤炭产能与“十三五”末期相比不会有大幅增长，将以绿色、环保、节能改造为主；大型水利建设项目保持高投入；化工行业预计将保持稳定。

1. 电力领域

火电行业新增装机容量预计将持续下降，项目较少，高效洁净煤发电机组将给泵行业技术进步带来机遇；核电领域会有项目启动，但市场容量较小；新增的各类清洁发电项目对泵类产品有一定的需求。

根据国家节能环保的要求，新建火电机组平均煤耗低于 300g 标准煤/kW・h，现役火电机组平均煤耗低于 310g 标准煤/kW・h，2020 年投运的申能平山项目 135 万 kW 火电站平均煤耗达到 251g 标准煤/kW・h。无论是按照国家要求还是对比国际先进水平，目前在役的火电机组均有较大的改造空间。

2. 钢铁领域

我国钢铁行业产能过剩，大型钢铁企业的重组在“十三五”期间已经开始，但基于制造业、民用建筑、基础设施建设等国民经济各领域对原材料的巨大需求，钢铁行业用泵将有较为稳定的市场，各类清水泵、渣浆泵的需求将保持稳定。“十四五”时期，钢铁行业以绿色、节能、环保为发展主基调，钢铁企业的高温高压液体可以回收利用，钢铁行业节能改造将为泵类产品带来新的市场机遇。

3. 煤化工领域

大型煤化工、PTA 装置项目比“十三五”期间有较大增长，目前已批复的项目投资额超过 6 000 亿元。这些装置对泵的需求量较大，如神华宁煤 400 万 t/a 煤炭间接液化项目中使用的泵达到 2 543 台。如果项目能够完全实施，将为泵制造企业带来市场机遇。

4. 炼化一体化领域

根据《石化产业规划布局方案》，“十四五”时期，国内将继续建设七大炼化基地，预计将有 20 余个炼化一体化项目开工建设。石化行业用户一直是泵产品的主要用户，陆续开工的大型炼化一体化装置将对泵产品技术升级及管理提升带来新机遇。

5. 液化天然气领域

“十四五”末期，国内天然气消费量占能源消费总量的比例将达到 12%，将会为油气集输及储运等产业带来广阔的市场。预计“十四五”时期，LNG 储运站规模将达到 1.4 亿 t，新投运的 LNG 接收站超过 15 个，将进一步带动超低温泵产品的研发和使用。

6. 水利领域

水利设施建设一直是国家重点投入领域，近年来始终保持增长。“十四五”时期水利建设投资将达近 4 万亿元。国家在原有项目基础上，新启动一批关系国计民生的重点水利项目，对各类轴流泵、混流泵的需求将会保持稳定增长，为大型水利用泵制造企业提供了稳定的市场。

7. 建筑领域

多年来，建筑尤其民用建筑领域为泵产品提供了较大的市场空间。“十四五”时期，民用建筑市场仍将保持低速稳定增长。由于该领域市场基数大，将为泵行业企业提供较多的市场份额。

目前已有行业骨干企业进入建筑行业的节能改造领域，通过集成服务、开展合同能效管理拓展服务领域市场。民用建筑领域市场存量较大，发展前景较好。

五、“十四五”发展思路及目标

“十四五”时期，泵行业将认真贯彻“创新、协调、绿色、开放、共享”的新发展理念，以推动行业高质量发展为目标，在以国内大循环为主体、国内国际双循环相互促进的新发展格局下，鼓励企业坚持创新驱动，提升企业核心竞争力，实现行业健康稳定发展。

（一）发展思路

全行业继续坚持市场导向，以自主创新实现高质量发展，为市场提供高效、节能、可靠的产品。贯彻国家“双循环”发展战略，立足国内市场，开拓国际市场，以绿色节能、低碳环保、智能制造等为发展方向，以炼化一体化、煤炭深加工、海洋工程、环保发电、核电、市政建设、光伏光热利用、远洋船舶环保、水利设施等领域的重点项目为切入点，加大技术创新力度，加快创新平台建设，进一步提高重大技术装备国产化水平。同时继续实施“走出去”战略，形成一批有国际竞争力的企业，提升泵行业国际知名度。

（二）发展目标

“十四五”时期，行业要保持稳定增长，通过加大技术创新、发展智能制造，带动行业高质量发展，实现行业整体向先进制造、绿色制造、智能制造模式转变。

（1）保持行业经济稳定增长。行业经济增长速度保持在 4%～6%，到 2025 年，行业产值达到 800 亿元。

（2）加大企业科研投入。科研开发投入占比提高到 3% 以上，新产品率达到 45%，推动企业核心竞争力的建设。

（3）提高重大技术装备国产化率。到 2025 年，炼化一体化、核电、百万千瓦超（超）临界火电站、油品输送、天然气液化、煤化工、水利工程等重点领域的设备国产化率达到 95% 以上。

（4）形成规模化企业集群。到 2025 年，全行业形成 5 ～ 10 家具有国际竞争力的企业集团。

（5）支持骨干企业服务业转型进程。“十四五”时期，继续支持一批行业大型骨干企业向工程成套和现代服务业转变。

（6）鼓励重点骨干企业推进智能制造。行业重点骨干企业要对标国际先进水平，加大建立数据流通共享的信息系统，走向制造智能化，在全行业起到示范带头作用。

（7）加强标准体系建设。夯实标准化发展基础，继续开展团体标准制定工作，做好国际标准的转化，促进行业产品走向国际市场，提升行业企业的国际竞争力。

（8）支持企业加大结构调整力度。鼓励具备条件的行业企业通过技术改造及消化吸收先进技术来提升自主知识产权比率，摆脱低端产品生产能力过剩的困境，促进企业以市场为导向，加快技术进步和产业结构升级，实现从低端产品向高端产品的跨越。

六、“十四五”发展重点

（一）行业发展的重点任务

1. 自主创新能力建设

（1）基础技术和共性技术研发。鼓励行业细分领域领先企业组建产业联盟，寻求与国内外专业科研机构合作，开展基础技术和共性技术研发，实现支撑本领域技术发展的目标。通过市场化运作方式，使掌握核心技术或知识产权的企业获得合理收益，促进基础性新技术、新材料、新工艺的开发，实现与国际先进水平的对接。

（2）技术研发平台建设。依托国家政策扶持，加强技术研发平台建设，尤其是高端产品研发平台建设。高端设计开发平台、试验装置平台等技术研发平台建设力争列入重点建设项目，享受财政投入、税收、后续持续补贴等一系列优惠条件，获得相关政策支持。鼓励行业骨干企业内部重点试验室向同行开放，实现资源共享。

2. 重大技术装备开发

满足国家重大工程项目装置配套要求是行业重大技术装备开发的重点。针对国内泵类产品高端不足、中低端过剩、同质化现象严重的实际情况，“十四五”时期，行业重大技术装备开发主要集中在以下方面：火电领域实现百万千瓦（及以上）

超（超）临界火电站100%容量锅炉给水泵国产化；石化领域实现千万吨炼油装置减压塔塔底泵、催化裂化油浆泵、带液力透平加氢进料泵、大功率高压液力透平、百万吨乙烯装置急冷油泵和急冷水泵国产化；煤化工领域实现液氧泵、液氮泵国产化；化肥领域尿素装置中日产2 600t液氨泵和甲铵泵、磷酸液中各种料浆泵实现国产化；发展LNG装置中超低温潜液泵等产品。

此外，系统节能减排升级和改造、水利工程、输油管线、LNG储运、海洋工程、火电机组脱硫/脱硝及环保等领域高端用泵也是开发的重点。

3. 转型升级发展

（1）强化技术创新，提高行业整体竞争力。“十三五”期间，行业重点骨干企业在远洋船舶环保市场实现突破，显示出以技术创新开拓新市场的强大能力，不但为企业带来可观的经济效益，更为未来拓展相关服务业务打下了良好的基础。“十四五”时期，要坚持核心技术的自主权，掌握关键技术，实现产业结构调整。行业企业要坚持以技术创新和进步推动企业发展，走创新驱动的发展道路。通过技术创新，推动企业向核心业务纵深和基础业务延展双向发展，进而提升整个行业的竞争力。

（2）创新体制机制，提升管理水平。当前，实现高质量发展成为企业健康发展的主基调，高质量的管理水平将决定企业的未来。国家鼓励企业充分利用国内国际两个市场，核心仍然是结合自身发展实际，以适应市场需求为核心，优化企业管理模式，建立适宜的管理架构，从而实现满足市场需求、为用户提供更好的产品和服务、创造更大价值、推动企业快速发展的目标。“十三五”期间，行业企业合理利用市场资源，通过兼并重组、上市融资、内部整合等方式释放了企业活力。“十四五”时期，行业企业要进一步利用市场资源，通过体制机制创新，提升企业管理水平，激发发展动力，实现健康稳定发展。

（3）加快推进智能制造、服务型制造进程。当前国民经济进入平稳发展阶段，市场格局逐步固化，行业企业要实现进一步发展，实施智能制造及服务业转型是必由之路。“十三五”期间，国家陆续出台多项鼓励制造型企业开展智能制造及向服务型制造转型的政策，行业内一批重点骨干企业已经开始进行实践。“十四五”时期要促进以智能制造及服务型制造为代表的经营方式成为主流，加快推进智能制造、服务型制造的进程，带动行业整体水平的提升，进而实现对国外先进企业（公司）的赶超。

（4）有效利用国际资源，打造先进企业。“十四五”时期，合理布局上下游产业，努力扩大产业结构，延伸国际市场空间，将对行业发展起到至关重要的作用。要充分认识国内、国际两个市场都具有战略意义。

泵行业重点骨干企业代表了国内泵行业最高水平，但同国外先进水平相比仍有一定的差距。尽管部分发达国家对中国企业在海外的发展出台了一些限制措施，但是“走出去”仍是目前企业快速成长的重要手段。行业企业需要规避政策风险，合理布局海外市场，借助国外优质资源打开国际市场，实现企业在市场、技术、管理模式、标准、人才等方面逐步向国际先进水平靠拢的目标，为全面赶超国际先进水平奠定基础。

（5）转变思想观念，合理使用人才。多年来，人才短缺一直困扰着行业企业的发展，而企业的人才培养和合理使用具有长期性和不稳定性，人才短缺的状况短时期内无法得到根本性解决。要促进解决行业中普遍存在的人才匮乏问题，充分认识和分析高级人才的市场需求，尊重市场规律条件下的人员流动规则，在做好知识产权保护的前提下，对高级人才坚持“不求我有，但为我用”的理念，以市场化方式实现合理使用人才，满足新技术、新产品开发的需求。

4. 提高标准化水平

发挥团体标准对提高行业标准化水平的协调促进作用，贯彻国家产业政策，坚持以服务行业经济发展为重点，推动提升行业标准化水平。

（1）重点领域。围绕行业发展需要，落实行业转型升级的总体要求，对市场急需的石油、化工、电力行业高端产品及环保、节能减排、高端化、智能化等重要领域的产品适时提出标准立项计划。

（2）标准化体系

1）完善团体标准体系。团体标准工作起步较晚，需要在体系顶层设计、介入领域、用户方引入等方面不断加以完善。

2）关注高端泵用标准。随着市场竞争不断加剧，用户对高端泵产品的要求不断提高，现有的标准不能适应行业发展需求。要通过建立合格评定程序、推动市场准入制度等方面的规则，充分发挥标准的领先性和实用性，引导企业积极参与，实现满足市场需求的目标。

（二）重点发展的技术和产品

1. 重大技术

（1）高效节能技术

1）围绕泵产品及系统开展高效节能技术研究。

2）开发高效节能水力模型。

3）持续开展高效密封、油/水润滑节能轴承等节能技术的研究与应用。

（2）先进工艺与智能制造技术

1）开展工艺技术革新，推广三维设计、加工及装配动态仿真，不断优化工艺，提高工艺水平。

2）在行业重点企业中有针对性地推广精益管理理念，结合专业化信息技术，建设主要零部件的智能制造系统。

（3）新材料开发与应用

1）开展超低温特殊材料开发和应用，适应重点产品的需要。

2）开展耐蚀、耐磨、防粘结等类型涂层的表面处理技术研究，延长产品的稳定运行周期。

（4）智能控制技术。结合行业发展趋势，推进机组及成套设备运行参数监测，实现全系统设备运行能效在线分析、管理与运维，打造集故障分析、数据处理与自主学习为一体的专家系统。以云服务平台为基础，为客户提供安全高效、持续稳定的智能设备应用体验。

2. 重点产品

（1）大型石化、煤炭深加工关键设备。热高分介质能量回收透平、高压除焦水泵、贫胺液泵、常压装置塔底泵、减压装置塔底泵、大型乙烯裂解装置急冷水循环泵、高温泵、超低温泵、高温渣油加氢液力透平、精密计量泵、油气混输多相泵、大流量高扬程低转速贫液泵、输送黏稠介质和带固体颗粒介质泵、沸腾床高温循环泵、液化反应器主循环泵、水煤浆泵等。

（2）核电关键设备。满足国内三代核电装置的 CAP1000 反应堆冷却剂泵（50Hz）、CAP1400 反应堆冷却剂泵、船用小型堆屏蔽主泵、四代核电铅铋堆核主泵以及电动辅助给水泵、重要厂用水泵、设备冷却水泵、额外热量导出泵等。

（3）百万千瓦等级超（超）临界火电关键设备。符合 135 万 kW 超（超）临界火电机组可靠、高效运行要求的高压锅炉给水泵国产化，大容量火电机组（135 万 kW 以上）凝结水泵、百万千瓦等级超（超）临界火电机组 100% 容量国产高压锅炉给水泵组优化升级。

（4）输油管线关键设备。根据市场发展要求，提供性能参数可调、最大功率超过 2 500kW 的高效多级管道输油泵。

（5）LNG 关键设备。围绕 300 万～800 万 t/a 天然气液化装置，开展国产化攻关。目前泵行业中个别企业的产品可以满足部分需求，随着装置容量的不断加大，需要根据市场需求开发大容量 LNG 装置用超低温潜液泵等。

（6）冶金/矿山关键设备。实现大型（400m^3/h 以上）、高温（200℃）、高压（25MPa）矿浆泵以及大型隔膜泵和压裂泵组的技术突破。

（7）城市化建设。城市自来水供应、城市污水处理、工业废水处理用大型立式斜流泵、潜污泵、排污泵、大型轴流泵等各类环保及水处理工程用泵。

（8）船舶烟气净化及海洋工程。限硫令生效后，船舶烟气净化装置开始大规模改装，该领域市场需求规模将不断增长。由于受到制造能力的限制，未来几年内存在一定的市场缺口。注水泵、外输泵、海水循环泵、海水提升泵市场前景较为看好。

（9）重大水利工程。“十四五”时期，国家水利建设投资力度将会继续加大，大型水利用泵市场将会持续增加，对泵制造企业提出了产品多元化、质量精细化、效率高效化、具有自主知识产权的要求。

3.关键技术研究

（1）核电站主给水泵（APA 泵）结构及性能研究。

（2）CAP1000 反应堆冷却剂泵（50Hz）水力模型开发研究。

（3）反应堆冷却剂泵内部流场研究。

（4）高转速核级泵转子振动研究。

（5）太阳能光热熔盐泵、储盐泵、化盐泵等立式长轴泵的开发。

（6）船舶烟气净化工程中的湿法脱硫能效提升与工程应用。

（7）海水提升泵的开发与应用。

（8）垃圾电站配套用泵研发及系列化研究。

（9）研发小流量 BB3 泵，采用全新内壳体结构，以解决窄流道问题，实现对 BB4 泵的全面替换。

（10）大型磁感应矿浆隔膜泵研制。

（11）车载高压多级离心泵开发。

（12）二次再热机组给水泵组技术开发。

（13）“华龙一号”核电站主给水泵组液力耦合器自主化制造研究。

（14）乏燃料储运一体化研究（容器/整机）。

（15）大功率节能转子泵研制。

（16）带导叶的节能多级水平中开泵研制。

七、保障措施与建议

（一）鼓励差异化发展

泵行业大部分企业为中小型企业，在人才储备、研发投入、制造能力及发展观念等方面与大型企业有较大差距，尤其在行业进入平稳发展阶段，这些企业的发展将面临更大的挑战。建议国家不仅从财税方面支持这些企业，更要从建立公共研发平台、产业发展基金等方面进行扶持，鼓励企业精耕细分市场，走差异化、专业化发展道路，减少低质恶性竞争，实现行业健康发展。

（二）加大知识产权保护力度

自主创新、掌握核心技术是企业发展的基础，知识产权保护将成为企业加大投入的保障。国家要从法律层面进一步加大对企业自主创新的保护和支持力度，确保核心技术的使用带来应有的经济效益和社会效益，促进企业不断提高自主创新的主动性和积极性。

（三）进一步发挥协会的引导作用

行业协会在企业发展中一直发挥着重要作用，尤其在重大技术装备国产化以及提高行业整体水平过程中做出了重要贡献。“十四五”时期，协会要充分发挥桥梁和纽带作用，强化自身职能，打造服务型协会，通过寻求新抓手，拓宽服务领域，引导重点企业对标国际先进企业，实现行业发展新突破。

〔供稿单位：中国通用机械工业协会泵业分会〕

风机行业“十四五”发展规划

前言

风机行业是通用机械工业体系的重要组成部分，在国家装备制造业中承担着为石油、化工、环保、公用工程、国防等领域提供配套装备的重任。目前，风机行业生产的 FL-62 大型连续式跨声速风洞主压缩机、120 万 t/a 乙烯装置用乙烯“三机”、

400 万 t/a 煤炭间接液化项目配套 10 万 m^3/h 等级空分装置用空气压缩机组、单线 220 万 t/a 焦炭气化制甲醇项目配套 10.5 万 m^3/h 等级空分压缩机组、20MW 电驱管线压缩机组、单线 2 000 万 t/a 炼油装置用 380 万 t/a 重整装置用压缩机组、400 万 t/a 蜡油加氢裂化装置用循环氢压缩机组、500 万 t/a 渣油加氢装置循环氢压缩机组、75 万 t/120 万 t 大化肥装置用二氧化碳压缩机组、各种工艺流程配套的水蒸气压缩机组以及 600 ～ 1 000MW 电站轴流通风机等产品都达到或超过当前国际先进水平。

在我国加快形成以国内大循环为主体、国内国际双循环相互促进的新发展格局的背景下，风机行业面临新机遇、新挑战。一方面，新一轮科技革命和产业变革进入深度拓展期，为推动行业迈向全球价值链的中高端提供了机遇。另一方面，我国超大规模经济体的规模优势、体系优势、市场优势为行业把握机遇、用好机遇提供了有利条件。

依据《中华人民共和国国民经济和社会发展第十四个五年规划和 2035 年远景目标纲要》和中国通用机械工业协会“十四五”发展规划编制的总体要求，为明确“十四五”时期风机行业的发展思路、目标及重点任务，引导行业以深化供给侧结构性改革为主线，以改革创新为根本动力，紧扣高质量发展要求，加快行业向高端、智能、绿色、服务方向升级，特制定此规划，规划期为 2021—2025 年。

一、“十三五”行业发展概况

（一）行业总体情况

风机行业是我国装备制造业的重要基础行业，主要产品包括离心压缩机、轴流压缩机、能量回收透平、离心鼓风机、罗茨鼓风机、叶氏鼓风机、离心通风机、轴流通风机、旋涡风机等九大类及部分特殊用途风机。产品广泛应用于石油化工、石油天然气开采和集输、煤炭、冶金、环保、公用工程、国防等国民经济各领域以及城市基础建设和国防建设。

“十三五”期间，我国风机行业面对复杂多变的世界政治经济环境，克服了国际贸易摩擦、全球范围内突发新冠肺炎疫情等不利因素影响，行业企业坚持科技创新和管理创新，拥有了比肩国际一流的核心技术和制造能力，创造了多项国内领先和具有国际先进水平的风机产品，实现了“十三五”发展规划既定目标。

（二）行业经济运行情况

“十三五”期间，风机行业已经形成了包括科研、设计、制造、试验、检测、教学、培训和服务等在内的完整体系。

目前全行业规模以上企业共有 500 多家，全年实现营业收入 700 多亿元。

下面以中国通用机械工业协会风机分会的会员企业上报数据为依据，说明风机行业“十三五”期间工业总产值、产品产量、出口交货值等主要经济指标完成情况。

1. 工业总产值大幅回升

根据风机分会会员企业上报数据，“十三五”期间，风机行业工业总产值在经历 2015 年和 2016 年的负增长后大幅回升，2019 年增速放缓，2020 年增速有所提高（超过 10%）。

2. 产品产量平稳增长

“十三五”期间，风机产品产量保持平稳增长，5 年累计生产各类风机产品 7 100 多万台。2016—2017 年，受市场需求及 3C 认证加快淘汰落后产品的带动，风机产品产量出现较高增长，2018 年后逐步回稳，2020 年略有增长。

3. 经济效益指标波动增长

“十三五”期间，风机行业经济效益指标表现出波动增长的态势。受“十二五”经济下行的影响，2016 年风机分会会员企业的获利能力下降，亏损额增大，2017 年后逐步好转。营业收入年平均增长 9.0%，利润总额年平均增长 14.6%。

4. 出口交货值波动起伏

“十三五”期间，风机行业出口交货值呈现波动状态。2016 年出口交货值同比下降 23.2%，2017 年、2018 年显著增长，2019 年出现回落，

2020年实现增长（超过10%）。风机分会现有会员企业中以生产风机为主的企业有210家，其中49家企业有出口业务。风机分会会员企业每年的风机出口量都不是很多，出口交货值占风机行业工业销售产值的4%左右。

二、“十三五”行业发展取得的成绩

“十三五”期间，风机行业积极适应经济发展的新常态，不断强化行业自主创新能力，在重大技术装备国产化、技术创新、科技成果、产业转型升级、标准化、知识产权保护方面取得了丰硕成果。

（一）重大技术装备国产化情况

“十三五”期间，风机行业紧紧围绕国家产业发展需求，致力于高端产品的研发，在流体动力学、热力学、结构力学、转子动力学、新材料及新工艺等方面开展前沿应用基础研究、应用技术研究和试验，成功研制了多项具有世界先进水平的重大技术装备，多次实现了国产化“零”的突破，带动了行业技术进步，在保障国民经济安全稳定发展方面起了重要的作用。

1. 离心压缩机

（1）天然气长输管线用离心压缩机。针对长输管线压缩机，在20MW电驱管线压缩机组的基础上，完成了管线压缩机的标准化、系列化工作，开发了新一代撬装管线压缩机，具备全三维设计、整体撬装设计与数字化交付能力。

依托海上平台项目，成功研制我国首台PCL355海上平台用压缩机。与以往管线压缩机相比，PCL355海上平台用压缩机占地面积更小，采用新形式的分离器，分离效果、抗腐蚀效果更好；与国外管线压缩机相比，性能上基本相同，多变效率、机组振动等指标高于国外同类机型的指标。

针对川渝地区的天然气输配骨干管网“三横、三纵、三环”及“一库”格局，高低压分输、输配分离功能，首次规划并推出PCL400系列管线压缩机。截至2020年年底，已有10余台机组在纳西溪、铜梁、江津压气站平稳运行。与国外同类压缩机相比，PCL400系列管线压缩机性能指标优异，部分指标高于同类压缩机组的指标。

依托陕京四线国家互联互通增压工程，开展天然气管道PCL800系列压缩机研制，国产化长输管线电驱离心压缩机组完成2.0版升级。作为新一代电驱直连长输管线压缩机，与国外同类压缩机相比，PCL800系列管线压缩机性能指标优异，部分指标高于同类压缩机组的指标。

（2）大型炼油装置用离心压缩机。以浙江石化4 000万t/a炼化一体化项目一期380万t/a连续重整装置为依托，完成机组研制。与国外同类机组相比，机组整机多变效率与国外机组相当，完全满足用户的各项技术要求。研制的多缸机组在线拆装检修装置，解决了多缸超大型筒形离心压缩机的拆装难题。该技术在国内首次应用。

依托4 000万t/a炼化一体化项目400万t/a柴油加氢裂化装置，研制开发了柴油加氢循环氢压缩机组。该机组采用轻介质，并配以先进的PEEK密封，整机效率高达85.2%，比国外知名厂商的压缩机效率高出3～5个百分点，达到国际领先水平。

（3）石油化工流程用离心压缩机。以国家重点工程惠州炼化120万t/a乙烯项目为依托，成功研制出国内首台（套）120万t/a乙烯装置用乙烯“三机”。2017年11月27日，机组在中海壳牌二期项目现场一次试车成功，标志着我国石化乙烯行业机组最大、调试最快、指标最优的新纪录诞生。该机组核心设备裂解气压缩机、乙烯压缩机、丙烯压缩机全部由行业企业承制和安装。吊装采用整体撬装方式，为国内百万吨级压缩机首例，实现了该等级压缩机组设计、制造、安装的全部国产化。机组于2018年10月通过中国机械工业联合会组织的产品鉴定会，专家组成员一致认为，机组整体性能达到国际同类产品先进水平，其中机组工况适应能力和操作性处于国际领先水平。

依托浙江石化60万t/a PDH装置，成功研制新一代国内最大的UOP工艺PDH装置产品气压缩机、热泵压缩机，机组各项指标均达到国际先进水平。机组于2020年7月一次开车成功，运转平稳，各项技术指标符合协议规定要求，再次刷新了国产化大型产品气压缩机、热泵压缩机技术指标。

作为伊朗马苏（马斯吉德苏莱曼郡）75万t/120万t化肥项目（一期）的核心设备——二氧化碳压缩机组，整机性能水平达到国际领先水平。该出口项目机组的成功研制，是离心压缩机国际化道路上的里程碑，重塑了中国离心压缩机的品牌形象。

为采用中石化拥有完全自主知识产权的“高效环保芳烃成套技术”的海南炼化2号芳烃项目PX装置及制氢装置提供了全工艺的风机设备。该PX装置及制氢装置是首个采用国产成套技术的大型芳烃装置。该项目的成功实施彻底结束了我国芳烃核心技术从国外引进的历史。随着项目的投产，海南炼化已拥有对二甲苯生产能力160万t/a，成为中国石化最大的芳烃生产基地。

（4）煤化工流程用离心压缩机。依托220万t/a焦炭气化制甲醇项目，成功研制了新一代合成气压缩机、二氧化碳压缩机、丙烯压缩机，各项指标都到达国际同类产品先进水平。新一代甲醇三机的综合性能指标较上一代产品有显著提升，制造、运输、维护等成本大大降低。机组于2020年6月一次开车成功，运行平稳，各项指标符合技术协议规定要求，整个装置达到满负荷运转。新一代甲醇三机具有完全自主知识产权，刷新了国产化大型甲醇压缩机指标纪录。

依托180万t/a煤制乙二醇项目，成功研制新一代循环氢气压缩机、燃料气压缩机、尾气压缩机、丙烯压缩机和二氧化碳压缩机等。机组各项指标达到了国际同类产品先进水平。

（5）空分装置用离心压缩机。依托220万t/a焦炭气化制甲醇项目，成功研制新一代10.5万m^3/h等级空分装置用轴流加离心压缩机。机组进口容积流量达740 000m^3/h，多变效率达到90%以上，为国际同类产品中最高设计技术指标。机组于2020年4月一次开车成功，运行平稳，氧、氮产品各项指标符合规定要求。新一代高可靠性10.5万m^3/h等级空分压缩机组具有完全自主知识产权，刷新了国产化超大型空分装置高性能指标记录，使我国成为世界上第二个能够独立设计制造该等级机组的国家。

为某煤化工有限公司21 000m^3/h空分装置设计制造了MCO904空压机＋SVK12-6H增压机，其性能指标与国际同类产品相当，且机组所有零部件及配套件实现了国产化，树立了中小型空分装置用高效可靠的新一代空压机、增压机典型产品的标杆。

为某有色金属有限公司深冷空分装置研制40 000m^3/h空压、增压一体机。该机组是我国完全自主设计制造的最大的双侧驱动齿轮组装式压缩机，实现了空压、增压一体机配套的大型多轴齿轮箱的完全国产化。

2. 轴流压缩机

（1）风洞用轴流压缩机。成功研制2.4m连续式跨声速风洞用轴流式主驱动压缩机。该压缩机通流直径为5.6m，是国内首台大型连续式跨声速风洞用主压缩机，也是目前国内尺寸最大、功率最大的轴流压缩机组。

完成4.8m连续式跨声速风洞主、辅压缩机的预研工作。4.8m风洞压缩机通流直径为10m，建成后将成为国内最大的轴流压缩机组。

（2）其他轴流压缩机。成功研制AV140超大型轴流压缩机组。该机组运行风量和压比均为全球工业用轴流压缩机领域之最，机组总质量超过400t，其核心部件空心转子长度近11m、质量近70t，转子内径为1.4m。该产品各项性能指标在全球工业压缩机领域处于先进水平。

3. 鼓风机

成功研制200MW高温气冷堆核电示范工程主氦风机。这是世界上第一台采用电磁轴承的大功率主氦气风机，采用创新技术，功率和技术水平处于世界领先水平，标志着我国已攻克世界高温气冷堆先进核电技术研发中的主要技术难关，也标志着我国具有完全自主知识产权的第四代核电技术即将正式商业运行。

成功研制国内最大的磁悬浮高速离心式鼓风机。该鼓风机采用拥有完全独立自主知识产权、国际领先的磁悬浮轴承技术，打破了国外企业的垄断局面。

成功研制国内最大型号 S4500-11 二氧化硫离心鼓风机。机组流量达到 4 500m^3/min，配套电动机功率为 4 700kW，叶轮线速度超过 320m/s，填补了国内空白。

成功研制 600MW 超临界循环流化床锅炉一次、二次风机，属于国内首台（套）产品，各项技术性能指标达到国际先进水平。

4. 通风机

成功研制 1 350MW 机组锅炉配套风机，标志着我国火电机组风机配套能力达到世界领先水平。

研制的国家科技重大专项——大型先进压水堆及高温气冷堆核电站“核电站主要辅助设备自主设计与制造技术研究”课题的子课题“安全壳再循环冷却风机及监控系统样机”通过了验收，性能指标达到国际先进水平。

为国家核电重大专项 CAP1400 示范工程提供了安全壳循环冷却风机，为电厂 600MW CFB 循环流化床一次、二次风机节能改造项目提供了 VZ58III-2570F/S1 和 VZ58III-2960F/S1 大型通风机。

（二）技术创新及科技成果

1. 技术创新体系不断完善

“十三五”期间，有 2 家企业（浙江上风高科专风实业股份有限公司、中国电建集团透平科技有限公司）获批建设省级企业技术中心；有 15 家企业被新认定为国家级、省级高新技术企业，其中，湖北三峰透平装备股份有限公司、浙江金盾风机装备有限公司、山东临风科技股份有限公司被认定为国家高新技术企业，中国电建集团透平科技有限公司、方力控股股份有限公司、北京新安特风机有限公司、山东省章丘鼓风机股份有限公司、山东三牛机械集团股份有限公司、山东海福德机械有限公司、山东章晃机械工业有限公司、伦登风机科技（天津）有限公司、无锡宜友机电制造有限公司、百事德机械（江苏）有限公司、浙江上建风机有限公司和南方风机股份有限公司被认定为省级高新技术企业。

2. 技术基础与制造能力不断提升

建立了 1.4 万 m^2 国内最大的研发实验中心与计算平台，目前已拥有上百种主流分析软件和高性能计算系统，产品设计、计算分析、加工等方面工作质量及效率显著提升。

完成透平工程中心实验室建设。该实验室是目前国内西南地区少数已建成的大型高端装备动平衡检测公共服务平台，可开展高、低速动平衡质量检测试验、超速试验、跳闸试验、动挠度测定试验、轴承性能试验和动态频率测定试验等。

行业内拥有各类科研试验台、产品试验台百余个，具备 30MW 燃驱、60MW 电驱、100MW 汽驱压缩机组机械运转试验和全速全压气动性能试验的能力。

行业内拥有各类高精尖数控加工设备数千台，随着 3D 打印、电火花加工、磨料流、大型真空炉、水切割等一批高新技术装备的陆续应用，综合制造能力达到国际先进水平。

3. 技术创新成果丰硕

（1）攻克一批行业共性关键技术。高效专用模型级的开发应用，大幅提升了产品的关键性能指标；叶轮加工方式不断创新，实现了 3D 打印叶轮和电火花叶轮的自主加工，叶轮铣制技术达到世界先进水平。

（2）承担的多项国家科技计划项目取得突破性进展。海洋工程高技术船舶科研计划“天然气液化用大型混合冷剂压缩机研制”项目通过将数值模拟、试验设计与验证、正反命题迭代优化算法、能量梯度理论以及振动理论相结合，建立了具有我国自主知识产权的 FLNG 装置用离心压缩机关键核心技术集成，推动了国家海洋资源开发和海洋经济发展；国家重点研发计划“流体机械新型节能与系统智能调控技术”项目突破了叶片式流体机械新型节能及系统智能调控技术，从流动理论预测能力提升、设计技术优化集成、系统匹配设计出发，解决了流体机械行业核心产品性能与国际先进水平的差距问题，通过专门技术创新与先进技术集成大幅度提升了我国流体机械及系统的节能水平；承担的国家科技重大专项“核电站主要辅助设备自主设计与制造技术研究”课题通过了中国机械工业联合会组织的科技成果鉴定，达到国际先进水平。

（3）科技成果屡获殊荣。“大型乙烯装置成套工艺技术、关键装备与工业应用”项目获得国家科技进步奖二等奖，“大型蒸汽裂解装置用离心压缩机组的研制”项目获得中国机械工业科学技术奖特等奖，“年产 60 万 t 天然气液化装置用双混合冷剂离心压缩机组研制”项目获得中国机械工业科学技术奖一等奖，“特大型高炉鼓风机关键工艺及装备的研发与应用”等 5 个项目获得中国机械工业科学技术奖二等奖，“MVR 蒸汽压缩机组的开发和应用”等 6 个项目获得中国机械工业科学技术奖三等奖，“机械装备的动态和渐变可靠性成组技术及应用”项目获得教育部科技进步奖一等奖，“400 万 t/a 煤间接液化关键技术与重大装备开发及应用”“绿色高效百万吨级乙烯成套技术开发及工业应用”项目获得中国石油和化学工业联合会科技进步奖特等奖，“大型天然气液化装置用制冷多机组研制”项目获得中国石油和化学工业联合会科技进步奖二等奖，“液化天然气（LNG）用混合冷剂压缩机关键技术研究及产品开发”“混合脱氢装置工艺全流程压缩机组的研制”“36 万 t/a 高效宽工况硝酸四合一机组研发及应用”项目获得中国石油和化学工业联合会科技进步奖三等奖，“大型连续式风洞主驱动压缩机研制”项目获得首届中国军民两用技术创新应用大赛奖。

4. 节能环保见成效

行业企业紧跟国家供给侧结构性改革和节能环保政策要求，跳出传统制造业的束缚，创新“专业化 + 一体化”的分布式能源系统解决方案，走差异化竞争的道路，成立能源互联岛全球运营中心。该中心投运以来，能耗大幅下降，实现了工业园区能源规划及综合利用“绿效应”。

XDGF 系列低噪声风机箱、XYF 系列轴流式消防排烟风机被评为北京市新技术新产品——绿色环保产品，列入政府采购名单。

“十三五”期间，共有 9 家企业的 18 个型号产品入选《“能效之星”产品目录》，9 家企业的 13 个产品、44 个系列入编《国家工业节能技术装备推荐目录》。

（三）产业转型升级

风机行业涉及门类广、产业链条长，其转型升级对于我国通用机械工业体系的优化提升具有基础性、决定性作用。“十三五”期间，风机行业的转型升级在新常态的经济背景下稳步推进，已取得积极成效，产业结构得到优化。

1. 重大技术装备国产化进程加快

重大技术装备是国之重器，对于振兴装备制造业、推动产业结构转型升级、提升国家制造能力等都有突出作用。行业龙头企业充分发挥科技创新支撑和引领作用，不断加快重大技术装备国产化进程。

在天然气储运领域，开发了大型天然气液化装置用压缩机组和用于“西气东输”“海气上岸”及“互联互通”国家重点工程用的天然气长输管线压缩机，具备了世界级水平。

在乙烯压缩机领域，实现了年产 80 万 t、100 万 t、120 万 t 乙烯“三机”的国产化成套供货，填补了国内空白，已经具备 150 万吨级乙烯“三机”国产化的技术基础、方案设计、加工制造、试验验证与现场服务能力，能够满足我国乙烯工业对装备的需求。

在空气分离领域，成功设计制造了国内首台（套）10 万 m^3/h 和 10.5 万 m^3/h 空分装置压缩机组，使我国成为世界上第二个能够独立设计制造该等级机组的国家。

在炼油领域，开发出满足单线 2 000 万 t/a 炼油装置中 380 万 t/a 重整装置压缩机组、400 万 t/a 蜡油加氢裂化装置循环氢压缩机组、500 万 t/a 渣油加氢装置循环氢压缩机组。这些机组均是世界上同类机组中最大规格的。

2.“生产型制造”向“服务型制造”转型深化

为推动行业高质量发展，龙头企业率先垂范，坚持在发展中求转变，在转变中促发展，实现由外延式发展向内涵式发展、由生产制造型向服务型制造转变。行业企业立足技术进步，不断创新满足客户需求的服务模式，通过建立“8+2+N”服务体系、建设云服务平台、建立网络化协同管理平台等一系列举措，实现向服务型制造转型升级，被授予国家级“服务型制造示范企业”称号；围绕“打造世界一流智慧绿色能源强企”的战略目标，在从传统生产型制造向现代服务型制造转型实践中持续创新，已形成了“1+7”的业务模式，实现了设备、EPC、服务、运营、金融、供应链、智能化等全面发展，探索出智慧、绿色、高质量发展之路，实现了从百亿级的风机市场向万亿级的分布式能源市场的跨越。

3.数字化转型蓄能高质量发展

“十三五”期间，风机行业数字化转型助力高质量发展效应逐步显现，涌现出一批数字化转型领军企业。数字化转型以工业互联网、智能制造为主体，为行业高质量发展提供重要支撑。在推进产品数字化创新方面，实现了产品数字化设计、数字化交付。在推进生产制造智能化方面，实现了对企业人、机、料、法、环的全方位线上管控。在推进用户服务敏捷化方面，在市场开发前端建设客户管理系统，提高了项目中标率；在后端建设云服务平台和远程监测与故障诊断中心，实现了对用户机组的在线监测和故障诊断。积极探索互联网思维下的“智能 +”模式，结合战略聚焦分布式能源，以大数据、云计算、互联网等技术为支撑，制定了产品智能化、服务智能化、过程智能化的“三位一体”及“智能 +”智能制造实现路径，形成了全流程的智能化系统解决方案。

4.国际化拓展步伐加快

为进一步完善海外市场布局，深化与全球贸易伙伴的交流合作，从单纯的产品出口订货向国际化转型，风机行业企业把握国家“一带一路”倡议带来的机遇，不断加速国际化发展进程。

行业企业通过兼并重组，设立境外公司、海外研发中心和代表处等途径，进一步完善全球产业链布局，扩大市场空间和配置资源的空间；不断加深与国际知名科研院所的产学研合作，积极参加国际主流机械工业博览会，提升品牌世界知名度，促使风机行业国际化影响力进一步提升。

先进的技术、完善的产业链布局，为风机行业打开了更为广阔的国际市场。行业企业研制的节能环保产品获评中国制造业“单项冠军产品”，产量累计 1 900 余台（套），产品覆盖印度、土耳其、美国、德国、巴西等 40 多个国家和地区；先后取得了中东 75 万 t/a 合成氨及 120 万 t/a 尿素项目、油气田开采开发项目、文莱 800 万 t/a 炼油项目、美国英伟达尼龙化工三期、中东 MEG 循环气压缩机等重大项目订单；承揽了一批有重大影响和良好经济效益的国际项目设备成套供货业务，先后与意大利德西尼布，荷兰福陆，英国 PETROFAC、CB & I，美国 UOP，德国林德，法国液空等全球知名工程公司合作，受到国际市场的广泛认可，成功实现了中国高端设备“走出去”。

（四）行业标准化工作迈上新台阶

经过 40 余年发展，目前风机行业已有国家标准、行业标准和地方标准 70 余项，形成了覆盖经济社会各领域、风机产销各环节的标准体系，在保障产品质量安全、促进产业转型升级、强化生态环境保护、推动经济提质增效、提升国际竞争力等方面发挥了重要作用。风机行业的标准与技术更新变化和经济社会发展需求相比仍存在标准供给不足、缺失滞后，部分标准老化陈旧、水平不高等问题，“十三五”期间，风机分会通过切实有效的管理工作，推动行业标准化工作迈上了新的台阶。

1.成立团体标准化工作委员会

按照《中国通用机械工业协会团体标准管理办法（试行）》要求，建立风机分会团体标准体系。

2018 年，成立了中国通用机械工业协会风机分会标准化工作委员会。

风机分会标准化工作委员会的成立，对于发挥行业协会通过制定先进标准引领行业创新发展的作用，弥补现行国家标准及行业标准未能覆盖领域的不足，及时反映市场需求和技术创新发展，加快科技创新成果的规范性及推广、应用，与现行国家标准、行业标准的制修订工作形成互补和相互支撑意义重大。

2. 联合开展标准化工作

围绕风机行业和压缩机行业发展的实际需要，风机分会和压缩机分会共同组织了《一般用离心空气压缩机》团体标准的制定工作，既促进了彼此交流，又推动了团体标准工作顺利开展。

3. 团体标准工作不断深入

风机分会自 2018 年成立标准化工作委员会以来，行业团体标准工作不断深入。先后召开了 2 次标准化工作委员会全体会议，立项 5 项团体标准，评审了 2 项标准化送审稿，报中国通用机械工业协会标准化管理委员会审议通过。中国通用机械工业协会标准化管理委员会批准发布了 1 项团体标准。随着团体标准的社会认可度不断提升，广大会员企业的参与度越来越高。风机分会标准化工作委员会组织开展行业调研、团体标准立项起草、研讨审议、支持专利融入团体标准等各项工作，有效地促进了风机行业团体标准的快速发展，推动了行业技术进步。

（五）知识产权保护意识进一步加强

随着企业创新能力的不断提高，企业对知识产权的保护意识也在逐步加强，更加重视科技创新与知识产权的结合。“十三五”期间，行业企业通过完善规章制度建设，使知识产权管理工作制度化、系统化、规范化；通过加强知识产权宣传与培训，提高科技人员运用知识产权的能力；通过加强企业专利产权管理工作，促进知识产权形成、保护、运用和管理；通过建立科学的专利工作绩效考核制度，形成有效的激励机制；通过合理利用专利信息，为技术创新提供导航作用；通过提高专利申请质量、加大发明专利申请比例等一系列管理手段，形成越来越多具有自主知识产权的核心技术、关联技术。“大型离心压缩机试压机壳及其试压方法”“一种大直径三元叶轮的铣制方法”和“一种循环气压缩机叶轮的热处理工艺”3 个发明专利获得国家知识产权局颁发的中国专利优秀奖；1 家会员企业被国家知识产权局评为“2016 年度国家知识产权示范企业和优势企业”。

三、“十三五”行业发展中存在的主要问题

风机行业在“十三五”期间取得了长足发展，产业支撑作用明显增强，产业结构渐趋合理，在重大技术装备国产化、技术创新、科研开发等方面取得了一定的成绩，但仍存在一些问题和短板，行业整体发展水平和质量有待进一步提高。

（1）大部分企业研发能力明显不足，研发费用投入少，研发人员缺乏，导致推向市场的高端产品不能完全满足市场需求。产品节能降耗指标与国外产品相比有着较大差距。虽然一部分企业与大专院校、科研院所开展合作，但科研成果转化缓慢。尽管重点高校研发出一部分新产品、新技术，但在全行业推广不够，与市场的针对性还有待加强。

（2）信息化、智能化在部分企业得到发展与应用，企业信息化和智能化的水平与国内先进企业和外商企业的差距较大。主要原因是企业还没有真正认识到信息化、智能化对推动企业管理现代化、国际化和产品质量水平快速升级所起到的重大作用。

（3）重大装备及高端市场份额较少，首台（套）重大技术装备自主化研发及产业化应用仍需进一步提高。在很多重大技术装备研发过程中，除了需要开展基本的关键技术研发，还需要试验验证，必须建设大型试验台，巨大的投资让企业负担沉重。同时，由于是首台（套）产品，应用业绩少，用户的信任度不够，导致错失很多竞标机会，后续产业化应用也难以实现。

（4）企业发展目标还需提高。企业对国内外市场的需求尚未做到充分了解，生产装备、工艺装备老化，生产效率低，不能或难以满足未来技

术发展的需求。

（5）产品质量不稳定，品质保障体系还需进一步完善，对产品技术标准的重视程度不够，监督机制及执行力度有待加强，行业自律性尚待进一步提升。

（6）产品的标准化、系列化、规范化和通用化水平还不高，团体标准工作刚刚起步，有待进一步普及和提升。

四、“十四五”行业发展思路与目标

（一）发展思路

以习近平新时代中国特色社会主义思想为指导，深入贯彻党的十九大和十九届二中、三中、四中、五中全会精神，以推动风机行业高质量发展为主题，以深化供给侧结构性改革为主线，以改革创新为根本动力，加速产业转型升级，着力打造良好发展环境，着力扩大产业规模，着力提升创新水平，再造风机行业新优势，积极把握新一轮科技革命引领产业发展的重大战略机遇，率先融入国内大循环和国内国际双循环，更好地支撑通用机械工业高质量发展。

（二）发展目标

1. 行业经济发展力争取得新成效

坚持新发展理念，在质量效益明显提升的基础上，实现经济持续健康发展，充分发挥增长潜力，主要经济指标年均增长保持在合理区间。

2. 提升重大技术装备国产化率

到2025年，石化、核电、超（超）临界火电、油气集输、天然气液化、煤炭深加工等重大领域的风机国产化率达到85%以上。

3. 加快产业转型升级

推进产业基础高级化、产业链现代化，增强产品竞争优势，推动行业高质量发展。

（1）提高中高端风机产品比例。立足解决效率较低的通风机产品生产能力过剩的矛盾，围绕“控制、淘汰、改造、提高”进行结构调整，及时向政府相关部门提供产品淘汰建议，配合政府制定产品淘汰目录；引导企业以市场为导向，压缩、淘汰落后产能，促进企业技术进步和产业结构升级。加大中高端产品和节能产品的研发力度，大型空分装置配套的离心压缩机、轴流压缩机等高端产品占比由目前的50%提高到80%以上。

（2）扩大大中型企业数量。到2025年，打造一批达到行业先进水平的龙头企业15～20家；打造一批科技创新领军企业30家左右；打造一批专精特新“冠军企业”50家左右；大部分企业成为优秀供应商。

（3）加快建设数字企业。“十四五”期间，信息化、智能化全面推广应用，深化研发设计、生产制造、经营管理、市场服务等环节的数字化应用，大数据、互联网、物联网与生产制造深度融合，数字化产业、数字化制造、数字化设计成为主流，以数字化转型驱动生产方式变革。

（4）发展生产型服务业。风机行业企业要扩大企业经营规模，从单一设备制造、供货向设备成套和工艺流程装置的单元工程延伸，以多种服务模式为客户提供系统解决方案——实施“交钥匙”工程，推动企业产业结构的转型升级，制造服务收入占销售收入的比例达到30%以上。

（5）开拓国际市场。实施“走出去”发展战略，利用国内国际两个市场，着力拓展出口通道，积极利用“丝绸之路经济带”“21世纪海上丝绸之路”和中蒙俄、新亚欧大陆桥、中国－中亚－西亚、中国－中南半岛、中巴、孟中印缅六大经济走廊建设，充分利用零关税的优惠政策，扩大风机产品出口。风机行业未来3～5年每年出口交货值将达35亿～45亿元，每年主营业务收入达600亿～750亿元。

4. 提升科技创新能力

（1）加强研发能力建设。开展产品的造型设计和工业设计；大量采用数控机床、机器人焊机、自动化生产线和智能化生产线等；努力提高研发能力，建立和完善研发和试验机构，研发费用投入占销售收入的4%～5%；鼓励压缩机技术国家重点实验室建立产品可靠性测试平台，为企业产品可靠性提供技术服务，在全行业逐步推行产品可靠性考评；鼓励企业加快产品试验、检测等技术基础平台建设，为产品开发、性能测试等提供基础保障。

（2）加强成套和集成能力建设。企业通过加大高端产品的研发力度，以国家重大装备项目为依托，建立工程研究中心和若干企业战略同盟，共同开展联合设计攻关，实现从纯制造业向工程成套和现代服务业的转变。

五、“十四五”行业发展任务与发展重点

（一）行业发展的重点任务

“十四五”时期，风机行业将围绕“推动行业三大能力建设，构建行业两大体系，打造一个平台”，全面提升协会的服务水平和能力，推进完成行业发展的重点任务。

1. 推动行业三大能力提升

（1）行业自主创新能力提升。以创新驱动设计能力及生产工艺水平的提升，产业发展向服务延伸，着重国际化战略，组织研发一系列高端产品、转型环保产品、智能化产品，乃至世界领先产品。要加大助推力度，使研发升级的科研成果快速占领国际市场的重大份额。

加快提升企业产品开发、制造、检测能力，探索以市场需求引导技术发展方向。通过强强联合、院企合作等方式，研发和生产大型、高附加值、高科技节能型风机产品，通过技术创新推进风机行业的发展。

加强企业技术中心建设，依托重大技术装备和市场需求，做好产品研发和技术储备，形成以技术中心为主体、以产学研为支撑的技术创新体系，创建国内先进的风机研发基地。

加强与高校、研究院所联合开发工作，推出15～20项新产品、新技术。除充分发挥高校、研究院所的作用外，还要发挥各企业中有实践经验的技术人员的作用，给他们创造探讨交流、现场讲解的平台，使得技术条件相对薄弱的中小企业能有贴合实际的快速增长。

（2）行业智能制造能力提升。风机行业应着眼未来，统筹谋划，积极应对挑战，抓住全球制造业分工调整和我国智能制造快速发展的战略机遇期，充分发挥通用机械智能制造联盟的作用，聚焦制造过程关键环节，从基础条件较好、需求迫切的企业中遴选一批智能制造试点示范项目，形成有效经验和成功模式，在行业中推广。

选定的行业企业以智能制造为主攻方向，积极推动“组织的流程化、管理的信息化、产品的平台化、设备的自动化”，为未来的智能运营、智能化生产及网络化协同奠定扎实的基础，进而构建新型制造体系。通过企业高效率、高质量的生产方式，促进制造业向中高端迈进，培育经济增长新动能。

目前企业运行的ERP系统基本能达到企业生产经营决策为一体的统一信息平台的要求，部分企业上线了产品生命周期管理软件（PLM），使设计流程更加规范、技术文件流通速度提高、零部件的通用性提高、工作效率显著提高，缩短了研发周期。下一步要进一步提高信息化水平，更好地将物流、资金流、人流、数据流实时、高效、动态、无缝集成在一起，促进产业结构调整和优化，促进企业管理现代化和技术水平的提升。

（3）行业工艺保障能力提升。对制造业而言，新设备、新工艺是生产效率和产品质量的保障。“十四五”时期，企业要做大做强，需要继续加大投资规模，利用新设备、新工艺解决企业加工中存在的问题。

围绕调整产品结构、工艺路线，提高产品研发能力、工艺保障能力和产品服务能力。高起点、高水平地进行企业技术改造，不断淘汰落后产能，提高企业重大装备产品和优势产品的技术、质量和能力等水平，达到或接近当前世界技术水平。

2. 构建两大体系，助力行业健康发展

（1）推进行业企业人才培养体系建设。“十四五”时期，风机行业企业要重视引进、培养高端的科技研发创新人才、领军人才。要加强人才队伍建设。为提高风机行业各企业的设计及制造水平，培养企业技术人才，除了从高校招聘人才以外，要加大行业和企业的培训力度。依托风机分会技术委员会，持续开展风机设计、制造专题培训工作。除每年组织3～4期专业对口的短期培训和讲座以外，与高校合作开办中、长期设计和工艺培训班。

加快建设学习型企业，建设职工成长成才和选人用人的科学机制，采用培育现有人才，引进外来人才，聘请兼职研究型/管理人才、销售型人才等手段。随着交叉学科的发展和新学科的出现，企业对复合型技术人才的需求更加迫切，要加快既懂管理又懂技术的复合型技术人才的培养和储备，打造一支素质过硬的专业人才队伍。

（2）推进行业团体标准体系建设。风机行业的创新发展、产品升级与应用离不开标准化水平提升的支撑。团体标准要突破发展中的工作难点，要有前瞻性，要满足行业需求，要以API标准为基础，逐步向数字化迈进，目标是与ISO标准、欧洲标准等对应。标准发布后，应建立监督使用执行机制，起到指导行业进步和发展的作用；要在开展实质性的工作中，通过建立有效的监督机制来制约非标准的生产制造。

通过梳理风机行业标准化现状，建立完善的风机行业团体标准管理和工作机制。围绕行业技术创新与绿色发展对标准化的多方面需求，针对标准空白和急需的标准化领域，构建与国家标准及行业标准协同发展、互动互补的新型行业标准化体系。

提高行业团体标准工作水平，保障团体标准的科学性、先进性、合理性，制定高水平的团体标准，使行业团体标准工作持续稳定发展。

加强与上下游产业链各领域相关机构的交流与合作，共同探讨产业发展中的共性问题和制约产业发展的主要薄弱环节，联合开展团体标准工作，制定双标号团体标准，在上下游产业链中推广实施。以团体标准为纽带，带动零部件产品技术发展，满足用户领域产业发展需求，促进产业链协调发展和技术水平同步提升。

以市场为导向，发挥团体标准的技术引领作用。依据团体标准的特性和发展需要，积极推进检测机构采纳团体标准，推进质监系统、企业和其他社会化检测机构完善针对风机产品及系统的检测能力。依托团体标准，开展相关的评估、评定、认证等工作，促进企业采用团体标准，推动企业规范运营和行业自律、健康发展。

跟踪国际标准发展情况与趋势，围绕风机行业拓展海外市场的需要，在团体标准的制定过程中加大对国际标准的对接与转化工作力度。同时，推进在国际市场宣传推广行业团体标准，为风机产品“走出去”提供标准化支撑。

3. 打造优质服务平台

（1）建设好协会的政策服务平台，助推行业发展。要拓宽服务领域，促进行业的国际化交流，推动国内企业与国外先进企业的交流，及时找出差距，寻找技术及产品研发合作的契机，提高行业的国际化发展水平。

加强行业重点企业、科研事业单位、高校之间的联系，建立完善专家库管理系统。不定期组织开展行业重大问题调研活动、研讨会、座谈会，提出行业发展建议。持续完善每年行业内企业现场互学互动的机制，找准会员企业发展的痛点，开展汇总、集成、分析研究工作，形成年度风机行业发展报告，为行业企业制订发展策略提供参考。

（2）加强与下游行业协会的互动，做下游行业“需求侧改革”参谋。加强与下游石化、煤炭、油气、钢铁、核电、军工等行业协会及组织的沟通，掌握下游行业工艺装置国产化的需求，下游行业新技术、新市场、新产品带来的新工艺装置的需求。促进风机行业优质企业承担下游行业新需求的研制任务，通过产品试用、鉴定，向下游行业推荐优质的风机供应商。做下游行业“需求侧改革”参谋，做风机行业的客商沟通平台。

（3）成立风机行业诚信联盟，促进行业良性发展。“中国制造”“中国风机制造”是风机行业从业人员追求与奋斗的目标。“十四五”时期亟待培育一批具有国际影响力、竞争力的先进企业，引导这些企业参与全球性竞争，提高全球市场占有率，而不是仅限于在国内市场与同行企业竞争，以此净化营销市场，完善行业自律。

规范市场秩序，建立健全自律性管理制度，大力推进行业诚信建设。一是加强行规行约的制定，引导企业履责守约、诚信经营。二是逐步建立健全诚信联盟会员企业的信用档案，加大对企业失信行为的惩戒力度，探索建立企业信用黑红名单。三是完善信用评价标准，扩大对企业的评价范围，实行动态管理，定期复审，增强评价结果的客观性和权威性。以诚信联盟章程为准则，推动企业规范运营，维护行业公平竞争，增强行业凝聚力。

（二）行业重点发展的技术与产品

1. 重大技术装备国产化

（1）150 万 t/a 乙烯“三机”。随着石油化工等项目的大型化以及以节能降耗和改善环境为主要目标的技术改造项目的开展，乙烯“三机”的市场需求越来越大，而且装置向大型、节能、高可靠性方面发展。国内对 150 万～ 180 万 t/a 乙烯装置压缩机的需求不断增大，如恒立石化 150 万 t/a 乙烯工程、文莱恒逸 165 万 t/a 乙烯工程、古雷二期 180 万 t/a 乙烯工程等项目。目前国产化机组规模最大的是 140 万 t/a。

以国家发展改革委正在筹划的 150 万 t/a 乙烯装置国产化攻关立项为契机，完成 150 万 t/a 乙烯“三机”首台（套）研发，实现汽轮机、联轴器、控制系统、干气密封、轴承等关键配套件国产化，并形成 180 万 t/a 乙烯“三机”技术储备。

（2）单线 120t/a PTA 装置用离心压缩机。PTA 装置配套设备属于资金、技术密集型装备，与国外产品相比，国内的 PTA 装备起步较晚，单线 100 万 t/a 以上大型 PTA 装置用压缩机组尚无设计制造业绩，全部依靠进口。

“十四五”时期，依托国产首台 120t/a PTA 装置配套压缩机项目，完成机组研制，掌握该产品核心关键技术，逐步打开国产大型 PTA 市场，打破国外厂商在国内市场的技术垄断，并逐步开拓国际市场。

（3）大型空分装置用压缩机组。通过与国内外竞争对手对比，行业企业瞄准 4 万～ 12 万 m^3/h 等级空分装置配套的市场需求，重点开发 6 万～ 12 万 m^3/h 等级空分轴流加离心主空压机和 SVK 增压机，并规划发展 20 万 m^3/h 等级空分压缩机系列。

（4）18MW 等级集成式压缩机。集成式压缩机组集高速、无油、整体、智能等特点于一身，代表了未来高端压缩机装置的发展方向，在长输天然气管道、海底天然气管道、储气库等领域具有极好的应用前景。依托工业和信息化部大型 FLNG 混合冷剂压缩机研制项目，完成 10MW 集成压缩机研制，形成集成式压缩机的技术储备。依托中国石油管道公司 18MW 等级集成式压缩机样机研制项目，攻克机组关键技术难题，实现首台（套）机组研制。

（5）空气储能用压缩机组。压缩空气储能（CAES）系统可利用低谷电、弃风电、弃光电等对空气进行压缩，并将高压空气密封在地下盐穴、地下矿洞、过期油气井或新建储气室中，在电网负荷高峰期释放压缩空气推动透平机发电。按照运行原理，压缩空气储能系统可以分为补燃式和非补燃式两类。非补燃式 CAES 因在环保、能量综合利用等方面的优势而成为 CAES 的主流研究方向。

依托国际上首套非补燃式压缩空气储能装置项目，开展首台 60MW 机组研制，并根据项目推进情况开展 150MW 机组研发。

（6）超大型气动试验装置主压缩机组。以 2948 工程超大型气动试验装置为项目依托，通过自主开发与产学研合作的方式，解决超大型气动试验装置用主压缩机组多项重大关键技术，完成超大型气动试验装置核心动力装备——主压缩机组新产品研制，产品技术水平达到国际同类产品先进水平，满足我国对该类高端装备国产化的重大需求。

该主压缩机组为三级轴流式，通流能力高达 2 000 万 m^3/h；进出口通径不小于 11m，主压缩段直径不小于 10m；转速为 100 ～ 544r/min；驱动功率峰值不低于 240MW；最低工作压力不高于 5kPa。

（7）大型 Lummus 工艺 PDH 装置配套离心压缩机组。依托某石化有限公司 90 万 t/a 丙烷脱氢制丙烯（PDH）项目，开展配套的产品气压缩机组、丙烯压缩机组、乙烯压缩机组研制。该项目采用 Lummus 工艺，是目前全球应用这一工艺的同类最大装置。

（8）600MW 高温气冷堆核电主氦风机。关键研发技术包括：高效基本级；机壳结构静动力强度分析及抗地震优化技术，压缩机通流部分设计技术；热停堆技术研究；转子动力学和稳定性研究；集成化机壳稳定性、密封性研究等。

2. 核心产品研制

（1）做好传统压缩机产品的技术升级，加强产品标准化，降低生产成本。开展乙烯“三机”技术升级，提高乙烯压缩机和丙烯压缩机的效率和运行范围，降低机组噪声；提升中小型空分装置、动力岛配套压缩机标准化、模块化、集成化技术水平，降低成本，缩短交货期；完善聚烯烃装置用压缩机产品系列，对各部件进行标准化规划，形成标准化的产品系列。

（2）通风机由中低端向高端方向发展。一要加强通风机的系统优化设计，进一步提升整体性能（达到或超过国家一级能效标准），在保证可靠性的前提下降低成本；二要在耐高温、防粘附、防腐、耐磨、降噪、新材料应用等方面突出产品特色；三要加强对用户系统的运行分析，提高风机设计选型的准确性，提升用户系统运行能效。

（3）鼓风机重点发展各种压比的单级高速鼓风机全系列产品，以高效、可靠、无油、宽覆盖为目标，以系列化、模块化、标准化为抓手，使产品综合性能达到国内领先、国际先进水平。

（4）研制适应我国火力发电发展需要的、具有自主知识产权的、技术领先的大型电站风机系列产品，满足我国电力行业的迫切需要。

（5）依托燃煤电厂节能减排技术改造项目的 30 万 kW 亚临界机组、60 万 kW 亚临界机组和超临界机组，针对锅炉普遍存在排烟温度高、风机耗电高的主要问题，通过一次风机、引风机、增压风机的节能技术提升与应用，降低排烟温度和风机耗电量。

（6）实现中央空调风机传统产品的升级换代，要求产品的能效更高、体积更小、重量更轻、噪声更低、外观更美。通过开展合资合作等方式，做优做强离心式中央空调和螺杆式高效能中央空调。

（7）促进节能环保发电，发展高效风力发电风机。

3. 关键技术开发

（1）气体动力学技术。具体包括：

1）核心产品专有模型级开发与应用。

2）气动设计方法升级。包括气动选型优化设计平台开发、多学科多目标优化设计平台开发、节能技术研究与应用、降噪技术研究与应用。

3）负荷管网与机组匹配性研究。

4）测试技术提升。

（2）安全可靠性技术。包括大型机组多段把合转子动力特性分析预测，非稳定支撑对转子系统动力学特性影响的研究，超高温、低温机组零部件与整机安全稳定性研究，变工况动态支撑下的叶片振动特性与疲劳安全性研究，流声热固多物理场耦合状态下的叶轮安全性与疲劳特性研究，复合材料轴流动静叶的频率干涉、共振疲劳、阻尼识别、寿命预测、气弹稳定性评估等分析技术的规范化与标准化，叶轮流固耦合试验测试技术的开发，提升转子系统稳定性的阻尼元件（阻尼密封、阻尼轴承、轴端阻尼器等）动力特性量化分析。

（3）先进工艺与智能制造技术。包括激光复合自动焊技术，复合电子束自动焊技术，叶轮真空钎焊技术，电火花加工技术，叶轮自动编程技术，叶轮快速、高精度装夹技术，叶轮高性能专用刀具开发，自动焊接技术，五轴切割技术，虚拟装配技术，特种加工技术，热处理模拟计算分析，表面强化技术，以及新型材料应用。

（4）智能控制技术。包括现场调试用 PID 自整定技术、智控云平台开发、机组一键启动智慧控制技术。

六、保证措施和政策建议

（一）打通内循环“堵点”，提高重大技术装备国产化率

重大技术装备是国之重器，重大装备国产化应当成为全社会的共识。目前很多关键工艺装置的核心部件依然使用进口产品。发挥行业协会的桥梁和纽带作用，通过对通用机械行业企业、下游行业协会、下游行业主要典型企业的走访、调研、交流，掌握下游行业工艺装置的国产化的难点、堵点。聚合政、产、学、研、用各方力量，通过立项、预研、试制、试用等方式，攻坚克难，齐心协力打通内循环“堵点”，提高关乎国家经济命脉的重大技术装备产品国产化率。

（二）推动用户自律，有效解决中小企业回款难问题

风机分会会员企业中风机产值超过 3 亿元的有 27 家，近 90% 的企业工业总产值小于 3 亿元，70% 的企业工业总产值小于 1 亿元。风机行业在整个产业链中处于弱势地位，缺乏市场规则制定权，很多中小企业在生产经营中出现回款难、生存难的问题。协会要加强对相关情况的深入了解，并向政府、下游行业协会及下游相关企业反馈意见和建议，促进解决中小企业回款难的问题。

（三）注重品牌建设，提高企业市场创造力

品牌是企业的高端软实力。企业具有自主知识产权的产品和国内外认同的品牌是参与市场竞争的关键。“十四五”时期，企业应改变扩大规模的发展模式，加大品牌建设，在市场竞争中立于不败之地。

（四）建立市场竞争机制，有效遏制恶性竞争

风机行业中小企业众多，一些产品的制造门槛比较低，企业间长期处于同类、同档次产品的恶性竞争。“十四五”时期，风机行业应将产品的节能认证、安全认证与产品标准的制修订结合起来，严厉打击制售假冒伪劣产品行为，坚决制止偷工减料、以次充好、违背市场价格的恶性竞争。企业间应建立联合机制，规范市场合理竞争，赢得企业自身利益。同时，行业内中小企业应遵循行规行约、诚信联盟章程，避免行业恶行竞争，确保行业健康有序发展。

（五）建立激励机制，注重人才培养

高素质的专业技术人员和技术工人始终是企业发展的重要条件，企业的竞争最终取决于人才的竞争。企业要重视员工的培训，不断提高员工的技术水平和技能。要建立激励机制，对在企业发展中做出重大贡献的员工给予重奖，充分调动员工的积极性。加快企业科技创新人才的培养，使之成为一项长期坚持的制度。要采取各种措施，吸纳国内外人才。“十四五”时期，企业要注重培养工程技术人员的自主研发能力，使企业具备适应市场变化和需求的能力，真正成为技术创新的主体。

（六）加快信息化建设，促进企业发展

风机制造业是传统产业，必须用信息化手段来促进企业发展，使企业走出一条科技含量高、经济效益好、资源消耗低、环境污染少、人力资源优势得以充分发挥的发展道路。通过信息化建设，对企业的设计、生产、制造等过程进行技术改造与优化升级，推动产品结构调整和优化，促进企业管理的现代化，大幅度提高企业的技术水平和经营管理水平。

（七）建议国家加大对首台（套）重大技术装备的支持力度

首台（套）重大技术装备的自主化研发，不仅是风机制造企业发展的内在需求，也是保障国民经济和国家安全的战略需要，因此，建议国家设立首台（套）重大技术装备专项，适当提高项目研发经费支持比例，或以国家注资、产业基金等形式大力支持首台(套)重大技术装备创新研发。首台（套）重大技术装备研发成功后，后续市场存在很多不确定性。建议鼓励和支持国家重点工程项目优先采购《首台（套）重大技术装备推广

应用指导目录》已经明确的重大技术装备，既是对装备制造企业持续开展首台（套）重大技术装备研发的一种激励和补偿，也是对重大技术装备国产化创新成果的一种保护，对促进我国装备制造业实现高质量发展具有重要意义。采取有力措施，进一步强化地方在重大工程项目行政审批方面对于首台（套）重大技术装备推广应用有关政策的全面落实，从项目审批源头上加强对首台（套）重大技术装备的产业化应用的支持。

（八）充分发挥展会平台的交流促进作用

中国国际流体机械展览会是通用机械行业每两年举办的大型交流展示活动，是风机企业展示智慧、塑造品牌形象的最佳平台。企业应充分利用这一平台，打出品牌，做出特色，展出亮点。通过展会这个平台，促进部分先进的品牌企业尽快走向国际市场。

〔供稿单位：中国通用机械工业协会风机分会〕

阀门行业“十四五”发展规划

前言

阀门作为管道的重要控制设备，广泛应用于石油、化工、电力、冶金、天然气输送、水利和城市化建设等国民经济的各个领域。部分高端产品在很多关键领域发挥着重要作用。如大型核电站主蒸汽隔离阀，位于安全壳外，用于压水堆核电站核岛二回路主蒸汽系统。在核电站正常运行工况下，主蒸汽隔离阀处于开启状态，当安全壳内或安全壳外的主蒸汽管线部分发生破裂时，主蒸汽隔离阀接到隔离信号后，能在5s内快速关闭，控制失控的蒸汽释放，以限制失控的蒸汽释放量不超过一台蒸汽发生器的容量，从而防止反应堆冷却剂系统的过分冷却和安全壳压力的过分升高而超过设计压力，保证管路系统正常运行或减缓事故后果。再如大型长输管线56″Class900高压球阀，安装于天然气主干线的管道上，其正常可靠使用直接关系到下游地区人民群众的生活与工作用气供给和社会稳定，关系到国家能源主动脉的安全和经济发展大局。由此可见，阀门的技术水平和质量控制与大型工业装置的正常安全运行息息相关，阀门行业的发展与人民生活水平的改善和国家经济发展紧密相连。

为贯彻党的十九届五中全会通过的《中共中央关于制定国民经济和社会发展第十四个五年规划和二〇三五年远景目标的建议》精神，展望以国内大循环为主体、国内国际双循环相互促进的新发展格局和新市场机遇，明确阀门行业“十四五”时期的发展思路、目标及重点任务，引导行业健康持续、高质量发展，特制定此规划，规划期为2021—2025年。

一、阀门行业发展现状

“十三五”期间，我国阀门行业面对复杂多变的国际经济环境，以科技创新为支撑，依托国家重点工程建设项目，开展了关键阀门的研发与攻关，行业配套能力和水平得到较大提高；部分骨干企业通过加大技术改造投入，建设了现代化研发平台，提升了企业自主创新能力和核心竞争力，大幅度提高了行业整体研发能力，加快了产品的更新换代；转变经营观念，转换了企业经济增长模式；发挥区域经济优势，促进了产业结构优化升级，全面提升了产业竞争力，全行业基本保持了持续、稳步、健康发展的态势，实现了“十三五”规划发展目标。

目前我国阀门行业规模以上企业近 2 000 家，全年实现主营业务收入 1 900 多亿元，完成出口交货值 300 多亿元，实现利润总额 100 多亿元。“十三五”期间，阀门行业经济运行态势基本平稳，主要指标稳定，降速、缩量、提质、增效成为行业经济运行的主要特征。

“十三五”期间，在国家一系列产业政策的推动下，经过阀门行业企业的共同努力，尤其是在部分骨干企业的带动下，行业取得了令人瞩目的成绩，综合实力有了显著提高，一大批国产首台（套）重大技术装备配套阀门研制成功，并在石油石化、油气集输、天然气液化、煤炭深加工、水电、核电、超（超）临界火电等关键领域得到工程化应用，填补了多项国内空白，基本改变了我国关键阀门只能依赖进口的被动局面，为我国国民经济发展做出了重要贡献。阀门行业全面落实“去产能、去库存、去杠杆、降成本、补短板”的任务，坚持稳中求进，持续推进高质量发展，行业竞争力不断增强，呈现出良好的稳定发展态势，总体表现在行业骨干企业的发展速度高于全行业的平均水平。骨干企业发挥重大技术装备配套阀门攻关的引领作用，通过产、学、研、用相结合，多项新产品、新技术、新工艺研发取得实质性突破，提升了行业的整体水平。阀门行业转型升级不断深化，由传统生产型制造向智能制造、工程成套和服务型制造转型，基本形成了集设计、制造、试验成套和技术服务为一体的、配套齐全的行业体系。2015—2020 年阀门行业 80 家骨干企业主要经济指标见表 1。

表 1　2015—2020 年阀门行业 80 家骨干企业主要经济指标

年份	企业数（家）	主营业务收入（亿元）	主营业务收入同比增长（%）	出口交货值（亿元）	利润总额（亿元）
2015	80	280	7.1	25	22
2016	80	302	7.8	29	24
2017	80	319	5.6	35	26
2018	80	341	6.9	40	28
2019	80	361	5.8	47	29
2020	80	380	5.2	36	30

二、“十三五”阀门行业取得的成绩

（一）阀门国产化取得显著成绩

1. 天然气集输关键大口径全焊接球阀国产化实现突破

我国全焊接管线球阀国产化在“十三五”期间完成了质的飞跃。

“十三五”初期，有 11 家阀门骨干企业生产的规格为 NPS40、NPS48，压力级为 Class600 及 Class900 全焊接球阀通过了国家能源局组织的样机鉴定。

“十三五”期间，共有 5 家企业研发成功了 NPS56、Class900 全焊接大口径球阀，先后通过了国家能源局、中国机械工业联合会和中国通用机械工业协会组织的样机鉴定，并于 2017 年 5 月在新疆烟墩完成了工业性运行试验。至此，球形壳体 NPS56、Class900 全焊接管线球阀的试制和工业性运行试验取得成功，产品主要性能指标达到国际领先水平。

“十三五”末，有 3 家骨干企业生产的 NPS56、Class900 全焊接管线球阀正式在中俄天然气管线东段和西气东输四线、五线、六线上得到实际工程应用，标志着全焊接大口径管线球阀全部实现了国产化，我国成为 NPS56、Class900 全焊接管线球阀制造能力和水平最高的国家。

2. 核电关键阀门国产化有所突破

核电是高效清洁的能源，由适度发展核电到

积极发展核电，体现了国家能源政策的重大转变。我国要积极发展核电，国家有关部门特别是国家能源局高度重视核电泵阀国产化工作。为了积极推动核电泵阀的国产化工作，国家能源局多次召开国产化会议。经过10多年的不懈努力，核电阀门制造骨干企业陆续开发了一大批填补国内空白、达到国际先进技术水平的核电阀门产品如主蒸汽隔离阀、核一级稳压器比例喷雾阀、核一级闸阀、核一级高 C_v 值止回阀、核二级W型平行板闸阀、核级蝶阀、核级球阀、核级隔膜阀、核一级高压波纹管截止阀、主蒸汽安全阀及稳压器安全阀等。产品样机依次通过了国家鉴定验收，形成了一大批具有自主知识产权的核级阀门产品，大部分阀门在方家山、宁德、阳江、福清、秦山二期核电站建设或扩建中实现了批量国产化应用，核电阀门国产化率获得较大提升。

“十三五”期间，在二代加机组的核级阀门国产化基础上，有关企业承担了国家重大专项，陆续研制成功了第三代核电站AP1000、CAP1400和“华龙一号”的关键阀门，包括主蒸汽隔离阀、主给水隔离阀、核一级高压楔式闸阀和爆破阀，以及高温气冷堆的主蒸汽隔离阀、爆破阀、主蒸汽安全阀、稳压器安全阀、核一级止回阀、核一级气动截止阀和高端调节阀等，为我国三代核电机组建设和核电装备出口做出了贡献。

3.百万千瓦超（超）临界火电机组关键阀门国产化取得突破

“十三五”期间，火电机组阀门国产化攻关和应用也取得了一定的成绩。

“十三五”期间，有关企业经过攻关和产品优化，先后在江苏南通电厂、江苏句容电厂和浙江长兴电厂等10多个电厂实现火电机组阀门批量供货，并陆续得到工程化使用，至今国产化阀门使用状况良好。再热器安全阀、主蒸汽闸阀、高加三通阀、小汽机电动蝶阀、主蒸汽安全阀、电磁泄放阀、锅炉与汽机调节阀、最小流量阀等关键阀门在电厂实现替代进口产品，完成了预定的国产化率85%的目标。

4.大型石化和煤化工装备关键阀门国产化进步明显

“十三五”期间，部分行业骨干企业在攻克加氢闸阀和截止阀技术的基础上，研制成功了高压临氢多通道柱塞阀，应用于茂名石化260万t/a浆态床渣油加氢装置，对浆态床加氢工艺在国内的推广有重要意义；首台（套）拥有自主知识产权的48″大型乙烯装置裂解气阀在镇海炼化成功上线应用，打破了国外产品的垄断局面；围绕氢能市场阀门产品需求，开展了氢液化装置用超低温安全阀、加氢站用超高压氢气安全阀的研制工作，取得较大进展；开发了石油化工和煤化工装置用的煤气化装置用锁渣阀、延迟焦化高温防结焦球阀、S-Zorb吸附剂耐磨球阀、氧气切断阀、氧气调节阀、氧气放空阀、煤粉三通阀、分子筛切断阀和耐磨调节阀等，绝大部分关键阀门得到了工程化应用，实现了国产化。

5.输油管道关键阀门基本替代进口

“十三五”期间，阀门行业组织了油气管道关键阀门国产化攻关。轨道式强制密封阀、轴流式止回阀、压力平衡式旋塞阀、调节阀、电动执行机构、电液联动执行机构和气液联动执行机构等相继研制成功，通过新产品鉴定后，应用于油气管道建设工程，使用情况良好。

6.液化天然气（LNG）装备低温阀门组织攻关

“十三五”期间，阀门行业联合用户单位，以LNG接收站新建和改扩建项目为依托工程，组织开展了低温阀门国产化攻关。样机包括低温上装球阀、低温轴流式止回阀、低温蝶阀和低温调节阀。部分企业已经完成了样机制造和相关试验，并通过了鉴定，等待进行国产化推广应用。

7.航天与军工关键阀门的攻关顺利

阀门行业企业参与了航天与军工阀门的研制攻关，顺利研制了大型火箭发动机专用阀门和安全阀，研制成功了航天工程用氧气阀门和1 500℃高温高压特种阀门。产品通过用户验收，应用到工程项目中。

8. 水利工程阀门配套能力提高

阀门行业研制成功双向金属硬密封蝶阀、锥形阀、进水球阀、活塞式调流调压阀、防水锤空气阀、爆管紧急切断阀、消防阀、智能减压阀、智能空气阀、孔板闸阀、旋转控制阀和大口径水轮机蝶阀与球阀，并实现供货，为水电站建设、自来水厂建设、污水处理和远距离调水等工程建设做出了贡献。

9. 阀门执行机构的国产化攻关成绩明显

“十三五”期间，阀门执行机构制造企业与上海核工程研究设计院合作，共同开展 CAP1400 核级电动装置的研制，通过了科技成果鉴定；合作开展的大型先进压水堆核电站国家重大科技专项 CAP1400 核级阀门用 1E 级直流电动装置研制（220V，60 年寿命）项目进展顺利，完成了 HD-Z 多回转直流阀门电动装置和 HD-Q 部分回转直流阀门电动装置两个系列、4 台样机的研制任务，通过了新产品的鉴定，产品填补了国内空白。

8 家骨干企业参与了超（超）临界火电站关键阀门执行机构的国产化攻关。研制的电动执行机构和气动执行机构在江苏句容电厂二期项目获得工程实际应用。

部分阀门执行机构制造企业为 NPS56、Class900 大口径球阀配套了气液联动执行机构，获得项目实际应用。2020 年 9 月 22 日，在上海召开的“综合绩效评价”工作会议上，由电动执行机构骨干企业承担的“大型先进压水堆及高温气冷堆核电站重大专项课题”之一的“核电站常规岛智能型电动执行机构”课题项目顺利通过国家能源局的综合评价。这标志着核电站主要辅助设备突破核心技术，实现自主可控，加快推进了核电站主要辅助设备的国产化进程。

（二）行业技术创新及科技成果

1. 技术创新取得丰硕成果

“十三五”期间，阀门行业以科学发展观为统领，以提高经济效益为中心，以加快企业发展为目标，不断加强自主创新能力建设，不断加大科技创新和新产品自主研发力度，全力开展具有自主知识产权的高附加值产品的研发，取得了较丰硕的成果。几十个规格的核电关键阀门产品填补了国内空白，达到国际先进水平。特别是以爆破阀为代表的三代核电关键产品，陆续研制成功。完成了核一级稳压器安全阀、核二级主蒸汽安全阀、DN600 先导式安全阀、核二级大气释放阀的设计及制造，并且在国家核安全局、用户单位代表的见证下，完成了样机冷态性能试验、热态性能试验、寿命试验及抗震试验，完全满足核电站的要求；研制成功核电站主给水调节阀，达到研制任务要求；承接的国家重大科技专项“CAP1400 轴流式止回阀”项目的研制开发任务也如期完成，掌握了核心技术。

有关企业承担的超（超）临界火电机组关键阀门国产化技术研究和应用示范项目，需要重点突破的超（超）临界火电机组关键设计、制造、检验、试验与材料技术如期完成。该项目包括 4 个子课题：超（超）临界关键阀门 CAE、CFD 设计技术研究；超（超）临界关键阀门关键部件制造技术（CAM）研究及样机试制；超（超）临界关键阀门检测、试验技术的研究；超（超）临界关键阀门新材料的铸锻造技术研究及 CAPP 应用研究。经过有关企业的多年努力，所研制产品几乎全部得到了江苏句容电厂和重庆万州电厂的首台（套）应用，国产化火电关键阀门使用情况良好，同时制定了标准，形成了一批专利，已具备组织示范项目课题验收条件。

“十三五”期间，行业骨干企业还进行了以下阀门关键技术研究：

（1）提高阀门使用性能的研究。研究内容包括：低扭矩高密封性能技术的研究与产品开发，针对不同工况条件和控制条件进行自动控制球阀的定制设计与开发，将驱动装置的气源压力或管线介质压力作为动力进行阀座密封力的加载和卸载，使控制球阀具有更小的启闭扭矩、更好的密封性能、更长的使用寿命；开展伺服控制电液驱动装置阀门技术的研究与开发，采用伺服控制的电液驱动装置进行控制球阀的精确控制，使球阀具有更高的控制精度、更稳定的控制性能、更大的驱动力矩和更紧凑的结构，更好地满足精确稳定的控制要求。

（2）提高阀门可靠性的研究。研究内容包括：提高阀门在高温、高压、硬固体颗粒介质、易粘结介质及腐蚀性介质等苛刻工况下可靠性的结构研究与产品开发；阀门加工制造工装的研发与创新设计，提高阀门加工精度，从而提高阀门使用的可靠性。

（3）提高阀门耐磨性能的研究。针对大型工业装置的各类苛刻工况，综合各种耐磨材料的特性，通过优化、组合、试验及对比分析，研制开发多种特种复合强化耐磨材料，使耐磨材料具有更好的综合性能，以满足各种苛刻工况的使用要求。特种复合强化耐磨材料的研发内容包括：镍基合金 + DLC 类金刚石膜复合强化耐磨涂层、耐磨蚀镍基金刚石复合强化涂层、镍基合金 + PVD 复合强化涂层、镍基合金 + 碳化钨复合强化涂层、奥氏体不锈钢耐蚀强化等。针对研制开发的多种复合强化耐磨材料的技术特点，研究开发和优化耐磨涂层的工艺和技术，以确保不同的耐磨涂层之间以及耐磨涂层与基体材料之间具有更好的结合力。针对阀门及管件的球面及曲面零部件表面，掌握超音速火焰喷涂技术，通过多维度的自动控制技术以及试验研究，研制开发精确控制耐磨合金粉末厚度及均匀度的技术及工艺，降低制造成本，提高加工效率和加工质量。

（4）提高阀门控制技术的研究。研究内容包括：具有自动控制功能的阀门技术研究与创新设计，以满足系统流程的多种自动控制要求；采用物联网技术进行阀门远程实时监控技术的探索研究。

2. 技术创新研发体系建设取得成绩

“十三五”期间，阀门行业不断强化自主创新能力，注重技术创新研发体系建设，为行业技术创新发展和产品研发奠定了较好的基础。

在国家创新驱动发展理念的指引下，阀门行业积极建设国家工程技术中心和企业技术中心。截至“十三五”末，阀门行业被认定的国家级企业技术中心有 2 家，有 20 多家企业技术中心被认定为省级技术中心，有数十家企业技术中心被认定为市级技术中心，个别企业建设了院士工作站和博士后工作站。少数企业还建立了海外研发中心，构建了吸引海内外高水平科研人才的新产品、新技术研发平台。个别企业添置了研发及试验检测设备，建设模拟工况的高、低温压力试验台架和流阻试验台，建立了产品研发制造管理平台，包括全三维产品设计平台、数字化仿真分析平台、三维数字化工艺设计平台、三维数控加工平台和产品数据管理平台。

行业骨干企业分别与清华大学、上海交通大学、浙江大学、北京航空航天大学、东南大学、北京交通大学、兰州理工大学、上海核工程研究设计院、中科院物理所等高校、科研院所建立了紧密的战略合作关系。

3. 知识产权进一步受到保护

行业企业更加重视知识产权保护，积极申请专利。“十三五”期间，阀门行业获得国家专利 100 多项，发明专利增多，水平有所提高。

2020 年，大连大高阀门股份有限公司共获得授权专利 5 项，其中发明专利 2 项、实用新型专利 3 项。

2020 年，成都成高阀门有限公司获得授权专利 6 项，其中实用新型专利 5 项、发明专利 1 项。

2020 年，江苏神通阀门股份有限公司研制的液化天然气用关键阀门深冷轴流式止回阀、球面控制阀、金属密封偏心旋球阀和核化工高灵敏度止回阀均已完成成果转化。

2020 年，超达阀门集团股份有限公司申报专利 12 项，其中发明专利 5 项、实用新型专利 7 项。获得授权专利 6 项，其中发明专利 1 项、实用新型专利 5 项。

2020 年，苏州纽威阀门股份有限公司完成新产品成果转化 29 项，获得授权发明专利 3 项、实用新型专利 28 项。

2020 年，上海阀门厂股份有限公司研制的“华龙一号”三代压水堆核电站核安全一级稳压器安全阀及 ACP1000 机组主蒸汽安全阀通过了科技成果鉴定。当年申报专利近 10 项。

2020 年，兰州高压阀门有限公司新产品（新技术）自主转化 15 项，获得授权专利 14 项。

2020 年，哈电集团哈尔滨电站阀门有限公司完成专利申报 21 项，其中发明专利 9 项；获得授权的实用新型专利 15 项。

2020 年，北京市阀门总厂股份有限公司获得授权专利 10 项，其中发明专利 4 项、实用新型专利 6 项。

2020 年，浙江迪艾智控科技股份有限公司完成新产品成果转化 40 项。全年申请专利 56 项，其中发明专利 11 项；获得授权专利 45 项，其中发明专利 1 项、实用新型专利 40 项、外观设计专利 4 项。

2020 年，吴忠仪表有限责任公司完成新产品成果转化 40 项，获得授权发明专利 24 项、实用新型专利 11 项、外观设计专利 4 项。

2020 年，浙江石化阀门有限公司申报专利 15 项，其中发明专利 6 项、PCT 国际专利（已受理）5 项；获得授权专利 7 项，其中发明专利 3 项。

（三）行业标准化水平得到提高

1. 全国阀门标准化技术委员会归口管理的国内标准现状

截至 2020 年年底，全国阀门标准化技术委员会归口管理的现行国家标准和行业标准共计 208 项。其中：国家标准 70 项，包括基础通用标准 12 项、方法标准 13 项、产品标准 45 项；行业标准 138 项，包括基础通用标准 9 项、产品标准 119 项、方法标准 10 项。

2. 建立了团体标准工作机制

由中国通用机械工业协会主导编制并发布的团体标准得到快速发展，协会建立了团体标准工作机制，已发布 11 项阀门团体标准，具体包括：《钢制平板闸阀质量分等规范》《普通型电动装置质量分等规范》《球阀质量分等规范》《蝶阀质量分等规范》《饮用水阀门重金属含量及检测方法》《铁制闸阀产品质量分等规范》《抽汽止回阀产品质量分等规范》《电站堵阀产品质量分等规范》《爆管紧急切断阀产品质量分等规范》《汽轮机用快速关闭蝶阀产品质量分等规范》和《全自动阀门试验机》。

（四）产业转型升级获得一定进展

“十三五”期间，阀门行业积极探索多种转型升级途径，在产业转型升级方面取得一定的进展。

部分企业以市场为导向，探索企业重组、并购或混改之路，谋求企业多元化发展；延伸产业链，扩展市场，尝试产品模块集成化及工程安装承包等；打造服务型制造企业，为用户提供运维解决方案，倡导全生命周期理念，引导合同能源管理、托管服务等；探索与“互联网 +”融合，加快两化融合和智能制造的发展，提高信息化水平。采用 ERP 等先进管理手段，实现企业管理、生产制造过程智能化和产品智能化发展（远程监控、智能化功能），尝试企业数字化转型。

三、行业发展中存在的主要问题

“十三五”期间，阀门行业逐步从高速发展走向中高速稳步增长，行业发展基础越来越牢固。但仍存在一些制约行业持续健康发展的固有问题和短板，主要表现在以下几个方面：

（1）行业创新能力依然薄弱。以企业为主体的研发能力和水平不足，特别是在行业中数量占比较大的中小型企业研发投入较少，缺乏高端创新人才，缺乏关键核心技术，全行业创新能力薄弱。行业研发能力不能完全满足国民经济各领域高端阀门研发需要，部分高端阀门仍依赖国外进口。虽然行业专利数量不少，但发明专利占比小，缺乏市场引领性的高质量发明专利。

（2）行业集中度低。阀门行业中小企业居多，长期处于中低端产品同质化严重、产能过剩的局面，造成行业长期恶性竞争，且近几年愈演愈烈，严重制约了行业的健康发展；行业内缺乏有国际影响力和品牌知名度的大企业集团，品牌影响力不够高，缺乏产品议价能力。

（3）部分企业产品质量不稳定，使得用户对国产阀门缺乏足够信心，造成高端产品国产化推广困难。

（4）行业标准化体系不健全。现有标准的更新滞后，市场急需的新标准制定缓慢，国外标准被普遍采用；团体标准尚在发展起步阶段，没有与国家标准、行业标准形成协调发展的特色互补局面。

（5）营商环境有待改善。部分企业资金链紧张，融资难、融资贵现象依然存在，成为制约中小企业尤其是民营企业发展的主要问题。企业在经营中时常面对垫资生产、拖欠货款、不合理付款方式等问题的困扰。

（6）转型升级步伐较慢。有不少企业意识到企业转型的紧迫性，但是思路不太清晰，转型的步子小、速度慢，制造 + 服务的概念还没有充分显现出来。

四、“十四五”行业面临的形势

（一）宏观经济形势和政策分析

党的十九届五中全会通过的《中共中央关于制定国民经济和社会发展第十四个五年规划和二〇三五年远景目标的建议》明确提出了我国“十四五”时期经济社会发展指导方针。强调要坚定不移贯彻创新、协调、绿色、开放、共享的新发展理念，坚持稳中求进工作总基调，以推动高质量发展为主题，以深化供给侧结构性改革为主线，以改革创新为根本动力，以满足人民日益增长的美好生活需要为根本目的，加快构建以国内大循环为主体、国内国际双循环相互促进的新发展格局。

“十四五”时期，转变发展方式、优化经济结构、转换增长动力进入关键期。我国经济已由高速发展阶段转向高质量发展阶段，经济运行保持了总体平稳、稳中有进的积极态势，正朝着更高质量、更有效率、更可持续的方向迈进。这对阀门行业来说既是机遇也是挑战。

（二）行业面临的机遇与挑战

我国“十四五”时期经济社会发展要以推动高质量发展为主题，以深化供给侧结构性改革为主线，以改革创新为根本动力，加快构建新发展格局。

当今世界正经历百年未有之大变局，我国发展仍然处于重要战略机遇期，但机遇和挑战都有新的发展变化。从某种意义上说，化解挑战就是机遇。

阀门行业面临的机遇与挑战主要表现在以下方面：

1. 满足高端阀门市场需求

在国民经济各领域，许多高端市场和新兴细分市场对高端阀门的需求增大，如：液化天然气接收站高压大口径超低温球阀、蝶阀和调节阀，火电高压差调节阀，核电先导式安全阀，加氢装置高压闸阀和强制密封球阀等。阀门行业需要加快对这些产品的研发和生产，改变长期依赖进口的局面。

因此，阀门行业企业要继续实施创新驱动，持续推进重大装备国产化，瞄准新兴市场需求，将产品做专、做精、做强，形成经济增长新动力。要以满足经济社会发展和国防建设对关键阀门的需求为目标，强化基础研发能力，提高综合制造水平，实现高质量发展，培育国际竞争力。

2. 研发“卡脖子”产品

全球产业竞争格局正在发生重大调整，国际贸易争端和突发事件时有发生，倒逼我国企业必须加大关键技术攻关力度。阀门行业要在各服务领域尽快突破关键技术，依托国家重点支持的项目，尽快研发成功“卡脖子”产品，补齐短板，促进行业发展。

3. 提高品牌知名度和国际竞争力

经过几十年的发展，我国阀门行业取得了较大的成绩，但和发达国家相比，产品技术和品牌知名度还有一定的差距，产品可靠性和质量水平还有待提高。部分高端阀门产品仍然依赖进口，出口产品以中低端产品为主，行业缺乏国际竞争力。阀门行业要积极适应国际竞争，向国际化公司转变，培育国际化人才队伍，了解国际商业规则和法律，重视产品宣传，充分利用国际展会交流平台，努力开拓国际市场。

4. 解决产能过剩的问题

尽管国家推行供给侧结构性调整，对于去库存、去杠杆、去产能、补短板提出了具体要求，但阀门行业产能过剩的矛盾在短期内无法得到根本性解决。阀门行业必须坚持转型升级、结构优化、创新驱动、质量为先的原则，走高质量发展之路。

5. 适应国际贸易变化

全球产业竞争格局的重大调整，加速推进新一轮全球贸易投资新格局，给未来经济形势带来巨大的不确定性，直接影响我国阀门行业发展和企业“走出去”，企业必须适应这些变化。

（三）主要应用领域市场分析

1. 炼化一体化

伴随着国民经济的快速增长，我国石油消费量逐年递增。“十三五”期间，为推进结构调整、优化产业布局，国务院通过了《石化产业规划布局方案》。我国集聚建设上海漕泾、浙江宁波、广东惠州、福建古雷、大连长兴岛、河北曹妃甸、江苏连云港七大石化基地，发展炼化一体化的大型石化项目，同时支持民营和外资企业独资或控股投资，以促进产业升级。

阀门是石油化工装置的关键配套设备，目前新建大型石油化工装置多数采用国外工艺包，关键阀门依赖进口。我国阀门行业需要组织高端阀门的攻关。

2. 煤炭深加工

“十三五”期间，国家出台了《煤炭深加工产业示范“十三五”规划》，明确煤炭深加工产业发展定位的同时，也为未来煤炭清洁高效利用指明了方向。

现代煤化工作为能源体系的重要组成部分，将以“推进能源生产和消费革命，构建清洁低碳、安全高效的能源体系”为总体指引，将“清洁低碳、安全高效”的基本要求作为“十四五”现代煤化工产业发展的基本准则。

“十四五”时期，大型先进煤气化、煤制油、煤制天然气、低阶煤分质利用、煤炭综合利用等关键技术和设备要取得工业化突破。煤化工配套的耐腐蚀、耐高温、高压差调节阀等特殊阀门亟待实现国产化。

3. 天然气管线及储运

2017 年，国家发展改革委、国家能源局联合发布的《中长期油气管网规划》指出，对天然气进口通道要坚持“通道多元、海陆并举、均衡发展”的原则，预计到 2025 年基本形成“海陆并重”的通道格局。

“十四五”末期，天然气在能源消费中的占比将达到 12%，这将给油气集输（包括常规天然气、页岩气、煤层气及液化天然气）及储运等产业带来广阔的市场。油气管线阀门向更大口径、更高压力方向发展。目前，液化天然气接收站超低温阀门多数依靠进口，国产化的市场空间较大。

4. 电力

“十四五”时期，电力行业发展将继续加快转变电力发展方式，推动电力结构优化和产业升级。

煤电发展将根据不同地区的差异进行安排，新增煤电布局在西部、北部，淘汰落后产能，新建特高压工程送端配套煤电 3 100 万 kW，在建煤电 2 400 万 kW，2025 年煤电达峰。

近年来，我国水电建设投资额呈现波动增长的态势。“十三五”期间全国新增投产水电达 6 000 万 kW，2020 年水电总装机容量达到 3.8 亿 kW，预计 2025 年全国水电装机容量达到 4.7 亿 kW。目前，我国水力发电量占全国发电量的 18%，水力发电量还有较大的上升空间。

目前，我国已经跻身世界核电大国行列，具备了向“核电强国”迈进的基础条件。以“华龙一号”全球首堆并网成功为标志，我国实现了核电技术由“二代”向“三代”的跨越，正式进入核电技术先进国家行列。截至 2019 年年底，我国核电装机容量占全国电力总装机容量的 2.5%，2020 年核能发电量占全国累计发电量的 4.94%，远低于世界发达国家水平（18%），甚至低于世界平均水平（10%）。我国现有核电装机规模与实现“碳达峰、碳中和”的目标还不匹配。国家制定2030年前碳排放达峰行动方案，提出优化产业结构和能源结构，推动煤炭清洁高效利用，大力发展新能源，在确保安全的前提下积极有序地发展核电。争取到2025年，核电占全国总装机容量的3%，核能发电量占全国发电量的6%。核电阀门是核电项目中用量较大的设备，随着核电产业的快速发展，核电阀门的需求规模将不断扩大。核电阀门制造企业要做精产品，提高核电阀门的可靠性和配套能力，早日实现全部核电阀门国产化的目标。在满足国内市场的同时，努力使我国的核电装备“走出去”。

5. 钢铁

我国钢铁产量已经多年居世界首位，2019年钢铁产量已达12亿t，产能过剩成为不争的事实。“十四五”时期，我国钢铁行业高质量发展的任务核心将聚焦在钢铁行业优化布局、提质增效、技术创新等方面。产能置换将成为未来2～3年钢铁行业去产能的首要途径，对高效环保等先进设备的需求会迎来高峰。

6. 海洋工程装备

海洋工程装备制造业是高端制造业发展的重点领域之一，是我国实施海洋强国战略的重要基础和支撑。国家高度重视海洋油气资源开发和海洋工程装备技术水平的提升。21世纪以来，海洋成为国家经济发展和对外开放的重要窗口。海洋工程配套阀门技术难度大，未来有一定的市场空间。

7. 城市化建设

近年来，国家大力提升城市化建设水平，提出建设智慧城市和美丽乡村建设的目标，满足人民高质量生活需求。为此，国务院出台了以“水十条”为纲领的各项环保产业政策，大力支持节能环保产业。作为环保产业的重要领域，污水处理行业将成为我国经济发展中的朝阳产业。

预计“十四五”时期国家在该领域的投资仍会持续增长，年投资在万亿元以上。该领域的发展对自动化、信息化、智能化的需求会越来越高，给阀门行业提出更高的要求。调流调压阀、排气阀和大口径蝶阀将具有巨大的市场。

8. 新能源

在我国能源结构中，化石能源占比依然达到80%以上。

氢能作为二次能源，具有来源多样、终端零排放、用途广泛等优势。目前，我国在氢能相关技术上取得了一些重大进展，国家在加紧推进氢能项目。2020年以来，国家先后印发《关于开展燃料电池汽车示范应用的通知》《新能源汽车产业发展规划（2021—2035年）》，各地积极出台配套规划和政策，推动氢能研发、制备、储运和应用链条不断完善。

今后较长一段时期，包括氢能在内的新能源工业对阀门的需求将保持高速稳定的增长，新能源市场将成为阀门市场的增长点之一。

9. 生物制药

近几年国内生物制药行业发展迅速，一批生物制药公司迅速成长起来。随着国家政策的不断倾斜及资本市场的加持，未来生物制药行业将保持稳定的增长趋势。生物制药用阀，如釜底放料阀、截止阀、衬塑阀的需求量将会不断增长。

五、“十四五”行业发展思路与目标

（一）发展思路

坚持以习近平新时代中国特色社会主义思想为指导，深入贯彻落实党的十九大和十九届二中、三中、四中、五中全会精神，立足新发展阶段，充分利用好我国超大规模市场优势，建立起自主可控、安全高效的产业链供应链；贯彻新发展理念，以推动高质量发展为主题，以深化供给侧结构性改革为主线，坚持创新驱动发展，坚持质量第一，转变发展方式；构建新发展格局，借助数字化与智能化、产业体系现代化、城市群化与城乡一体化、治理体系现代化、新型全球化发展动力，围绕强筋骨、破瓶颈、补短板、育优势重点布局。以安全、高效、可靠、智能、节能等需求为导向，适应“一带一路”、供给侧改革、互联网+、军民融合发展等国家战略和宏观政策的需要，大力推进阀门行业的结构调整和转型升级；加快自主创新能力建设，通过科技创新，形成支撑行业技术创新所需人才集聚、技术积淀、资金支持等方面的良好氛围。逐步提升原始创新能力和水平，提高产业共性技术和重点产品的科技研发能力；以国家重点项目配套阀门市场为依托，以工程安全运营、自主配套、质量可靠为目标，推进国家大型工程项目、重点应用领域阀门供应的保障能力和配套能力，实现阀门行业平稳健康发展。

（二）发展目标

1. 产业发展目标

实现阀门行业稳步健康发展，创新能力显著增强，产业基础更加扎实，产业链现代化水平明显提高，产业结构更加优化。产业数字化水平明显提升，实现产业升级发展。出口交货值逐年增加，到“十四五”末，我国成为阀门制造强国和阀门出口大国。

2. 技术水平目标

“十四五”时期，积极推动研发平台建设，提升整个行业的自主创新能力。应用于大型核电、超（超）临界火电、炼化一体化、煤化工、液化天然气等领域的高端阀门技术取得根本性突破。

3. 产业结构调整目标

提高行业集中度，逐步淘汰落后产品，消化过剩产能，扶持行业企业互惠合作和兼并重组，形成 1 家销售收入 50 亿元以上、3 家销售收入 20 亿元以上、10 家销售收入 10 亿元以上的阀门集团；培育 20 家以上具有国际竞争力的“专、精、特”专业化中小型阀门制造企业；引导形成几个较为突出的阀门产业集群。

4. 国际化水平目标

通过深化改革、两化融合、提升管理、科技创新、转型升级，提高产品品质，积极开拓国际市场，提升行业综合国际竞争力和国际市场影响力，基本建成国际化阀门强国。

5. 标准化水平目标

提高国内标准的技术水平，强化国内标准的权威性，更多参与国际标准的制修订，阀门团体标准得到较高认可，具有较高的采信水平。

6. 产品智能化水平目标

通过人工智能、物联网等先进技术，提升阀门制造效率。阀门本身具有自适应、自调节、自诊断、远程监控等功能，取代人工操作方式。力争阀门产品智能化制造和使用方面达到较高水平。

六、“十四五”行业发展任务与发展重点

（一）行业发展任务

1. 推进关键阀门和配套件研发

针对炼化一体化、煤炭深加工、天然气液化、油气管线集输、电力、冶金、城市化建设、新能源、军民融合等重点领域，推进重大技术装备配套阀门及阀门关键配套件的研发，解决高端阀门研制中存在的“卡脖子”配件问题，如高端智能阀门执行机构、定位器、电磁阀和密封件等。

2. 提升研发能力和水平

（1）注重基础材料和共性技术研究。开展适应不同温度和介质的阀门材料的基础研究，如阀门用高温材料的力学性能、材料在各种腐蚀介质的腐蚀速率等研究，以及阀门材料热处理等工艺技术基础研究、新材料研究；加强基础耐腐蚀材料的应用研究和扩大生产，加强对各类材料表面处理工艺的应用研究；开展阀门全生命周期仿真研究分析，提升计算机辅助设计在全行业的应用和普及；加强阀门软密封材料（如超低温用阀门泛塞密封材料）技术研究及检验技术的研究；开展阀门共性技术研究，提升产品设计和工艺的整体技术水平。

（2）注重研发平台建设。要提升原创性创新能力，注重研发平台建设，努力搭建国家级研发技术中心、国家工程研究中心、博士后科研工作站等创新平台；打破现有思维模式和合作方式，加快协同创新的发展，使理论与实践能够更好地结合，加快科研成果的转化；借助互联网、大数据、云计算等先进信息技术及网络技术平台，促进全行业技术研发合作。建立三维的产品设计平台、数字化仿真分析平台、三维数字化工艺设计平台、三维数控加工平台和产品数据管理平台。完善模拟现场工况条件的试验台建设，做好高端阀门的

设计验证工作。通过与用户单位联合申报项目、共同开发，尤其是那些“卡脖子”产品的联合开发，促进高端阀门产品国产化。

3. 努力开拓国内外市场

准确把握以国内大循环为主体、国内国际双循环相互促进的新发展格局，积极开拓国内外两个市场，提升品牌知名度和国际市场竞争力。

4. 促进智能制造改造

“十四五”时期，我国将继续坚持智能制造主攻方向不动摇，加快推动制造业数字化、网络化和智能化转型步伐。

阀门行业应该抓住机遇，提升阀门制造的自动化、数字化、智能化水平，提高产品的技术含量和附加值，推动行业高质量发展。同时，积极运用“定制个性化、制造协同化、服务云端化”的制造服务模式，实现阀门企业与企业间互联互通、协同创新、个性化定制、按需制造及全生命周期制造服务，提高全行业的创新能力、经营效率和盈利水平。

5. 推进行业转型升级

（1）完善产业链水平，发展制造服务。完善产业链水平，要注重产业基础能力的发展质量、可持续性以及国际竞争力，并着力补齐产业链短板；要注重产业链的完整性。阀门检修服务属于阀门行业产业链的后端，相比阀门制造更加低端无序，市场环境很难支撑专业的阀门检修服务企业，因此大量的小型企业或者综合性安装检修企业充当了市场主体。未来应大力开展阀门专业检修服务，这将成为新的市场和利润增长点。推动行业企业由生产型制造向服务型制造转移，大力发展制造服务。

（2）调整产业结构，提高行业整体竞争力。加强行业专业化分工协作，引导行业优势企业通过联合、重组等方式整合行业资源，进一步改善整体产业生态。鼓励有实力的企业在国外设立分公司，随时掌握国际上的新技术、新工艺和新材料等；采用资本运作的方式，收购国外相关设计院所和阀门公司，取得相关知识产权与核心技术，为企业在技术创新方面保持国际领先提供支持，提高我国阀门行业整体竞争力。

6. 提高企业管理水平

我国阀门行业已经进入一个亟待创新的时期，不仅产品开发需要创新，企业内部管理也需要加大创新力度。行业企业管理精细化能力普遍不足，大部分企业的生产经营组织方式依然处于落后、粗放的状态。多数企业在实现制造过程自动化、数字化，推进智能制造新模式、信息化与柔性化生产方式、生产现场5S管理精益生产以及ERP管理等方面有很大的提升空间。阀门制造企业需要通过制造过程的智能化提升、生产流程的优化、产品质量和标准化水平的提升，提高企业竞争力，努力克服因环保要求、贸易争端、汇率变动，以及人力成本上升、原材料涨价带来的困难。

7. 提高标准化水平

（1）提高行业标准化整体水平。面对阀门制造业庞大的市场需求和技术快速发展，立足于我国从阀门制造大国向阀门制造强国转变，提高阀门标准水平显得越来越重要。要建立有中国特色的、具有国际先进水平的标准体系，从而推进阀门行业高质量发展。

（2）发展团体标准。按照阀门应用领域，由协会牵头组织阀门制造企业、设计院及终端用户联合起草相关应用领域的团体标准，促进制造企业了解工况及用户掌握各类阀门的适用性。

针对通用阀门，由协会主导组织行业骨干单位起草各类阀门的质量分等规范，引导行业高质量发展。

8. 注重人才培养

力争在阀门科技人才培养方面得到更多政策支持，促进大专院校联合行业企业加强阀门基础研究人才培养，加强创新型、应用型、技能型人才培养。造就更多一流的阀门技术领军人才和创新团队，培养具有国际竞争力的阀门科技人才后备军，充分激发人才的创新活力。

（二）行业重点发展技术和重点研发产品

1. 重点发展技术

重点发展高温高压阀门技术，攻克高压安全

阀技术，逐步拓宽安全阀设计压力范围，突破高压、超高压安全阀技术。

重点发展超低温高压阀门可靠性技术，避免超低温高压阀门出现卡涩现象。

重点发展焊接应力检测技术，搭建超声波应力检测系统，提高阀门焊接质量。

重点发展阀门智能控制技术，包括智能操作、控制阀门（特别是核电、火电及高压加氢装置耐磨蚀高压差调节阀）、阀门智能诊断技术，以及智能检漏、预警技术等。

重点开展阀门材料质量控制研究，对阀门材料进行严格的质量控制，包括毛坯冶炼方式、非金属夹杂物和晶粒度等；对材料进行严格的无损检测，包括对阀门承压部件进行 RT、UT、PT、MT 检测，严格控制无损检测的验收范围等。

重点推进产品的集成技术，着力培养成套能力，为客户提供综合解决方案。

重点发展车间智能化生产信息技术，实现生产工艺过程的科学控制、产品加工质量的提高，提高生产效率。

2. 重点研发产品

“十四五”时期，阀门新产品的开发以市场需求为导向，围绕国家战略转型和高质量发展目标，重点研发高参数、高可靠性、高智能化的关键阀门产品，使得重大项目配套阀门产品依赖进口的局面得到根本改善。

（1）大型炼化一体化及现代煤化工装置配套的关键阀门。典型产品主要包括：

1）高温高压加氢新工艺阀门。公称通径为 1/2 ～ 24in，设计压力为 900 ～ 4 500Lb，设计温度为 550℃。

2）高温高压加氢新工艺双连体截止阀。公称通径为 1/2 ～ 2in，设计压力为 900 ～ 2 500Lb，设计温度为 550℃。

3）乙烯特种阀门。公称通径为 1/2 ～ 24in，设计压力为 300 ～ 2 500Lb，设计温度为 550℃。

4）浆态床渣油加氢装置用多通柱塞阀。公称通径为 1/2 ～ 16in，设计压力为 150 ～ 2 500Lb，设计温度为 500℃。

5）蒸汽裂解间断排污阀。公称通径为 1/2 ～ 2in，设计压力为 1 500Lb，设计温度为 350℃。

6）延迟焦化高温特种阀门（四通切换阀）。公称尺寸为 NPS10 ～ NPS28，压力等级为 Class900，设计温度为 500℃。

7）PDS 高频开关阀。公称尺寸为 NPS2 ～ NPS6，压力等级为 Class600 ～ Class900。

8）高压煤油浆调节阀。公称尺寸为 NPS6，压力等级为 Class2 500 ～ Class4 500。

9）高压氧气调节阀。公称尺寸为 NPS4，压力等级为 Class900 ～ Class1 500。

10）煤粉调节阀。公称尺寸为 NPS4 ～ NPS8，压力等级为 Class600 ～ Class900。

（2）天然气储运装置配套阀门。典型产品主要包括：

1）大口径全焊接管线球阀。公称尺寸为 NPS60，压力等级为 Class900，设计温度为 -46 ～ 150℃。

2）高压大口径全焊接管线球阀。公称尺寸为 NPS40，压力等级为 Class1 500，设计温度为 -46 ～ 150℃。

3）高压大口径轨道式强制密封球阀。公称尺寸为 NPS24，压力等级为 Class900，设计温度为 -46 ～ 150℃。

4）高压大口径压力平衡式旋塞阀。公称尺寸为 NPS36，压力等级为 Class900，设计温度为 -46 ～ 150℃。

5）液化天然气超低温高压球阀。公称尺寸为 NPS24，压力等级为 Class1 500，设计温度为 -196℃。

6）液化天然气超低温蝶阀。公称尺寸为 NPS42，压力等级为 Class150，设计温度为 -196℃。

7）液化天然气超低温轴流式止回阀。公称尺寸为 NPS24，压力等级为 Class1 500，设计温度为 -196℃。

8）液化天然气超低温调节阀。公称通径为 20 ～ 200mm，压力等级为 Class1 500、Class600，

设计温度为 -196℃。

（3）大型核电站关键阀门及执行机构。典型产品主要包括：

1）“华龙一号”核一级稳压器先导式安全阀。公称通径：入口 100mm、出口 150mm（中核“华龙一号”），入口 150mm、出口 200mm（广核“华龙一号”）；设计压力：17.2MPa；设计温度：360℃。

2）“华龙一号”先导式主蒸汽释放隔离阀。公称通径为 350mm，设计压力为 8.9MPa，设计温度为 316℃，阀门开启时间≤ 1.8s。

3）高温气冷堆氦气隔离阀。公称通径为 25 ～ 250mm，设计压力为 8.1MPa，设计温度为 350℃。

4）CAP1400 轴流式止回阀（常开型）。接管尺寸：ϕ273mm×28.58mm，设计压力为 17.2MPa，设计温度为 350℃。

5）CAP1400 核一级气动截止止回阀。公称通径为 80mm，设计压力为 21.4MPa，设计温度为 360℃。

6）CAP1400 核级气动仪表阀。公称通径为 1/4 ～ 5/8in，设计压力为 20.7MPa，设计温度为 260℃。

7）主蒸汽快速隔离阀气液联动驱动装置。适用于公称通径为 150 ～ 1 050mm 的主蒸汽隔离阀，驱动方式为气液联动，关闭时间为 2 ～ 5s。

（4）大型超（超）临界火电机组关键阀门。典型产品主要包括：

1）高压旁路阀。公称通径为 250mm，设计压力为 39MPa，设计温度为 625℃。

2）低压旁路阀。公称通径为 500mm，设计压力为 15.6MPa，设计温度为 638℃。

3）超（超）临界过热器安全阀。公称通径为 65 ～ 80mm，设计温度为 630℃，整定压力为 40 ～ 45MPa。

4）超（超）临界电磁泄放阀。公称通径为 65mm，设计温度为 630℃，整定压力为 38.5MPa。

5）再热器水压试验堵阀。公称通径为 500mm，设计压力为 17MPa，设计温度为 640℃。

6）熔盐发电蝶阀。公称尺寸为 NPS24，压力等级为 Class300，设计温度为 380 ～ 650℃。

（5）水利水工关键阀门。典型产品主要包括：

1）水轮机组旁通泄压阀。公称通径为 300 ～ 1 000mm，公称压力为 *PN* 25 ～ 63。

2）生态基流阀。公称通径为 300 ～ 2 000mm，公称压力为 *PN* 10 ～ 25。

3）坝底辅助放空阀。公称通径为 1 000 ～ 3 000mm，公称压力为 *PN* 10 ～ 25。

4）高压进排气空气阀。公称通径为 100 ～ 400mm，公称压力为 *PN* 25 ～ 100。

5）防冻排气阀。公称通径为 100 ～ 400mm，公称压力为 *PN* 10 ～ 40，设计温度为 -35℃。

6）高压差调流阀。公称通径为 150 ～ 1 200mm，公称压力为 *PN* 25 ～ 100，设计控制压差为 1 000m，设计管中流速为 6m/s。

7）高压紧急关闭阀。公称通径为 300 ～ 2 000mm，公称压力为 *PN* 25 ～ 40，流速感测范围为 1 ～ 3.5m/s，关闭、打开方式：自动、手动。

七、保障措施和政策建议

（一）促进首台（套）产品示范应用

建议国家继续依托重大工程建设项目支持阀门国产化替代，给予参与阀门首台（套）研制的企业政策支持。针对自行投入经费研发产品并实现替代进口产品的企业，政府能给予政策和经费的支持，促进首台（套）产品的应用。

建议国家有关部委在审批国家投资项目时，明确规定阀门国产化率指标，项目招标不能有歧视或排斥国产阀门参与招标的规定和条款。

（二）优化企业经营环境

建议国家有关部委进一步规范国内招投标市场，从政策层面规范招标规则，避免低价中标、恶性竞争。政府尽可能创造宽松的政策，在土地、资金等方面给予支持，减轻企业负担，助力阀门企业发展。

（三）充分发挥协会作用

协会引导行业企业加强自律，遵守行规。充

分发挥协会的桥梁和纽带作用，发挥协会推广阀门新产品和新技术市场应用的优势和成功经验，助力行业重大装备配套关键阀门产品的国产化应用；积极反映行业企业的诉求，制订行规，遏制恶性竞争。

〔供稿单位：中国通用机械工业协会阀门分会〕

压缩机行业“十四五”发展规划

前言

压缩机行业是为国民经济发展提供技术装备的基础性产业，是装备制造业的重要组成部分，担负着为石油、化工、电力、冶金、船舶、军工、电子、纺织、食品、医药、城市基础设施建设等各行业提供系统成套技术和核心装备的任务。促进压缩机行业发展是满足国民经济各领域高质量发展配套需求的重要使命。

根据党的十九届五中全会提出的《中共中央关于制定国民经济和社会发展第十四个五年规划和二〇三五年远景目标的建议》和中国通用机械工业协会“十四五”发展规划编制的总体要求，特制定本规划，规划期为 2021—2025 年。

一、“十三五”行业发展情况

（一）行业地位与总体水平

“十三五”期间，在国家一系列产业政策的推动下，压缩机行业取得了可喜的成绩，产业综合实力显著提高，一批适应市场需要、具有自主知识产权的压缩机产品研发成功并实现产业化。大推力工艺往复压缩机在千万吨级炼油、百万吨乙烯、现代煤化工项目建设中得到广泛应用；大型工艺螺杆压缩机在化工领域逐步替代进口产品；LNG 接收站用 BOG 低温压缩机、石油天然气开发用撬装高速往复压缩机、地下储气库用大功率高转速高压压缩机成功开发并实现产业化；45MPa 加氢站用隔膜氢气压缩机在国内 20 余个加氢站投入运行；一般动力用螺杆空气压缩机能效水平不断提升，其能效指标达到国际领先水平；水润滑单螺杆压缩机（相对于干式双螺杆压缩机）凭借其性价比优势，逐渐被市场接受。目前，除少数超高压和特殊气体压缩机外，行业生产的产品种类已完全满足国民经济发展需要。

“十三五”期间，压缩机行业全面落实“去产能、去库存、去杠杆、降成本、补短板”和“六稳”任务，坚持稳中求进，持续推进高质量发展，核心竞争力不断增强，呈现出良好的发展态势。企业积极发挥科技创新的主体作用，通过政、产、学、研、用相结合，多项新产品、新技术、新工艺研发取得实质性突破，提升了产业链整体水平。压缩机行业转型升级不断深化，由传统生产型制造业向智能制造、工程成套和服务型制造转型，已经形成集研发设计、制造、成套和技术服务为一体的，产品门类齐全的产业体系。

压缩机行业进一步发挥市场在资源配置中的决定性作用，以企业为主体，引导行业产业结构调整、转型升级。通过市场运作，整合要素资源，形成了一批具有一定的产业规模和技术创新能力的重点骨干企业，年销售收入在 5 亿元以上的企业有沈阳鼓风机集团往复机有限公司、沈阳远大压缩机股份有限公司、无锡压缩机股份有限公司、四川金星清洁能源装备股份有限公司、开山压缩机股份有限公司、上海汉钟精机股份有限公司、宁波鲍斯能源装备股份有限公司、鑫磊压缩机股份有限公司、中国石油集团济柴动力有限公司成都压缩机分公司、厦门东亚机械工业股份有限公司、浙江红五环机械股份有限公司和浙江志高机械股份有限公司。

一批规模适度的“专、精、特、新”企业正在形成，如上海齐耀螺杆机械有限公司、上海大隆机器厂有限公司、浙江强盛压缩机制造有限公司、上海东方压缩机制造有限公司、温州固耐化机制造有限公司、台州环天机械有限公司、重庆气体压缩机厂有限责任公司、上海优耐特斯压缩机有限公司、上海斯可络压缩机有限公司、德耐尔节能科技（上海）股份有限公司、上海佳力士机械有限公司、广东葆德科技有限公司、浙江杰能压缩设备有限公司和宁波德曼压缩机有限公司等。

（二）“十三五”行业经济运行情况

“十三五”期间，压缩机行业经济运行总体平稳，主要指标稳中有升，提质、增效成为行业经济运行的主要特征。目前全行业规模以上企业有300余家，实现营业收入600多亿元、利润总额50多亿元，完成出口交货值100多亿元。

行业经济运行走出了“十二五”的低位徘徊，“十三五”初期呈恢复性增长，中期显著增长，2018年全行业各项主要指标达到5年内的峰值。2018年下半年，受全球经济复苏乏力和国家经济下行压力加大影响，行业发展增速放缓，经济运行在合理区间。

截至2020年，根据中国通用机械工业协会压缩机分会重点会员企业上报的统计数据，“十三五”期间，营业收入平均增速为10.67%，利润总额平均增速为2.45%，出口交货值平均增速为16.06%。全面完成了“十三五”规划制定的主要经济指标增速5%～6%的预期目标。

二、“十三五”行业发展取得的成就

“十三五”期间，压缩机行业积极适应经济发展的新常态，重点关注行业整体发展水平和质量，不断强化企业自主创新能力，在装备国产化、关键技术研发、企业转型升级等方面取得了丰硕成果。

（一）行业综合实力明显提升

“十三五”期间，行业研发投入约占销售收入的4%，研发能力逐渐加强，技术迭代明显加快。在关键技术研发、先进加工制造等方面攻克多项难题，取得一系列成果，并在重大技术装备首台（套）产品市场化推广、工程化应用中得到充分验证。产品技术水平和质量赶超国外同类产品，逐步形成具有国际竞争优势的压缩机制造体系。

在充分竞争的市场环境下，企业的管理理念发生深刻变化，多数企业树立起市场、效益、质量、成本、品牌、全球化等适应市场发展要求的理念，并融入战略管控、购并整合、流程再造、精益生产、供应链管理等新的管理思想，越来越多的先进管理方法和手段被企业所应用。通过构建企业文化、建立学习型组织、推进管理创新，职工素质不断提高，职工使命感、归属感不断增强，助推行业企业管理升级。

国民经济主要领域的产业发展对压缩机行业的工艺装备和试验检测能力提出更高的要求。“十三五”期间，行业企业通过搬迁、新建或改造，生产装备向大型化、自动化、智能化、节能环保方向发展，企业实验、检测、质量控制等能力显著增强。

（二）新产品、新技术取得可喜成绩

“十三五”期间，围绕国家能源领域的重点需求，压缩机行业一批新产品完成研制，并在一些关键领域实现国产化工程应用，为我国能源安全提供了有力保障。

1. 天然气储气库压缩机

对国家天然气调峰及能源储备安全具有战略意义的大型地下储气库压缩机组（注气压缩机）是地下储气库的心脏设备。“十三五”期间，行业企业研制开发的首台6 000kW、43MPa、1 000r/min活塞注气压缩机组在华北油田苏桥储气库完成现场工业性试验。各项技术指标达到了设计要求，部分指标优于同类型进口机组，总体达到国际先进水平。大功率注气压缩机的成功研制，填补了国内空白，改变了我国储气库建设压缩机长期依赖进口的被动局面，使我国成为继美国之后第二个能够自主设计制造同类产品的国家。

2. 天然气液化接收站低温闪蒸汽（BOG）压缩机

BOG 压缩机是 LNG 接收站回收闪蒸汽的关键设备，具有进气温度低（-160℃）、运行温差大的特点。“十三五”期间，行业企业在已开发出立式迷宫密封 BOG 压缩机的基础上，开发出首台卧式对置平衡型 BOG 压缩机，并在中石化青岛 LNG 接收站投入工艺运行，填补了国内空白。目前该压缩机已形成产业化，并先后在天津石化、连云港、海南石化等 LNG 接收站项目中得到应用。

3. 大推力活塞工艺压缩机

首台 1 250kN 活塞力大型往复压缩机在中石化镇海分公司 260 万 t/a 沸腾床渣油加氢工程项目得到应用，机组各项技术指标达到同类产品国际先进水平。

1 500kN 活塞力大型往复压缩机在泉州石化 330 万 t/a 渣油加氢装置首次应用，并在华北石化 340 万 t/a 渣油加氢装置、三聚环保 550 万 t/a 重油催化热裂解项目 150 万 t/a 悬浮床渣油加氢装置等重大工程中得到应用。主要技术指标达到国际同类产品先进水平，满足了我国石化、煤化工行业装置大型化发展的需要。

4. 大型工艺螺杆压缩机

ϕ816 大型螺杆苯乙烯尾气压缩机在安徽昊源化工年产 26 万 t 苯乙烯工程项目中首次应用，拓宽了大型工艺螺杆压缩机在石化领域的应用范围。

首次采用新啮合型线技术、单级排气压力达 1.9MPa 的聚丙烯喷水单螺杆工艺气压缩机在中石化九江分公司丙烯气回收单元首次应用。该压缩机整体技术达到国际先进水平，填补了国内石化行业单螺杆单级高压比工艺气压缩机的空白。

5. 加氢站用高压氢气压缩机

45MPa 加氢站用隔膜氢气压缩机研制成功，并在国内 20 余个加氢站投入运行，打破了国外厂商在该领域的垄断。75MPa 加氢站隔膜氢气压缩机已列入科技部国家重点研发计划“新能源汽车”和“可再生能源与氢能技术”两个重点专项。

6. 无油空气压缩机

无油涡旋空气压缩机、干式螺杆空气压缩机、水润滑单螺杆空气压缩机、离心空气压缩机等产品在医疗、食品、制药、电子、纺织、空气分离等领域得到广泛应用，满足了相关领域对高品质压缩空气的要求。如水润滑单螺杆空气压缩机采用全不锈钢主机技术，解决了铜锈的问题，满足了食品加工及包装、制药、吹瓶等重点民生领域对压缩空气高品质的需求，替代了部分进口中压无油活塞空气压缩机，并远销东南亚地区，成为“十三五”期间新的经济增长点。

（三）行业技术创新及科技成果

1. 技术创新取得丰硕成果

压缩机行业企业完成了国家“十三五”科技支撑计划项目“氢气隔膜压缩机核心部件优化设计、制造与整机集成”的“氢压机密封结构优化”“高效换热系统开发”与“氢压机核心部件制造及整机集成”课题。完成了国家科技重大专项“高温气冷堆核电站氦辅助系统压缩机研发”的课题。完成了国家产品升级及产业化关键技术研发项目——“冷凝气炼油项目用 6M100 无油润滑氢气压缩机”“分布式能源站项目（天然气高速往复增压机）”和“过滤复合材料开发及产业化示范”的课题。完成了北京市科技重大专项“燃料电池汽车加氢站隔膜压缩机研发”的课题。完成上海市产品升级及产业化关键技术研发项目——“120 万 t/a 芳烃项目（160 万 t/a 加氢裂化装置）用 1 500kN 活塞力高压氢气压缩机”“基于氨水朗肯循环螺杆发电技术的柴油机余热利用装置关键技术研究”“大型氧化脱氢制丁二烯装置生成气压缩机组的研制”和“高效节能螺杆动力机组关键技术研究”的课题。完成了上海市科技重大专项“高效节能超大型对置式往复压缩机装备首台突破”的课题。完成了浙江省产品升级及产业化关键技术研发和科技重大专项——“天然气汽车燃料加注压缩机关键技术研发及应用”和“卧式对置平衡 BOG 压缩机国产化研制”的课题。

“十三五”期间，压缩机行业的创新成果获得多项科学技术奖励。其中，“1 500kN 大型往复式压缩机组国产化研制”和“大型往复压缩机流量无级调节系统关键技术及应用”项目获得中国机械工业科学技术奖一等奖；“丁二烯螺杆压缩机组国产化研制”“同步回转机械与回转油气混输泵”“永磁变频两级压缩螺杆空压机”“TRLPM 永磁电机驱动螺杆压缩机主机”“多列高压往复压缩机及其管系统关键技术研究与应用”和“卧式对置平衡 BOG 压缩机机组国产化研制”项目获得中国机械工业科学技术奖二等奖；“余热回收高温热泵/蒸汽热泵压缩机研究与应用”“螺杆压缩机用高转速精密圆锥滚子轴承”“816 大型苯乙烯尾气压缩机的研制”和“高性能螺杆压缩机系列轴承关键制造技术及其应用”项目获得中国机械工业科学技术奖三等奖。

2. 创新研发体系建设取得一定成绩

在国家创新驱动发展理念的指引下，压缩机行业梯次推进企业技术中心建设。至“十三五”末，压缩机行业有国家级企业技术中心 2 家、省级企业技术中心 12 家。有些企业还建立了海外研发中心，搭建了吸引海内外高水平科研人才聚集的研发平台，形成行业技术创新发展的中坚力量。

“十三五”期间，行业重点骨干企业积极发挥创新平台作用，开展新技术、新材料、新工艺、新产品的研发，不断优化产品结构，降低生产成本，多渠道引进、消化、吸收国外先进技术，提高产品的核心竞争力。企业不断推进技术研发与市场需求的紧密结合，通过与国内外科研机构、大专院校合作，形成博士后工作站、企业研究院、工程技术研究中心等“政、产、学、研、用”一体化共建模式，有效发挥行业专家技术团队在解决关键技术难题、高层次人才培养、科技成果转化等方面的重要作用。

3. 节能技术装备快速发展

“十三五”期间，行业企业大力开展产品及系统节能技术研究，提高产品能效水平，多项技术和产品列入工业和信息化部《节能机电设备（产品）推荐目录》和《“能效之星”产品目录》，3 项技术列入《工业节能技术推荐目录》和《国家工业节能技术应用指南与案例》，240 个型号的压缩机产品列入《节能机电设备（产品）推荐目录》，44 个型号的压缩机产品列入《“能效之星”产品目录》。

传统的单机节能逐渐向压缩空气系统节能转变，一些企业已从产气、输气、用气的整个系统环节开发相关节能产品，并开发专用能耗监测、优化软件。涌现出一批产业链节能产品，如利用压缩热、鼓风热、真空再生等技术的吸附式压缩空气干燥机越来越普及。

（四）产业转型升级发展取得进步

1. 加快供给侧改革，开发节能型产品

行业重点骨干企业加快供给侧改革步伐，工艺气体压缩机企业抓住大型炼化一体化项目和天然气保供的市场机会，积极调整发展方向和战略，加大技术储备，更好地适应市场变化所带来的机遇和挑战。一般动力用螺杆空气压缩机生产企业在国家大力推动能源效率变革的大背景下，积极淘汰能效落后产品，大力开发节能型产品，产品能效水平得到大幅提升。

随着螺杆压缩机技术的快速迭代，开发的螺杆压缩机新产品不仅替代了部分高能耗空气动力用活塞空气压缩机，而且替代了新兴工艺流程领域的活塞压缩机和液环压缩机。

2. 打造服务型制造，为企业创造价值

伴随制造业转型的步伐，压缩机行业越来越多的企业由单一制造业向制造 + 服务转变，充分利用企业的专业人才优势和市场优势，开展增值服务。全行业工业服务产值占行业总产值的比例越来越高。

为加快实施制造强国战略，推动制造业由生产型制造向服务型制造转变，工业和信息化部开展了服务型制造示范遴选工作。压缩机行业入选服务型制造示范项目的有上海汉钟精机股份有限公司的汉钟精机云端服务建设项目、宁波德曼压缩机有限公司的新能源销售服务云端管控系统项目。

一批行业骨干企业积极推进“云服务”平台建设，对装备实施全过程、全方位、全天候的状态管理，实现设备运行无人值守、远程控制，为用户提供更加快捷、精准和可靠的“云服务”。

3. 探索智能制造，提升产业链水平

压缩机行业重点骨干企业探索以信息化技术为核心的发展方向，加大柔性制造系统、计算机集成制造系统的开发与应用，向制造智能化方向迈进，逐步实现产品信息的数字化、制造过程的智能化。

上海汉钟精机股份有限公司在行业内率先进行了智能化改造，建成全自动化生产流水线、自动化仓储、AGR 物料车智能服务平台。通过该服务平台，实现产品库存需求预估、设备故障预警，从而精准制订生产和维修计划。同时，根据产品的运行数据，准确地捕捉产品改进方向，缩短研发周期，最终实现企业产品质量和竞争力的提升。

鑫磊压缩机股份有限公司通过智能化生产，以焊接机器人、自动矫正磨床、加工中心等先进设备替代传统设备，既提高了工作效率，又保证了产品的一致性；建立空压机物联网平台，对产品进行远程实时监控，实现产品全生命周期数据收集，为售后工作及产品优化提供依据；开发 CRM 软件、晨科软件，利用金蝶 ERP 系统，实现订单、采购、生产、销售和财务模块的有效衔接。

四川金星清洁能源装备股份有限公司通过“金星设备监控云平台”的开发，基于云制造及边缘制造，满足企业精细化、差异化的转型需求。通过网络化平台组织生产经营活动，实现资源的快速整合利用，快速响应市场需求，推动企业数字化运营转型。

4. 主动融入国际市场，扩大国内品牌影响力

压缩机行业企业在巩固国内市场的同时，大力拓展国际市场。行业骨干企业投入商业化运行的美国、新加坡、印度尼西亚地热发电项目，美国的油田开采项目；与国内工程公司一起“走出去”，参与伊朗石化项目、巴基斯坦的核电项目，“一带一路”沿线国家 CNG 加气站项目等。根据新兴国际市场的需求，企业在提高产品质量的同时，注重用户体验，建立海外销售服务公司；与阿里巴巴平台合作开展跨境电商业务，拓展海外市场。行业产品在“一带一路”沿线国家畅销，扩大了国内品牌影响力。

（五）行业标准化水平得到提高

“十三五”期间，压缩机行业制修订国家标准 9 项、行业标准 31 项、团体标准 4 项。其中：符合节能要求的方法及产品标准 7 项，新能源开发和资源利用产品标准 1 项，战略性新兴产业标准 6 项，零部件标准 9 项，材料标准 2 项，基础标准及测试标准 10 项。

本着高起点、规范化的原则，压缩机行业组织开展团体标准制定和宣传贯彻工作，团体标准得到快速发展。自 2017 年以来，中国通用机械工业协会发布压缩机团体标准 3 项。其中，T/CGMA 033001—2018《压缩空气站能效分级指南》和 T/CGMA 033002—2020《压缩空气站节能设计指南》是压缩机行业首批系统能效标准。T/CGMA 033001—2018《压缩空气站能效分级指南》入选工业和信息化部“2019 年度百项团体标准示范应用项目”。

三、行业发展中存在的主要问题

压缩机行业在技术创新和转型升级发展等方面取得了长足的进步，但仍存在一些问题和短板，制约了行业的持续健康发展。

（一）行业创新能力依然薄弱

行业整体技术创新能力仍比较薄弱，不能完全满足国民经济各领域高端先进技术发展的需要；自主研发能力水平不足，这在数量占比较大的中小型企业中表现尤为突出。

创新能力不强主要表现在：一是部分产品研发能力仍落后于国际先进水平，特别是关键零部件及相关材料等的设计研发，基础理论计算、校核方法与相关软件的开发等始终处于跟随性的被动局面。二是多数中小企业技术基础薄弱，缺乏

关键核心技术。三是行业发明专利占比小。虽然专利数量多，但缺乏市场引领性的高质量发明专利，专利技术转化为生产力的能力不强。

（二）产能结构性矛盾加剧导致恶性竞争

“十三五”期间，在行业总体产能已经过剩的基础上，由于地域发展不均衡，在一些地区政府投资政策引导下，企业过高预估市场预期及自身能力，仍有不少资金投入新建、扩建产能，导致企业同质化、产品同质化现象普遍存在，产能矛盾日益突出。

由于招投标制度不完善，市场竞争越加激烈，企业无法获得技术与产品的真正价值体现和合理的利润空间，部分企业以低价换取市场，造成劣币驱逐良币的恶性竞争环境，严重制约了行业的健康发展。

（三）人才短缺制约行业发展

人才匮乏是压缩机行业面临的重要问题，特别是创新人才、技能产业工人、高素质管理人才以及应用型人才的不足，制约了行业创新研发、质量水平的提高和企业管理水平的提升。

行业企业在吸引高端人才、技能人才和管理人才培训等方面机制不健全，投入不足；知识产权保护问题也影响了研发人员的创新动力。

（四）企业营商环境亟待改善

压缩机行业企业的经营负担仍然较重，特别是中小型民营企业，经营压力较大，企业自我持续发展能力不强，营商环境亟待改善。主要表现在以下方面：

（1）资金链紧张，税赋、债务负担沉重。一是企业人力成本增加，各项税赋压力大；二是市场运营环境没有得到根本改善，应收账款持续增加，占用企业流动资金；三是企业扩大产能及转型升级的投入大，负债率较高。

（2）融资难、融资贵仍然是中小企业面对的问题之一。很多企业在融资过程中受到金融机构的歧视性待遇，因融资渠道不畅，靠短期高利贷来缓解资金压力，极大地增加了融资成本及风险，企业经营举步维艰。

（3）行业企业在产业链中处于弱势地位，缺少话语权。企业在经营中时常垫资生产，遭遇拖欠货款、不合理付款等状况。行业企业无法直接享受到国家一些普惠降税等政策红利。

四、“十四五”行业发展面临的形势

当今世界正经历百年未有之大变局，国际经济格局在深刻调整。我国已进入高质量发展阶段，制度优势明显，治理水平提升，以畅通国民经济循环为主，构建新发展格局，为压缩机行业发展带来新的机遇和挑战。

（一）国际经济环境

目前仍有我国少量高端压缩机产品依赖国外进口，一些重点产品的核心零部件、关键基础材料对外依存度依然偏高，成为影响我行业高质量发展的较大隐患。

全球新冠肺炎疫情给未来的经济发展带来更多的不确定性。面对今后常态化的疫情防控，行业企业在保障防疫与生产并举的同时，需要认清局势，从阶段性危机和困境中寻求机遇，推进产业结构优化升级，增强应对外部挑战的能力。同时关注全球经济态势变化可能带来的产业链重构，捕捉更多的发展机遇。

（二）国内经济发展环境

1. 构建双循环新发展格局

以国内大循环为主体、国内国际双循环相互促进的新发展格局将对行业市场发展产生重要影响，满足高质量发展的需求将是行业聚焦的主战场。提升供给体系对国内需求的适配性，形成需求牵引供给、供给创造需求的更高水平动态平衡。

按照十九届五中全会、中央经济工作会议、国家能源工作会议等重大决策和工作部署，国家围绕确保能源安全供应、推动清洁能源发展和化石能源清洁高效利用，确定油气储运、先进核电装备等 15 个领域能源装备发展方向，为压缩机行业产品提供了广阔的市场。在国民经济各领域的技术提升、高质量发展引导下，未来压缩机行业会有更广阔的发展空间。

2. 坚持创新驱动的发展理念

“十四五”时期将坚持创新在我国现代化建设全局中的核心地位，围绕创新驱动和保护国家产业链安全，将促进基础技术和共性技术研究的深入，推动装备制造业更多尚未实现自主化的高端核心技术产品取得突破。各领域新的市场需求将催生创新发展动能，压缩机行业强化科技创新体系和能力建设、深化转型升级，是满足国民经济各领域需要和行业持续健康发展的必由之路。

3. 加快发展现代产业体系

在产业链的升级发展中，智能制造、服务型制造成为产业发展主攻方向。国家发展改革委等 13 个部门发布了支持新业态新模式健康发展的相关意见，要求加快推进传统企业数字化转型，壮大实体经济新动能，发挥互联网平台对传统产业的赋能和效益倍增作用，打造形成数字经济新实体；支持建设智能工厂，鼓励产业链核心企业打造产业数据中心等。

未来压缩机行业企业需要构建以数据为核心的商业价值体系，全方位重塑战略思维、业务流程、组织架构和商业模式，打造开放共享的服务型制造企业。

4. 企业经营发展环境依然严峻

“十四五”时期，我国工业产业转变发展方式、优化经济结构、转换增长动力进入攻坚期。随着资源和环境约束不断加大，劳动力成本不断上升，投资和出口增速明显放缓，经济下行压力加大，全面深化改革的任务艰巨，制造业发展面临严峻挑战。尽管国家大力推进供给侧结构性改革，加大去产能、去库存、去杠杆、降成本、补短板的力度，但行业产能过剩与市场需求的矛盾仍然突出。

在复杂严峻的经营发展环境下，压缩机行业结构性调整的出路在于实施创新驱动，推进重大装备国产化，提升产业链和产品的迭代升级，瞄准新兴市场，细化市场需求，做专、做精、做强，形成经济增长新动力；以满足经济社会发展和国防建设对重大技术装备的需求为目标，强化工业基础能力，提高综合集成水平，实现制造业的高质量发展，塑造国际竞争新优势，坚持健康可持续高质量发展。

五、主要应用领域市场需求

（一）石油天然气领域

在常规、非常规油气开采和利用领域需要大量压缩机，增压、集输、回收、气举、储气、驱油等应用的压缩机需要大量进口，特别是海洋石油开采平台所用压缩机几乎全部进口。石油天然气开发领域的撬装高转速活塞压缩机和液化天然气接收站用低温闪蒸汽回收用压缩机在“十四五”期间会迎来较大发展。

（二）炼化领域

近年来，我国炼化工业的布局在发展中调整并优化，取得了长足进步，园区化、一体化、基地化建设快速发展，国内已经建成投产的千万吨炼油厂已达 26 家，单套规模 80 万 t/a 及以上的大型乙烯装置已有 12 套。新建一套 1 000 万 t/a 的炼油厂需要压缩机 30 ～ 40 台，新建一套 100 万 t/a 的乙烯装置需要各种压缩机 40 ～ 50 台。这将为国内相关压缩机制造企业带来难得的机遇。

外资和民营企业在国内的炼油能力和乙烯产能等占比呈上升态势。原油、烯烃、精细化工等项目起点高，产品方案更优，发挥了炼化一体化优势；项目建设周期短，市场反应敏捷。因此，可靠性、性价比、服务满意度、能耗、品牌影响力等越来越成为炼化企业选择压缩机时的考虑要素。

（三）航空、航天等领域

随着国家在航空、航天、军事、核能等领域不断投入，“十四五”时期对压缩机的需求将进一步加大，比如风洞实验室、空间技术、海洋科考船等。随着第四代核电技术日臻成熟，相关的“高温气冷堆核电站氦辅助系统压缩机”也将从示范项目走向商业化。压力高、无油、轻量化、稀有气体、含液、辐射、工况范围宽且恶劣，机组要求智能控制、小型系统撬装集成设计等特殊要求的压缩机将有较大需求。

（四）新能源领域

当前，氢能产业的发展在世界各国备受关注，氢能及燃料电池技术作为促进经济社会实现低碳环保发展的重要创新技术，已经在全球范围内达成了共识。未来氢燃料电池汽车、变压吸附制氢及储运等技术将迎来更多的发展机会，制氢、储氢、运氢、用氢等领域会逐渐增加相关压缩机的需求。

在氢燃料电池汽车技术规模化示范运行基础上，预计到2025年，实现氢燃料电池汽车技术的推广应用，商用车规模达到万辆，乘用车规模达到4万辆。为氢燃料电池系统配套的空气压缩机等产品市场迎来了历史性的机遇。加氢站也将从示范站向全面商业化转型，这将会带动加氢站用压缩机（隔膜压缩机、液驱活塞压缩机、活塞压缩机）市场的进一步扩大。

其他新能源（如光热发电、生物质能、地热能、海洋能、风能、水能等）产业都将成为我国未来新能源发展战略中替代化石能源的重要产业。为了满足新型能源产业发展的需要，压缩机产品将获得更多技术发展和市场发展机遇。

（五）节能环保领域

在电力、钢铁、纺织、水泥等领域，节能减排是推动绿色低碳发展的重要途径，将为压缩空气节能产品和系统节能技术带来更多的新生市场。

城市污水、废气、废蒸汽处理与回收利用产业将随着环保产业的发展形成新的市场需求，将带动压缩机行业企业相关衍生产品的快速发展。

（六）民生领域

1. 食品、医疗

随着人们对生活品质要求的不断提高，食品包装、吹瓶、物料搅拌等工序用的压缩机的气体含油量、产品可靠性将成为用户重点考量的关键性指标，无油空气压缩机的需求将不断扩大。

新冠肺炎疫情给我国医疗保障体系安全提出了巨大的挑战。这对公共卫生医疗领域的救治设施也提出了新要求，给与之相关的呼吸机用压缩机带来巨大的市场需求。

2. 消防、救援

伴随着我国工业化、城镇化、国际化特别是资源深度开发，公共风险也在加大。为保障消防救援人员在浓烟、毒气、蒸汽或缺氧的环境下，及时呼吸到安全可靠的空气，需要大量的高品质空气压缩机。消防用高压氮气增压车与制氮设备相结合，也将在国内逐步推广使用。

六、“十四五”行业发展思路与目标

（一）行业发展思路

以习近平新时代中国特色社会主义思想为指导，坚定不移贯彻新发展理念，推动压缩机行业高质量发展。坚持以市场为导向，强化企业技术创新主体地位，推进政、产、学、研、用深度融合，建立高效协同的创新体系；加强产业基础能力建设，提升产业链水平；推进智能制造、服务型制造转变，深化产业结构调整，完善压缩机制造体系；继续坚持大力推进重大技术装备自主化，补短板，满足国家重点能源工程和国民经济各领域建设需要，实现压缩机行业从规模优势向品牌优势的转变。

（二）行业发展目标

“十四五”时期，压缩机行业的发展方式要从资源要素投入模式向技术创新模式转变；加大制造与服务融合发展，带动产业结构调整，由传统生产方式向先进制造模式过渡，使各类压缩机达到国际同类产品先进水平。

1. 产业规模

进一步强化产业链，完善压缩机制造体系。“十四五”时期，压缩机产业规模年平均增长率保持在6%～7%。

通过兼并重组、资源整合，提高行业集中度，增强行业整体盈利水平和抵御市场风险的能力。“十四五”末期，全行业形成产值超过20亿元的企业3～5家，产值超过10亿元的企业5～8家，产值超过5亿元的企业10～15家。

2. 技术水平

“十四五”时期，全行业要大力加强基础理论研究，通过信息化和数字化的融合，提高产品设计和制造水平，全面提升各类压缩机的可靠性与适应性，满足全产业链的绿色、柔性需求。

要巩固大型工艺压缩机、喷油螺杆空气压缩机的国际先进地位；缩小工艺螺杆压缩机、石油天然气开发利用压缩机、加氢站压缩机与国际领先水平的差距，达到国际先进水平；实现无油回转压缩机、超高压压缩机等产品的突破。另外，喷水螺杆压缩机等特殊产品达到国际先进水平，压缩空气系统节能技术进一步提升。

3. 产业结构调整

推动物联网、大数据、云计算、人工智能等技术在压缩机产业中的融合，由提供单一产品的传统制造业向提供系统集成的服务型制造业升级，提高产品的附加值；通过横向或纵向一体化，做长做宽产业链，实现多元化发展。

针对一般动力用空气压缩机，一是配合政府制订产品淘汰目录，继续淘汰落后产能；二是要大力推进数字化生产管理、智能制造、工业物联网的应用。力争到“十四五”末期，一般动力用空气压缩机行业集中度提高到 60% 以上。

针对工艺压缩机，积极推进政、产、学、研、用相结合，搭建融合平台，优化资源配置，加快由提供单一产品向提供系统集成的服务型制造业转型，增强抗风险能力，提升产业发展的水平。力争到“十四五”末期，工艺压缩机行业集中度提高到 50% 以上。

4. 国际化水平

探索适合国内企业的国际化发展道路，使国内企业融入全球的合作与竞争中，积极参与到“一带一路”项目建设中。提升标准化水平，与国际标准接轨；在行业内推广企业国际化发展模式；鼓励和支持有条件的企业进行绿色制造和数字化工厂改造工程，发挥规模、技术和品牌优势，增强跨地域的协同能力，建立全球化架构。力争在行业内细分市场领域打造 3 ～ 5 家具有全球竞争力和影响力的企业。

七、“十四五”行业发展重点

（一）行业发展的重点任务

1. 强化产业基础研发能力

进一步完善产业创新体系，提升整体创新能力，依托高等学校、科研院所和具有行业优势的企业，推进体制机制健全、资源共享、具有一定技术推广能力的产业技术研发平台建设。

结合当前产业发展的基础薄弱环节及制约行业发展的“卡脖子”问题，组织开展跨行业、跨领域、跨区域的“政、产、学、研、用”协同创新；借助国家科技计划等技术创新支持政策，通过开展应用基础、产业共性关键技术和工程化示范研究项目，着力攻克一批共性关键技术，解决行业发展中的重大技术难题。

鼓励行业企业加大技术研发的投入，推动完善企业主导产业技术研发的体制机制，促进技术、人才等创新要素向企业集聚，强化企业技术创新主体地位和主导作用。促进行业企业加速新产品开发，提高产品的科技含量，摆脱同质化困境，享有市场主动权。鼓励有条件的企业和研发机构加强实验室建设，让更多行业骨干企业进入国家实验室、各级研发中心行列，带动行业中小企业创新发展，提升行业整体技术水平。

2. 提升产业链综合水平

继续建立具有行业特色、以企业为主体、聚合政、产、学、研、用各方力量的产业协同机制，促进制造企业和科研机构的技术与产品发展，使之更加贴近工程应用和市场要求，在已有的技术优势基础上，补短板，强化在产品核心关键配套件以及材料、密封等基础配套领域的技术合作。借助国内完善的工业体系和巨大的内需市场，促进产业链上下游的系统性、协同性发展，提升产业链整体水平。

促进形成一批具有国际竞争力的创新型领军企业，增强企业内生动力；深化实施知识产权战略，提升企业知识产权的运用能力；在关键核心技术领域形成一批专利组合，构建支撑企业发展和提升行业竞争力的知识产权储备；增强行业向产业链高端跃升的能力和抵御国际贸易风险的能力。

3. 继续推进技术装备自主化

“十四五”时期，将继续推进行业技术装备的发展，防范、化解产业风险，保障国民经济产业链、供应链安全。

继续保持并完善、巩固在煤化工、大型石油炼化、油气开发储运、核电、新能源等领域取得的成绩，不断提高装备的技术水平和产品质量，提高产品可靠性，加快完成产品的模块化、系列化工作，满足各领域的市场需求。以重大装备国产化为切入点，带动相关配套产品、上下游产品的技术进步与质量提升，逐步实现国内产业基础高级化、产业链现代化。

在已完成的炼化一体化加氢压缩机、天然气储气库压缩机和液化天然气接收站 BOG 压缩机、45MPa 加氢站压缩机的基础上，继续扩大优势，开辟重大装备产品在新市场、新领域的应用，如压缩空气储能压缩机、氢能产业链用压缩机、海上钻井平台用压缩机、70MPa 以上加氢站压缩机。明确战略导向，加速核心技术攻关，加快迈入全球产业链的中高端行列。

4. 深化行业转型升级

在市场产能过剩的矛盾短期内难以化解的情况下，行业需进一步深化转型升级发展，以新动能带动行业进步，拓展企业的发展空间。

（1）推进服务型制造，实现多元化发展。充分利用新一代信息技术，立足产品全生命周期内用户的需求，为用户提供针对性设计、系统解决方案、撬装集成、工程承包、运维服务、更新改造等全方位的服务，推动零件标准化、配件精细化、部件模块化和产品个性化重组，使更多企业从单一设备制造商向制造服务商转变；围绕产业链上下游延伸发展，利用自身技术优势，开发衍生产品，形成依托压缩机产品的新产业链，扩展企业经营空间；整合行业资源，大力培育服务型制造示范企业、具有核心技术的系统集成商和行业运维服务企业。形成行业服务型制造骨干力量，带动全行业服务型制造的发展，提高工业服务产值占行业总产值的比例。

（2）提升精益生产管理水平，降本增效。针对不同生产特点，培养精益企业文化。通过生产流程优化再造、细化流程管理、提高信息化应用水平，提升产品品质，降低生产成本，缩短生产周期，提高企业生产效率，提高企业综合管理水平，使企业具备更强的市场竞争优势，助力企业持久健康发展。

（3）树立行业典型，强化品牌意识。大力推广先进的质量管理方法，广泛开展品牌提升活动，打造出更多市场竞争力强、品牌价值高的优势企业和品牌，提升行业企业在全球产业分工和价值链中的地位。

随着工业技术水平的不断进步，用户行业持续改进生产工艺与流程，市场越来越呈现多元化特性，细分市场孕育着更加巨大的空间。通过对细分领域的研究，根据用户需求的不同特点，针对性地开发定制化产品，尝试新的销售模式，在细分市场获得新的增长点。

5. 推进智能制造

压缩机行业应着眼未来，统筹谋划，抓住全球制造业分工调整和我国智能制造快速发展的战略机遇期，聚焦制造过程关键环节，从基础条件较好的企业中遴选一批智能制造试点示范项目，形成有效经验和成功模式，在行业中推广。

选定的行业企业以智能制造为主攻方向，积极推动应用信息化、数字化、网络化及智能化技术，同时在企业管理体系、流程制度、标准规范等方面做好技术储备，为未来的智能运营、智能化生产及网络化协同奠定扎实的基础，进而构建新型制造体系。企业实现高效率、高质量的生产方式，促进制造业向中高端迈进，培育经济增长新动能。

6. 坚持绿色发展理念

围绕用户行业需求，为用户提供高技术含量、高可靠性的绿色节能产品。按照绿色设计理念，采用模块化设计和循环设计方法，规划产品的绿色化解决方案，提高产品绿色化程度，建立相关绿色标准，推动行业绿色化发展。

“十四五”时期，要继续做好压缩机节能技术和节能产品的研发和推广工作，大幅提高节能产品的比例。通过推广节能型高新技术产品，激活产业发展新动能，带动相关产品向高端、高效、精细迈进，推动行业高质量发展。

加快实施行业企业的绿色改造升级，开发、

推广产品制造过程的节能新工艺，提高设备利用率，强化技术创新和管理创新，增强绿色生产，大幅降低能耗、物耗和水耗，建设绿色工厂，实现厂房集约化、生产洁净化、废物资源化、能源低碳化，实现行业的绿色高质量发展。

7. 继续推进共享制造模式与业态

完善以实力雄厚、技术先进的“专、精、特”机械加工制造企业为龙头的共享制造平台，汇聚高端生产设备、专用工具、柔性生产线等制造资源，发展多工厂协同的共享制造体系，发展集聚中小企业共性制造需求的共享工厂及以租代售、按需使用的设备共享服务。

以科研院所、大专院校为龙头，培育压缩机创新能力共享中心。围绕行业企业的创新需求，发展汇聚社会多元化创新资源的产品设计与开发能力共享，扩展科研仪器设备与实验能力共享。

以大型企业或大型工程公司为龙头，培育压缩机服务能力共享中心。围绕物流仓储、产品检测、设备维护、验货验厂、供应链管理、数据存储与分析等企业普遍存在的共性服务需求，整合社会服务资源，探索发展集约化、智能化、个性化的服务能力共享。

8. 提高行业标准化水平

通过梳理压缩机行业标准化现状，完善压缩机行业团体标准管理和工作机制，围绕行业技术创新与绿色发展对标准化的多方面需求，针对标准空白和急需的标准化领域，努力构建与国家标准及行业标准协同发展、互动互补的新型行业标准化体系。

提高行业团体标准工作水平，保障团体标准的科学性、先进性、合理性，制定高水平的团体标准，使行业团体标准工作得到持续稳定发展。

加强与上下游产业链各领域相关机构的交流与合作，共同探讨产业发展中的共性问题和制约产业发展的主要薄弱环节，联合开展团体标准工作，制定双标号团体标准，在上下游产业链共同推广实施。

以市场为导向，发挥团体标准的技术引领作用。依据团体标准的特性和发展需要，积极培育检测机构采纳团体标准，推进质监系统、企业和其他社会化检测机构完善针对压缩机产品及系统的检测能力。依托团体标准开展相关的评估、评定、认证等工作，推动企业规范运营和行业自律健康发展。

跟踪国际标准发展情况与趋势，在团体标准的制定过程中，加大对国际标准的对接与转化力度。同时，推进行业团队标准在国际市场的宣传推广，为压缩机产品“走出去”提供标准化支撑。

（二）行业重点发展的技术与产品

1. 关键技术

（1）无油压缩机技术。干式螺杆空气压缩机同步齿轮、机械密封、轴承、转子涂层材料；水润滑螺杆压缩机转子涂层、高分子或陶瓷材料；耐高温、耐高压工艺往复压缩机活塞环、填料环等密封件结构与材料。

（2）工艺回转压缩机技术。特殊工艺介质润滑剂研究；高压、高速、特殊气体轴承、轴封技术；高强度转子材料，新型转子型线研究；宽范围流量、压力调节技术。

（3）数值模拟仿真技术。关键运动部件材料极限处理，热处理、焊接及加工过程热场分析和数值模拟达到精准设计；气阀、活塞环、填料等易损件通过运动模拟仿真多工况设计；整机设计研发过程中通过动态模拟仿真，推演公差配合、加工精度等对产品的影响；撬装高速往复机压缩机的扭振、脉动、声学分析，以及更加精确、人机交互更加容易的压缩机选型计算软件。

（4）往复压缩机可靠性研究。气阀结构，阀片、弹簧材料；活塞环、填料环新结构与新技术；摩擦副润滑技术。

（5）隔膜压缩机优化设计。膜片材料的选用、热处理，膜腔曲线优化设计；液、气、固耦合流动协调性分析；高压配套件（阀门、仪表、密封件等）的开发与应用。

（6）压缩机及其系统节能技术。压缩机余热回收与利用技术；压缩空气站系统运行智能控制技术；压缩空气站辅助设备（过滤、净化装置等）

节能技术；压缩机主机技术进一步优化。

（7）大数据、智能制造与控制技术。基于大数据分析，能更精准地为产品改进、运维服务、能效水平监测提供支持；利用先进的计算机技术、人工智能技术和神经网络技术等，实现不同专业、不同行业间的合作，开发新技术。

2. 核心产品

（1）大型油气开发、集输、石油炼化装备

1）油气开采装备。“十四五”时期，应做好能适应“段塞流”工况的井口增压压缩机、高压气举用移动型压缩机、火烧油层空气压缩机、排水采气车载压缩机、二氧化碳驱油压缩机、大功率宽工况天然气集气站和净化处理厂用压缩机等的技术与市场业绩方面的积累。高压大功率储气库注气压缩机和 LNG 接收站 BOG 压缩机已在“十三五”期间实现技术突破，“十四五”时期，还需要加强全面推广应用工作。

2）炼油化工装备。针对炼化一体化化和大型煤化工项目，开发 1 800kN 活塞力往复式压缩机、低密度乙烯中的高压二次压缩机等大型高端产品。

（2）航空、航天等装备。开发满足风洞试验用高压压缩机、空间技术地面服务用高压无油压缩机、航空用轻量化压缩机及科研用高纯度高压力稀有气体压缩机等。

（3）海洋工程装备。开发海上石油天然气开采平台和海上浮动液化天然气装置用符合无基础撬装、耐腐蚀环境、维护检修方便等要求的燃料气增压压缩机、集输用压缩机、伴生气压缩机等，填补国内空白。

（4）空气储能装备。依托国家示范项目，瞄准压缩空气储能新市场，开发宽工况、大功率空气压缩机及高效膨胀机等。

（5）新兴市场配套装备。与氢燃料电池系统配套的高效、宽耐候性、轻质化、高洁净度空气压缩机，为加氢站配套的高水平隔膜压缩机、液驱活塞压缩机、离子液体压缩机等，在技术上还需要进一步突破。

（6）节能技术相关产品。高效利用余热的水蒸气压缩机、（单）螺杆膨胀机等产品的技术还需要进一步提高，应用领域还需要进一步扩大，系列化还需要进一步完善。

（7）其他领域关键设备。开发满足电子半导体、医药、食品、救援等行业需要的各类高纯无油压缩机。扩大回转压缩机的应用范围与领域，开发高转速、高压力、高性能的回转压缩机。

八、保障措施和政策建议

（一）营造装备自主化市场环境

发挥协会的桥梁和纽带作用，推进已经实现自主化的技术装备的市场应用，促进装备产业化发展。

（二）推进企业减负，支持制造业企业发展

建议国家进一步强化对制造业企业的减负政策支持，特别是在降低企业用工成本及社会资源成本、加大增值税进项税额抵扣及税前抵扣力度、协调解决货款清欠、降低中小企业融资难度、杜绝违规收费等方面能够给予企业更多的政策支持；加强对政策实施的监督检查，使各项惠企政策真正落到实处。

通过国家及地方各级政府的相关产业政策的支持，使制造业企业获得合理、充足的利润空间；鼓励企业加大研发投入，增强创新能力，为企业持续健康发展提供活力。

（三）构建行业人才队伍支撑体系

通过建立切实可行的体制机制，加快培养带动行业发展的领军人才、创新型复合人才、高素质技术技能人才，为行业发展提供人才保障和智力支持。

促进企业、高等院校、科研机构和行业协会等各种行业资源的有效结合，发挥各自优势，开展线上、线下多种途径和形式的培训，建设不同层次的知识型、技能型、创新型和实战型人才队伍。

（四）促进行业自律，优化企业经营环境

建议国家在招标法等涉及企业经营的法规中，修改完善相关低价中标的条款，为优质优价的产品获得市场认可提供有力的法律依据。

要通过团体标准等方式，制订行业诚信自律性要求，并依托团体标准开展认定评估与认证，建立行业自律性管理约束机制，规范企业行为，防止同业恶性竞争，促进企业诚信经营、健康发展。营造公平竞争、自律诚信的良好经营环境，为行业长远发展创造条件。

（五）充分发挥行业协会的作用

要充分发挥协会熟悉行业、贴近企业的优势，加强行业发展中的重大问题研究，积极推进产业结构调整，大力提升企业素质，鼓励企业差异化发展。建议国家支持协会承接政府委托的工作，切实委托相关协会承担部分行业管理基础性工作，在制修订和实施产业政策、行业重大问题研究、制定和实施行业标准、行业重大科技投入项目、行业（企业）科技创新和管理创新成果的推广应用等方面，发挥行业协会的优势作用，使国家各项产业政策和措施更好地落实到位，获得更好的实效。

〔供稿单位：中国通用机械工业协会压缩机分会〕

真空设备行业“十四五”发展规划

前言

真空设备行业是工业的重要基础性行业，为科学研究与产业发展提供技术、部件与设备，在航空航天、国防军工、工业生产、日常生活中发挥着不可替代的作用，为国家关键技术自主可控与核心装备国产化提供安全保障。

为抢抓新一轮科技革命和产业变革机遇，明确“十四五”时期，真空设备行业发展思路、目标和重点任务，引导国内真空设备行业持续高质量发展，依据《中华人民共和国国民经济和社会发展第十四个五年规划纲要和2035年远景目标》《国家创新驱动发展战略纲要》，特制定此规划，规划期为2021—2025年。

一、真空设备行业发展现状

我国真空设备行业发展大体经过了两个发展时期。第一个时期是从20世纪50年代到80年代中期，这一时期从制造简单的抽气机开始，逐步形成了初具规模的真空设备行业体系。产品以中低档真空获得设备为主，并生产部分技术含量较低的真空应用设备，如制镜镀膜机等。从20世纪80年代后期到现在是我国真空设备行业发展的第二个时期。在此期间，行业整体水平大幅提高。真空获得产品（如旋片泵、罗茨泵、扩散泵、滑阀泵等）质量趋于稳定，真空设备中的分子泵、干式真空泵等市场需求也得以快速发展。与此同时，真空应用设备进入高速发展期，成功开发了ITO镀膜生产线及用于不同领域的薄膜镀制设备。随着我国电子工业的迅猛发展，在半导体、集成电路生产工艺中大规模使用真空设备，带动单晶炉、分子束外延设备、化学气相沉积设备等快速发展。

“十三五”期间，真空设备行业得到快速发展，行业整体水平大幅提高，中低端真空设备产品从设计到加工制造已趋向成熟，主要企业的产品质量比较稳定，外观质量有了明显的提高，部分产品有些技术指标已接近或达到国际先进水平。目前，国内真空设备生产企业超过600多家，销售额160亿元左右。其中销售额1亿元以上的真空设备制造企业约60家，销售额2 000万元以上的企业有200余家。

力不强；另一方面，因缺乏有效的创新成果及知识产权保护体制机制，企业的创新成果轻易被转移、仿制，创新成本投入与市场收效不匹配，企业的创新动力受挫而难于持续进行创新。

部分关键技术亟待突破，高端设备自主可控能力需要进一步提升。在高端产品领域，如大型真空泵及真空系统、大抽速风冷双级旋片泵、大抽气量扩散泵、大抽速磁悬浮分子泵、大型真空熔炼系统、大型真空电子束焊接设备等，国外产品的市场占有率一直较高。国内产品与国外产品的差距非常明显。

目前国内市场超过 90% 的半导体真空设备都依赖进口，尤其是前道工艺过程光刻、刻蚀、离子注入、薄膜沉积等关键工艺设备几乎被国外产品垄断。真空设备行业亟需突破技术瓶颈，快速缩小与国外水平的差距。

（二）行业低端产品同质竞争严重

我国真空设备产品设计理念虽有创新，但中低端通用型产品差异化不够，同质化竞争激烈。真空专用设备不足，存在高端产品短缺、中低端产品产能过剩的结构性矛盾问题，部分企业以低价换市场，恶意竞争严重制约了行业的健康发展。真空设备企业需进一步明确自身产品优势和市场定位，聚焦产业协同，加强联动创新，实现做优做强。

（三）真空设备产业链相关企业缺乏沟通与合作

国内真空设备企业业务发展呈集中化趋势，但企业多而不强，企业体量较小，规模化优势不明显，行业集中度偏低，专业化协作和配套体系建设不能满足行业发展的需求。

纵观全国真空设备产业链相关的上下游领域，真空获得设备、真空应用设备、真空热处理设备、真空冷冻干燥设备、真空包装设备、真空镀膜设备（包括各种靶、靶材、消耗材料及各种电源）、纳米科技与装备（包括纳米材料与纳米器件）、真空阀门及真空零部件、真空测量与校准仪器、真空检漏仪器、真空材料（包括真空泵油及真空工程配套设备）、各种表面仪器（AES、SEM、XPS、SIMS 等）及分子束外延设备（MBE）、真空仪器仪表设备、半导体设备、真空医疗设备、真空航天设备等生产企业，各自独立发展，缺乏横向沟通与交流合作，参加行业论坛、展会等的人员与企业重合度达 30% 以上，特别是具有较大影响力的中国真空展和光学镀膜展，参展企业重合度达 80% 以上。

四、行业发展面临的形势

近年来，全球经济形势复杂多变，国际经济环境发生了巨大变化。我国部分高端真空设备及核心零部件仍长期依赖国外进口，关键技术与核心部件“卡脖子”问题依然突出。与此同时，发达国家纷纷实施“再工业化”和制造业回流计划，新兴经济体也以低劳动力成本吸引跨国企业投资，我国真空设备行业发展将受到双重承压。

我国经济已由高速发展阶段转向高质量发展阶段，在新常态下，我国真空设备行业发展面临新的机遇和挑战。面对复杂形势以及经济下行压力，国家和地方相继出台了众多利好政策，加快产业布局，支持企业发展。真空设备生产企业要紧抓政策机遇，紧跟国内产业链调整、要素市场改革提升研发和技术创新能力，持续提升产品的市场竞争力。

“十四五”时期，真空技术产业应用范围将持续扩大，特别是半导体、航空航天、5G、新基建等新兴领域对真空设备的市场需求保持快速增长，市场基础不断扩大。

国务院印发的《新时期促进集成电路产业和软件产业高质量发展的若干政策》，对相关集成电路设计、装备、材料、封装、测试和软件企业给予大范围政策支持，将为国内半导体产业带来前所未有的机遇。真空设备企业要把握发展机遇，重点关注半导体关键工艺及设备国产化进程，提前布局，为全面完成进口产品国产化替代打好基础。

随着真空镀膜工艺的提升、改进以及老旧设备淘汰，真空镀膜市场呈快速增长趋势，预计2022年市场规模将达到300亿元。受益于稳定的市场需求和应用领域的扩展，真空镀膜设备制造企业将迎来黄金发展期。

随着国家经济与产业结构调整和关键核心技术自主可控战略深入推进，科技作为创新驱动发展“第一动力”的作用更加凸显，科研投入规模和强度将进一步加大，为真空设备行业的发展带来巨大的市场机遇。

五、“十四五”行业发展思路与目标

（一）发展思路

以习近平新时代中国特色社会主义思想为指导，紧抓新一轮产业革命和国家经济转型发展机遇，面向国家重大需求和经济社会发展需要，坚持科技创新引领，强化资本运作，全力推进真空设备核心技术、关键设备及关键零部件自主可控，打造具有一流竞争力的真空技术与装备制造体系，满足国家需求，助力产业发展。

（二）发展目标

“十四五”时期，真空设备行业要持续推进技术创新，转变发展方式，攻克亟待解决的关键设备与核心部件难题，实现真空设备行业由大到强和高质量发展。

1. 产业运行及市场拓展目标

真空设备行业保持稳步发展，“十四五”时期年销售收入平均增长速度目标值为8%～10%。

紧抓半导体、5G等产业政策及关键设备国产化机遇，实现真空设备在战略性新兴产业领域的规模化应用，相关设备及核心部件国产化率达到50%以上。

2. 关键技术及产品开发目标

突破关键核心技术，解决半导体制造过程关键工艺设备短板，实现重大设备及核心零部件产业化应用。

推动产品结构优化升级，到2025年，实现中高端产品销售占比60%以上，重点产品设计、制造、工艺达国际一流水平。

3. 产业资本化发展目标

优化产业资源配置，加强资本市场运作。到2025年，推动实现3～5家真空设备生产企业上市，打造2～3家营业收入超10亿元的真空设备生产企业。

推动产业并购整合，到2025年，力争完成行业1～2次并购整合，打造1～2家全产业链真空解决方案供应商，构建国内真空产业生态链。

4. 产业合作平台建设目标

建立与强化真空设备行业产业链上下游和行业内部的产业合作平台，整合全国性协会（学会）与地方协会、南方与北方等地域性多种平台资源，建立互通互联机制，加强沟通交流，合作开展多种形式的交流活动，发挥合力，实现共赢。

组建真空镀膜或真空检测等领域技术联盟，推动相关共性技术、基础技术的发展与先进技术的推广应用。

加强真空设备企业与高等院校的合作，培养真空专业技术人员与真空检测人员等人才，为促进行业发展创造条件。

六、“十四五”行业发展任务与重点

（一）亟待解决的薄弱环节

1. 半导体与泛半导体领域

智能化磁悬浮分子泵主要应用于半导体、平板显示、高端真空镀膜及科研设备领域。智能化磁悬浮分子泵为半导体行业的薄膜沉积设备、光刻机、刻蚀机及离子注入设备提供清洁真空环境，为平板显示行业的成膜、曝光及刻蚀工艺提供清洁真空环境。

智能化磁悬浮分子泵主要解决半导体及泛半导体产业制造设备“卡脖子”问题，对实现产业制造设备国产化具有重要意义。北京中科科仪股份有限公司成功研发我国首台磁悬浮分子泵，打破了国外企业长期垄断地位，但与世界先进水平仍有差距。目前，我国智能化磁悬浮分子泵主要从德国及日本进口。

除分子泵外，气体质量流量控制器、压力控制器、薄膜真空规等核心零部件的发展，也直接影响和制约着半导体与泛半导体领域的发展。行业已攻克的CS系列数字式质量流量控制器虽日渐被光伏领域设备商和终端客户接受，成为客户在上线之初选择气体流量测控产品的首选，但是在半导体领域，流量测控产品的技术亟待提升，产品质量需要更加严苛的验证。

目前，关键零部件国际采购受到严重制约，而国内供应商配套能力严重缺失，真空阀门、真空规等关键零部件国产化对我国28～10nm集成电路装备研究工作顺利开展具有重要意义，急需突破。

此外，应用于半导体行业的刻蚀机、离子注入设备等关键工艺设备都亟需突破。

2. 国防科技与航空航天领域

在国防科技领域，真空技术主要应用于大功率激光器、高性能微波真空电子管、高精度激光陀螺，为其制造提供关键装备及核心零部件。

仪器用分子泵主要解决军事有毒化学物质检测及高端分析仪器设备“空心化”问题，对提升军事装备及高精尖科学仪器核心零部件国产配套能力具有重要意义。目前，仪器用分子泵主要从美国、德国进口，其零部件高速轴承主要依赖进口。国产轴承噪声高、可靠性差，行业认可度差。

空间环模设备主要用于航天器件、卫星等产品发射前的地面模拟热真空环境，用于性能测试。近些年各国对临近空间领域的探索是热点，对临近空间的研究有重大意义。该领域大抽速低温泵的研制技术发展滞后，差距明显。

3. 科研仪器领域

高分辨场发射枪扫描电子显微镜是半导体检测、纳米材料研究与制备、新材料、新能源开发、生命科学、基础医学研究等领域必不可少的大型分析仪器，是实现国家产业升级、智能制造不可或缺的重要装备，目前完全依赖进口。“十三五”期间，我国虽成功推出场发射枪扫描电子显微镜，具备了良好的高分辨场发射枪扫描电子显微镜的研制基础，但是工程化应用能力仍需进一步提升。

在质谱仪器方面，我国已经取得了一定的成绩，但高端气相色谱质谱联用仪（GCMS）、液相质谱联用仪（LCMS）等仍然依赖进口，相关核心部件（如仪器用分子泵、质量流量控制器、传感器、离子泵、全金属阀门等）更是被国外产品垄断。

4. 真空镀膜领域

纳米多层膜制备真空设备主要解决同步辐射光源等国家重大科学装置国产化问题。该设备主要应用于国家重大科技项目“北京新同步辐射光源项目”，可以完成各类同步辐射光源、散列中子源等高能物理研究科学装置中聚焦镜、单色镜、劳埃镜等的制备。在北方光源、南方光源、上海光源、合肥同步辐射光源等国家大科学装置中均可以应用。同步辐射光源相关设备长期受到美国、德国对我国实行的高技术产品禁运政策限制。

磁控溅射连续镀膜生产线属于物理气相沉积（PVD）成套设备。行业内企业生产制造的主要是真空腔体、传动系统和电气控制系统，其他系统大部分通过外购配件进行组装，并最终在客户方完成总装集成。在外购的配件中，抽气系统所必需的真空泵组、电气控制系统所必需的工控器PLC组件、布气系统所必需的气体引入装置不能满足高端配置设备的稳定运行，国内产品无法完全替代进口产品。

与此同时，面向国家科技重大基础设施和大科学工程，我国部分企业已可以提供相关镀膜设备，但工程化及产业化能力需要提升。

5. 关键共性技术

表面防腐应用、磁流体轴承、陶瓷轴承、全金属密封等关键基础共性技术成为制约真空设备行业发展的瓶颈，亟需攻克。

（二）“十四五”行业发展重点

1. 打造真空纳米镀膜产业孵化园区

（1）积极整合资源，建设真空纳米镀膜产业孵化园区。围绕真空纳米镀膜产业链，鼓励相关材料、设备、生产、服务等产业上中下游企业入驻产业园，并给予特殊政策扶持；积极引进外商，开展协同创新，打造真空纳米镀膜产业集聚区。

（2）建立真空纳米镀膜产业小微企业发展基金，大力扶持小微企业和新进企业，提供政策和资金支持，搭建银企沟通平台，解决企业融资难等问题。

（3）培养“领头羊”，大力支持龙头企业建设。协同推进政府对现有真空纳米镀膜生产制造企业进行一定程度的政策、税收、资金等支持，并协调社会资源，在企业治理和规范运营上提供相应的管理咨询与技术支持。梳理发展典型，以点带面，带动促进产业发展。

（4）鼓励引导现有水电镀企业转型升级，助力解决环境污染和资源浪费等问题，承担真空产业社会责任。

2. 组建半层体真空技术联盟（或集成电路真空技术联盟）

联盟将以国家战略为指引，以突破半导体或集成电路零部件关键核心技术为目标，促进零部件产业链各环节的交流合作，优化产业技术创新的生态环境，推动产业技术水平的快速提升。

联盟将整合全国集成电路零部件领域创新资源，落实国家中长期科技发展规划，以国家重大科技专项“极大规模集成电路制造装备及成套工艺”战略部署为技术驱动平台，依托联盟各成员单位的人才、技术和市场资源，加快推进科技成果产业化，打造我国集成电路制造用零部件供应链。通过构建有效的合作方式，增强联盟的整体优势，促进我国集成电路零部件领域人才集聚和关键技术发展，不断提升自主创新能力，为我国集成电路技术创新、为国际集成电路零部件技术发展做出贡献。

在相关政策引导和行业主管部门指导下，积极发挥联盟的资源平台和整体优势，围绕国家重大科技专项“极大规模集成电路制造装备及成套工艺”集成电路零部件重大创新课题，以我国集成电路产业发展对相关零部件的需求和国际前沿技术发展趋势为目标，整合创新资源，突破关键真空技术，促进技术创新体系建设，推进创新成果的共享与产业化。经过 5 ～ 10 年的建设，使我国集成电路零部件产业整体创新能力达到国际先进水平。

3. 真空技术应用于医疗、医药产业

真空冷冻干燥是生物制药行业的重要技术。近年来，生物制药技术逐渐发展成型，科学家将真空冷冻干燥技术引入生物制药技术的研究、应用，对生物制药行业的发展起到了良好的推动作用。

在医疗器械的设计、制造和使用过程中，表面工程技术占有非常重要的地位。多数医疗器械产品因与表面相关的摩擦磨损、腐蚀氧化以及疲劳断裂等而失效或破坏，因此，表面改性技术日益受到重视。用真空技术进行医疗器械表面改性，从而提高生物相容性。掌握表面显微结构、形貌、润湿性与生物相容性的关系机理，从等离子体氧化、碳基薄膜制备及电子束蒸发的角度出发，创新发展真空技术在医疗行业的应用。

4. 真空技术应用于加速器及受控核聚变

加速器是用来加速粒子并使其得到很高能量的装置。由于工作原理不同，加速器正常工作需要确定的真空度要求也不同。加速器常用的抽真空设备有油扩散泵、溅射离子泵、钛升华泵、涡轮分子泵和低温泵等。

新能源开发中受控核聚变的目的是在反应堆中实现轻原子核的聚变，以释放出取之不尽的能量。这一过程需要在超高真空洁净环境中进行，真空度要求为 10^{-9} ～ 10^{-7}Pa。常用真空设备有分子筛吸附泵、汞扩散泵、溅射离子泵、钛升华泵、锆铝吸气泵、低温泵及涡轮分子泵等。

受控核聚变研究所涉及的真空技术问题广泛，覆盖真空获得、测量、部件、材料、工艺等方面，并随着研究的发展提出了新的要求。这将对受控核聚变的实现起到重要作用，并且对真空技术的发展起到推动作用。

5. 大力推动干式真空泵的发展

受半导体产业发展的驱动，受益于下游集成电路、光伏、LED 等行业的持续发展进步，干式真空泵的产品类型不断增加，性能、控制集成度等指标显著改善。目前，发达国家的半导体相关产业已全部使用干式真空泵，我国近年来也呈现明显的干式真空泵替代油泵的趋势，国内的高端半导体行业已基本使用干式真空泵。

除半导体产业以外，制药、化工、食品行业对真空泵的需求较大。干式真空泵能够显著减少油污染，且使用干式真空泵可实现溶媒回收，提高利用率，因此，制药、化工、食品等行业对干式真空泵需求大增。

干式真空泵作为通用设备，具备良好的洁净真空特性和可靠性，因而是 LED 产业的外延片生长和芯片制造、平板显示产业 PVD 等工艺环节真空环境获得的主要设备。此外，干式真空泵在锂电池烘干工序，以及制药、化工等产业均有较为广泛的应用。

（三）行业重点发展的技术和产品

1. 关键技术

（1）重点解决旋片真空泵、滑阀真空泵、罗茨真空泵的返油、漏油、振动和噪声等问题。

（2）推进一体化智能磁悬浮分子泵研制及产业化，解决半导体及泛半导体产业制造设备“卡脖子”问题，实现半导体及泛半导体产业制造设备国产化。

（3）研究提高氦质谱检漏仪的灵敏度，并向小型携带式（电池驱动）方向发展。

（4）研发节能节水高效蒸汽喷射泵，以满足冶金、石化等行业的要求。

（5）解决真空冶炼炉、真空热处理炉、真空浸渍设备和真空镀膜机等大型成套设备中机电一体化或者自动化技术，向机电一体化方向发展。

（6）完善制备 ITO 膜的磁控溅射镀膜机的功能，提高设备综合水平，满足市场需要。

（7）研发低温对流加热和等温淬火的高压气淬真空热处理炉。

（8）研发高精度真空计，向一体化、系统化和智能化发展。

（9）研发适用于半导体行业工艺需求的压力式质量流量控制器，重点研究方向是高精度、快响应，具备多量程、压力不敏感、自校正功能。

2. 核心产品

（1）实现智能化磁悬浮分子泵在半导体行业的国产化应用，通过攻克高压缩比涡轮叶片设计技术、高精度磁轴承控制技术、涡轮轴系动平衡技术、涡轮转子防腐蚀技术等，实现智能化磁悬浮分子泵应用于半导体薄膜沉积、光刻、刻蚀及离子注入设备，实现半导体国产化。

（2）研发磁流体轴承、陶瓷轴承在分子泵中的应用，提高分子泵的可靠性和使用寿命。

（3）研发高分辨场发射枪扫描电子显微镜。通过实施高稳定度电子光学系统开发、专用高精度样品台开发、电子光学控制系统开发、高精度样品台控制系统开发等重点项目，到 2023 年，实现高分辨场发射枪扫描电镜成功研制，达到 0.6nm@15kV、1.5nm@1kV 的核心指标。

（4）研发超高真空全金属阀门及精密真空度自动控制系统。

（5）开展低温泵、各种结构的干式真空泵的研发，尽快形成系列化生产规模，以满足信息、生物、医药和食品等行业需要。

研发多种结构真空泵，其中，串联拼接多级泵最高极限真空度达到 200Pa，适用于粉尘量大，耐严重腐蚀、耐严重磨损，承受大量凝液的工艺介质，运行能耗比现有同类的干式真空泵降低 20%。模块化多级泵最高极限真空度达到 5Pa，混合式多级泵最高极限真空度达到 0.11Pa。

（6）研制高温高速耐油磁流体密封传动装置。

（7）研制高精度 OLED 蒸镀机。

（8）研制煤矿瓦斯抽采超大型水环真空泵及其成套装备系列产品。

（9）研制大型石油炼化炼厂气用真空压缩成套装置。企业与高校开展联合技术攻关，研制排气压力为 0.5 ～ 1.6MPa、抽气速率为 3 000 ～ 20 000m^3/h 的大型石油炼化炼厂气用真空压缩成套装置。力争 3 ～ 5 年实现量产，满足石油化工等行业易燃、易爆、有毒气体的回收再利用的重大需求，解决压缩机效率低、耗能高等问题，实现石油炼化用真空压缩机的国产化，全面替代进口产品。

（10）实现大型连续式真空钎焊炉的系列化（6 室、7 室、9 室等）及批量化。完成多室连续真空熔炼速凝炉、超细粒度靶式气流磨、双磁场全自动密封压机、连续式真空烧结炉、连续式真空镀膜机、连续式真空扩散渗金属炉等核心装备的开发，实现新一代信息技术与制造技术的深度融合，实现真空装备与集计算、通信与控制于一体的信息物理系统（CPS）和智能制造系统有机集成，形成年产能 5 000t 的新一代稀土永磁智能制造整线解决方案交付能力，为实现低/无重稀土磁体、镧铈磁体、高耐温磁体等高性能稀土永磁器件开发及产业化提供装备支撑。在 3 ～ 5 年内，将项目成果延伸至激光增材、高温合金制备、平板显示镀膜、航空航海叶片热处理等高端应用领域。

（11）研制针对半导体和分析仪器行业的基于 CMOS 的气体质量流量控制器。

（12）研制针对半导体行业的压力控制器。

（13）研制针对半导体和光伏行业的蝶阀。

（14）研制针对半导体行业的液体压力变送器。

（15）研制针对半导体行业的高精度流量校准仪。

七、保证措施和政策建议

（一）依托国家产业政策，促进行业发展

目前，我国真空设备高端产品技术与国外水平相比差距较大，特别是在半导体与泛半导体、国防科技、航空航天、科学研究等重点领域，大量高参数真空设备被国外产品垄断，影响产业链安全，无法实现自主可控。

真空设备行业急需加强技术研发投入，突破关键技术工艺的壁垒，逐步提高国产化程度。这需要国家产业政策的大力支持，资本和企业联合发力，共同推进真空设备的技术升级和产业化进程。

（二）充分发挥行业协会的作用

要充分发挥行业协会熟悉行业、贴近企业的优势，加强行业发展中的重大问题研究，积极推进产业结构调整，大力提升企业素质，鼓励企业差异化发展。充分发挥行业协会的桥梁和纽带作用，一方面，宣传贯彻党和国家的方针、政策，更好地发挥行业协会的优势，使国家各项产业政策和措施落实到位，获得更好的实效；另一方面，开展行业调查研究，为政府部门提供建议，争取国家相关政策支持。

积极开展新产品、新技术、新装备的推广工作，开展对外交流与合作等促进行业先进技术推广和应用的活动，推动行业内企业与企业之间、企业与高校和科研院所之间、国内企业与国外企业之间的互动交流合作，推动行业高质量发展。

（三）促进行业自律，营造良好的经营环境

倡导企业自觉抵制恶性竞争行为，维护公平的市场竞争秩序，共同营造良好的经营发展环境。

引导企业分析自身优劣，根据当前的产业政策和市场环境，找准定位，走“差异化”发展路线。

充分发挥团体标准对行业发展的引领和规范作用，促进行业诚信自律。依托团体标准，开展评估与认证，建立行业自律性管理约束机制，规范企业行为，防止同行业恶性竞争，促进企业诚信经营、健康发展。营造公平竞争、自律诚信的良好经营环境，为行业长远发展创造条件。

〔供稿单位：中国通用机械工业协会真空设备分会〕

干燥设备行业“十四五”发展规划

前言

干燥设备应用于国民经济建设的各个领域（如化工、石化、医药、环保、能源电力、冶金、生物技术、食品、陶瓷、制浆和造纸、电子、军工、农产品加工、矿业及木材加工等），干燥设备不只是用于简单的固液分离过程，更重要的是产品质量主要取决于干燥设备和技术的综合运用。加快推动干燥设备行业高质量发展、增强关键技术创新能力是目前急需解决的重点问题。

按照中国通用机械工业协会的统一部署，中国通用机械工业协会干燥设备分会通过行业调研、收集资料、征求意见，编制了该规划。规划总结了干燥设备行业“十三五”期间取得的成绩和存在的问题，重点提出“十四五”新思路、新任务、新目标等内容。该规划的规划期为2021—2025年。

一、行业发展现状

（一）行业概况

目前，我国专业从事干燥设备制造的企业约500家，从业人数约60 000人，年产值约100亿元。企业主要分布在江苏、浙江、山东、河南、河北、四川、甘肃等地。行业中年产值超过亿元的骨干企业不超过12家，从事干燥技术研究的大专院校、科研院所、研究单位有50余家。

2019年，我国化工行业所需干燥设备约3 000台（套），制药行业所需干燥设备约3 000台（套），农业、林业、粮食、轻工等行业所需干燥设备约5 000台（套）。其中，食品干燥设备在国内食品行业的使用率已达80%。石油、化工行业是国产大型干燥设备的应用领域，内需市场潜力巨大。

经过多年发展，我国干燥技术水平逐步提高，部分设备已经达到国际先进水平。国产干燥设备具有明显的价格优势，干燥设备国产化率不断提高。

（二）“十三五”经济运行情况

“十三五”期间，我国干燥设备行业呈平稳发展态势，基本实现规划目标。行业企业研发了一批高效环保的干燥技术，在行业内推广节能减排的新流程、新工艺和新产品；在化工、冶金、生物医药、环保、食品等领域推广以内加热流化床、回转焙烧窑、大型转筒干燥机、热泵等为核心装备的高效环保干燥设备与干燥系统，进一步提高了设备能效，促进了干燥设备行业的平稳发展。

2020年，干燥设备行业22家重点企业完成工业总产值39.72亿元，较上年增长12.12%；实现主营业务收入23.66亿元，较上年增长3.31%；研发投入较上年增长2.26%。

（三）行业创新能力与科技创新成果

干燥设备行业的技术创新和发展主要是以高校、科研院所、设计院及骨干企业为依托，这些单位在干燥领域保持了较强的技术创新能力，承担了以绿色智能装备为核心的国家“十三五”重点研发计划项目、农特产品绿色节能干燥技术装备研发项目及众多省部级课题，引领我国干燥技术的发展方向。

行业中节能减排效益显著的新型蒸汽管煤调湿技术、高效脱除废水中氨氮成分的真空热泵闪蒸汽提脱氨技术、污泥无害化处理技术、电厂和煤化工行业的褐煤提质及水回收技术等多项高效、环保、节能、先进的干燥技术及产品填补了国内空白，成为先进、高效节能技术改造传统产业的典范。煤气化工程褐煤蒸汽管回转圆筒预干燥技术研究与工程化应用、新型蒸汽管回转干燥法煤调湿成套技术及装备、PTA新型压力过滤技术的开发与工业应用、45 万 t/a 聚丙烯流化床干燥器研制、SEBS 研磨机组国产化、PX 氧化干燥单元稳产降耗研究等重大科技创新成果承担了我国 90% 的石化干燥设备国产化工作。

行业企业自主研发的 PTA 干燥装置已出口到比利时、美国、西班牙等国家，配套于 400 万 t/a 石化项目，提升了我国干燥设备行业技术水平及国际影响力。高真空型双桨叶干燥机的干燥面积达 150m^2，真空度达到 -0.095MPa。已投入使用的高真空型盘式干燥机，打破了之前断断续续进出料的工艺缺陷，实现了高真空密闭连续进出料，真空度达到-0.090MPa，适用于热敏性极高的物料，达到了国际先进工艺水平。自主研发、设计制造的 220 万 t/a PTA 装置中 CTA 溶剂交换技术装置已在嘉兴石化有限公司稳定运行半年时间，洗涤效率、醋酸损耗等关键技术指标和隔离块寿命等均优于 BP 公司 BHS 设备性能，实现了行业技术的突破。

针对矿渣因比重大、含有腐蚀成分而导致在干燥过程中对加热管及筒体磨损性大、具有严重腐蚀性的问题，自主研发的直径大于 3.6m、长度超过 15.5m、处理能力≥ 70t/h 的矿渣环管蒸汽回转干燥成套装备，解决了矿渣干燥过程中能源利用率低、设备处理量低和耐磨性等技术难题，攻克了蒸汽回转干燥装备大型化技术和加工的瓶颈。针对车载催化器的制备而设计开发的智能成套装备被认定为江苏省首台（套）重大装备产品。通过该装备在特定载体上精密涂覆催化剂浆液，经快速干燥、高效焙烧等工艺，制成尾气净化催化器。相比传统工艺，节省贵金属（铂、铑、钯）15% 以上，生产能耗降低 75% 以上，填补了国内空白。

（四）产业链逐步得到完善

干燥系统是整套单元操作，单元系统包括热源（环热）装置、干燥装置、输送装置、尾气处理及“三废”处理装置、余热回收装置、管道及自控装置，主要配套设备有干燥机、风机、阀门、泵等。干燥单元的上游一般为分离或反应单元（如过滤系统、蒸法结晶系统、反应设备等），下游一般为包装单元。

经过几十年发展，我国干燥产业链已比较完善，如风机、阀门等配套设备大部分采用国内产品，但少数特殊阀门还需要进口。分离单元系统中的蒸发结晶设备、压滤机基本上实现了国产化，但部分特殊物料分离装置还需要进口。近年来，随着环保要求的加强，干燥行业在“三废”治理和余热回收技术方面有了很大的进步。干燥产业的发展带动了干燥单元及产业链上下游装置的发展和技术进步。

（五）产品进出口情况

我国干燥设备营销以国内市场为主，出口产品产值约占总产值的 5%。出口产品主要是大型回转圆筒干燥机、流化床干燥机以及喷雾干燥机等，主要销往东南亚、南美、非洲等发展中国家。部分干燥设备批量出口到美国、韩国、欧洲和中国台湾地区。

（六）存在的主要问题

1）产品低水平重复多，地区之间产业趋同；相当一部分产品趋于成熟，升级替代产品还没有形成规模，技术产品发展的新增长点不明显。

2）生产制造企业地域分布比较集中，容易造成价格战，形成恶性竞争。

3）产品更新缓慢，产业的整体技术开发能力有待提高；部分企业发展出现瓶颈，突破难度大。企业过多注重眼前利益，缺乏系统发展思路，整体素质提高缓慢。

4）产品技术与国际先进水平仍存在一定差距。从世界范围看，干燥设备生产主要集中在四大区域：欧洲、中国、日本、美国。我国干燥设备生产企业在基础理论研究、加工质量、自控水平、实验条件和能力、特殊物料干燥工艺研究，以及设备信息技术化程度、设备数字化设计和加工能力等方面与国外企业仍有一定的差距。国外有更完善的产业链及模式，各干燥设备厂商的物料重点和产品水平也有所不同，针对不同领域的个性化特点突出。

二、行业发展环境分析

（一）企业经营环境

“十三五”期间，我国经济发展的韧性持续显现，化工、生物医药、冶金等行业均保持稳健增长速度。我国干燥设备行业以民营企业为主，国家及各地方出台的系列政策支持中小企业及民营企业的发展，为干燥设备中小企业的发展创造了良好的经营环境。但是，机遇与挑战并存。受新冠肺炎疫情影响，干燥设备相关的上游配套行业原材料供应紧张或中断，石油、化工、食品、建材等下游行业压缩产能，部分在建和拟建新项目停止建设，给干燥设备行业的市场开拓和营销带来一定的阻力，特别是中小型干燥设备生产企业面临着严峻的考验。

《中华人民共和国国民经济和社会发展第十四个五年发展规划和2035年远景发展目标纲要》明确了“十四五”我国经济发展目标。随着制造强国战略的推进，实施制造业降本减负行动，构建现代能源体系，促进民营经济高质量发展，这些政策措施将为干燥设备企业“十四五”时期的发展提供广阔空间。

（二）重点技术趋势与市场需求

1. 重点产品技术发展趋势

1）流化床干燥机。流化床式干燥设备按操作条件可分为间接、直接换热两大类；按结构划分，有单层、多层、卧式多室脉冲、锥形以及喷动、振动和惰性载体等多种形式，型号有50多种。设备的高效节能环保、大型化是今后的发展方向。

2）回转圆筒干燥机。根据干燥介质与物料之间的给热方式，回转圆筒干燥机可以分为直接传热、间接传热和复式传热三种形式。干燥介质与湿物料之间有三种流向：并流、逆流、并流和逆流联合。利用辐射热或气流对撞提高干燥速率，间接换热、大型化和轻型化是回转圆筒干燥机的发展方向。

3）带式干燥机。带式干燥机是成批生产用的连续式干燥设备，用于透气性较好的片状、条状、颗粒状物料的干燥，对于脱水蔬菜、催化剂、中药饮片等含水率高而物料温度不允许高的物料尤为合适。连续运行真空干燥设备开发是今后的主要任务。

4）喷雾干燥机。喷雾干燥机主要有离心喷雾干燥机、压力喷雾干燥机、气流喷雾干燥机等机型，以离心喷雾型和压力喷雾型居多，型号有30多种。喷雾干燥技术是干燥领域发展最快、应用范围最广的一种干燥方式。新型喷雾干燥机（如脉动燃烧喷雾干燥机）及拓宽应用领域（如高黏度物料干燥）是其发展方向。

5）气流干燥机。气流干燥机主要有直管气流干燥机、旋风气流干燥机、脉冲气流干燥机等近40种机型，广泛用于散状物料的干燥单元操作。对于块状、膏糊状及泥状物料，改善设备内物料的流动状况，强化和改善干燥过程是今后的发展方向。

6）桨叶干燥机。该类干燥机以蒸汽、热水或导热油为加热介质，轴端装有热介质导入导出的旋转接头。加热介质分为两路，分别进入干燥机壳体夹套和桨叶轴内腔，将器身和桨叶轴同时加热，以传导加热的方式对物料进行加热干燥。桨叶干燥机有空心桨叶式、桨叶耙式等10余种型号，大型、节能设备的开发和设备轻型化是今后的主要任务。

7）粮食干燥机。该类干燥机主要为谷物移动床式干燥设备，包括混流、横流、顺流、顺混流、顺逆流、组合以及批式循环等形式的机型。节能环保智能型粮食干燥机为其发展方向。

8）真空冷冻干燥设备。该类冷冻设备包括小型冻干箱、周期性冻干机和大型连续冻干机等。主要设备是医药类和食品类冻干设备，型号近20种，部分产品出口到国外。真空干燥设备有真空耙式干燥机、双锥回转真空干燥机、真空干燥机，用于制药、化工、食品等行业，有20多个机型。在确保产品质量的同时，提高能效、降低成本和其他技术组合为其今后发展方向。

9）微波干燥设备。该类设备包括箱式微波干燥机、隧道式微波干燥机、平板式微波干燥机等，有 20 多种型号，主要用于食品、医药行业的干燥灭菌和化工、冶金、电子、陶瓷等行业的微波干燥。大型、节能设备的开发是今后的主要任务。

10）组合干燥技术。组合干燥更容易节约能源和保证产品质量，操作更灵活，因此被广泛应用。常用的组合干燥有气流－流化床干燥系统、转筒－振动流化床干燥系统、双级气流干燥系统、桨叶－闪蒸干燥系统、喷雾－带式干燥系统等十几种组合干燥方式。今后发展的主要目标是开发新型组合干燥工艺及现有工艺的节能优化。

11）制药造粒包衣设备。该类设备主要有喷雾干燥制粒机、一步制粒机、高效沸腾制粒机，以小型制药设备为主，机型有 20 多种，部分产品已出口到国外。设备大型化、专业化为其发展方向。

12）热泵干燥系统。以热泵为主要热源的干燥系统，主要应用在粮食、木材等领域。提高能源利用效率和向工业领域发展为其发展方向。

2. 重点应用领域需求

1）化工。化工是干燥设备应用最广的领域，动态干燥、间接换热式大型干燥装备在化工行业需求巨大。目前国内大部分石化和化工行业的生产线干燥单元设备陈旧、耗能大、效率低、污染重，迫切需要改造升级，对大型、节能、高效干燥设备需求旺盛，市场潜力巨大。伴随着企业技术改造，新技术、新材料、新工艺、新装备升级加快，落后产能不断淘汰，先进的节能、环保技术和装备将得到更多应用，这将推动大型、节能高效干燥设备在石化和化工行业的应用。可以预期，自主创新能力强、大型化与自动化控制程度高、节能效果显著的新型成套干燥设备需求将不断加大。

2）石化。石化装备中的干燥设备投资大、技术含量高、耗能高，干燥技术装备水平提升对石化产业发展具有强大的拉动作用。近年来，我国石化领域重大技术装备研制和国产化取得了重大进展，一批干燥设备产品走出国门，千万吨级炼油、百万吨级乙烯、百万吨级 PTA（精对苯二甲酸）等大型装置配套的关键设备已接近或达到国际先进水平，改变了我国石化大型干燥装置完全依赖进口的现状。石化行业干燥装备将向着大型化、高效化、节能环保方向发展。

3）煤炭深加工。从煤炭在我国能源战略体系中的定位看，优质煤炭必须优先满足电力生产需要，高硫煤、褐煤用于煤化工产业更加经济，将使产品具有更高的附加值、更高的利用价值。由于褐煤的煤化程度最低，其化学反应活性比较好，且无粘结性，这些决定了它十分适宜进行就地综合加工和利用，因此，褐煤加工是煤化工技术发展的重要内容。随着对环境要求越来越高，直接燃烧褐煤将产生大量污染气体，如果将褐煤加工成液体或气体燃料，可以有效地解决燃煤污染的问题，并提高褐煤的综合利用效率。随着煤化工技术日趋成熟，褐煤干燥在煤化工应用中具有很大的优势，相应的干燥设备也具有广阔的市场发展空间。

4）冶金。该行业需要高效节能的精矿粉干燥煅烧技术和设备以及煤调湿技术和设备，重点解决我国冶金行业余热利用方面存在的问题。干燥技术和设备可广泛应用于铜、镍、铁、钛、钨、稀土等金属的冶炼加工过程。随着冶金工业的快速发展，干燥设备的需求日益扩大。从目前技术水平看，年产 20 万 t 的铁矿粉干燥煅烧成套技术与设备需要投入 2 000 万元，年产 100 万 t 焦炭炼焦煤调湿（干燥）技术与设备需要投入 3 000 万元，年产 14 万 t 的炼钢污泥资源化处理成套技术与设备需要投入 400 万元，年产 150 万 t 的铜精粉干燥煅烧成套技术与设备需投入 5 000 万元，因此，冶金行业干燥设备市场需求巨大。

5）城市污泥、垃圾处理。我国污水处理厂污泥产生的环境污染问题日益突出，已造成极大的安全隐患、环境压力和经济负担。污泥干燥焚烧是今后我国污泥处理处置的方向。用于污泥处理的焚烧炉主要是流化床焚烧炉，采用焚烧后余热干燥污泥，体现出较好的经济效益。

目前我国污水处理厂每年排放的湿污泥量约为 3 000 万 t，且以每年 10% 以上的速度增长。目前年处理 10 万 t 的湿污泥干化焚烧成套技术与设备需要投入400万元，污泥干化焚烧成套设备市场空间较大。

6）医药。在医药行业，我国干燥造粒设备已能自主生产，基本满足了制药行业的要求。在我国药品冷冻干燥领域，较大型的制药厂都有冻干设备。该行业需求方向是：在保证产品质量的前提下，提高冻干设备效率，缩短干燥时间，节约能源。

7）食品。近年来，新开发的食品干燥用设备有喷射泵式真空冻干设备、真空油炸果蔬脆片设备、氮气干燥器、太阳能成套干燥设备、微波真空干燥机、振动流化床干燥机及热泵干燥机等。热泵和太阳能干燥是近年来应用到食品干燥中的节能新技术，连续冷冻干燥是发展趋势。

8）粮食。我国年产粮食超过5亿t，按“十四五”时期机械烘干率达到10%推算，每年需满足5 000万t粮食的烘干。生产粮食干燥机的小型民营企业多，单纯仿造多，自主创新少。目前传统的塔式干燥设备占主流，但能耗高，干燥产品品质有待提高，真空干燥等技术发展空间大。

9）木材。我国是家具生产大国，也是家具出口大国，国内销售也在逐年增长，木材干燥工业发展潜力很大，木材干燥设备的市场需求较大。从总体上看，我国木材干燥设备的水平与国际先进水平差距不大，多数干燥设备的设计水平已经接近或达到国际水平。

三、“十四五”行业发展思路与目标

（一）行业发展思路

按照国民经济发展规划要求，牢固树立和贯彻落实“创新、协调、绿色、开放、共享”的新发展理念，紧紧把握产业变革重大机遇，培育发展新动能，构建现代干燥设备生产体系。提升创新能力，坚持走高效环保的绿色干燥发展道路；大力推进全行业的技术改造与自主创新，努力实现核心技术、关键技术和基础技术的新突破；扎实推进节能减排与生态环保工作，大力发展节能减排的新流程、新工艺和新产品，着力提高全行业节能减排的技术水平；大力开发为“三农”服务的新产品，推广农副产品加工与可再生能源综合利用相结合的先进技术；大力发展外向型经济，着力打造有自主知识产权的干燥产业知名品牌；积极为国民经济建设服务，推动我国干燥设备产业向数字化、服务型制造方向发展，保持持续稳定发展态势。

（二）行业发展目标

到2025年，干燥设备行业主要实现以下目标：

产业规模持续壮大，满足经济社会各行业发展需要。行业年产值超过120亿元，带动相关行业产业增加值1 000亿元，并在更广泛领域形成大批跨界融合的新增长点，平均每年带动新增就业人员10万人。

创新能力和竞争力明显提高，形成干燥产业发展新高地。攻克一批关键核心技术，建成一批重大产业技术创新平台，产业创新能力跻身世界前列，在若干重要领域形成先发优势，产品质量明显提升。

产业结构进一步优化，形成产业新体系。培育一批原创能力强、具有国际影响力和品牌美誉度的行业排头兵企业。中高端干燥装备比重大幅提升，支撑产业迈向中高端水平。以干燥装备为核心，打造多个特色鲜明、创新能力强的产业集群。

国际化水平进一步提高。形成一批具有全球影响力和主导地位的创新型领军企业。干燥装备出口规模较“十三五”提高30%以上。

建立并完善干燥设备行业标准化体系。以干燥装备结构优化及标准化、能效提高为核心，大力发展团体标准，形成国家标准、行业标准、团体标准相互补充的干燥设备行业标准体系，规范行业的发展。

四、“十四五”行业发展重点

（一）行业发展的重点任务

1.加强基础技术和共性技术研发

鼓励通过产学研结合，企业和院校、科研院所合作承担国家级、省部级及各地市科研课题，围绕绿色节能、智能干燥及特殊物料的干燥，开展干燥基础技术和共性技术研发，开发出数值模拟干燥模型，突破先进干燥技术装备的理论和共性技术的瓶颈，建立理想的符合实际干燥过程的数学模型，解决共性干燥技术问题，为推进先进干燥技术产业化提供指导。

2. 促进技术研发平台建设

鼓励干燥设备企业及研究单位申报国家级、省部级及各地市企业技术中心、工程实验室、工程技术研究中心、创新中心、院士工作站等技术研发平台，特别要加强实验条件平台建设，开展干燥设备分会“中国干燥业重点实验室”认证工作，“十四五”时期培育 15 个干燥设备行业重点实验室，为干燥设备行业的快速发展提供支撑。

3. 调整产业结构，完善产业链水平

推动干燥设备企业产品升级换代，推动干燥设备向高端装备方向发展，提高行业竞争力。我国化工、石化、电力、冶金、环保、建材等行业的持续发展将带动干燥设备需求的稳定增长，同时这些行业的产业结构调整和升级换代将拉动大型化、先进节能干燥技术与设备的需求增长，也将催生一系列新的干燥设备细分市场。推动干燥设备企业充分抓住市场机遇，向上下游产业链延伸，形成产业规模和整体竞争力；推动干燥设备企业在细分行业做大做强，做细分行业的“隐形冠军”。

4. 推动机制创新，加强人才培养

推动干燥设备企业采用现代化管理手段，提高企业管理水平。采用股权、期权等奖励方式，创新运行机制，留住人才，用好人才，推动干燥设备行业整体管理水平提高。

加强干燥设备行业技术人员的交流、引进与培训工作，加快培养带动行业发展的高素质高技能人才，争取在 2025 年之前，使我国半数以上的干燥设备企业拥有以大学本科毕业生为主的研发队伍。选择 10 家重点企业，建成一批专业对口、配备合理、具有较强自主研发能力的科技型人才队伍。

5. 提高行业标准化水平

“十三五”期间，中国通用机械工业协会干燥设备分会组织制定了干燥机能效等级系列团体标准，对干燥设备的节能提出了新的要求，对发展高效节能干燥设备具有促进作用。

“十四五”时期，干燥设备行业进一步大力发展团体标准，促进国家标准、行业标准、团体标准的协调发展，为规范行业发展提供完善的标准化体系支撑。在现有干燥设备标准的基础上，不断修订、完善干燥设备的综合评值准则，进而尽快制定符合干燥技术发展战略的标准规范，加快干燥设备的升级换代。重点发展干燥设备行业能效标准，提高应用领域的能源利用率。

6. 向绿色制造、智能制造、服务型制造发展

推动干燥设备企业积极申报工信部绿色工厂、绿色设计等示范项目，加强干燥设备系统和互联网 +、人工智能相结合，推动干燥设备行业从制造业向服务业发展，提高技术服务等收入在产值中的占比，实现干燥设备行业向绿色制造、智能制造、服务型制造发展。

（二）重点发展的技术和产品

1. 重点共性基础技术

1）组合智能型高效环保干燥设备与干燥系统。在物料的不同干燥阶段采用不同的智能型干燥装置，发展多种干燥设备组合技术，已成为当前国际干燥技术发展的主流趋势。我国干燥设备行业应以市场需求较大的化工、石化、电力、食品、粮食、木材、医药等行业为重点，进一步总结完善国内已有技术，并与国外先进技术相结合，逐步定型一批高效低污染的组合智能型成套装置。采取各种有力措施，加快淘汰高耗能、高污染的落后产品，在 2025 年之前，使各种集成化成套装备成为我国干燥设备行业的主流产品。

2）干燥过程节能技术。提高能源利用效率，以降低一次能源的消耗，提高单位能耗的产值，实现过程节能、系统节能和单元设备节能的技术提升。

3）应用可再生能源替代化石能源的干燥技术。大力开发利用太阳能、风能和生物质能等可再生

能源替代煤炭、石油和天然气等化石资源是我国的基本国策。在太阳能与热泵联合干燥木材方面已取得显著效果，需要在更大范围内推广。风能利用投资较少，技术相对成熟，利用风能为热风干燥系统提供动力和风源，是一种有推广前景的技术措施。生物质气化需要进一步提高技术含量和实行规模化工业生产，用生物质燃料为干燥系统提供热源具有广阔的应用前景。目前这方面的技术刚刚起步，应加紧开发。

4）特殊物料及高附加值物料干燥技术。研究开发针对剧毒物料、高温聚合反应物料、黏稠物料、易燃易爆物料、低熔点物料等特殊物料的特殊干燥技术。许多新型材料具有产品质量不稳定、干燥过程控制严格、材料附加值高的特点，需要开发新的干燥技术（如超微粉的制备干燥、纳米材料的干燥、高纯度粉体的干燥等）来满足这些新型材料的干燥要求。

5）干燥过程先进控制技术。干燥过程是典型的多变量、大惯性、高度非线性复杂系统，需深入研究干燥过程中的物料内部热质传递规律，建立干燥过程的智能模型，形成与干燥设备配套的实时、在线控制系统，实现干燥过程的自动控制。

6）低温过热蒸汽干燥技术。开发适用于低温过热蒸汽干燥余热回收技术与装置以及 MVR 干燥机，实现过热蒸汽干燥 /MVR+ 蒸汽利用等先进干燥技术。

7）低温吸附干燥技术。低温吸附干燥技术是一种集冷冻除湿和吸附干燥为一体的新型非热力干燥技术，具有低能耗、环境友好的优势，是目前发展势头较好的一种干燥技术，拟大力推广。

8）高温热泵干燥技术。开发供热温度为 80～100℃的高温热泵干燥系统，满足粮食、木材、化工等行业特定物料干燥的需要，提高热泵干燥的经济性。

9）超声波预干燥技术。重点研究超声波预干燥技术的原理，通过对不同物料的超声波干燥试验研究，建立超声波预干燥的规律，了解超声波对水分扩散系数的影响。

10）真空远红外线干燥技术。研究如何选择合适的参数，设计适合特定物料的真空远红外线干燥装置及工艺，并优化真空远红外线干燥工艺。

11）薄层干燥技术。在干燥模型基础上，开发针对农产品、水产品、中药等物料的薄层干燥先进技术。

2. 重点领域关键技术

（1）石油和化工领域关键技术。

1）干燥单元过程节能与装备新技术。重点发展大型动态间接换热干燥装备及高效节能换热设备，开发石油化工干燥、尾气利用减排技术与装置，研究干燥系统先进自控技术。

2）分子筛干燥 - 焙烧系统工程优化与综合节能技术。重点发展分子筛生产中干燥 - 焙烧节能技术及相关减排技术。

3）绿色环保型干燥技术。针对无机盐等物料尾气粉尘回收量大的特点，采用特殊除尘设备，推广环保型干燥系统，减少粉尘的污染，提高产品得率。

4）精细化工产品绿色节能干燥技术。重点研究染料先进绿色节能干燥技术开发及产业化。

（2）生物及医药领域关键技术。

1）新型功能糖（醇）干燥单元新工艺、新技术。针对功能糖（低聚木糖、木糖醇等）研究开发新技术、新工艺、新设备，使产品源于自然、回归自然，达到节能减排、绿色循环的目的。

2）低聚果糖带式干燥技术。主要研究推广低聚果糖真空带式干燥技术。

3）中药材提取、干燥新技术。利用热泵技术开发中药材提取、干燥新工艺。

4）农药干燥新技术。主要研究农药加工助剂、填料和产成品精准干燥、绿色干燥新工艺、新技术，开发专用干燥设备。

5）全自动真空冷冻干燥成套技术。开发推广符合 GMP 要求的全自动上料成套医用真空冷冻成套干燥技术。

（3）食品领域关键技术。

1）果蔬真空微波冷冻干燥技术。重点研究真空干燥技术、微波干燥技术和冷冻干燥技术对干制蔬菜品质的影响，开发组合干燥技术、连续式冷冻干燥技术及薄膜干燥技术等。

2）食品加工干燥关键技术。开发食品加工浓缩干燥、造粒关键技术与装备，促进其产业化。

（4）建材领域关键技术。

1）工业副产石膏综合利用重点技术。研究对工业副产石膏进行烘干、煅烧的先进工艺及大型成套装备。

2）粉煤灰的资源化处理技术。开发粉煤灰处理技术与资源化利用新工艺。

3）陶瓷制品干燥新工艺。开发新型干燥工艺，提高陶瓷制品的产成率。

（5）环保及新材料领域关键技术。

1）污泥低成本减量化关键技术。改进、完善污泥干化、焚烧装置，实现关键技术的突破。

2）锂电池材料真空干燥技术。采用真空干燥技术，开发锂电池材料真空干燥新工艺。

3）城市生活垃圾干燥技术。主要发展热解前城市生活垃圾干燥技术，提高垃圾热解的效率。

（6）煤炭领域关键技术。

1）低阶煤干燥提质成套工艺。进行低阶煤多效过热蒸汽干燥和乏气绝热洗涤的工艺集成研究，开发低阶煤干燥提质成套工艺。

2）煤气化渣干燥技术。开发高效、运行费用适中的煤气化渣干燥工艺路线和装置系统，并推进其工业化进程。

3）煤泥干燥技术。开发推广先进的煤泥回转干燥技术。

（7）木材及林产化工产品领域关键技术。

1）木材干燥先进技术。研究开发大型、智能型高精准干燥技术，重点研究开发蒸汽－热泵联合干燥技术、微波－真空干燥技术及太阳能－热泵等高效节能的木材干燥技术。研究木材干燥的节能减排技术、余热回收利用等。

2）林产化工产品生产及干燥成套技术。开发生产及干燥装置，如分离、水解、干燥装置等。

（8）粮食领域关键技术。

1）大型粮食真空低温连续干燥技术的开发。通过对设备的优化设计，实现真空低温连续干燥装置的稳定运行。

2）粮食（谷物等）低温热泵干燥技术的开发。将热泵干燥技术与可再生能源、蓄热技术、智能控制技术等结合起来，实现谷物的连续干燥。

3. 行业重点发展产品

1）研发动态干燥、间接换热式智能型干燥装备，能源利用率达到 80% 以上。

2）研发高黏、热敏性等特殊物料和锂电池等高附加值新兴材料的干燥装备。

3）研发高效低污染的新型粮食与农林产品干燥成套装置，能源利用率提高 5% 以上，实现尾气零排放。

4）研发综合利用太阳能、生物质能等可再生能源，工业余热、余能与废弃物的干燥系统及其设备，实现资源的循环利用。

5）应用一批先进的干燥节能配套设备，如换热器、热泵、脉动燃烧器与其他清洁燃烧热风炉等，系统能源利用率提高 5% 以上。

6）开发新型干燥设备，如脉动燃烧干燥机、对撞／辐射组合干燥机、低压过热蒸汽干燥设备、低温连续真空干燥设备等，能源利用率达到 70% 以上。

7）开发脉动燃烧干燥装置。主要研制脉动燃烧流化床干燥、脉动燃烧喷雾干燥、脉动燃烧转筒干燥等装置，优化工艺参数，实现脉动装置的工业化利用。

8）开发气体射流干燥装置。主要开发新型气体射流冲击干燥装置，实现工业化应用。

9）开发接触吸附干燥装置。研制、改进无热再生吸附式干燥装置和微波再生吸附式干燥装置，实现工业化应用。

10）开发新型喷雾干燥装置。主要开发推广喷雾冷冻干燥、过热蒸汽喷雾干燥、纳米喷雾干燥装置，能源利用率达到 70% 以上。

11）开发真空低温连续干燥装置。开发推广包括带式干燥机在内的节能高效、性能稳定的连续真空干燥装置，能源利用率达到 70% 以上。

五、规划的保障措施和建议

（一）充分发挥协会的作用

充分发挥协会在加快经济社会发展、整顿市场秩序、规范企业行为、保护企业合法权益等方面的积极作用。

1）组织多层面、多种形式的行业培训，促进会员企业提高素质、增强创新能力、改革经营管理。

2）组织制定团体标准并开展相关的认定评估等工作，参与行业资质认证，推进行业健康发展。

3）开展新技术和新产品的鉴定及推广工作，促进成果转化应用。

4）建设行业共享服务平台，开展产品展示、质量检测、招商引资、交易会、展销会等服务。

5）开展国内外经济技术交流活动，加强行业的国际交流与发展。

（二）提升行业质量的重点措施

1）引导企业更新理念，走专业化路线，在细分行业做大做强。

2）建立完善的干燥设备行业标准体系。

3）鼓励企业开展产学研合作，与科研院所、大专院校合作建设科研成果转化基地。

4）以国际知名干燥设备企业为标杆，找出差距，制订发展目标和计划。

5）促进干燥设备企业技术创新，加强行业重点实验室建设，推进更多干燥设备企业科技成果技术鉴定，加强成果转化应用。

6）鼓励干燥设备企业使用先进的 PLM（产品生命周期管理）系统，提升企业现代化管理水平。

7）加强行业交流合作，推动干燥设备企业发展。

8）推动干燥设备企业向服务型制造发展，提升技术服务的能力。

〔供稿单位：中国通用机械工业协会干燥设备分会〕

减变速机行业“十四五”发展规划

前言

减变速机是动力和运动的传递机构，是实现变速、变矩、变向和控制转换的机械装置，在原动机与执行机构之间起匹配转速和传递转矩的作用。减变速机应用领域广泛，从关系到国计民生的交通工具、冶金、建材、航空、航天、电力、石油、化工、工程机械、机器人、新能源、电子，到贴近人们日常生活的手机、智能家居、钟表，从大功率的传输，到小负荷、精确角度的运动传递，减变速机都是不可或缺的传动装置。我国减变速机行业经过几十年的发展，已形成较为完整的产业体系，产品基本能够满足国民经济各领域的需求。

“十四五”时期是我国全面建成小康社会、实现第一个百年奋斗目标之后，乘势而上开启全面建设社会主义现代化国家新征程、向第二个百年目标进军的第一个五年，也是减变速机行业全面贯彻落实“创新、协调、绿色、开放、共享”新发展理念、推进行业高质量发展的关键机遇期。

本规划根据《中共中央关于制定国民经济和社会发展第十四个五年规划和二〇三五年远景目标的建议》，总结减变速机行业发展现状及“十三五”行业发展取得的成绩，分析行业发展中存在的问题和“十四五”行业发展面临的形势与市场环境，提出“十四五”行业发展思路与目标、发展重点、保障措施和建议。本规划不含汽车齿轮箱的内容。规划期为 2021—2025 年。

一、“十三五”行业发展取得的成绩

“十三五”期间，减变速机行业呈现了稳步发展态势。行业技术创新取得显著成果，产品质量稳步提高，配套能力大幅提升，产业制造基础水平不断升级，国际竞争力显著增强，行业发展迈上了新台阶。目前行业规模以上企业 800 余家，拥有资产总额近 2 000 亿元，实现销售收入 1 500 多亿元、出口交货值 100 多亿元。

（一）自主创新能力显著提升

“十三五”期间，行业企业转变增长方式，坚持创新驱动、质量为先、绿色发展理念，发扬工匠精神，苦练内功，通过关键技术研发和制造工艺升级，有效提升了减变速机的性能指标水平和产品质量，满足了市场的各类需求。

1. 产品技术研发取得多项成果

“十三五”期间，减变速机行业持续开展技术攻关和工艺改进，在齿形设计、产品轻量化、材料热处理、系统装配、装置密封、综合性能提升、大型和高效产品研发等方面取得了一系列的研究成果。

在齿轮齿形研究方面，提出长齿廓齿形理论并在行业中推广应用。通过加大齿廓长度，使啮合线长度提高 20% ～ 30%，接触承载能力提高 20%、弯曲承载能力提高 10%，并减轻了振动，降低了噪声。

在产品轻量化研究方面，提出多模块串联传动结构创新设计，减轻了整机重量，提高了承载能力，并减轻了振动，降低了噪声。研制出 LH-GZ 系列高接触比重载减速机，使桥式起重机轻量化减速器功率密度在 JB/T 10817 标准型谱基础上提升了 20%，并形成 200t 以下桥式起重机轻量化减速器系列型谱。

在热处理工艺方面，针对传统淬火技术中大型齿轮 / 齿圈淬火不均匀、畸变率高，易出现齿尖过热烧熔、齿根未硬化或者硬化层深不足等问题，发明了零件整体淬火自动旋转装置。通过零件自身安装角度和装置旋转频率的双重控制，解决了零件淬火冷却的均匀性以及零件在淬火过程中的旋转与移动问题，为大齿轮零件及圈类零件的变形控制提供了有力的保障。研发出的水空交替淬火冷却（ATQ）绿色热处理技术，有效规避了合金钢水淬的质量风险，降低了大型齿轮 / 齿圈淬火开裂风险。与传统油淬相比，该技术具有节能环保、质量分散度低、自动化程度高等突出优势。

在优化装配技术方面，研发出可调齿轮箱的拆卸工装，增加安全性能，提升工作效率，同时还降低了生产制造装配成本及售后费用。采用二级平行轴分流双输出人字齿轮消隙分流齿轮传动结构，解决了高精度（角度或位置）齿轮传动应用市场需求，节约了制造成本，装配调整方便，可靠性高，易于批量生产。研制出面向大型齿轮传动的行星包对齿装置，通过液压扩孔装置控制行星轮与行星轮轴连接状态，应用超声、红外等检测装置对行星齿轮进行检测调整，简单又高效，实现了高精度对齿，对齿误差控制在 0.03mm 以内，对齿精度达到国际领先水平。

在密封技术研究方面，研制出应用于压延机的新型减速机轴端免维护密封结构。采用锥面密封结构，使得动元件与静止元件之间不直接接触，几乎没有磨损，密封效果显著。研制出搅拌用减速机输出轴双空间密封装置，其高速部分采用润滑油，低速输出轴承采用不易渗漏的耐高温润滑脂，从而实现减速机减速比大、占用空间小、使用寿命长、不易漏油，且易维修，起到除尘防污作用。

在提升产品综合性能方面，研制出减速机圆锥滚子轴承，可连续微调结构，解决了减速机长期使用导致齿轮与齿轮间间隙过大、接触不良、容易损坏的问题。

在大型产品应用方面，研制出石油领域变速降距专用双行星减速机、铸轧机固废用行星减速机以及 4 200 ～ 6 900mm 矩形顶管机减速机。研制的全电驱动注塑机的减速机最大输出扭矩可达50 000N・m，最高输入转速可达2 000r/min，传动效率≥95%，噪声≤79dB，振动速度≤2mm/s。

在智能高效产品研发方面，研制出大功率智能高效模块化齿轮箱，功率为130～10 515kW，输出扭矩为500～2 900kN・m，单级传动效率≥98.5%，噪声≤80dB，振动速度＜5mm/s，具有智能化监控模块，处于国际先进水平。

2. 重点领域配套能力增强

“十三五”期间，减变速机行业研制出一批高端重大装备配套传动装置，涉及轨道交通、风力发电、冶金矿山、海工装备以及起重机械等多个领域。“十三五”期间，减变速机行业获得国家科技进步奖二等奖2项，获得中国机械工业科学技术奖特等奖1项、一等奖3项、二等奖4项、三等奖5项。

（1）轨道交通领域。中车戚墅堰机车车辆工艺研究所有限公司围绕中长期发展规划开展了系列攻关，实现了齿轮传动系统的里程碑式突破，针对时速350km/h、250km/h、160km/h“复兴号”中国标准动车组，突破技术壁垒，全面完成齿轮传动系统、基础制动装置、车钩缓冲系统、踏面清扫装置、风缸制动模块等动车组关键零部件的自主研发和产业化，填补了国内空白，新造市场占有率达到95%以上，打破了长期以来高铁列车齿轮传动系统依赖进口的局面，并推动全行业的技术进步。研制出时速350km/h“复兴号”中国标准动车组齿轮传动系统，现已在轨道交通装备领域应用1万余台，其性能处于国际领先水平；研制的100%低地板轻轨车辆齿轮传动系统传动效率处于国际领先水平，现已在轨道交通装备领域应用300余台；“高铁列车用高可靠性齿轮传动系统”项目获得2016年中国机械工业科学技术奖一等奖、2017年国家科技进步奖二等奖。

（2）风力发电领域。风力发电在全球清洁能源市场占据重要地位，但大兆瓦风电齿轮箱制造技术长期被国外企业垄断。减变速机行业企业与有关单位通过产-学-研-用联合攻关，面向产业化应用，解决大兆瓦齿轮箱振动噪声、抗疲劳制造和密封润滑等重点、难点科学问题。现已试制了5MW、6MW和8MW风电齿轮箱，示范装机总数30余台，并朝着批量化目标迈进；研制搭建了16MW工业验证平台，接近国际先进水平，可用于10兆瓦级风电齿轮箱对拖等试验，完全满足大兆瓦风电齿轮箱制造批量化所需要的工业性试验，为国内大兆瓦齿轮箱研制及批量制造奠定了基础。目前，我国已经完全具备了自主设计制造兆瓦级风电齿轮箱的能力，产品总体技术处于国际先进水平。目前可批量制造1.5～10MW的多种兆瓦级系列化风电行星齿轮箱产品，可适应高低温、低风速、高海拔、海上及其他特殊工况环境，国内装机的风电齿轮箱国产化率已达80%以上、国际市场占有率达30%以上。

（3）冶金矿山领域。研发出新一代大型煤矿智能化刮板输送机用行星减速器，运行功率可达200～1 500kW，运行温升＜60℃，运行噪声＜90dB，单级效率≥98.5%，整机效率＞95%，产品达到国际先进水平，并形成产业化，已实现市场应用300余台；自主研发了大型矿山智能化带式输送机高端减速器，形成了30个规格的ML系列模块化大型减速机；研制了5 000m^3超大型高炉炉顶水冷齿轮箱、350t转炉倾动齿轮箱、520t铸造起重机齿轮箱、475mm厚度直弧形板坯连铸机齿轮箱、1 350mm开坯轧机及大型宽带（2 250mm）连续热轧机、冷连轧机齿轮箱；研制了220～290t矿用自卸车用轮边减速器，应用于矿山机械14台；研制出世界上最大的75m^3矿山挖掘机推压、提升、行走和回转四大齿轮传动系统。

（4）海工装备领域。自主开发了400ft（1ft=0.304 8m）自升式钻井平台升降系统，处于国际先进水平。2016年12月26日实施下水，成为国家海工新名片，为海洋平台齿轮传动装置的设计、制造提供了有效的理论基础和技术手段，协助企业实现关键部件国产化，全面提升了海工装备的自主设计制造水平。

（5）起重机械领域。开发了轻量化桥式起重机减速器，完成5种典型样机设计制造及型式试验，完成200t以下桥式起重机轻量化减速器工业示范应用，技术达到国内先进水平，市场应用2 000余台；研制了基于点线啮合技术的起重机专用硬齿面减速机，已应用220台；研制出DXH点线啮合高强度减速机，达到国内先进水平；研制了冶金起重机用减速机，起重量为200～320t；研发了高性能塔式起重机起升机构专用减速机，最大输出扭矩为16 000N·m，最高输入转速为2 800r/min，传动效率≥95.5%，噪声≤78dB，振动速度≤2mm/s，各项性能指标达到国际先进水平。

3.适应新兴领域市场的快速发展

“十三五”期间，机器人减速器技术取得重大突破，市场发展良好，国产工业机器人、服务机器人、特种机器人减速器市场份额持续增加。谐波减速器的品牌影响力和市场份额均有较大的提升；国产摆线针轮减速器（RV减速器）的发展虽比国际品牌相对滞后，但浙江双环传动机械股份有限公司、秦川机床工具集团股份公司、宁波中大力德智能传动股份有限公司、南通振康机械有限公司、江苏泰隆减速机股份有限公司等企业的相关技术均取得了较快的发展，产品已得到市场应用。

近年来，微型减速器市场应用快速增长。“十三五”后期，国内微型减变速机制造企业发展迅猛，已形成系列化产品。研制了直径38mm以下的系列化行星齿轮减速器，其中3.4mm微型减速器采用0.065mm微小模数齿轮，是目前世界上批量化生产的最小直径微型齿轮减速器，应用于全面屏智能手机。“十三五”期间，深圳市兆威机电股份有限公司、北京工业大学等单位实现了微小齿轮金属粉末注射成型（MIM）核心技术突破，实现了微小齿轮的高质、高效、巨量制造；研发了确保微型传动系统高性能、高一致性、高效制造的成套技术，实现了微型传动系统的高质、高效、大批量生产；已形成9个标准系列产品和200余种非标产品，覆盖了通信、医疗器械、手机、汽车、智能家居、机器人行业；用于基站天线、智能手机、服务机器人、微创手术刀、EPB等智能设备上，带动了相关产业的技术突破，为智能装备提供了技术支撑。

（二）智能化水平逐步提高

“十三五”期间，随着工业数字化的推进，减变速机行业持续加大技术改造和自主创新研发投入，借助先进的信息化工具，提升产品设计能力和技术含量。行业广泛应用了SAP技术、CAD技术、CAE技术、CAPP技术、成组技术、产品数据管理（PDM）系统、APS系统以及整体集成的CIMS系统，综合运用数据采集与集成应用、建模分析与优化等技术，构建企业级工业互联网平台，实现企业内部制造系统、产品和资产全流程优化，打造从商机、合同、研发设计到生产制造、后市场服务的全生命周期管理新模式，行业信息化、数字化与智能化水平逐年提升。

重点实施的项目如下：

落实高速动车组齿轮传动系统工程化实施项目，建成高速动车组齿轮传动系统智能设计、智能制造、智能运营模块的智能装配车间，实现产品研制周期与能源利用率大幅提升。

建成年产35万台减速机智能制造工厂，实现每台减速机的智能制造和智能监测运维，产品交付周期由30天缩短至1周。采用精益生产系统、APS系统、超级BOM系统、WMS系统、MES系统，解决了产品品种多、规格型号多、单件小批量的问题，提高了生产效率。

建成自动化装配车间，并对原有设备进行数字化改造，将原有试验台、加工设备等进行数字化控制系统改造升级，实现生产制造信息化各类应用软件及经营管理各模块互联互通，形成企业生产、经营管理全过程监控。

建成恒温、恒湿智能设计制造能力10万台/年机器人关节用精密减速器生产基地。

建成多个现代化仓储立体库，实现出入库无人化管理。

（三）标准化体系进一步完善

随着团体标准法律地位的确立，行业的标准化体系进一步完善。“十三五”期间，共制修订减变速机专业及相关齿轮标准 61 项，其中，国家标准 15 项、行业标准 43 项、地方标准 1 项、团体标准 2 项。截至 2020 年 9 月，减变速机专业及相关齿轮标准共有 253 项，其中，国家标准 89 项、行业标准 161 项、地方标准 1 项、团体标准 2 项。

二、“十三五”行业发展中存在的问题

1. 基础与共性技术研究薄弱

在产业基础能力，关键基础材料、基础工艺、基础技术、基础软件等方面存在薄弱环节。

2. 产业集中度不高，缺乏具有国际影响力的知名品牌

我国减变速机行业已形成比较完整的产业链，但中小企业多，产业集中度不高。由于企业规模小、品牌知名度不够、市场议价能力较弱，导致无法获得合理的利润空间，缺乏持续健康发展的动力，制约了行业的发展。

3. 产品结构矛盾突出

我国已成为减变速机制造大国，但非强国，供求结构性矛盾依然十分突出。中低端产品同质化严重，产能过剩，高端产品供给不足。高端减变速机品牌知名度不够，竞争力还不强。

4. 行业人才缺乏

减变速机行业人才短缺矛盾比较突出，主要表现在：

机电一体化人才、技术开发人才短缺严重，企业用人难、用人贵，留人更难，行业人才的激励机制有待完善。

由于行业技术工人（如工艺人才、数控机床操作人员等）水平相对较弱、待遇低，严重制约了行业的发展。

人才培养难度大、周期长，中小规模企业的人才培养环境和机制相对缺乏，而行业的优质企业较少，导致人才能够获得培养的机会较少。

三、“十四五”行业面临的发展环境

（一）宏观经济环境

从国际环境看，世界政治经济环境复杂多变，发达国家严格限制涉及高科技产品的贸易和技术转移，发达国家制造业回流，新型市场国家以低成本优势吸引全球跨国公司投资等，都给减变速机行业发展带来了新的挑战和不确定性。

从国内环境看，随着我国“十四五”规划和 2035 年远景目标发布，“碳达峰、碳中和”目标承诺，加快形成以国内大循环为主体、国内国际双循环相互促进的新发展格局的提出，国家发布了一系列的政策措施，提出强化科技创新体系能力，解决关键领域存在的问题；着力增强自主创新能力，实现关键核心技术自主可控，把握创新主动权、发展主动权；深化国企改革，加大对民营企业的支持力度。减变速机行业借助国家良好的制度优势、政策红利及巨大的市场优势，“十四五”将是行业发展新的机遇期。

（二）市场需求环境

“十四五”时期，从服务领域看，石油、化工、冶金、煤炭、矿山、建材、电力等传统市场的产业升级，环保、节能改造，信息化、数字化、智能化升级改造等，将为减变速机行业带来稳定的市场结构性需求。工程机械用传动装置将保持平稳增长态势。智能制造、机器人应用、生产自动化、新能源结构调整、人民生活消费等新型市场领域将有很大的发展空间。

1. 传统产业升级，释放存量市场

“十四五”时期，钢铁行业发展的两大主攻方向是绿色化和智能化，我国将全面推动钢铁行业超低排放，这将给减变速机行业带来新的市场需求。随着钢铁行业进一步重组、产业升级，以及 3 亿 t 产能装备水平的提升和改造，都会为减变速机行业带来更多的市场。如宝武盐城精品钢基地、广西桂鑫钢铁 1 000 万 t 钢铁生产基地、河北津西防城港绿色高效智能化型钢生产基地、梧州千万吨冶金新材料（钢铁）基地、山东临沂临港精品钢基地、河北邢台钢铁厂搬迁、云南玉昆钢铁产能置换升级改造项目、云南德胜钢铁有限公司钒钛金属生态产业园项目、广东南方东海钢铁有限公司云浮精品钢基地、方大集团达州钢铁环保搬迁项目等重点钢铁项目都会拉动减变速机的

市场需求。

“十四五”时期，石化产业结构调整，大型炼化一体化装备建设及节能改造等都对减速机有新的需求。其配套的减变速机发展趋势是：全自动变负荷，减少产品放散率，尽量减少人工操作，应用互联网技术逐步建立远程监控体系等。

“十四五”时期，冶金、矿山及建材工业将加快转型升级发展，对减速器的高效、节能环保、自动化和智能化提出新的需求，对减变速机的市场需求起到一定的拉动作用。综合来看，高效、安全的矿山开采设备配套减变速机将成为高需求的市场目标，预计每百万吨矿山开采量的减速机投入成本下降 5% 左右，效率提升 20%，市场价格或将以稳为主、窄幅调整，市场需求提升 10% 左右。

“十四五”时期，工程机械行业对减变速机将会有稳定的需求。据中国工程机械工业协会预测，2025 年工程机械全行业将实现营业收入 9 000 亿元，年均增长 5% 以上。工程机械行业的稳定发展将为减变速机带来较好的市场空间，减变速机有望与主机保持同比增长，促进产品可靠性、耐久性达到或接近国际先进水平。

2. 通过能源结构调整，优化市场结构

围绕聚焦“碳达峰、碳中和”的目标，我国能源结构将进行较大调整，一次能源结构中新型清洁能源占比将不断增加，风电、光伏、核电等领域的发展都会给减变速机带来新的增量市场。

“十四五”时期，国家能源集团下达的新能源新增总装机任务约 1.2 亿 kW。“十三五”期间，我国风电产能年均增速 15% 以上，“十四五”或未来更长时间，风电在全球也仍将具有较大的发展空间，预计全球风电年均新增装机 5 000 万 kW 以上，按单台风机功率 5MW 计算，每年预期新增 10 000 台风电齿轮箱。

3. 通过开辟新兴领域，创造增量市场

（1）机器人精密减速器。从当前市场来看，国产谐波减速器已得到大量市场应用。但是，国产机器人摆线精密行星减速器发展相对缓慢，国产厂商中尚无综合优势较为突出的品牌，70% 以上的市场份额均为外资品牌。“十四五”时期，工业机器人用减速器市场需求年均增长 10% ～ 15%。随着国产减速器技术水平和质量性能的提升，将获得更多的市场份额，国产化率将进一步提升。

（2）医疗、工业自动化领域微小型减速器。“十三五”期间，国内微小型减速器制造企业发展迅猛，已初步形成了自己的产品系列。微小型减速器大量采用工程塑料、金属粉末等新材料，与传统机加工齿轮相比，具有生产效率高、批量大、成本低的优势，2019 年市场销售总额达 30 亿元。随着精密医疗、工业自动化、机器人等领域微小型减速器的市场需求规模进一步扩大，针对高可靠性、长寿命的定制化产品和高端市场中的微小型减速器产品需求将持续增加。“十四五”时期，微小型减速器的市场规模将增长一倍，预期年均增长 15% 以上。

四、“十四五”行业发展思路及目标

（一）发展思路

贯彻落实“创新、协调、绿色、开放、共享”新发展理念，坚持以市场为导向，坚持以科技创新驱动行业高质量发展，持续强基础、锻长板、补短板、攻高端，满足国家重点工程和国民经济各领域的需要，开启减变速机行业效益提高和核心竞争力提升的发展新阶段。

（二）发展目标

1. 产业规模保持适度增长

“十四五”时期，减变速机行业保持每年 4% 的增长速度，产业集中度进一步提高，龙头企业进一步做强，全行业形成产值 100 亿元以上的企业 1 ～ 2 家、产值 50 亿～ 100 亿元的企业 2 ～ 3 家、产值 20 亿～ 50 亿元的企业 5 ～ 8 家。不断拓展国内和国际市场，推动企业国际化发展进程，到 2025 年，力争培育 3 ～ 5 个国际知名品牌。

2. 产业结构进一步优化升级

“十四五”时期，以服务于“碳达峰、碳达标”为目标，引导并激励企业进行产业技术升级，提升通用类减变速机产品的生产效率与技术指标，搭建高水平的实验和测试平台；倡导有能力、负责任的企业带动行业产业链的发展，细化行业分工，优化行业结构，提高产业集中度，提升发展质量。

3. 产品技术水平进一步提高

到 2025 年，减变速机行业整体水平大幅提升，创新能力显著增强，质量效益明显提高，发展潜力进一步增强。在减变速机关键零部件材料、工艺、设计、制造、装配、检测与监测、基础数据与共性技术研发方面取得全面进步，行业总体技术实力进一步增强，重点产品技术指标达到甚至超过国际先进水平，攻克高端短板，满足完善国家重点装备产业链的需求。“十四五”典型领域技术指标预期值见表 1。

表 1 “十四五”典型领域技术指标预期值

序号	具体技术	技术指标	应用领域
1	高线速度齿轮传动技术	节圆线速度≥ 110m/s，共振点处动应力水平降低≥ 50%，单级传动效率≥ 98.5%	航空、大型石化、高速透平机
2	小模数精密传动技术	使役环境温度≥ 200℃，低温≤ -50℃，抗辐射≥ 1 000mSv/h	航空、激光武器、下一代空间站、极地装备等
3	精密重载行星齿轮传动技术	扭矩密度≥ 170N • m/kg，齿轮 / 齿圈热处理变形量≤ 0.8mm/1 000mm，可靠度≥ 99%，对齿误差控制≤ 0.03mm	大型采掘装备、8MW 及以上风电装备、工程机械装备
4	超高强度齿轮抗疲劳精密加工技术	齿轮加工精度不低于 4 级，残余压应力≥ 800MPa，表面粗糙度≤ 0.3μm，疲劳寿命提升≥ 30%	航空、大型海上风电装备

4. 工业数字化水平进一步提升

到 2025 年，数字化水平力争迈上新台阶。行业中有 5 家以上企业实现全自动生产线，30% 以上的企业在设计、生产、制造、经营管理网络上实现互联互通。

5. 行业标准化水平上新台阶

加大标准化投入，加强行业标准的制修订工作，制修订国家标准 5 ～ 10 项、行业标准与团体标准 10 ～ 20 项；加强标准的宣传贯彻与推广应用，充分发挥标准对行业发展的推动作用；加强对国外标准的转化工作，尤其是对其基础数据的实验验证，使行业标准化水平上一个新台阶。

五、“十四五”行业发展重点

（一）重点任务

1. 加大技术平台与人才建设投入

（1）构建行业公共技术研发平台。在中国通用机械工业协会减变速机分会的统一协调下，充分挖掘和利用各会员单位及政府的资源优势，依托相关政策支持，构建减变速机行业研发、孵化、检测、验证、中试、定型一条龙的公共服务链，建立服务平台，实现信息、技术、仪器设备以及大数据的共享。

（2）推进行业人才队伍体系建设。发挥协会作用，加强行业资源整合，联合相关高校、科研院所，共同建设行业专业技术人才培养教育体系，针对减变速机设计、制造、测试、选型、技术支持等方面的内容，采取长期教学与短期培训相结合的教学模式，为行业培养专业技术人才；建立开展行业工程技术人才专业技术职务任职资格的评价工作，打通专业技术职务资格评价的行业通道；推动企业完善人才吸引、人才培养的激励机制，促进企业人才资源转化为企业人才资本。

2. 优化行业结构，营造良好的市场环境

推动减变速机行业的产业结构调整和资源整合，优化配置生产要素，细化行业分工，营造友商环境，促进产业链协同发展，培育一批“专、精、特、新”的优质企业，打造一股引领减变速机行业由大到强的中坚力量，形成一条降低制造成本、提高产业效率、提升产品质量的质量效益型发展之路。

3. 培育国际化企业，提升国际竞争力

发挥行业龙头企业的技术优势，培育一批具有科技竞争力的大型企业，形成具有国际竞争力的品牌，依托国家“一带一路”倡议，鼓励企业“走出去”，增强行业在国际市场的影响力。

4. 以智能制造为抓手，促进行业全面发展

（1）提升企业管理水平。通过智能制造推进产品技术提升，满足市场需求变化；将新一代信息通信技术与企业的先进制造技术深度融合，贯穿于设计、供应、生产、管理等各个环节，从而有效实现节能减排、降本增效、提高企业核心竞争力，实现企业管理水平的提升。

（2）提升企业数字化水平。推动企业建设自动化装配车间、自动化物流仓库，对已有试验台、加工设备等进行数字化控制系统改造升级，提升企业生产过程的数字化水平，以智能制造技术再造生产流程，变革传统管理模式，构建新的经营发展路径。

（3）提升产品数字化水平。利用数字化技术，从产品定位、设计、建造全流程管理出发，对产品材料采购、工程管理等重要环节重塑建造价值链模式，强化企业科技化水平和管理能力，提高产品数字化设计、制造水平，提升资源利用效率。

（4）提升产品质量水平。智能制造背景之下影响产品质量的因素更为复杂、多元，产品生产者需要充分考虑各类影响因素，了解影响产品质量的相关环节，通过智能制造手段和技术的充分应用来实现产品质量的有效提升。以系列化、模块化、标准化为基础，发展高功率密度、高承载、低功耗、低振动、低噪声的减变速机产品，提升国产化通用类产品的质量和市场占有率。

（二）重点发展技术

1. 特殊与极端环境下传动系统设计理论与方法

研发高线速度齿轮传动系统创新设计理论与方法；研发精密传动副侧隙调控、磨损量补偿、无侧隙啮合等基础理论与方法；研究基于纯滚动构件的零回差高功率密度精密传动装置的设计理论与方法；研发高功率密度、低振动噪声、长寿命、高可靠齿轮传动装置；研发传动效率高、承载能力强、工艺性强的新型传动技术。

2. 抗疲劳制造技术与基础数据

研发高强度、轻量化齿轮传动系统材料与关键工艺；研发基于表面完整性的齿轮疲劳性能分析方法、高性能齿轮高表面完整性加工机理与工艺；研究啮合传动副使役特性与性态演变规律，探索高端齿轮啮合振动、胶合、疲劳寿命与齿轮宏观 / 微观参数、润滑、材料、加工制造等的耦合演变机制；研发运行工况参数与服役性能退化作用机制、服役后期传动系统性能保障与提升方法；研发机器人摆线精密行星减速器核心零件精细化调控和抗疲劳制造技术。

3. 机 - 电 - 控集成一体化技术

研发精密化、轻量化、高速化、智能化的机 - 电 - 控一体化动力驱动单元或系统，满足变速变载要求，具备高度集成、高效率、智能调控、智能诊断等智能化特征；研发多源驱动 / 传动与控制技术，满足小型化、冗余驱动的使用要求；研发高参数动力传动系统服役性能退化规律及故障诊断方法；研发基于数字孪生的监测诊断方法及传动系统健康监测系统。

4. 高效高精度制造技术

研究高强度材料及热处理、齿轮高硬度表面高效切削/磨削加工技术；研发高性能齿轮刀具设计与制造技术，针对齿轮刀具环保干切化、硬质合金化、规格超大化的需求，开展高性能齿轮刀具设计技术、齿轮刀具表面涂层技术、齿轮刀具热处理技术的研究；研发超高速磨削加工技术与智能装备；研究超高速磨削齿轮材料去除机理、磨削过程虚拟仿真技术、砂轮快速修整技术和超高速砂轮技术等。

5. 智能化监控技术

研发复杂载荷下减变速机健康状态智能感知与多源异构信息融合技术；研发融合大数据和性能演变模型的减变速机自诊断和寿命预测技术。

（三）重点发展产品

1. 透平机高速重载齿轮箱

重点发展 30 ～ 65MW 单级平行轴齿轮箱，用于鼓风机、离心压缩机和轴流风机等；研发 50 ～ 85MW 燃气轮机驱动的大型液化天然气压缩机的齿轮箱；研发 8MW 以上空分装置用空压机整体齿轮箱、120 万 t/a 以上 PTA 装置用空压机整体齿轮箱；重点发展 20MW 及以上的单级高速离心鼓风机、组装型整体离心式压缩机、组装型整体（离心）泵机组等氢能源、地热新能源装备用配套高速齿轮箱。

2. 大型/超大型风电齿轮箱

重点发展 8MW 及以上风电增速齿轮箱，用于大型 / 超大型海上风电装备核心传动部件的国产化。传动系统扭矩密度≥ 170N • m/kg，系统可靠度≥ 99%，设计寿命为 25 年。

3. 大型工程机械用减速器

重点发展挖掘机行星减速器、大吨位矿用自卸车电动行星减速器、盾构机行星减速器、节能环保型高承载工程机械减速器。用于 50 吨级及以上大型挖掘机、2 000 吨级全地面起重机、10m 以上直径泥水盾构机、100t 及以上矿用自卸车等，平均故障间隔时间（MTBF）≥ 25 000h，系统传动效率≥ 90%。

4. 工业机器人减速器

重点发展高传动比、高效率、低噪声的工业机器人减速器产品，以及智能化、高可靠、长寿命机器人关节减速器；装置精度及回差≤ 10″；传动比≥ 100；传动效率≥ 90%；承载扭矩密度≥ 280N • m/kg。

5. 微小型减速器

重点发展直径 50mm 以下的微小型减速器，集成有感知和控制能力的微小型齿轮减速器产品，实现微小型减速器的电流、位置、转速、转矩等参数的实时反馈；开发≤ 0.1° 回程差渐开线齿轮传动产品，满足具有一定定位精度要求的传动需求；研制具有较高传动效率的微小型减速器产品，0.2mm 以上模数渐开线行星减速器的单级传动效率≥ 90%，1.0mm 以下模数蜗杆传动的传动效率≥ 70%。

（四）重点发展标准

1. 机 - 电 - 控一体化技术标准

大力推进机 - 电 - 控一体化产品标准化建设。推动机 - 电 - 控一体化向微型化和大型化两个方向发展，其中大型化主要是针对重型装备用驱动 + 传动 + 控制一体化产品。

2. 伺服减变速机标准

伺服减变速机具有传动平稳、噪声低、刚性高、背隙小等优点，驱动源适用于交流伺服电动机、直流伺服电动机、步进电动机、液压马达的增速与减速传动，具有广泛的发展和应用前景。但伺服减变速机目前尚未形成行业标准或国家标准，该减变速机将作为“十四五”标准规划的一个重点内容。

3. 能效标准

能效是减变速机行业全面发展的重要问题，也是核心技术突破和产业结构升级的落脚点。目前尚缺乏关于减变速机能效的行业标准或国家标准，减变速机能效标准的制定势在必行。

六、保障措施和政策建议

（一）加大政府对行业创新发展的支持力度

建议政府相关部门加大在企业创新上的政策和资金支持；国家投资项目优先采用国产化设备，更大力度支持首台（套）依托工程和示范项目。

（二）营造行业良好的经营环境

开展行业诚信宣传引导，开展行业自律公约约束；引导、协助企业优化产业结构，细化行业分工，营造友商环境，形成产业链协同发展，避免恶性竞争，创造行业可持续发展的良好经营环境。

（三）发挥行业协会的作用

发挥行业协会的资源协调作用，充分利用行业资源、政府资源的优势，依托国家相关政策，推进减变速机行业技术服务平台和产业链资源平台的建设。通过大力发展团体标准，促进行业先进技术推广应用，提升产品质量水平，提升行业整体素质与发展水平。

〔供稿单位：中国通用机械工业协会减变速机分会〕

分离机械行业“十四五”发展规划

前言

分离机械是装备制造业的重要组成部分，广泛应用于环保、制药、石油、化工、食品、矿山、电子、纺织、轻工、造船、新材料、新能源、海水淡化等领域，从几十万吨城市污水处理厂污泥脱水到微米乃至纳米颗粒的分离，分离机械都占据着不可或缺的重要地位。

《分离机械行业“十四五”发展规划》提出了“十四五”行业发展的思路与目标，是行业未来五年发展的指导性文件。规划期为 2021—2025 年。

一、行业总体水平与发展现状

随着我国国民经济和社会的高速发展，分离机械行业也得到了快速发展，产业规模迅速壮大，应用领域不断拓展。除部分高精尖设备，满足特殊领域、特殊环境情况要求以及大型、特大型的设备仍需进口外，目前我国生产的分离机械基本满足了国内市场的需求。

据统计，我国分离机械专业生产企业有几百家，以小型民营企业为主。行业内多数重点骨干企业是中国通用机械工业协会分离机械分会的会员单位，其中景津环保股份有限公司是行业中规模最大的企业，其主导产品压滤机的产销量在行业名列前茅。

2020 年，据分离机械分会统计，64 家重点会员企业离心机产量为 14 098 台，同比增长 5.5%；离心机产值为 329 105 万元，同比增长 2.8%。压滤机产量为 25 598 台，同比增长 16.4%；压滤机产值为 827 327 万元，同比增长 3.3%。

随着国家经济结构不断调整优化，绿色发展及碳减排指标量化，特别是碳中和远景目标的提出，为分离机械行业发展带来了良好的契机，行业总体处于稳步发展态势。

过滤机作为矿山、冶金、化工、环保、电厂脱硫石膏、医药化工和食品等领域生产的核心设备之一，其大型化技术攻关迅速，过滤机单台面积显著提升，有力地推动了国内电厂脱硫、钾盐钾肥、分子筛、尾矿干排、污水处理等主要行业的产业化进程。此外，面向我国水资源、新能源、传统工业技术改造等方面的重大需求，国内膜领域也取得长足进步，建立了具有中国特色的膜材料设计与制备的理论框架，形成了一系列具有自主知识产权、性能先进的膜材料与膜应用技术体系，为我国环境保护、节能减排与传统产业升级改造做出了重要贡献。

二、“十三五”行业发展取得的成绩

（一）行业科技创新取得快速发展

“十三五”期间，分离机械行业企业面对产业“创新驱动”的新常态，结合企业转型升级、技术创新和持续发展的要求，进一步优化产品结构，提高核心竞争力，并积极拓展新的服务领域。根据国内外分离机械发展经验和现状，不断深化和完善创新体系建设。围绕分离机械行业在国内多领域的“卡脖子”问题，企业发挥自身优势，联合科研院所和高校，开发了具有关键技术的多种先进分离设备，并实现了技术转化和工业化应用，取得了一大批科技创新成果。据分离机械分会不完全统计，“十三五”期间共完成 250 多项科技成果和新产品开发项目，较“十三五”初期有较大幅度增长。

离心机是分离机械行业的主导产品。各制造企业加大了研发力度，先后开发出多种适销对路的离心机产品，如虹吸刮刀卸料离心机、D 系列螺旋卸料沉降离心机、KSDR213SJ-03 分离机、

LW500×2000-NC 卧式螺旋离心机、HR1250 推料离心机、LW650-NB 高速卧式螺旋离心机、LWS650-NB 三相高速卧式螺旋离心机、GK800-NZ 密闭防爆特种刮刀卸料离心机等一批具有核心竞争力的产品。

压滤机技术研发得到了快速发展，行业企业自主研发了高压污泥压干机、重力浓缩机、U 型混合器、HDZP-320 等特大型转台真空过滤机、HDZP-240 半水磷酸专用转台真空过滤机、HDJD-120 滑台式橡胶带式过滤机、HDLY-180 立式全自动压滤机、HDWY-600 超能卧式压滤机、超大型 DU 带式真空过滤机、大型整体式带式过滤机、全密闭加压移动盘式真空过滤机、大型 HVPF 立式全自动压滤机、TC 精密陶瓷过滤机等产品。

在污水处理、污泥处理、城市垃圾处理、工业废弃物处理等集成处理技术和成套设备开发研制方面取得了快速发展，在旋流器、萃取技术产品研发等方面均取得可喜进展。

（二）行业产品出口逐年增加

随着我国相关技术水平的不断提升，每年进口的分离机械产品正逐年减少，而分离机械的出口逐年增加。我国生产的隔膜压滤机、旋流分离器已经批量出口到美国、澳大利亚、日本等国家和欧洲地区。景津环保股份有限公司现已成为全球最大的压滤机生产厂商，威海市海王旋流器有限公司现已成为全球前三位的旋流器生产厂商之一，核工业烟台同兴实业集团有限公司已成为全球大型 DU 带式过滤机生产厂商。

据分离机械分会不完全统计，2020 年，64 家重点会员企业产品出口额达到 6.39 亿元。其中，5 家企业出口额达到 5 000 万元以上，5 家企业出口额为 1 000 万～ 4 000 万元。

（三）企业改革取得丰硕成果

“十三五”期间，为进一步优化企业的资本配置，加强科技创新和转型升级，提升企业市场竞争力，分离机械行业一些主要企业在机构改革、兼并重组、结构调整和转型升级方面进行了有益的尝试。

（1）国有企业混合所有制改革取得进展。重庆江北机械有限责任公司与江苏赛德力制药机械制造有限公司进行了股权重组，2016 年 1 月顺利完成混合所有制改革，两家公司共同搭建国内离心机行业最高端的研发平台，合力打造国家级研发中心。

（2）股份制改革取得新成绩，部分企业经股份制改造挂牌上市，获得新的发展机遇。

（3）企业通过内部改革获得新发展。核工业烟台同兴实业集团有限公司根据发展需要，将核工业同兴滤机事业部、烟台桑尼核星环保有限公司、湖州核汇机械有限公司、烟台同兴过滤科技有限公司整合成立过滤分离业务板块，为主营产品做大做强走出新路。

（四）企业技术改造快速发展

企业实施技术改造、转型升级是促进企业快速发展的重要途径。据分离机械分会不完全统计，2019—2020 年，分离机械行业完成重点企业技术改造项目 70 多项。这些改造项目使分离机械行业的竞争实力得到进一步提高。

（五）行业信息化管理上新水平

企业信息化管理的精髓是信息集成，其核心要素是数据平台的建设和数据的深度挖掘利用。通过信息管理系统，将企业的设计、采购、生产、制造、财务、营销、经营、管理等各个环节集成起来，共享信息和资源，有效支撑企业的决策系统，达到降低库存、提高生产效能和质量、快速应变的目的，增强企业的市场竞争力。目前，ERP、OA、CRM、BI、PLM 等系统都已经成为分离机械企业在管理信息化过程中不可或缺的应用系统，其中 ERP 系统正在向高度整合的全程管理信息化迈进。

（六）人才培养得到企业充分重视

行业内不少企业除加大企业内部人才培训力度外，还依托高校和科研单位进行产学研合作，或开展企业间的强强联合，提升人力资源战略支撑能力，在打造研发高地的同时，锻炼和培养企业的高效能人才队伍。企业注重解决发展过程中人才数量不足及人才结构不合理的问题，侧重高层次、高水平研发人员的培养，着力完善各专业人才梯队的建设，形成符合成才规律的人才培养机制，做到青年人才培养计划全员覆盖。通过举办技术、管理、操作等各种培训班，使企业职工整体技术管理和技能水平得到了普遍提高。

（七）行业团体标准工作稳定展开

分离机械分会标准化工作委员会成立于 2017 年 9 月，主要负责分离机械行业团体标准制修订以及相关的标准化工作。依据团体标准制修订的先进性原则，分离机械分会标准化工作委员会组织制定了参数指标要求高于行业标准的《螺旋卸料沉降离心机》《厢式和板框式压滤机》与《厢式和板框式压滤机　滤板》团体标准。其中，《螺旋卸料沉降离心机》团体标准已发布，《厢式和板框式压滤机》与《厢式和板框式压滤机　滤板》团体标准已通过中国通用机械工业协会审定，待发布。开展团体标准《离心机设计制造安全评价规范》的制定工作，目前尚无相应的国家标准或行业标准，该团体标准的制定，将为离心机产品的安全认证提供技术依据和支撑。

（八）行业产业链建设不断完善

近年来，随着我国分离机械技术的不断进步，分离机械行业的产业链也得到了不断完善。

（1）与卧式螺旋沉降离心机高端产品配套的离心铸造转鼓已基本成熟，并有部分产品出口到欧洲，与国外厂商的产品配套。

（2）各种耐腐蚀抗磨损的新材料不断得到应用，使我国分离机械产品的应用领域得到拓展，产品可靠性及性能参数得以提高。

（3）摆线针轮差速器和渐开线行星齿轮差速器的性能和可靠性得到很大提高。

（4）离心机制造企业生产的液力差速器已能够满足自我配套需求。离心机减振装置的橡胶减振垫已由阻尼减振器取代，提高了减振效果和离心机技术水平。

（5）通过配套企业的自我研发或分离机械制造企业的技术引进，各种过滤介质（滤网、滤带、滤布等）的精度及性能得到提高，新型材料的过滤介质得以不断应用。但一些特殊工况用分离机械产品的配套件仍难以满足工艺要求，尚需进一步攻关解决。

三、行业发展中存在的主要问题

（一）产品技术与国际先进水平存在较大差距

1. 基础研究方面

国外分离机械行业比较重视基础理论研究，以基础理论指导应用开发，使理论与应用得到较好的结合，研制出高性能层次的产品。同时，国外注重分离机械开发和工程应用研究。相比而言，国内分离机械行业的基础研究是明显的短板，重点体现在以下几方面：离心分离、过滤及压榨机理的研究；预增浓、旋液分离技术开发研究；絮凝和凝聚技术的开发研究；新型过滤介质的开发研究；针对新能源的开发研制难度较大的分离技术研究；具有多种功能的过滤介质的研究开发及应用；将过滤与分离技术作为一个跨学科、多学科交叉的技术进行研究。

2. 规格大型化方面

目前，国外分离机械产品的技术参数普遍高于国内产品，并继续向高参数方向发展。国外同规格产品参数高、容量大，其处理能力和分离效率普遍高于我国的产品。例如，国外企业生产的螺旋卸料离心机，分离因数高达 7 000，转鼓直径已达 2.1m，长径比为 5，处理能力超过 200m^3/h，功率为 450kW；碟式分离机线速度可达 170m/s 以上，转鼓直径为 1 000mm，处理能力为 300m^3/h，功率为 200kW；转鼓真空过滤机过滤面积达 120m^2 以上；厢式压滤机规格超过 2.5m×2.5m，过滤面积超过 1 800m^2；活塞推料离心机直径超过 1 200mm，推料次数为 60 ～ 80 次 /min，最高可达 100 次 /min 以上；管式分离机分离因数达 100 000 以上。

3. 功能集成化方面

国外分离机械采用复合式结构的较多，派生品种和系列较多，可以满足不同场合的需要，并加快了更新换代速度，提高了市场应变能力。通过将多种功能集中于一种机器上，满足各种工艺要求。尤以转鼓结构多样化和分离、过滤推动力多样化最为突出，如将重力沉降与真空吸滤或压榨过滤相结合，将液体压力与机械压力相结合，既提高了分离推动力，又使结构紧凑，增大了处理能力，并且达到节能和提高过滤分离效率的目的。此外，将转鼓和螺旋分段设计和安装，既可根据需要增减长度和长径比，又可改变螺旋升角，改变固相在转鼓中的停留时间，变化输料能力。在功能设计方面，根据不同用户、不同要求，在基本型（或标准型）基础上增减配件，满足用户需要，因而加快了产品更新换代。

4. 品种多样化方面

国外分离机械制造厂商大多不仅生产一种机型，而是生产多种过滤与分离设备。如德国 BHS 公司的产品有筒式过滤机、加压盘式过滤机、芬达过滤机、带式压滤机、压榨机、转鼓加压过滤机及带式真空过滤机等；Andritz 公司除生产带式压滤机外，还生产浓缩机和螺旋卸料离心机等。但国内分离机理和应用技术研究相对落后，产品品种发展较慢，品种、规格还较少，仍不能完全满足国内市场的需要。

5. 外观美学化方面

国外企业十分注重产品的艺术造型，工业品正向工业艺术品发展，产品的外观布局、各部件的比例功能定位都很协调。国内分离机械产品通常体积大、质量大，产品的外观美学性难以达到国外同类产品的水平。

6. 产品质量可靠性方面

我国分离机械产品的上游配套件和材料水平还不能完全满足产品质量需要。国外企业生产的齿轮寿命可达 20 000h，轴承寿命可达 30 000h，而国内企业生产的齿轮和轴承的设计寿命仅为 5 000h。国内分离机械产品的质量可靠性与国外先进水平相比还存在一定差距。

7. 自动控制水平方面

国外分离机械机电一体化、智能化水平提高很快，可根据使用需要，配备智能化监测和监控，并实现故障诊断与预警。螺旋卸料离心机除运行时的温度、转速、振动、噪声、润滑、压力等自动显示、记录，报警，自动停车或连锁控制外，还能根据进料量、浓度、分离质量的变化，自动调整进料压力、进料量以及转速和扭矩。碟式分离机可以将进料量和分离质量的变化反馈给控制系统，以调整进料量和排渣周期。而目前国内的产品与国外产品还有一定的差距。

此外，近年来企业间的低价无序竞争助推个别企业通过降低质量标准提升产能，造成产品在可靠性、功能性、稳定性等方面存在缺陷，在很大程度上影响了我国分离机械行业的声誉。

（二）制约行业发展的主要问题

“十三五”期间，我国分离机械行业取得了较为可观的进步，但目前我国分离机械产品的技术水平、质量可靠性与世界先进水平仍存在一定差距，行业发展还面临诸多问题。

1. 产业结构不合理

分离机械行业长期存在部分高技术含量的关键设备、成套设备和关键技术（如生产过程控制模型、液压控制系统、传动装置制造技术与信息定位/信息控制技术）设计和制造能力不足的问题，如大型密闭加压螺旋卸料离心机、大型碟式分离机和三级活塞推料离心机等大型高端产品发展水平不高。而三足式离心机和板框厢式压滤机等技术含量不高的一般技术性能产品能力过剩，在国内市场形成恶性竞争。

2. 科技开发资金投入不足

受到各种因素的制约，行业不少企业缺乏足够的科研投入，难以拥有产品关键核心技术，行业整体技术水平还不能完全满足市场需要，在许多重点工程或成套项目中，大型成套或工艺连续性、可靠性和性能参数要求高的部分产品仍依赖于国外进口。部分采用国外技术和国外采购配套件的产品还存在知识产权问题。

3. 人才短缺，企业技术创新后劲不足

企业普遍存在人才短缺的矛盾，特别是缺乏

学科带头人和技术骨干。同时，企业科研环境和条件不足，不利于调动科研人员的积极性和创造性，对国际分离机械前沿技术跟踪不够，科技情报信息掌握不足。

4. 行业企业发展呈现两极分化

分离机械行业企业的发展目前正处于两极分化的关键时期。部分企业随着近年来对产品结构的调整和技术创新，产品品种增多，市场进一步拓展，生存空间也相应扩大，企业规模不断扩张，步入良性循环，具有较好的经济效益和发展潜力。而部分企业由于人员流失、资金短缺、产品结构单一，原有市场萎缩，生存空间越来越小，经济效益持续下滑。

5. 行业整体标准化水平不高

经过多年的努力，分离机械行业标准化的覆盖面及质量水平都得到了很大提高，产品标准与国外先进水平的差距也越来越小，甚至有些产品标准的性能指标已达到国际同期先进水平，对行业技术进步和产品升级换代起到了良好的引导作用。但行业整体标准化水平仍有待提高，部分标准还处于空白，不能满足产品创新发展的需求；标准的贯彻执行力度还不够，还缺乏认证类标准等。

6. 行业合作与资源共享不够

行业企业之间竞争多于合作、专享大于共享的问题长期存在，行业资源配置对行业发展的促进作用得不到充分发挥。这个深层次问题在目前的经济结构下还难以得到根本解决。

四、“十四五”行业发展趋势及机遇

（一）行业技术发展趋势

分离机械是专用性、针对性很强的通用机械，不同的物料、不同的工艺条件、不同的分离要求需采用不同品种、不同规格、不同操作参数、不同过滤介质和不同控制机理的有机匹配，才能使物料达到理想的分离目的。因此，物料和工艺要求的多样化决定了产品规格的多样化。

目前印度等一些发展中国家与国外企业合作，研制了翻袋离心机、立式离心机、厢式压滤机等制作非常精细的分离机械产品。国外产品的技术参数越来越高，产品外观越来越漂亮，功能越来越强大，质量越来越好。而且同类产品的价格已从高出国内产品 8 ～ 10 倍下降到目前的 2 ～ 3 倍，甚至更低。因此，我国分离机械产品如不通过提高技术含量和质量来缩小与国外产品水平的差距，将面临淘汰的风险。

新时期国内外经济发展环境对分离机械行业提出了全新的要求，产品开发应拓宽思路，需具有创新性；产品要技术含量高、性能参数高、分离精度高；提高自动控制水平，实现智能化操作；重视并提高设备的可靠性；适应不同条件，实现个性化应用；提高产品外观质量。

1. 分离对象

分离技术从过去单纯研究牛顿流体发展到所处理的物料几乎都是非牛顿流体。一些难过滤物料由于相应技术的进步而变得更难过滤，体现在高可压缩性、高黏性和高分散性。例如，黏度可高达 150 ～ 180Pa • S，分散性从 1/1 000 级发展到 1/1 000 000 级，而且是十分细小的微米级颗粒甚至更小。与此同时，固相颗粒处理范围已经大大拓宽了分离领域，如选矿物料粒径从大于 100mm（水煤浆）到微米级（石油钻井液），无机盐和颜料的分离粒径平均为 0.01 ～ 1.0 μ m，炭黑的分离粒径为 0.01 ～ 0.3 μ m，钛白粉的分离粒径为 0.2 ～ 0.3 μ m。

2. 分离精度

对分离技术所能提供的分离要求将更高、更严，如在制药、乳制品、食品和生物化工领域，要求同时达到分离、灭菌、脱脂、脱色等。而在生物细胞培养液的分离中，微生物、动植物细胞或碎片等占 20%，其形状、大小不同，在悬浮液中的行为与状态也不一样。这会促使分离技术和相关装备向高精度、高准确性方面发展。

3. 研究领域

随着新技术、新材料的发展，分离机械的研究领域将更加宽广，在下述领域的研究将日益突出。

（1）颗粒表面结构、颗粒行为及其利用，如不均一性、相互作用、表面自由能、润湿性、表面的改性等，在固液两相分离中的应用（机械、化学、物理的改性）。

（2）工业悬浮液的液体动力学，如在搅拌、输送及其临界状态、系统设计。

（3）流变学在改变工业悬浮液性质中的应用。

（4）聚团动力学及在絮凝、凝聚及高分散、微细颗粒分离中的应用。

（5）具有复合作用的新型过滤介质的研究开发。

（6）纳米及高黏度过滤技术。

（7）多相物料的分离，如多种形状的固相分离，硬颗粒、软固体、胶状物、不定形固相、超微细颗粒以及上述几种固相物料同时并存的液固两相分离。

（8）萃取技术和设备研究。

（9）膜分离技术及设备研究。

（10）集成工艺技术（包括固液分离过程的上、下游工艺及过滤分离集成工艺技术）的开发。

4. 产品技术短板

具体包括以下内容：产品大型化；产品智能化及远程监控；港口、船舶污水/废油处理和油水分离；分离机械效率的提升和节能；离心机专用差速器研制。

5. 产品发展目标

我国分离机械行业将围绕化工、能源建设、冶金、矿山、交通和原材料加工等基础工业，重点发展高技术产品，如立卧式密闭沉降螺旋卸料离心机（包括开式），高参数双级活塞推料离心机（包括柱锥转鼓），大规格厢式过滤机、带式过滤机（包括胶带过滤机）、转鼓真空过滤机、翻斗和转台真空过滤机、虹吸刮刀离心机、净油机。同时，还要大力发展轻工、船舶、纺织、制药、商业、卫生、生物工程、环保、建材和乡镇企业等所需要的量大面广的厢式及板框（塑料）压滤机、碟式分离机、平板式下卸料离心机、上悬式离心机、离心力卸料离心机、管式分离机、密闭加压叶滤机、旋叶压滤机、筒式过滤机及膜滤装置等产品。

（二）行业结构及企业重组趋势

在市场导向和利益驱动下，分离机械行业将逐渐向提高产业集中度的方向发展。一些国外著名的生产分离机械的跨国公司将其他公司并购到旗下，或到印度等第三世界国家开办合资企业。未来将会出现两种类型公司并存的局面，一类是跨国公司，规模大、品种齐全，技术服务完善，其市场的核心将是工业领域内一些大行业、大工程项目。另一类是生产特殊的分离机械产品的小型公司，其需求量有限，主要为区域性市场提供设备。近年来国内也逐步显现这样的趋势。

（三）行业市场发展预测

1. 能源领域

（1）煤电领域。我国的电力工业每年以 10% 左右的经济增长速度增长，预计 2025 年装机容量达 15 亿 kW，其中水电装机容量将达到 5 亿 kW。近两年，国家大力推动煤改气、煤改电工程，以期推动能源结构的改变。但是，除中心城市以外，大型燃煤发电机组的运行仍然没有得到根本的改变，因此，在能源生产中，分离机械仍有很大的市场。

（2）煤的深加工领域。煤的洗选、气化、液化、焦化以及电石乙炔制作等均需要使用分离机械。目前我国拥有各种类型的选煤厂 350 多家，年处理能力在 4.5 亿 t 以上，对分离机械产品的需求较大。

目前对浮选精煤的脱水普遍采用圆盘真空过滤机，由于真空推动力小，故产品水分较高，急需新型脱水设备。近年来，国外开发的脱水性能优良的沉降过滤复合型螺旋离心机和连续加压过滤机已在选煤厂和其他选矿厂获得广泛应用。在我国，迫切需要对选煤用的真空过滤机进行更新换代，因此，连续加压过滤机和复合型螺旋离心机等新型分离机械产品的市场前景广阔。

在煤的气化和焦化中产生硫铵、煤焦油等副产品，硫铵的脱水通常需采用活塞推料离心机。煤焦油是一种重要的化工产品，可以提取 20 多种化工原料，为便于进一步利用，要对煤焦油进行除渣和脱水处理。在焦油渣分离和焦油脱水过程中，目前国外广泛采用高速澄清型卧式螺旋卸料沉降离心机。我国宝钢的一期、二期工程引进了日本 NX416-31G 和 NX425RB 两种离心机，其使用效果引起国内焦化行业的广泛重视，迫切要求在我国焦化行业广泛采用新设备和新工艺。

2. 化工领域

化工生产中有大量中间产品和产成品需要过滤、脱水和分离。乙烯是石油化工产品最重要的原料，乙烯制成的产品约占有机合成品的 75%。在乙烯的人工合成以及制成品的生产工艺中使用大量的分离机械。由于石油化工生产工艺的特殊性，需要适用于高温、高压、易燃、易爆环境下的分离机械产品，目前国内生产的分离机械还难以满足这些工艺需求。“十四五”时期，上述分离机械普遍面临设备更新换代，因此急需开发特殊工况条件下使用的分离机械产品。

制碱行业中重碱的脱水、盐碱液分离等，化肥生产中磷石膏的过滤、酸不溶物的分离等，都离不开固液操作，其分离的优劣直接影响产品的质量、产量和收得率。在精细化工产品的生产中，对分离设备的要求更高。近年来开发的虹吸刮刀离心机，微滤、精滤等膜分离设备得到了广泛应用。我国膜分离设备发展时间较短，由于在污水处理等领域的广泛运用，膜分离设备发展迅速。但就膜技术水平来说，与国外先进水平相比还有差距，不能满足快速增长的市场需求，必须加紧开发。

3. 生物工程领域

生物技术发展很快，生物产品的后处理是生物产品加工中的一个关键环节。分离生物制品的提纯费用通常占产品生产成本的 50% ～ 60%，有的基因产品的提纯费用约占产品生产成本的 80%。

生物产品的分离技术包括动物细胞、昆虫细胞、细胞碎片的分离和回收，蛋白质分离，疫苗的生产，发酵液和菌丝体的分离，以及发酵产品的提取和精制等。在国外，生物产品的分离除采用常规的沉淀法、吸附法、离子交换法、萃取法等之外，又开发了具有节能和高分离性能的超滤、纳滤、反渗析、电渗析、凝胶过滤、凝胶电脉、离子交换层析、亲和层析、区带离心分离等新型分离技术，开发了大容量的离心机、分离机、多管过滤器、超滤和反渗析装置、离心萃取机、离心薄膜浓缩机、微波干燥器等高效分离设备。在我国，目前采用的多为絮凝、过滤、沉降、萃取、膜分离、层析、电脉、蒸发、结晶、干燥、蒸馏等常规技术和设备，在分离提纯工艺和设备方面还比较落后，许多产品因分离技术不过关而影响收得率，致使产成品价格较高，在国际市场缺乏竞争力。为适应生物技术发展的需要，行业企业重视和加强生物技术下游工程装备的研究与开发，加快生物技术产业化的过程，缩小同世界先进水平的差距。重庆江北机械有限责任公司与成都英德公司合作，研制的 YDF 高速沉降离心机填补了国内空白，可广泛用于生物工程，并在科技部支持下实现了产业化，经济效益非常可观。

在生物医药新兴领域，分离机械主要应用于酶制剂和发酵液的生产工艺中。近年来，生物医药产品市场需求广阔，产品销售收入保持较快增长。2019 年药品市场销售额已达到 17 816 亿元，同比增长 4%。分离机械在生物医药产品的研发、测试、生产等过程中的需求也将增加，分离机械在生物医药领域也将得到进一步推广，发展前景广阔。

4. 环境保护领域

近年来，我国工业生产发展很快，由此而带来的环境污染问题日益严重，环境保护及污染治理得到全社会高度重视。工业废液的分离、废水的处理与再利用、工业用水处理、生活用水与污水处理中的过滤与分离技术将具有广阔的市场需求。我国工业废水占全年污水排放的 60% ～ 70%，污水处理率在近几年虽有迅速提高，但与美国、英国、日本、瑞典的处理率相比还有一定的差距。在该领域，螺旋卸料离心机、大型厢式压滤机、带式压榨过滤机以及大型中水回用膜过滤设备将有很大的发展空间。

在“十三五”期间国家重点实施的“三河三湖”污水处理建设工程、三峡库区水污染治理工程、南水北调（东线）治污工程、渤海碧海行动计划工程、北京碧水蓝天工程等重大工程中，国家级投资已超过 1 500 亿元，预计“十四五”时期仍将有相同规模的相关投资。在其他工业废气、废水处理中也需要大量的分离机械。因此，分离机械在环保领域的市场前景非常广阔。

5. 农副产品深加工领域

在农副产品深加工领域，利用玉米、薯类生产淀粉、葡萄糖和味精，蔬菜的洁净化脱水，蔬菜及水果加工成蔬菜汁、果汁和饮料，棉种的浸泡分离等农副产品加工过程都需要虹吸刮刀离心机、活塞离心机、卧式螺旋离心机、LZM 针型冲击磨以及碟片分离机、管式分离机等分离机械设备。

目前，我国农副产品加工机械发展还处于初级阶段，很多加工过程还采用非常原始的加工工艺，严重影响了产品的质量和利用效率。“十四五”时期，分离机械行业要根据各加工产业的实际需求，开发符合其加工工艺发展要求的先进、高效的分离机械产品，不断开发新技术，调整产品结构，以满足新的深加工产品生产和农副产品资源合理利用的需要。

6. 水资源综合利用领域

我国水资源严重缺乏，农业灌溉用水的利用率为 30% ～ 40%，城市用水循环利用率为 10% ～ 30%。长期以来，我国工业用水重复率不高。在该领域，螺旋卸料离心机、大型厢式压滤机以及大型膜过滤设备将有比较大的发展空间。

7. 造船工业领域

造船工业领域也是分离机械产品的重要应用市场。2019 年，全国造船完工 3672 万载重吨，同比增长 6.2%。我国手持船舶订单在全球所占比重为 42% ～ 50%，我国造船完工量占全球的 40% 左右，领先于其他国家。在有相当规模的造船产业中，国产的大中型船用油分离机、船用生活废水处理及水回用装置等分离机械产品将大有用武之地。

8. 膜分离领域

目前膜分离技术及设备的世界市场规模达 7 000 亿～ 8 000 亿元，我国膜分离产品的产值已经超过 2 200 亿元。

膜分离技术除了广泛应用于化工、电子、纺织、轻工、冶炼、石油等工业领域外，还将在节能技术、环保技术、清洁生产等领域发挥重要作用。高效的膜分离技术可以取代能耗较高的传统技术，也是促进工业技术高质量发展的主要措施之一。随着我国对环境要求的不断提高，膜分离技术在工业废水处理、城市生活废水处理和回收利用方面将发挥更加重要的作用。由于膜技术可促进在污染治理的同时回收有用物质及水资源，实现循环再利用，因此，在清洁生产工艺中也具有广阔的应用前景。此外，在饮用水净化中，膜分离技术的应用更是十分广阔。

五、“十四五”行业发展思路与目标

（一）行业发展思路

“十四五”时期，分离机械行业要认真贯彻党中央新发展理念，围绕构建以国内大循环为主体、国内国际双循环相互促进的新发展格局，加快技术创新和产业结构调整步伐，苦练内功，提高综合竞争能力，以满足国民经济建设和国防安全的需求。

随着国家对新能源产业的大量投入，以及对环保的更高要求，“十四五”时期将是我国分离机械行业的大好发展时机。分离机械行业企业要以市场为导向，以结构调整为主线，优化产品结构、组织结构，实现投资主体多元化，达到规模化和集约化经营；不断推进企业文化建设，实施名牌产品战略，不断提升核心竞争力，培育一批符合现代化产业链发展要求、在国内分离机械行业具有绝对优势并在国际市场中占有一席之地的知名企业。

（二）行业发展目标

1. 产业发展规模

（1）预计到 2025 年，分离机械总产值达 250 亿元，销售收入达 235 亿元，利税总额约 50 亿元，出口额约 20 亿元，国内市场占有率约 85%。

（2）扶持有创新能力的企业，走高、精、尖的发展道路，扩大企业规模，做大做强。到2025年，力争实现年产值超过50亿元的企业1家、年产值超过10亿元的企业2～3家，年产值超过5亿元的企业10家，形成我国分离机械行业的中坚力量，并成为我国机电行业的小巨人企业。

2. 行业技术水平

通过技术改造和技术创新，全面提高分离机械装备的技术水平，促进分离机械行业整体技术进步和产业升级。到2025年，新产品产值达到45%；分离机械产品达到21世纪初国际水平，其中50%的产品达到当代国际水平。

3. 组织结构调整

在组织结构调整方面，要适应以客户为中心的全球化营销战略，成为国际市场营销的主体。通过委托代理等专业化和社会化的分工方式，发挥企业核心竞争力的优势，加快进入目标行业和市场。通过企业间的兼并、收购、整合等方式，实施全球化发展战略，实质性地改变传统的资源配置方式、产业竞争模式和产业组织结构。同时，关注国外同行在国内的发展动向，以随时调整应对之策。

4. 产业结构调整

要充分利用当代先进科技成果，重点研究国民经济发展和国防所急需的新产品，加快推进产品研发与智能制造、绿色制造相结合，积极应用新材料、新工艺、新技术、新设备，如滤板的智能制造、五轴联动加工装备的应用等，以保证零部件品质，提高功效，降低成本，提高产品的智能化水平和技术质量水平。

5. 国际化水平

通过技术改造和技术创新，全面提高分离机械装备的智能化和技术质量水平。经过“十四五”时期的努力，分离机械产品至少有半数达到国际先进水平。

六、“十四五”行业发展任务与发展重点

（一）行业发展的重点任务

1. 加强产品研发及技术创新

我国在未来发展中要建立经济、社会、资源和环境相协调的全新发展模式，要求制造业体现循环经济的可持续发展理念，综合考虑环境影响和资源的利用效率，借助各种先进技术，使产品从设计、制造、使用直到报废、回收处理的整个生命周期中不产生环境污染或环境污染最小化、资源利用率最高、能源消耗最低，从而实现企业经济效益与社会效益的协调优化，实现绿色制造。这就对分离机械产品提出了更高的要求，需同时满足固相、液相分离的工艺要求。因此，必须注重非均相分离过程中的集成工艺技术的研究，加强技术创新，满足不断发展的市场需求。

（1）满足市场多样化和个性化的需求。用户出于对功能、安全、效率、环保、节能、新颖、价格等个性化考虑，要求产品采用不同的材料、不同的工艺手段、不同的造型设计、不同的结构、不同的操作系统和时空配置，市场需求趋向工业设计和制造的多样化、性能或功能的多样化、款式与规格的多样化、包装及价格层次的多样化。一种机型有多种用途和长期固化的产品技术将被彻底改变。分离机械行业要努力满足用户的个性化需求，主动推进生产方式向小批量、多品种发展。

（2）最大限度满足用户工艺要求。用户的多样化伴随工艺参数的多样化，要求分离机械产品从以提高分离机械性能参数为主的单机研制转变到以满足用户的工艺需要为核心的设计理念，要以工艺需求为龙头，研究非均相分离过程中的集成工艺技术，采用综合技术，加强个性化设计，通过机型的若干变种和改型，最大限度满足用户的工艺要求。另外，为满足用户多样化工艺要求的变化，分离机械行业企业要加强实验检测能力建设。

2. 加强合作，提升创新产业链

加强互惠合作，促进围绕行业企业有限资源的优化配置，形成优势互补。通过技术共享和产品配套推进产业链水平的提升，带动上下游产品及配套产品的技术提升，规避企业间的同质化竞争，提升产品质量和稳定性，推动产品由低端向高端转变。此外，分离机械设计制造的相关企业

还应与国内外科研院所扩大交流、加强合作，探索更加灵活、高效、务实的研发模式，以创新为动力，以市场为主导，通过搭建设计制造、信息技术服务、数据共享等平台，加强新产品研发，丰富产品种类，提升核心竞争力，缩小国内外差距，切实推进分离机械行业的发展。

3. 加快创新成果转化应用

紧紧围绕国家“十四五”总体发展战略，服务国家发展需求，一体化推进基础研究、共性技术研发、应用示范和成果转化。加强科技创新，为企业转型升级和高质量发展提供专业化支撑。抢抓技术制高点，提升行业影响力。提升自主创新能力，积极参与国家重大科研项目和高等级标准编制，集中力量攻克关键核心技术，突破行业发展瓶颈，补齐产业发展短板，努力推动科研项目创新成果的转化应用。

4. 推进绿色制造、智能制造、服务型制造发展

绿色制造是综合考虑环境影响和资源效益的现代化制造模式，其目标是使产品从设计、制造、包装、运输、使用到报废处理的整个产品全生命周期中对环境的影响最小，资源利用率最高，并使企业经济效益和社会效益协调优化。

智能制造是指具有信息自感知、自决策、自执行等功能的先进制造过程、系统与模式，具有以智能工厂为载体、以关键制造环节的智能化为核心、以端到端数据流为基础和以网通互联为支撑的四大特征，包括智能产品、智能生产、智能工厂、智能物流等。

服务型制造是通过产品和服务的融合、客户全程参与、企业相互提供生产性服务和服务性生产，实现分散化制造资源的整合和各自核心竞争力的高度协同，达到高效创新的制造模式。

分离机械行业要健全和优化智能制造、绿色制造和服务型制造发展模式，利用相关先进技术，促进在产品设计和制造工艺环节中原材料和能源的节约。采用回收与复用技术，实现资源、能源和物料的可再生循环，在产品制造加工过程中避免环境污染，实现绿色制造。建立智能制造标准体系，大力推广数字化制造，开发核心工业软件，并充分发挥传统数字化制造、网络化制造、敏捷制造等制造方式的应用与实践对智能制造发展的重要支撑作用。

（二）行业重点发展的技术与产品

1. 重点加强应用技术开发

加强产品应用开发，积极培育新的应用领域，扩大分离机械的应用范围。重点加强以下应用技术开发：高浓度有机废水处理技术开发；胶体料液过滤与洗涤技术及成套装置开发；翻袋式干燥离心技术开发；萃取技术开发研究；低质重油分离系列技术开发；助滤技术研究及新型过滤介质的开发研究；防腐涂层的试验研究；微滤、超滤、反渗透膜设备研制；压滤 + 干燥的水处理成套设备开发；基于大数据的旋流分离设备的定制化设计研究；以离心、压滤机、旋流器等主导产品为核心的系统集成成套技术开发；离心机不锈钢转鼓离心铸造工艺技术的推广应用；大规格虹吸刮刀卸料离心机开发；助滤技术研究；对称滤布的开发研究；高精度液 - 液旋流分离技术研究；直联传动碟式分离机技术研究。

2. 加强重点产品开发研制

提高现有产品的质量和技术水平，并重点研究国民经济发展急需的新产品，形成新的增长点。重点发展以下分离机械产品：大型螺旋卸料离心机；大型活塞离心机；大型淀粉离心机；蝶式分离机（包括直联传动、非直联传动分离机）；大型船用油分离机；大型隔膜压榨厢式压滤机；大型矿用旋流器；大型工业废水处理膜过滤成套设备；大型城市生活废水处理膜过滤中水回收利用成套装置；大型萃取塔、大型离心萃取器、微通道萃取器；大型带式压榨过滤机。

七、规划保障措施与建议

（一）提高行业标准化水平

加强标准制修订与产品研发、市场需求相结合，充分运用团体标准的快速反应机制，制定达到当代国际先进水平的分离机械高端产品团体标

准，以满足市场配置的需求，提高分离机械高端产品在国际市场的竞争力。发挥标准的引导作用，开展分离机械产品采标及安全等方面的认证工作。通过自愿认证，推动行业优秀企业获得更多的市场认可，从而再通过市场促进产品采标和安全认证工作。

（二）加强行业创新应用成果的宣传推广

随着科技水平的不断提升，分离机械行业创新和应用成果不断涌现，加强行业创新应用成果推广对行业的发展具有重要作用。要促进建设行业成果交流平台，加强行业创新应用成果的宣传和推广。

通过行业创新应用成果的交流研讨，促进企业之间分享技术创新应用成果和实践经验，推动创新成果的广泛应用。通过行业媒体平台，加强对行业创新成果的宣传，展示创新和应用成果，推广成果应用，提升行业竞争力和品牌辐射力。

（三）充分发挥行业协会的作用

行业协会是政府与企业之间联系的桥梁和纽带，加强行业协会的建设，进一步充分发挥行业协会的作用，是落实“十四五”规划、推动行业发展的重要一环。行业协会要加强自身建设，提高组织和协调能力，适应行业发展的需要。建议国家在产业政策和相关行业工作中更加依托行业协会，发挥协会优势资源作用，促进行业健康发展。

〔供稿单位：中国通用机械工业协会分离机械分会〕

气体分离设备行业“十四五”发展规划

前言

气体分离设备是冶金、化工、电子、航空航天、国防军工等重点领域必备的关键成套设备，具有多机组集成、多系统并行、技术体系复杂等特点。气体分离设备制造业是国民经济的重要基础产业，是装备制造业的重要组成部分。

改革开放以来，我国气体分离设备行业的发展取得长足进步，产能规模不断扩大，工艺技术赶超世界先进水平，核心技术装备自主化水平大幅提升，基本满足了经济社会发展和国防建设需要，而且产品实现了大量出口。“十三五”期间，我国气体分离设备行业持续快速发展，自主创新能力进一步提升，重大技术装备国产化获得重要突破，行业转型升级成效明显。

“十四五”时期是气体分离设备行业发展的重要战略机遇期。为贯彻落实《中华人民共和国国民经济和社会发展第十四个五年规划和 2035 年远景目标纲要》及相关专项规划，加快构建新发展格局，推进产业基础高级化和产业链现代化，实现行业高质量发展，更好地满足国民经济发展和国家安全战略需要，特编制本规划。本规划总结了“十三五”行业取得的发展成果，指出了存在的问题，分析了“十四五”时期行业面临的机遇与挑战，提出了“十四五”行业发展的思路、目标、重点任务、政策建议等。规划期为 2021—2025 年。

一、“十三五”行业发展概况

（一）行业总体情况

气体分离设备按原理分为低温精馏分离设备、吸附分离设备、膜分离设备、电化学分离设备等。我国气体分离设备产品种类丰富、产量巨大，空分装置、变压吸附分离装置、水电解制氢装置等重点产品的产量居世界首位。目前我国气体分离设备制造业已形成具有先进工艺技术和装备，集研发设计、生产制造、化验检测、建设施工等于一体的完整体系。

“十三五”期间，我国气体分离设备行业产值规模不断扩大，年均增长达到10%以上，发展质量和效益持续改善，综合实力不断增强，达到预期发展目标。“十三五”末，行业产值比“十三五”初期产值增长约68%，行业总资产近400亿元，从业人员11 000多人。

（二）技术发展情况

1. 低温精馏分离设备

（1）空气分离装置。空气分离装置（简称空分装置）是我国气体分离设备制造业的主体，其产能、产量均位居世界首位，整体发展水平居世界前列。10万m^3/h等级特大型空分装置整体技术已达到国际领先水平。

国内空分设备制造业已进入成熟期，形成三个产业集聚地：

一是江浙沪地区。这一地区是全球生产规模最大的空分设备制造基地，由杭州制氧机集团股份有限公司（简称杭氧）、林德亚太工程有限公司（简称林德）、液化空气（杭州）有限公司（简称法液空）、美国空气化工产品中国投资有限公司（简称AP）、世亚德机械工程（杭州）有限公司（简称世亚德）、杭州福斯达深冷装备股份有限公司（简称福斯达）、苏州制氧机股份有限公司、杭州凯德空分设备有限公司、杭州中泰深冷技术股份有限公司（简称杭州中泰）、杭州锦华气体设备有限公司、上海启元空分技术发展股份有限公司、苏州市兴鲁空分设备科技发展有限公司等一大批企业组成。

二是河南地区。以开封空分集团有限公司（简称开封空分）为代表的国产空分设备产业区，主要企业包括开封空分、开封黄河空分集团有限公司、开封东京空分集团有限公司（简称东京空分）、河南开元空分集团有限公司和开封迪尔空分实业有限公司等。

三是四川地区。主要企业包括四川空分设备（集团）有限责任公司（简称四川空分）、成都深冷液化设备股份有限公司（简称成都深冷）等。

其中，杭氧、开封空分两家为国有控股企业，林德、法液空、AP、世亚德为外商独资企业，其余多为民营企业。

截至“十三五”末，我国产值规模超亿元的空分设备制造企业约20家，其中有17家企业设计制造过10 000m^3/h以上规格的空分设备，2000年行业年新增空分设备制氧总容量约18万m^3/h，2016年发展到156万m^3/h，2020年约410万m^3/h。

（2）低温石化分离装置。主要产品包括百万吨乙烯冷箱、大型液氮洗冷箱、MTO（甲醇制烯烃）冷箱、大型烷烃脱氢冷箱、氢/一氧化碳分离冷箱等。以杭氧为主要代表的制造企业实现了上述系列产品的国产化。目前杭氧设计制造的大型低温石化成套分离装置具有市场主导力，其大型乙烯冷箱、烷烃脱氢冷箱、MTO冷箱的国内市场占有率均超过90%，且出口到美国等地。

（3）天然气液化成套装置。行业中以四川空分、成都深冷、杭氧、福斯达、杭州中泰等企业为代表，主要生产制造处理气量为10万～260万m^3/d的天然气液化成套装置，以及为之配套的贮槽、储罐、槽车、汽化器等。

2. 吸附分离设备

近十年来，吸附分离技术发展迅速，工艺技术也趋近成熟。在浙江、江苏、四川、北京等地形成若干产业集群，生产企业数量超百家。以四川天一科技股份有限公司、北京北大先锋科技股份有限公司、上海瑞气气体科技有限公司等为代表的变压吸附（PSA）设备制造企业，已将变压吸附制氧、制氢、制氮、一氧化碳 / 二氧化碳分离、工业尾气回收利用等技术广泛应用于化工、冶金、食品、环保、电子、航空、医疗等行业。另外，利用吸附分离技术的家用小型制氧机近年来发展迅猛，年产家用制氧机超600万台。

3. 膜分离设备

我国气体膜分离技术起步较晚，受材料限制，发展速度较慢，工艺欠成熟。天邦膜技术国家工程研究中心有限责任公司是当前全球四大规模化生产中空纤维氮气/氢气分离器的企业之一，中空纤维氮气/氢气分离器的年生产能力达到3万m^2，国内其他气体膜分离装备公司大多为国外产品代理商，引入国外的膜分离器，在国内进行配套组装。

4. 电化学分离设备

目前生产水电解制氢装置的重点企业有中船重工第七一八研究所、苏州竞立制氢设备有限公司、天津市大陆制氢设备有限公司等。1 000m^3/h 大型水电解制氢装置已经实现国产化。

二、“十三五”行业发展取得的成果

“十三五”期间，气体分离设备行业企业推进供给侧结构性改革，加快转型升级，创新能力、工艺技术、装备水平、管理水平等均有提高。行业从依赖规模扩张、采用粗放管理的单纯制造业持续向追求质量效益、精益管理的工业服务业转型。

（一）科技创新成果突出

“十三五”期间，行业企业的创新主体地位不断增强，建成多个省级及国家级技术中心、工程中心，建成空气分离共性技术研究及试验台位、特大型空分装置配套压缩机组试车基地等研究试验平台。企业核心工艺包开发、产品性能试验检测、关键工程问题解决能力有了较大的提高实现了 10 万 m^3/h 等级特大型空分装置等一批重大技术装备的国产化，创新成果推广应用取得显著的经济效益和社会效益。“十三五”期间，12 万 m^3/h 等级及以下全系列空分装置全部实现国产化，石化分离冷箱、变压吸附分离设备、水电解制氢设备等均实现大型化。产品的稳定性、节能性、维护便捷性、自动化水平均有较大提高。多项重点产品达到国际先进水平，10 万 m^3/h 等级特大型空分成套装置总体技术达到世界领先水平，推动我国进入空分设备制造强国行列。

1. 重大技术装备国产化

“十三五”期间，10 万 m^3/h 等级特大型空分成套装置及配套压缩机组、12 万 m^3/h 等级特大型化工用空分装置、140 万吨级乙烯冷箱、超大型乙烷脱氢冷箱、大型天然气液化及提氦装置、稀有气体（氦、氖、氪、氙）分离装置、48 万 m^3/h 变压吸附（PSA）提氢装置等一批重大技术装备实现国产化，为国民经济发展、能源安全提供了装备保障。

2017 年，由杭氧承担的国家煤炭深加工示范项目——神华宁煤公司 400 万 t/a 煤制油项目 6 套 10 万 m^3/h 特大型空分装置开车成功，打破了国外对我国大型空分装置的垄断，实现了 10 万 m^3/h 等级空分装备设计制造、调试和运行技术的突破，总体技术达到国际领先水平，满足了大型煤化工、石油化工、冶金等领域的需求。2018 年 12 月，“特大型空气分离设备关键技术开发及应用”项目获得中国机械工业科学技术奖特等奖。

由沈阳鼓风机集团股份有限公司自主研发的首套国产 10 万 m^3/h 空分装置压缩机组是当前国内研制的最大轴流 + 离心式压缩机组，开创了特大型空分装置配套压缩机组国产化的先河。该机组填补了国内空白，打破了国外技术垄断。机组整体性能达到国际先进水平，部分性能指标达到国际领先水平。

2. 其他创新成果

“十三五”期间，气体分离设备行业研制出煤化工用 7 万 m^3/h 等级及 9 万 m^3/h 等级节能型空分装置、LNG 冷能利用空分装置、35 兆瓦级富氧燃烧用三塔流程节能型空分装置、超低压新型空分装置（排气压力 0.42MPa，能耗降低 15%）、超高纯氧氮产品空分装置、三塔流程及四塔流程氢（一氧化碳）深冷分离装置、27 万 m^3/d 沼气提纯装置、60 000m^3/h PSA 制氧成套设备、25 000m^3/h 变压吸附制氮设备、大型变压吸附一氧化碳分离设备、1 000m^3/h 水电解制氢设备等一批重点创新产品，开发应用了具有自主知识产权的 DCS 控制技术、压缩机 ITCC 控制技术、空分装置自动变负荷技术以及远程操作等先进控制技术。

除成套技术产品外，在配套压缩机、膨胀机、规整填料、节能型主冷凝蒸发器、径向流吸附器、关键泵/阀、储运设备等产品方面也均有重要进展。在大规模压缩空气储能系统能量高效转化技术、碳捕捉碳封存技术等新型应用技术专题研究方面积累了众多创新成果。配套部机的技术成果见表 1。

表 1　配套部机的技术成果

产品类别	主要成果	备注
膨胀机	特大型空分配套膨胀机、大型石化膨胀机、氢气膨胀机、液体透平膨胀机、天然气膨胀机	
压缩机	10 万 m^3/h 等级特大型空分装置配套压缩机组，气量为 60 万 m^3/h，增压机出口压力为 7.8MPa	开创了首台（套）特大型空分配套压缩机国产化的先河
	1.5 万 m^3/h 单轴低泄漏型氮气增压机，高效率齿轮式氮压机（流量为 1.3 万～ 3.5 万 m^3/h，压力为 3.7MPa），高效率齿轮式增压机（流量为 1.25 万～ 6 万 m^3/h，最高压力为 4.2MPa）	
	3 万～ 20 万 m^3/h 原料空气压缩机	适用 6 000 ～ 40 000m^3/h 等级空分装置，该机组实际运行效率和国外机组相当
	液化天然气冷剂压缩机	
	170kN、320kN、560kN、800kN 活塞力四个系列的石化压缩机产品	
换热器	高压大截面多股流高效铝制板翅式换热器（最高压力为 12.8MPa，最多 16 股流，截面面积为 1.3m×1.3m）	
	高压绕管式换热器（最高压力为 23MPa）	
填料	高效波纹板规整填料（直径达 5.7m）	
泵/阀	上下塔液氧循环工艺流程特大型空分装置用大流量低温离心泵（流量为 400m^3/h，扬程为 80m）	
	后备系统中压离心泵（流量为 10 ～ 40m^3/h，扬程为 240 ～ 320m）	
	液化天然气用潜液泵（流量为 18m^3/h，扬程为 240m）	
	高压立式多级低温离心泵（流量为 10 ～ 100m^3/h，扬程为 500 ～ 1 200m）	可满足 6 万 m^3/h 等级及以上空分设备需求
	分 *DN* 600 ～ 1 600 子筛切换系统专用三杆阀	可满足 2 万～ 12 万 m^3/h 等级空分设备需求，已应用 400 余台
	Class600 ～ Class900、*DN* 25 ～ 400 高压氧用调节阀、切断阀	
	*PN*100、*DN* 40 ～ 150 低温多级降压调节阀	
	用于高压液空的节流阀、液氧回流阀	
	DN 4 ～ 20 氪氙装置用特殊微流量波纹管调节阀系列和 *DN* 4 ～ 100 超低温液氢液氦阀门	已分别在氪氙精提取装置、氢液化装置、液氦试验装置上成功应用
	PN 40 ～ 150 石化和天然气液化装置用波纹管调节阀	
	低温储槽和槽车用低温液体截止阀	
容器	1 万～ 8 万 m^3 低温液体贮罐	
	双金属全容罐	
	1.4 万 m^3 液氮储槽	
	487m^3 应变强化真空粉末绝热贮槽	
吸附剂	APG-III 型深冷空分锂基专用高效分子筛	
	JLOX-100 VPSA 制氧锂基专用高效分子筛	

（二）转型升级稳步推进

“十三五”期间，行业推进供给侧结构性改革，调整产品结构，开发了多种创新技术产品和新型应用；落实“一带一路”倡议，12 万 m^3/h 等级、8 万 m^3/h 等级、6 万 m^3/h 等级大型 / 特大型空分装置和百万吨级乙烯冷箱等产品出口海外。

“十三五”期间，行业调整发展战略，利用专业优势，向上下游拓展产业链。向下游大力发展气体投资业务，推动行业从纯制造业向工业服务业转型。众多企业尝试建设气体投资项目，其中，杭氧投资的气体公司已达 44 家，总制氧容量近 200 万 m^3/h，投产的气体项目年营业收入突破 50 亿元，气体服务业的产值已超过设备的产值。东京空分大胆开拓海外市场，在中东地区投资建设了气体投资项目。截至 2020 年，我国气体分离设备制造企业投资的工业气体产业实现产值 60 多亿元，占行业总产值的 30% 以上。向上游发展 EPC 工程总包业务，为用户提供工程设计、设备制造、土建安装、设备调试等工程服务。积极开拓国际市场，顺利完成多个海外总包项目，当前工程服务产值占工业总产值的比重达到 15% 以上。

（三）装备水平明显提升

“十三五”期间，行业重点企业投资建设新厂房，购买先进设备，建设试验检测设施，积极扩大产能，提升装备能力。行业企业已普遍应用先进的 MES 生产制造执行系统及 ERP 资源计划管理系统。装备能力的提升促进了企业研发和制造能力的提高，提高了产品生产效率，缩短了生产周期，提高了产品质量，也为加强基础研究、创新能力建设，实现行业高质量发展奠定了基础。

（四）知识产权保护逐渐加强

“十三五”期间，企业自主创新、专利申请和知识产权保护的意识不断强化。行业企业更加注重培育自主知识产权，更加重视以专利技术提升产品竞争力。重点企业持有专利情况见表 2。

表 2　重点企业持有专利情况

企业名称	持有专利数量（项）	其中：发明专利（项）	其中：实用新型专利（项）	其中：外观设计专利（项）
杭州制氧机集团股份有限公司	369	81	288	
开封空分集团有限公司	49	22	27	
四川空分设备（集团）有限责任公司	67	11	56	
开封黄河空分集团有限公司	49	7	42	
开封东京空分集团有限公司	12		12	
苏州制氧机股份有限公司	38	15	23	
上海启元空分技术发展股份有限公司	73	34	39	
杭州福斯达深冷装备股份有限公司	68	11	57	
河南开元空分集团有限公司	46	6	40	
北京北大先锋科技股份有限公司	5	2	3	
四川天一科技股份有限公司	395	332	61	2

（五）标准化建设不断完善

“十三五”期间，全行业制修订国家标准及行业标准共 54 项。其中，全国气体分离与液化设备标准化技术委员会（TC504）归口管理的标准 18 项，已批准发布 14 项，其中国家标准 2 项、行业标准 12 项；待批准发布行业标准 4 项。

非 TC504 归口管理的标准 26 项，已批准发布 25 项，待批准 1 项。已批准发布的标准中含国家标准 4 项、行业标准 20 项、国际标准 1 项（独立起草）。

三、行业发展中存在的问题

“十三五”期间，气体分离设备行业成功实现大型、特大型空分装置国产化。大型空分设备不仅能满足国内市场需求，而且出口到发达国家。但行业发展中仍存在很多问题和难点，尤其在创新、协调、绿色发展等方面仍有很大的进步空间。

1. 科技创新能力有待加强

目前行业的科技创新能力主要集中于头部大企业，行业整体创新能力偏弱。科研投入和科技成果转化率整体偏低，产学研用相结合的创新体系建设有待进一步完善，创新对产业发展的支撑不足。尤其是缺乏原始创新，达到国际领先水平的核心技术较少，前瞻性技术储备不足。研发重点仍侧重产品设计、制造工艺层面，基础理论研究、应用研究、试验检测研究等方面的力量薄弱，信息技术的应用尚处于起步加速阶段。复合型、创新型人才缺乏，且人才流失严重。

2. 产品结构性矛盾依旧明显

目前以空分装置为代表的主要产品供应能力基本可以满足国内需求，中小型深冷空分装置、中小型天然气液化装置、变压吸附制氮装置等传统优势产品产能过剩，同质化竞争激烈。稀有气体及高纯气体分离装置、电子特气分离装置等高端产品供给相对不足，产品结构性矛盾依旧明显，削弱了全产业链的竞争优势。

3. 自主保障能力仍存隐患

我国气体分离设备制造业的整体规模和设计制造水平虽已跃居世界前列，但在高端技术产品及基础性研究等方面力量较为薄弱，氢液化装置、氦液化装置等高端技术产品及配套的关键泵、阀、压缩机、高精度分析仪传感器、管件等在一定程度上还依赖进口，自主保障能力有待进一步提高。另外，外资工业气体企业在我国布局早，项目数量多，且有资金、技术、商业模式等优势，尤其在高纯气体、电子特气、稀有气体领域占据绝对优势。我国工业气体的自主保障能力仍存在一定的隐患。

4. 安全环保压力持续加大

气体分离设备与其他化工装置相比具有较高的安全性，但由于部分用户安全意识淡薄，违规操作，导致安全事故时有发生，给设备管理和行业发展均带来严重的负面影响。另外，气体分离设备所服务的冶金、石油化工、煤化工等领域是高污染、高耗能、高排放行业，在节能减排和实现“碳达峰、碳中和”目标的背景下，行业发展面临的节能、环保、降碳压力将会持续加大。

四、“十四五”行业发展环境及市场需求

（一）行业发展环境

“十四五”时期是气体分离设备行业转型升级、实现高质量发展的关键时期，行业发展面临的环境严峻复杂，机遇和挑战并存。

从国际上看，当今世界正经历百年未有之大变局，新一轮科技革命和产业变革深入发展，“一带一路”建设深入实施，为国内企业参与国际产能合作提供了新的机遇。同时，国际环境日趋复杂，不稳定性、不确定性明显增加，新冠肺炎疫情影响广泛而深远。

从国内来看，“十四五”时期是我国全面建成小康社会、实现第一个百年奋斗目标之后，乘势而上开启全面建设社会主义现代化国家新征程、向第二个百年奋斗目标进军的第一个五年。我国将立足新发展阶段，贯彻新发展理念，以推动高质量发展为主题，加快建设现代化经济体系，深入实施制造强国战略，发展壮大战略性新兴产业，加快构建以国内大循环为主体、国内国际双循环相互促进的新发展格局。“十四五”时期，我国宏观经济仍将保持较快增速，经济结构调整将不断优化升级，发展的驱动力由要素驱动、投资驱动转向创新驱动，加之超大规模的国内市场优势，必将为行业发展带来巨大的需求和新的发展动能。同时，我国发展的资源、环境约束日益增强，气体分离设备行业将进入传统增长动力减弱、新增长动力增强的转型阶段，市场需求增长由快变慢，要素成本由低转高，供给侧结构性改革、提质增效、绿色发展的任务艰巨。

（二）重点市场需求

冶金、建材、常规化工品等传统用户产能出

现了不同程度的过剩，“十四五”时期气体分离设备在上述领域内的市场空间将承受较大压力。新能源及新材料产业的发展、节能环保及降碳技术的推广应用、“一带一路”推进实施等将为气体分离设备提供广阔的市场空间。

1. 钢铁

钢铁行业持续实施去产能，未来钢材消费强度和消费总量将呈现双下降趋势，但在供给侧结构性改革、新型城镇化建设带动下，短期内钢材消费仍将保持稳定，且对钢铁品种、质量的需求不断升级。“十四五”时期，钢铁行业及与之密切相关的焦炭行业在实施品质提升、超低排放改造、布局优化、产能置换过程中会带来大量先进气体分离设备的采购需求。当前我国焦炭产能约 6.3 亿 t/a，焦炉气制甲醇产能约 1 400 万 t/a，焦炉气制天然气产能约 60 亿 m^3/a，在建及拟建冶金焦项目预计超过 2.2 亿 t。在新技术变革方面，自动变负荷空分装置将普遍应用于转炉炼钢，高炉富氧或纯氧炼铁工艺、钢化联产、焦化联产、干法脱硫烧结烟气净化等工艺将大量推广应用，电炉炼钢将逐渐增多，氢冶金技术在一定范围内示范应用，为深冷空分装置、变压吸附制氧/制氢等装置带来市场空间。

2. 新型煤化工

新型煤化工是我国优化能源结构、保障能源安全的重要举措。“十三五”以来，国家重点开展煤制油、煤制天然气、低阶煤分质利用、煤制化学品、煤炭和石油综合利用等新型煤化工示范项目建设。据估算，仅此前规划的 15 个煤炭深加工国家示范项目所需配套的空分装置年供氧量就达到 600 亿 m^3，相当于 60 套 10 万 m^3/h 等级的空分装置。“十四五”时期，还将有大量新建项目及储备项目。这些新型煤化工项目将为气体分离设备行业带来巨大的市场增量。

3. 化肥

我国化肥行业产能已严重过剩，受节能环保政策影响，“十三五”以来，化肥行业重点企业大规模开展技术改造及产能置换，以降本增效、优化布局。江苏华昌化工、河南心连心、山东鲁西化工、山东华鲁恒升等大型企业在“十三五”期间均对气化装置进行了技术改造。据估算，这将新增 400 万 m^3/h 制氧容量的空分设备，预计这一市场将持续到“十四五”时期。

4. 石化、炼化一体化

根据《石化产业规划布局方案》，我国将建设上海漕泾、浙江宁波、广东惠州、福建古雷、大连长兴岛、河北曹妃甸、江苏连云港七大石化基地。巴斯夫、壳牌等外资企业，浙江石化、恒力石化等民营企业也纷纷加入大型石化项目建设中。

预计“十四五”时期，20 余个石化、炼化一体化项目及中石化四大世界级炼化基地的建设，将新增炼油产能 3.1 亿 t。据估算，这将新增氧气用量约 520 万 m^3/h，还将带来乙烯冷箱、烷烃脱氢冷箱等石化气体分离装置的需求。

5. 天然气液化

液化天然气在我国能源消耗中的占比不断上升，至 2025 年，将提高到 15%。该领域除需要天然气液化成套装置外，还需要大量的天然气贮槽、汽化器、运输槽车及加气站等。

煤层气、页岩气等非常规天然气开发利用会带来液化、贮存、输送等设备的市场需求。

6. 氢能

发展氢能对保障我国能源安全、应对全球气候变化意义重大。我国在氢能相关技术上取得了一些重大进展，石化行业副产“蓝氢”提取需要大量变压吸附提氢装置。未来，利用可再生资源发电生产“绿氢”将为水电解制氢装置提供巨大的市场空间。氢能的大规模应用，将直接增加氢气液化、储运、加注等装备的市场需求。

7. 节能环保

石化、冶金等工业过程的尾气综合利用及 VOCs 气体综合整治，能有效降低污染物和碳排放，提高石化产品质量和企业效益，将带来大量气体分离设备（如变压吸附制取氮、氢气、一氧化碳、二氧化碳等装置）的需求。

电力工业的电站锅炉，建材工业的水泥、玻璃、陶瓷等炉窑采用富氧燃烧工艺，可有效提高热效率，降低污染物和碳排放，这将催生对深冷富氧空分装置、变压吸附制氧装置和膜分离制氧装置的需求。

“十四五”时期压缩空气储能、低温液体储能、碳捕捉与封存、整体煤气化联合循环发电等技术有望走向成熟并实现工业化应用，将带来相关设备的需求。

工业生产过程中余热、余冷、余压等的回收利用将带来能量回收相关装备的需求，如在LNG接收站推广应用冷能利用空分装置，比常规空分装置可节约能耗40%。

有机固废的无害化处理及循环利用为气体分离设备提供了新的应用领域。如废旧轮胎燃烧发电、废旧塑料炼油等，未来对气体分离设备的需求将快速增长。

我国秸秆、动物粪便、生活垃圾等制沼气规模理论上可达1 000亿m^3/a，有巨大的发展空间，将会增加对沼气分离及提纯液化设备的需求。

五、“十四五”行业发展思路与目标

（一）发展思路

“十四五”时期，气体分离设备行业将以推动行业高质量发展为主题，立足新发展阶段，构建新发展格局，继续推进供给侧结构性改革。同时注重需求侧管理，推进产业结构调整和发展方式转变，补短板、锻长板、强弱项，提升产业基础能力和产业链现代化水平。把握变革的重大机遇，坚持创新驱动发展，围绕创新体系建设和创新能力提升，推进行业技术改造升级。加强关键核心技术和共性技术研究，实施产品质量提升、标准化水平提升、品牌塑造、商业模式转型等专项行动，推动产品精品化，产业高端化、品牌化，更好地服务于新能源、新材料、新工艺、先进制造、电子、传统工业升级等领域。

（二）发展目标

1. 综合实力目标

“十四五”时期，气体分离设备行业创新、绿色发展水平将有较大提高，创新驱动发展的动能增强。通过对行业现有产能进行优化、调整，培育具有国际竞争力的气体分离设备制造产业集群。到2025年，我国气体分离设备制造业综合实力和创新能力实现较大幅度提升，核心技术装备自主可控，产品种类更加丰富，产品质量迈上新台阶，更多产品达到世界先进水平。产业集群及企业协同发展形成的新的比较优势更加明显，行业发展质量有较大幅度提升，空分设备等优势产品具备全球创新引领能力。

“十四五”末期，行业产值规模突破400亿元，重点培育1家产值为150亿元的排头兵企业、3家产值为30亿～50亿元的核心骨干企业、5～10家产值为10亿元的重点企业，推动中小企业走专门化、精品化的发展道路，培育一批专精特新“小巨人”企业和制造业单项冠军企业。

2. 结构调整目标

推动产业基础高级化、产业链现代化水平提高，实现产品多样化、精品化、高端化发展。低温石化分离装置、电子特气分离装置、高纯气体分离装置、氢能装备等取得新突破，自主保障能力显著提高，新型装备产值占行业装备制造产值的30%，培育若干创新能力强的产业集聚区。继续推动制造业向制造服务业转型升级，形成装备制造、气体投资、工程建设三大主业同步发展的新格局，到2025年，气体投资产值达到行业总产值的50%以上。

3. 数字化发展目标

企业两化融合发展水平明显提升，数字化、智能化的技术、软件、装备等在企业生产经营的各环节的应用更加普遍。开发、推广、应用智能空分装置等一批自动化、智能化新产品，建成设备运行大数据分析中心、数字化营销中心、数字化车间和智能制造示范工厂，建立智能发展评价标准体系框架。

4. 国际化发展目标

产品质量、品牌以及企业经营的国际化水平均迈上新台阶。

依托“一带一路”倡议的深入推进实施，拓展海外市场，有条件的企业在海外投资建设气体工厂或设备制造基地等。每年出口交货值提升到 20 亿～ 30 亿元，出口空分设备折合制氧容量达到 80 万～ 100 万 m^3/h 规模。培育 1 ～ 3 家国际一流品牌，培育多家具有较高知名度、美誉度的国际知名品牌。

六、“十四五”行业重点任务和重点发展的技术产品

（一）重点任务

1. 坚持创新引领

完善以企业为主体、市场为导向、产学研用相结合的产业创新体系建设，加强知识产权保护、标准化建设和人才培养，促进两化深度融合。强化自主创新，鼓励企业加大科研投入和试验检测能力建设，自建或与国内外科研机构、大专院校、用户等合作共建院士工作站、博士后工作站，以及企业研究院、技术中心、工程中心、工业设计中心、人才培育基地等创新平台，合作承担科研课题，开展新技术、新材料、新工艺、新产品的研发应用，提升共性技术研究、解决重大关键技术难题、高层次人才引进培养、科技成果转化等方面的能力。

引导行业协同发展。加强产学研用纵向合作及产品工艺技术、应用技术、信息技术、管理科学的横向联合。以大企业为主导，组建跨越纵横两个维度的行业协同创新联盟、智能制造联盟、共享制造服务联盟等，交流推广应用高效节能技术、装置安全技术、自动化控制技术、远程控制技术、集中控制技术等创新成果。联合上游企业进行相关应用软件、工艺、原材料、基础零部件、配套设备等的协同攻关，打通堵点，如开发应用具有自主知识产权的工业设计软件。联合下游企业不断优化设备选型，并共同开发新应用，开拓新能源（如氢能）、海洋工程（舰船、海上平台）等应用领域。

改进工艺技术，提高产品质量。在特大型空分成套装置、大型低温石化冷箱、大型天然气液化及提氦装置、冷能利用空分装置、大型变压吸附提氢装置等已实现突破的基础上，持续优化产品性能指标，提高装置精细度和可靠性。

继续加强重大技术装备攻关。利用国家科技重大专项、依托工程等产业政策，研发一批满足国家重大工程及国计民生需求的重大技术装备，提高高端装备自主化水平。

2. 加快转型升级

推进发展战略调整，鼓励企业以设备制造为中心向两头延伸。上游发展工程成套业务，下游发展工业气体投资业务；加强应用开发，重点发展空分成套装置和关键配套机组，横向兼顾发展石化相关产品及其他具有竞争优势的特色技术产品，如乙烯冷箱、液氮洗冷箱、LNG 冷箱等；优化生产服务的同时，开展科技服务、研发设计、工程承包、信息咨询服务、设备融资租赁及设备托管等服务。

实施产业基础再造和产业链提升工程，继续推进供给侧结构性改革，推进产品结构调整，推动产业价值链高端化。鼓励加大投资，进行装备升级，加强中高端技术产品的研发，做优做强大型、特大型空分设备的同时，延伸产业链，拓展气体分离设备应用，发展高纯稀有气体提取装置、高纯氧氮分离装置、电子气装置、-196℃以下深低温分离液化装置、海洋工程用分离装备、石化低温分离装备及食品气分离装置等，有序布局氢能装备（制氢、储氢、液化氢、加氢等设备）市场。

鼓励利用市场化手段，推动变压吸附制氮设备、空分设备制造企业的兼并重组，实现产能优化、调整，提高行业综合竞争力和可持续发展动力。以安全、环保、节能、节水、减碳等相关政策或标准为依据，逐步推动落后产能、低效产品退出，为先进产能、高效产品创造发展空间。

实施质量提升、品牌提升、领航企业培育专项工程，强化质量意识、服务意识和品牌意识。加强技术创新的同时，提升精细化管理水平，从流程、单机、外配套、系统成套、工程设计等多方面加强质量管控，提升产品节能性、可靠性和

安全性。培育一批专精特新“小巨人”特色企业，培育若干单项冠军企业、产业集群龙头骨干企业等优质品牌企业。

推进两化深度融合和绿色制造、智能制造试点示范，加强制造业数字化、信息化建设。通过技术改造与革新，结合柔性加工与数字化、信息化的融合，提高智能制造水平和产品的智能化水平。

3. 加强标准化建设

完善标准体系建设，扩大标准覆盖范围，加快新标准更新速度，提高标准质量和国际化水平。

围绕技术产品、服务、生产制造过程、品牌建设等方面的标准化，重点加强新材料、新技术、新产品、新应用、节能降碳、安全、自动化、绿色制造、智能制造、共享制造、知识产权保护、分类检测认证评价等相关标准的制修订。

积极参与国家标准、行业标准、国际标准的制修订，推进我国标准与国际标准接轨及双向转化，推动军用标准向民用标准转化应用。

大力发展团体标准，制定满足市场和创新发展急需的团体标准，重点发展能效、环保标准。

重点做好标准的宣传贯彻，组建团体标准推进联盟，推动新标准的实施。

4. 深化国际合作

“十四五”时期，国家将继续深化改革开放和深入实施“一带一路”倡议。气体分离设备行业坚持对优质资金、高端技术、先进管理经验“引进来”的同时，大胆尝试“走出去”，扩大国际产能合作、资源合作和技术合作。

支持国内企业练好内功，做精产品，提升品牌形象，拓展国际市场。鼓励装备制造企业联合项目建设、工程设计、资本等各方资源，组建“走出去”联盟，采用工程总包等方式承担海外石油化工、煤化工、天然气化工等重大工程项目建设，带动国产技术装备“走出去”。

鼓励有条件的企业通过股权投资、并购等方式获得高端装备研发生产技术，强化消化吸收和自主创新能力。支持、鼓励有条件的企业到海外投资建设装备生产加工基地、产品销售网络、工程服务中心及气体投资项目等，加强国际性研发生产营销服务体系建设，形成高水平对外合作新格局。

5. 营造良好环境

加强行业监督，重点打击以次充好、假冒伪劣等违法行为，推动形成公平、诚信的竞争环境。

大力推介优质品牌，树立中国制造新的良好形象，加速行业品牌价值成长。

强化知识产权保护和标准化体系建设，引导企业在新技术、新产品、新材料、新应用等方面进行知识产权布局，启动知识产权保护运用公共服务平台建设。

推进行业自律。发挥行业组织作用，着眼共同利益，维护行业间的公平竞争。促进行业组织及成员发挥监督作用，督促企业自觉遵守法律法规的要求。加强行业协会在空分设备、变压吸附设备等重点产品统计、信息预警等方面的服务，引导企业理性安排生产经营活动。加强行业协商自律，避免无序、低价恶性竞争。鼓励行业企业建立产品和服务标准的自我声明、自我公开和监督机制，推进企业诚信体系建设。

（二）重点发展的技术产品

1. 提升品质、加强推广应用的技术产品

（1）重大成套技术装备。

8 万～ 12 万 m^3/h 等级特大型高效智能化空分装置：持续提升、优化、改进设计，使之集群化、智能化，更加节能安全。“十四五”末期实现 8 万～ 12 万 m^3/h 等级特大型高效智能化空分装置国产化率达 50% 以上。

节能型空分装置：针对冶金工业需求，推广新一代标准型空分设备，实现节能 3% 以上。针对有色冶炼、高炉富氧炼铁，推广低纯度、三塔流程空分设备，实现节能 5% 以上。

冷能利用空分装置：继续在 LNG 接收站推广应用冷能利用空分装置。

大型天然气液化装置：推广应用 500 万～ 800 万 t/a 大型天然气液化成套装置。

天然气提氦装置："十三五"期间已实现规模为 100 万 m^3/a（氦气）的天然气闪蒸汽提氦装置工业化应用。"十四五"时期，应根据含氦天然气田资源开发情况，加强推广，缓解我国氦资源严重依赖进口的风险。

石化低温分离技术与装备：随着石化装置大型化、石化产品细分化，石化装备中的低温分离日趋复杂，如乙烯分离、烷烃分离、烷中脱氢等，需开发流程技术、多股流带相变换热技术、低温制冷技术和控制技术，研发工艺压缩机、膨胀机、阀门、换热器和净化设备等。

大型变压吸附装置：继续拓展变压吸附在能源环保领域的应用，推广变压吸附一氧化碳/二氧化碳分离装置、大型变压吸附制氧/制氢等装置，以及其他化工尾气的分离装置，进一步加强设备运行的稳定性、可靠性，降低噪声。

水电解制氢装置：推广水电解制氢装置在水、风、光等新能源储能领域的应用，继续研发 1 000m^3/h 以上大型水电解制氢装置，进一步提高分离效率，降低能耗。

沼气提纯液化装置：推广应用生活垃圾、生物质发酵沼气提纯及液化装置。

自动化、智能化控制技术和产品：继续研发改进自动化、智能化控制技术和产品，以空分装置为代表，大力加强自动变负荷系统、自动变工况系统、远程控制技术、无人值守、一键启停和预测性维修等新技术在空分装置的应用。

（2）关键配套设备。继续提升关键配套设备性能，如 6 万 m^3/h 等级及以上大型空分装置配套压缩机组，大流量、高压立式多级低温离心泵，大流量、高转速油润滑轴承膨胀机，石化低温装置用氢气膨胀机，10MPa 等级以上高效铝制板翅式换热器；大型高压绕管式换热器，分子筛切换系统专用三杆阀，大口径低温调节阀，大口径高压氧气阀门，变压吸附装置电磁阀，8 万 m^3 以上大型低温液体储槽，以及高效、长寿命专用分子筛吸附剂等。

2. 重点攻关的技术产品

"十四五"时期行业重点研发的技术产品如下：

（1）15 万 m^3/h 等级及以上特大型空分装置。完成 15 万 m^3/h 及以上等级特大型空分装置的技术研发准备工作。

（2）PPB 级高纯气体制备技术与装置。当前国内 PPB 级高纯气体（包括稀有气体、混合气体、特种气体）对外依存度较高，急需研发 PPB 级高纯气体制备、配比、充装技术和装备，尽快实现隔膜压缩机、精密管件、密封件、阀门及检测仪器仪表等产品的国产化。

（3）高纯稀有气体提取装置。研发深冷法高纯氖、氦、氪、氙提取成套装置。

（4）-196℃以下的低温技术与装备。-196℃以下的低温技术与装备在航空航天、军工、科学研究等领域具有重要应用，"十四五"时期将在这些领域取得突破（如氢气、氦气液化技术和装置）。

（5）氢能装备。研发高压氢气储运、加注装备，氢液化成套装置及配套氢透平膨胀机、氢气循环泵、高效低渗板翅式换热器、正仲氢转换催化剂、高效保温冷箱，以及高效水电解制氢装置电极等。

（6）海洋工程用气体分离设备。当前海洋工程中配套的气体分离设备数量较少，严重依赖进口。随着我国海洋经济的发展，急需开发应用于海洋环境的气体分离设备及相关机组。

（7）膜技术。开发气体分离高分子膜材料、膜组件、膜制备技术，氢能燃料电池质子交换膜技术。

（8）节能降碳重点技术。研发碳捕捉及封存技术、低温液体储能、高压气体储能、能量回收等技术装备。

七、行业发展的政策建议

我国气体分离设备产业的发展战略服务于国家总体发展战略。在理念、人才、技术、产品、服务、标准、商业模式、企业管理和产业政策上都要适应国家战略性新兴产业发展、市场经济发展以及产业深度国际化的需要。建议政府有关部门加强顶层设计，完善强企兴业相关政策，营造良好的市场环境，规范不正当竞争等行为，消除对国产装备的偏见，打破地方保护和行业垄断，促进要素资源市场化流动。

（一）实施强企兴业政策，实现精准施策

保障国内企业享受公平待遇。建议鼓励国企、央企、地方政府优先使用国产装备，带头支持装备国产化，取消已实现自主化的技术产品的进口税收优惠政策等。

加强对企业的资金支持，增加对行业优质企业的授信力度。鼓励金融机构发展知识产权质押融资、科技保险等科技金融产品，开展科技成果转化贷款风险补偿试点，鼓励基金等资本投资新产品、新技术。

继续实施国家科技重大专项，加大首台（套）奖励和保险力度，加大对具有国际领先水平产品的奖励和政策倾斜，抓好重大装备的国产化工作及关键技术专项规划。

大力推广企业支付的信用证制度，改善制造企业的回款问题。倡导精品文化，培养工匠精神，保护品牌价值。建立科学合理的招投标制度，避免最低价中标的陷阱。

（二）提高产学研用的一体化水平

充分利用科技资源、科技荣誉、产业政策等，调动各类市场主体的积极性，促进产学研用一体化发展。

鼓励科技创新，利用税收优惠等政策支持企业技术中心等的建设，将“卡脖子”关键核心技术、共性技术研究等纳入政策性支持计划。制定相应的国产装备使用免责政策，对首台（套）产品用户进行奖励。建议制定针对国家重大项目和工业园区建设的国产化装备应用示范规划和措施，作为项目审批的前置条件。国家奖励体系中对企业奖励的标准应侧重产品市场应用效果和竞争力。

（三）发挥成套领军企业的产业引领作用

充分发挥成套领军企业的引领带动作用，加强产业链的完整性，推动行业整体水平的提升。

建立由政府相关部门组织牵头、行业领军企业具体实施的重大技术装备国产化攻关机制。领军成套企业列出关键技术、关键工艺、关键材料、关键部机的短板清单，在强化核心技术研发的同时，加强薄弱环节（短板）技术，组织上下游企业成立产业联盟，对产业链依赖进口的环节进行集中攻关，实现知识产权共享和市场利益双赢。

（四）加大知识产权保护力度

完善知识产权保护相关法律法规，强化知识产权保护执法力度，建立知识产权综合服务平台。积极发挥行业协会的职能，加强行业自律和监督，塑造尊重创新、尊重知识产权的良好行风，鼓励采用竞业限制等手段，抵制挖人、单干等做法。

（五）把好行业发展战略安全关

气体分离设备是重要的基础装备，必须不断提升关键核心技术和重大装备自主化水平，加强对资本的管控，防止国内外资本对制造实体进行恶意打压、收购、炒作等。加大对外资收购行业头部企业、特种气体企业的审查力度。

工业气体是工业的生命线，必须把好战略安全关。建议对外企在国内气体领域的垄断性业务采取相应的反垄断措施，加强外企进入工业园区进行工业气体管网投资的监管，取消外企的投资特权，如避免其借帮助园区规划之名直接排他性地获得供气权等。

〔供稿单位：中国通用机械工业协会气体分离设备分会〕

冷却设备行业“十四五”发展规划

前言

冷却设备(包含冷却塔、空冷器、冷凝器及配套产品)作为节水的主要设备之一，广泛应用于石油化工、电力、能源、冶金、钢铁、食品、轻工、纺织、空调制冷等国民经济各领域。随着国民经济的发展，节能减排政策和最严格水资源管理政策的实施，以及节水节能型冷却设备的研发和应用，我国冷却设备行业经过 60 多年的发展，已形成了较为完备的产业发展体系，规模不断扩大，科技创新能力不断增强，标准化体系不断完善，产业链条不断延展，国际市场不断开拓，行业整体逐步向节能、节水、高效、低噪等高质量方向发展。

“十四五”时期，我国将开启全面建设社会主义现代化国家新征程，迈进新发展阶段，也是推动冷却设备行业高质量发展的加速期，牢固树立和贯彻落实“创新、协调、绿色、开放、共享”的新发展理念，坚持创新驱动发展、优化产业结构、搭建产业链集群，助力构建一个绿色、健康、环保、可持续的冷却设备行业美好未来。

本规划根据《中共中央关于制定国民经济和社会发展第十四个五年规划和二〇三五年远景目标的建议》编制，主要回顾了冷却设备行业“十三五”期间的发展成绩和不足，阐明冷却设备行业发展的指导思想、基本原则、发展目标和保障措施，为“十四五”时期我国冷却设备行业的发展提供导向和指引。规划期为 2021—2025 年。

一、行业发展概述

冷却设备是使液态被冷却介质温度强制降低或气态被冷却介质强制冷凝，并将产生的废热排向大气的通用设备，包括蒸发冷却（冷凝）器、空气冷却（冷凝）器、冷却塔和空冷塔（岛）。冷却设备中典型产品是量大、面广的各种类型的冷却塔。冷却塔按应用领域可分为工业冷却塔和民用冷却塔，其中工业冷却塔市场占比约 56%；按被冷却水与空气接触方式可分为开式冷却塔和闭式冷却塔，其中开式冷却塔市场占比约 68%。

“十三五”期间，冷却设备行业总体呈现稳中有升的发展态势，重点企业稳步增长，行业整体发展水平大幅提高，技术创新力度持续加大，制造工艺、管理水平、产品质量大幅提升。冷却设备产品从设计、加工、制造到装调、交付逐步趋向成熟，部分产品技术指标已接近或达到国际先进水平。企业“走出去”步伐加快，国际竞争力不断增强。

二、“十三五”期间取得的成绩

（一）产业规模不断扩大，重点企业稳步增长

根据中国通用机械工业协会冷却设备分会统计的 20 余家重点企业数据和调研情况，我国冷却设备行业主营业务收入从 2016 年的 119.7 亿元增长到 2019 年的 143 亿元。产业规模不断扩大，重点企业稳步增长。

“十三五”期间，我国冷却设备行业出口交货值为 45.35 亿元，其中，民用塔出口交货值占出口总值的 43%，工业塔出口交货值占出口总值的 25%。

（二）科技创新迈上新台阶，自主创新能力不断增强

1. 工业冷却塔在节水、消雾、节能、降噪等领域均有所突破

超大型自然通风冷却塔高位集水装置、核电冷却塔、环保型冷却塔的研发取得新进展。实现了超大型自然通风冷却塔高位集水装置技术的标准化设计及产业化生产。该技术具有节能、低噪

声、综合换热性能佳等优点。该项成果已应用于神华国华九江电厂高位塔高位收水装置项目。实现了核电用冷却塔的标准化设计，已具备整塔的工艺、结构的设计能力，以及核电用冷却塔各部件的生产、安装能力和整塔的运行调试能力。该项成果已应用于田湾核电站5号、6号机组，为两台百万千瓦级核电机组提供机械冷却塔芯材料，总循环水量为1 800m^3/h。实现了环保型冷却塔消雾、节水、降噪一体化设计方法及总成技术，优化了三维空气导流装置，增强了消雾效果，可实现风筒出口无羽雾。该项成果已应用于杭州九峰生活垃圾焚烧发电项目。

针对冷却塔高效节能节水的难题，行业企业自主研发了大型智能化复合型闭式循环水冷却系统。该系统创新点在于，可通过智能控制对传统空气冷却和蒸发冷却两种方式进行优势组合，形成1+1＞2的突破性效果，并且可根据实时工况自动切换最佳运行模式。在现场考察的测试数据中，产品的节水量突出，节能效果显著，各项运行指标均达到预期。该产品已在河南、山西、甘肃、新疆、陕西等地的煤化工、能源企业开展示范应用。

2. 民用冷却塔不断优化布水系统、冷却系统集成、塔型结构和安装设计方式，降低能耗、水耗和噪声

研发的变流量冷却塔技术及冷却塔平衡系统可以实现冷却塔内部均匀布水，即使冷却塔多台运行，依然可以改善近端水多、远端水少的不平衡现象。该技术已广泛应用在宾馆、酒店、轨道交通等项目中。

针对传统循环水冷却塔存在能耗高、耗水量大、水雾浓等问题，自主开发填料盘管复合式节水冷却系统。根据传热传质机理研究和数值计算分析，优化确定复合式冷却塔主要结构形式，研制高效循环水冷却强化管换热器和喷淋系统，研发添加特殊纳米级导热粒子的喷淋水传热冷却工质，构建基于设计参数、结构参数和运行参数三者最优平衡的冷却系统集成，优化风机配风量和水泵喷淋水量，可实现冷却系统高效、节能、节水运行，较传统的冷却塔节水10%以上、节电5%以上。

在冷却塔节水技术、节能技术、消雾技术、降噪技术上也有所突破。节水技术：通过在冷却塔气室两侧增加高效空冷换热装置，循环水在该装置内的冷却不产生水的蒸发，该部分的换热量占总换热量的15%～20%，因此与常规冷却塔相比，年均节水率（以蒸发水量计）达15%～20%；节能技术：通过精细化设计，使冷却塔上塔压头和风机电机能耗做到更低；在高回水压力循环水系统中，通过合理设计，利用水动风机技术，合理有效利用高回水压头，节约风机电机用电。消雾技术：通过降低从风筒出口排出气流的相对湿度，从而减少与大气混合过程中产生的水蒸气冷凝现象，实现低温环境下运行的羽雾减排。降噪技术：通过增加进风口消声器、排风口消声器、风机电机减振装置、消声填料等装置，与常规冷却塔相比，冷却塔设备标准点处噪声降低3～10dB。

研发的新型鼓风式逆流冷却塔既具备常规逆流冷却塔的高效换热特点，又兼具保护风机、减少空气热回流的优点，与常规冷却塔相比，在技术和结构上均进行了突破性改革。该鼓风式逆流冷却塔可以根据系统的需要和场地要求，灵活选用单台结构形式、多台模块组合形式或多风机拼装组合形式，是冷却塔安装设计方面的一个突破。

3. 实验室、测试平台建设步伐加快，为新部件、新产品研发提供保障

行业重点企业不断加大自身能力建设，加快发展步伐，成立了省级超大型高效节能冷却塔工程技术中心，具备工艺、电气、空气动力等综合性专业设计能力和经验。建立了节能节水降噪冷却系统工程实验室、冷却塔热力性能实验室、填料性能测试场、冷却塔综合性能测试系统、冷却塔风机性能测试装置、冷却塔散水系统性能测试平台和冷却塔材料物理性能实验室，为冷却塔整体及核心零件性能测试、优化、验证提供了一系列实验验证平台，为不断推出新零件、新部件、新产品提供保障。同时，行业企业积极与上海理

工大学、扬州大学等高校建立联合研发中心，聘请上海交通大学知名教授以及冷却塔行业知名专家为指导顾问。通过理论的指导及大量的实验与验证，新产品不断涌现，持续提升产品的科技含量，推动行业科技进步。

（三）自动化水平大幅提高，信息化程度持续提升

对流水线自动化设备进行改造升级，提高自动化水平，采用流水线汽车工业化模式生产冷却塔。将数控设备应用于钣金件生产中，实现结构件流水线作业；将原部分焊接结构件经设计改进，改为钣金结构件，减少焊接工艺及镀锌工艺，实现无焊接工艺；五金件生产基本实现数控自动化，减少了人工劳动强度，生产效率提高 3 倍以上。通过探索智能工厂建设途径和应用新模式，建设集在线生态圈、共享设计、智能制造、远程运维和客户体验中心为一体的智能工厂，引进数字化设备、焊接机器人、自动涂装线等硬件设备，包括在线供需平台、客户智能选型软件、数字化研发平台、智能制造 MES 系统、智能立体仓储和 AGV 智能物流系统等。以智能工厂建设促进智能产品研发，有效利用智能工厂的优势，提高装备制造的智能化水平和国产化水平，开发出一系列具有较强国内外市场竞争力的智能产品，最终实现企业销售、研发、制造、维保、供应链全生命周期的精益管理和智能化控制。

采用客户关系管理系统（CRM），推行 GIT 准时化生产模式，在此基础上导入了 6S 管理和 TPM 全员设备管理理念。利用互联网 +，构建了数字化客户协同平台、数字化供应协同平台、数字化内部运营平台、数字化设计开发平台和数字化决策支持平台。通过五大平台的有机联系，形成了特色的信息化系统，将企业形象、优质的产品和服务奉送给客户、供应商等。依托互联网 + 平台的创新模式，投资开发手机移动端的创新 APP，致力于打造开放、创新、专业的社群。优化产业组织，扩展荟聚云家平台，帮助客户实现多云资源的调配和管理。针对企业客户底层去 IOE 和资源池化、上层应用互联网和大数据化的需求，提供自主可控的云平台细分市场的解决方案。

通过提高自动化和信息化水平，减少原材料、运输、人工、环保成本普遍上涨的压力，提高生产效率、产品质量和管理效率，提升市场竞争力。个别重点企业已经开始创建基于物联网及云平台的制造模式，生产、管控流程更加顺畅，市场响应能力进一步增强。

（四）标准体系不断完善，多项标准填补国内空白

新增了 GB / T 7190.3—2019《机械通风冷却塔　第 3 部分：闭式冷却塔》和 T/CGMA 101002—2019《蒸发式冷凝器》、T/CECS 517—2018《消雾节水型冷却塔验收测试规程》、T/CECS 681—2020《间接空冷塔空冷散热器传热元件试验规程》标准，填补了该领域标准空白；组织修订了 GB/T 7190.1—2018《机械通风冷却塔　第 1 部分：中小型开式冷却塔》、GB/T 7190.2—2018《机械通风冷却塔　第 2 部分：大型开式冷却塔》、GB/T 50050—2017《工业循环冷却水处理设计规范》、GB/T 50392—2016《机械通风冷却塔工艺设计规范》等国家标准，T/CECS 118—2017《冷却塔验收测试规程》团体标准和 DL/T 742—2019《湿式冷却塔塔芯塑料部件质量标准》行业标准，标准化体系不断完善。

（五）人才培养工作持续推进

充分发挥协会的桥梁纽带作用，与高校联合开展专业技术人才培养工作，同时邀请科研院所专家和企业资深技术人员一同授课，针对从事冷却设备设计、制造、测试、选型、技术支持等工作的工程技术人员和从事节水节能方面的工程技术人员，定期举办冷却设备专业知识培训班。该类培训班已成功举办了 5 期，培养了 200 余名技术人员和管理人员，为推动行业科技创新和技术升级提供了有力的支撑。

三、“十三五”行业发展中存在的问题

“十三五”期间，我国冷却设备行业虽然取得了一些成绩，但是行业发展不充分、不平衡的

问题仍然比较突出。

（一）基础研究投入不足，核心关键技术发展不充分

一是基础科学研究短板较为突出，核心理论发展缓慢。关于冷却塔理论计算的研究可追溯到20世纪20年代，从最初的温压差模型到1925年迈克尔提出焓差模型，直到如今仍在沿用。虽然期间各种经验公式及求解思路在不断调整和改进，但远未触碰核心。二是核心及关键性技术创新有待提高。近年来，整体技术创新能力虽有所提高，但填料热力阻力性能、风机节能及安全性能等一些核心技术、关键性技术创新能力不足，相关试验台及平台建设力度不够。

（二）企业生产成本上升，经营难度增加

近年来，随着国内生产要素价格的上涨、环保成本的提高以及制造环节内外竞争的强化，加上全球需求减弱，企业盈利能力降低。劳动力成本、工业用地成本和环境保护成本上升，需求疲软，导致企业生产经营困难加大。

（三）流动资金不足，融资难、融资贵

冷却设备行业用户付款周期较长，资金短缺始终是制约企业发展的问题之一。冷却设备行业绝大部分企业都是民营企业，并且以中小型企业居多。民营企业融资环境不佳，融资渠道较为狭窄。中小企业融资成本高，融资结构不合理。经测算，我国中小企业的融资成本已经高于10%，而社会平均融资成本为7.6%。如果中小企业选择融资租赁、保理、小贷等融资方式，其融资成本则可能达到20%。与此同时，中小企业融资结构单一，过度依赖于银行贷款，外部融资比重过小。一旦企业无法获得银行贷款，企业将失去重要的资金来源，资金运转将难以为继。

（四）同质化竞争残酷，利润率低

冷却设备行业从业门槛较低，小企业偏多。据中国通用机械工业协会冷却设备分会统计，全国从事冷却设备生产的企业数量超过200家，主要集中在广东、江苏、浙江、上海、山东、河北、河南等地区。产值约10亿元的企业仅1家，产值为5亿～10亿元的企业仅2家，产值为1亿～5亿元的企业约20家，产值为0.5亿～1亿元的企业有30～40家。绝大多数企业为产值2 000万元以下的小企业，同质化竞争残酷，平均利润水平越来越低。行业监管力度不足，产品质量参差不齐，市场上低价中标的情况仍相当普遍，影响了同类企业的健康发展。

（五）安装、维修人员素质参差不齐，影响设备性能

冷却设备安装、维修是设计、生产工作的延续，新设备安装是否正确、合理将直接影响整个设备的性能。能否对出现的问题提出合理的维修方案并能切实解决问题也将影响后续设备的使用。行业中经常存在设备安装/维修操作不当、操作不规范、管理混乱，不重视细节、不重视质量的现象，影响设备的性能和品质，对冷却设备生产企业乃至整个行业造成不利的影响。

四、面临的形势与市场环境

（一）宏观经济形势

从国际上来看，当今世界处于百年未有之大变局，国际经济、科技、安全等格局都在深刻调整。全球不同经济体间收入差距逐步拉大，投资愈发疲软，经济潜在增长率下降，特别是以劳动密集型产业为主的新兴经济体和发展中国家面临的挑战尤甚。另外，全球发展环境不确定性加大。单边主义、保护主义依然盛行，由此导致的科技战、贸易战阴霾不散。

从国内来看，“十四五”时期，国家提出推动经济高质量发展，要着力推动经济发展质量变革、效率变革、动力变革，增强经济竞争力、创新力、抗风险能力。要把实体经济特别是制造业做实做优做强，把提升全产业链水平作为主攻方向，加强新型基础设施建设，加快建设产学研一体化创新平台，强化科技创新体系能力，坚定创新信心，着力增强自主创新能力，努力实现关键核心技术自主可控，要深化国有企业改革，支持民营企业发展，发扬企业家精神，激发各类市场主体活力。“十四五”时期，我国宏观经济仍将

保持较快增速，经济结构调整将不断优化升级，发展的驱动力由要素驱动、投资驱动转向创新驱动，加之超大规模国内市场优势，必将为行业发展带来巨大需求和新的发展动能。同时，我国发展的资源、环境约束日益增强，实现“碳达峰、碳中和”的目标为冷却设备行业带来新的机遇和挑战。

（二）产业发展环境

1. 工业节水为行业进一步发展带来了市场机遇

国家发展改革委和水利部联合印发《国家节水行动方案》（简称《方案》），逐步提高各领域、各行业用水效率，提升全民节水意识。《方案》提出，到 2022 年，用水总量控制在“十三五”末的 6 700 亿 m^3 以内，节水型生产和生活方式初步建立；到 2035 年，全国用水总量严格控制在 7 000 亿 m^3 以内，水资源节约和循环利用达到世界先进水平。

随着《方案》的实施，国家将大力推进工业节水改造，推动石化、冶金、电力等高耗水行业节水增效，加快关键技术装备研发，促进节水技术推广转化，推动技术成果产业化。《方案》也将为担负工业节水重任的冷却设备行业带来新的市场机遇，并推动行业技术更新和升级。

2. 数据中心的快速发展为行业带来了新的经济增长点

随着互联网 +、大数据应用等一系列信息化大工程的提出和推进，5G、云计算、物联网等新型技术快速发展，数据中心规模和数量急速扩大，同时，数据中心的能耗问题也日益凸显。据了解，我国数据中心能耗已占全国电力消耗的 5%，而数据中心的冷却系统能耗占数据中心总能耗的 40%。未来若干年内，数据中心对高效节能冷却技术的需求将持续旺盛，数据中心冷却系统的节能降耗将成为冷却设备行业新的经济增长点。

3. 轨道交通项目的加快推进为行业带来新的增量市场

《中华人民共和国国民经济和社会发展第十四个五年规划和 2035 年远景目标纲要》提出，加快城际铁路、市域（郊）铁路建设，有序推进城轨发展，稳步建设支线机场、通用机场和货运机场，积极发展通用航空，机场、地铁、高铁等领域的发展将给冷却设备行业带来新的增量市场。

4. 设备更新及产业整合为行业释放一定的存量市场

20 世纪 90 年代建设的工业塔和空调塔已运行了 20 多年，处于产品生命周期的末尾，需要更新换代，这将释放一定的存量市场。

石化、冶金、电力等领域产业整合、产业升级等新增固定资产投资会产生新增设备的需求。受国家节能减排等政策因素的推动，上述行业进行环保、节水、节能升级改造，也会产生设备更新的需求。

五、“十四五”行业发展思路和目标

（一）指导思想

深入学习贯彻习近平新时代中国特色社会主义思想，牢固树立和贯彻落实“创新、协调、绿色、开放、共享”的新发展理念，以深化供给侧结构性改革为主线，坚持质量第一、效益优先，切实转变发展方式，推动质量变革、效率变革、动力变革，推动冷却设备行业高质量发展。

（二）基本原则

1. 坚持创新发展

把创新作为引领冷却设备行业发展的第一动力；加快从以要素驱动和投资规模驱动发展为主向以创新驱动发展为主的转变；加快创新成果转化；走自主创新道路，掌握创新发展主动权；重视人才队伍建设，完善选人、管人、用人的体制机制；持续推进科技体制改革，构建产学研用创新体系。

2. 坚持绿色发展

坚持节水优先，强化水资源管理，充分发挥冷却设备的节水作用。配合高耗水行业技术改造，促进水资源可持续利用和经济发展方式转变，推动经济社会绿色发展，实现节水、节能、减排、环保、绿色发展。

3. 坚持协调发展

着力解决冷却设备行业发展不平衡、不充分的问题，协同基础研究和共性技术，搭建公共技术研发平台，推动行业技术进步；推动区域协调发展，使产业链不断完善，为行业高质量发展提供保障。

（三）行业发展目标

“十四五”时期，冷却设备行业发展将从追求“量”转变为重视“质”，加强自主创新能力建设，优化产业结构，提高产品质量和效益，建设绿色、协调、开放、共享的冷却设备行业生态圈。

1. 产业规模继续保持平稳增长

把握节水、节能等产业政策和云计算、大数据、物联网等产业带来的发展机遇，不断拓展国内、国际两个市场，推动企业加快国际化步伐。1 ～ 3 家企业进入全球行业前五位，3 ～ 5 家企业进入全球行业前十位。到 2025 年，力争 3 ～ 5 家企业真正“走出去”。“十四五”时期冷却设备行业年平均增长速度目标值为 6% ～ 8%。

2. 产业结构进一步优化

优化产业资源配置。到 2025 年，打造 3 ～ 5 家营业收入超 10 亿元的冷却设备企业，推动实现 1 ～ 2 家冷却设备企业具备上市条件。

推动产业并购整合。到2025年，力争打造1～2家供应链、生态链冷却设备解决方案供应商，构建国内冷却设备产业生态链；引导企业以市场为导向，发展中高端产品；鼓励企业走差异化路线，深耕细分领域。

3. 技术水平进一步提高

“十四五”时期，以推动行业高质量发展为目标，突破关键核心技术，解决消雾节水冷却塔、复合式冷却塔关键技术，引导并激励企业进行技术升级和改造；搭建高水平的实验平台和测试平台，拟推动建立国家工程研究中心、技术中心，分地区成立行业共享实验研发中心，共同研发，共享成果。

4. 数字化水平进一步提升

“十四五”时期，力争行业自动化、信息化、数字化水平迈上新台阶。加大数字化、智能化的技术、软件、装备等在企业生产经营各环节中的推广应用，力争 3 ～ 5 家企业在设计、生产、制造、经营管理网络上实现互联互通，搭建数字化车间和智能制造示范工厂。

5. 市场环境逐步优化

加强行业监督，打击以次充好、假冒伪劣等违法行为，推动形成公平、诚信的竞争环境。推进行业自律，发挥行业组织作用，着眼共同利益，维护行业间的公平竞争。鼓励行业组织及成员发挥监督作用，避免无序、低价恶性竞争。鼓励行业企业建立产品和服务标准的自我声明、自我公开和监督机制，推进企业诚信体系建设。

大力推介冷却设备行业优质品牌，树立我国冷却设备企业的良好形象。推动企业开展品牌战略规划工作，通过优化品牌运营模式与顶层设计，不断提升品牌的国际影响力。

强化知识产权保护和标准化体系建设，引导企业在新技术、新产品、新材料、新应用等方面进行知识产权布局，搭建知识产权保护运用公共服务平台。

六、“十四五”行业发展重点

（一）重点发展技术

1. 冷却设备的高效热质传递技术

综合考虑气水配比，特别要优化闭式冷却塔或蒸发式冷却（冷凝）器、换热器段与填料段之间的风量配比、喷淋水量配比；通过调整亲疏水性及表面形态等，使换热壁面有利于增强传热和减小阻力、不利于污垢生成和噪声产生；优化冷却设备内均匀布水和通风的流道形式，特别是变流量下的均匀布水，优选出常用的高性能喷淋装置进行水力学性能试验测试，通过对不同水压、喷嘴口径等条件下喷嘴的流量特征数、喷淋半径、喷淋装置组合均匀系数等参数的基础研究，提出变流量运行时均匀布水的可行性技术方案；选准风机、喷淋水泵的工作点并提高其变工况的柔性；推进导热塑料在闭式冷却塔抗冻和消雾冷凝模块等方面的应用。

2. 冷却设备的节能、节水及减排技术

采用高效风机、节能风筒、高效传动机构，综合分析开式蒸发冷却、闭式蒸发冷却（冷凝）、闭式空气冷却（冷凝）的技术经济性，根据需要复合上述三类冷却方式，将二级间接冷却升级为一级直接冷却，并分季节采用不同的运行模式，以实现节能、节水和减少占地面积；研究蒸发冷却和复合冷却技术对不同用户、不同行业节能减碳的计算方法和贡献率函数；通过水轮机将冷却水系统中的余压转化为电能，采用智能化电源管理技术，以实现对高位冷却水余压的广域利用；采用低噪风机、吸声风筒和挡水百叶等，以控制噪声；水处理技术由化学手段转向物理手段，变传统的“阻垢”为“主动析垢”，将结垢场所从换热工作面转移至非工作面，从根本上转移结垢风险，在节水的同时实现减排；发展填料的物理搭接、热接技术，逐步淘汰填料的粘接工艺，实现绿色生产，减少空气污染；从对环境的影响和能耗、水耗方面综合评估更低环境温度下消雾的技术经济性，针对不同工况对冷却塔羽雾特性影响进行试验研究，进一步完善消雾冷却塔的设计及测试技术，发展有利于节能、节水、减排的消雾技术，逐步规范消雾冷却塔产品。

3. 冷却设备测试技术及智能化和物联网技术

改进飘水率、消雾、淋水及通风均匀性等的测试技术，以更准确地评价节能、节水效果；提高冷却设备设计、生产、运行控制的智能化。发展物联网技术，将冷却设备作为一个节点，置于冷却水系统乃至整个工艺系统中，通过智能化运行控制和故障预警，提高系统的能效和安全性。采用物联网技术，随时随地记录并分析冷却设备的运行特性，有利于保证冷却设备的性能，并推动冷却设备设计和运行控制水平的不断提高。

4. 冷却设备模块化、撬装化、可移动技术

为提高设备使用效率，对季节性、突发性冷却需求，发展模块化、撬装化、可移动的冷却设备及技术，如为应对核电站乏燃料池事故状态的应急冷却、补充极端气候条件下设计冷却能力不足时的冷却需求等。

（二）重点发展产品

（1）发展大型开式机械通风冷却塔、寒冷地区防冻冷却塔、高位集水冷却塔、海水冷却塔、节水型消雾冷却塔、与垃圾焚烧发电厂配套的冷却塔、与轨道交通电力升压站配套的冷却设备、与西气东输加压站配套的冷却设备、大型火电空冷机组中的空冷凝汽器以及空冷岛的优化和更新等。这些产品主要用于石油化工、煤炭深加工、电力、冶金、城市化建设、交通和新能源等领域。

（2）开发间接蒸发冷却塔和空冷器。从反映物理过程的动态数学模型入手，结合数值分析、实验研究及现场测试验证，科学界定该产品特征技术的适应性范围，指导该类型产品的合理推广。特别在数据中心冷却系统中的应用，要根据不同地域、不同季节和不同用户的冷却需求，研发具有适用性和专用性的冷却塔。将数据中心新型冷却技术细分为较多的适用性强的专有冷却技术，并进行结构优化，从而降低数据中心制冷系统能耗，提高制冷系统综合制冷系数。根据数据中心全年运行负荷特性，结合冷却塔运行台数和风机频率，进行寻优控制，降低数据中心制冷系统能耗。

（3）开发干湿型冷却塔。该类产品将干翅片管和湿光管冷却技术进行耦合，以解决传统冷却塔在北方地区全年运行存在水耗等瓶颈问题，可提高水资源利用率，节约冷却系统综合能耗，符合我国可持续发展的战略要求。

（4）开发水环热泵系统的换热塔。冷却塔普遍用于散热，但将其逆用吸热作为空调热泵制热的低温热源，有着独特的优势与应用前景。在吸热工况下，塔内空气与防冻液进行比冷却塔更复杂的热质交换过程。充分研究空气与防冻液之间的热质机理，掌握其与热泵机组的耦合特性，以及如何适用制冷与制热两种工况，是该类产品的关键技术。

（5）开发新型淋水填料，使其具有更好的热质传递特性、阻力特性，更高的耐温性，更长的寿命。并能淘汰粘接工艺，实现绿色生产。

（6）开发与冷却设备测试技术及智能化和物联网技术相关的新产品，与冷却设备模块化、撬装化、可移动技术相关的新产品，与循环水处理的复合除垢、阻垢、析垢技术相关的新产品，与冷却设备减噪技术相关的新产品、并探索有利于上述新产品推广应用的商业模式。

（7）推广基于智能化电源管理的循环冷却水余压回收节能系统。该系统对为满足冷却需求所需风机功率、冷却水余压所能转换的水轮机输出功率，与电网供能进行一体化监测与控制，使水轮机在冷却水流量和压力大幅变动的情况下能提供稳定的电能，解决了传统水轮机冷却塔影响冷效的技术瓶颈，是冷却水系统节能的有效方式。

七、保障措施和政策建议

（一）加大政府对行业发展的支持力度

建议政府部门、央企、国企优先使用国产冷却设备，尤其是国家投资项目优先采用国产化设备，保障国内企业享受公平待遇。

加强对企业的资金支持，改善行业企业回款流程长的问题，改善民营企业、中小型企业融资难、融资贵的问题。鼓励金融机构发展知识产权质押融资、科技保险等科技金融产品，开展科技成果转化贷款风险补偿试点，鼓励基金等资本投资新产品、新技术。

（二）加强科技创新平台建设力度

我国冷却设备行业经过多年发展，设计、制造水平有了很大提高，但在产品的规范性、精确性和创新性等方面还需要进一步提高。鼓励企业加快产品试验、检测等技术基础和研发平台建设，为产品开发、性能测试等提供基础保障；鼓励现有高校、院所、企业的科研平台积极开展共性研究；引导企业自主创新，走创新驱动的发展道路，激发企业活力和核心竞争力。建议政府相关部门在政策和资金上给予支持。

（三）营造良好的市场环境

倡导企业从自身出发，自觉抵制恶性竞争行为，维护公平的市场竞争秩序，共同营造良好的市场销售环境。

引导企业分析自身优劣，根据当前的产业政策和市场环境，找准定位，走差异化发展路线。

（四）充分发挥标准对行业发展的引领和规范作用

健全标准体系，做好以节能、节水、智能、环保等为代表的高科技含量标准的制定工作。提高标准化水平，在标准的立项上，注重项目的系统性和可靠性，使标准体系结构更趋合理；在标准的编写上，注重调研数据的真实性和全面性，使标准内容更加丰富、可靠。大力开展新版标准的普及、宣贯工作，不断提高行业标准体系的整体水平。

（五）加强知识产权保护力度

建议政府部门加强政策引导，努力营造重视知识产权的社会氛围。加强对重点行业、领域和地区的知识产权保护，集中力量查处情节严重、影响恶劣的侵权案件。深化部门和区域知识产权行政执法与维权协作机制，探索知识产权执法新途径，营造良好的知识产权保护环境。

（六）充分发挥行业协会职能

充分发挥行业协会上传下达、桥梁和纽带的作用。一方面，宣传贯彻执行党和国家的方针、政策；另一方面，开展行业调查研究、行业数据统计工作，掌握行业一手数据并进行整理分析，为政府部门提出政策建议，争取国家相关政策支持。

积极开展新产品、新技术、新装备的推广工作，开展对外交流与合作等促进行业先进技术推广和应用的活动，推动行业企业与企业之间、企业与高校和科研院所之间、国内企业与国外企业之间的互动交流合作，推动行业高质量发展。

〔供稿单位：中国通用机械工业协会冷却设备分会〕

气体净化设备行业“十四五”发展规划

前言

气体净化设备是指去除压缩气体中污染物（包括油、水、固体颗粒、微生物、气态污染物等）的设备，主要包括干燥器、过滤器、气/液分离器、冷却器、排污阀和冷凝液处理器等。气体净化设备行业是随着工业现代化、自动化的需求而发展起来的。随着电子、微电子、高铁等行业的飞速发展，以及人们对医药、食品、饮料等安全问题的日益重视，工厂对压缩空气质量的要求越来越高，对气体净化设备的需求也越来越大。

气体净化设备作为压缩空气系统的重要组成部分，广泛应用于工业生产各个领域，尤其是芯片、军工、机械、纺织、生物、医药、食品、饮料等领域对压缩空气的质量要求更是越来越高。

“十三五”期间，我国气体净化设备行业快速发展，产值规模进一步扩大，技术水平和自主创新能力显著提高。几家骨干企业积极创新，不断投入研发资金，技术和品牌影响力都取得了很大进步，带动了全行业的发展。

“十四五”时期是我国全面建成小康社会、实现第一个百年奋斗目标之后，乘势而上开启全面建设社会主义现代化国家新征程、向第二个百年奋斗目标进军的第一个五年。气体净化设备行业将认真贯彻国家产业政策，以推动行业高质量发展为目标，实现行业的健康稳定发展。为明确“十四五”时期行业发展方向与发展重点，特制定此规划。规划期为 2021—2025 年。

一、“十三五”行业发展概况及取得的成绩

据中国通用机械工业协会气体净化设备分会初步统计，2020 年，全国共有气体净化设备生产企业 200 余家，实现产值 45 亿元左右。整体来看，“十三五”期间，气体净化设备行业在产品升级、高端制造、标准和专利等方面都取得了进步，并出现了一批优秀的企业。这些企业逐渐做大做强，市场份额不断扩大，品牌知名度也在不断提升，取得了较好的成绩。

（一）研发力量及技术储备得到有效发展

经过“十三五”期间的发展，部分企业已拥有过硬的研发力量和技术储备。这些企业通过引进优秀的技术人才、建立专业的研发团队、完善基础实验平台，通过软件设计、基础研究，形成了各自的设计理论体系，并能设计开发出高端、可靠的净化设备。

许多企业关注细分市场、国家重点领域，并积极研发和布局，不断完成项目攻关和技术储备。目前在新能源、核电、高铁、军工、天然气、二氧化碳回收系统、小型吸附制氧/制氮系统等领域都有国产净化设备的身影。

优秀企业通过技术的发展引领了行业进步，行业协会组织的技术交流也促进了企业间相互学习。“十三五”期间，整个行业的技术水平取得了明显的进步，与国外的差距逐渐缩小。目前国内各个行业使用的压缩空气净化产品大部分已实现国产化。我国生产的压缩空气净化产品能满足国内高科技产业的中端市场需求，部分企业的产品已进入高端市场。整体来看，虽然行业大多数企业仍处于跟跑阶段，但也有少数企业已经与国外企业进入并跑阶段。

（二）节能型产品得到快速发展

气体净化设备作为压缩空气系统中的重要产品，虽然耗能高，但节能空间很大，对国家节能目标的实现具有一定的推动作用。

“十三五”期间，随着节能环保政策的实施，无热吸干机和微热吸干机在许多领域受到了限制，

而压缩热吸干机、零气耗吸干机、节能型冷干机等产品越来越受到用户的青睐和认可，得到了快速发展。

部分企业关注钢铁等行业的节能改造，帮助用户对压缩空气系统进行改造，取得了明显的效果。

（三）产业链进一步完善

在气体净化设备行业的发展过程中，也涌现出了一批生产干燥器控制系统、吸附剂、冷凝器和蒸发器、排水器、阀门的专业配套企业。这些企业各具特色，密切联系行业，与净化设备生产厂家协作开发新产品，能够满足中低端产品的需求，能够满足部分高端产品的需求。

部分企业不仅为压缩机配套，而且直接面向用户，帮助客户诊断系统的问题，逐渐走出一条压缩空气系统升级改造的道路。

（四）标准体系逐渐建立

“十三五”期间，气体净化设备行业共完成 8 项标准的制修订，其中国家标准 3 项、行业标准 5 项。压缩空气质量测试方法系列标准已全部立项，一般用冷干机和吸干机标准也已修订完成，气水分离器、过滤器的产品标准已经发布实施。

“十三五”末，共有压缩空气净化相关标准 20 项，部分标准在制修订中。目前，气体净化设备行业的标准体系已经形成基本雏形，内容涵盖了压缩空气质量检测标准、主要产品试验方法标准、主要产品标准和基础标准。

（五）新产品

“十三五”期间，行业企业加强技术创新，研发出多项新产品、新技术，满足各领域市场需求。

1. 低露点吸干机

研制出压力露点低于 -70℃（1 级指标）的吸干机。产品能够稳定、可靠运行，目前已成功应用于芯片、半导体等行业。

2. 零气耗吸干机

开发出不同流程的零气耗吸干机，广泛应用在钢铁等行业。

3. 压缩热吸干机

可充分利用压缩机余热的压缩热吸干机得到快速更新换代，在产品节能、露点稳定性、工艺流程等方面取得了进步。

4. 转鼓式干燥机

随着无油螺杆式及离心式压缩机的发展，开发出了转鼓式干燥机。该干燥机有效利用了压缩机的余热，具有零气耗、体积小的特点。

5. 高压冷干机

针对行业需求开发的 40MPa 高压冷干机可应用在高压气体领域。

6. 变频冷干机和蓄冷型冷干机

结合压缩空气系统的变工况条件和节能技术开发的变频冷干机和蓄冷型冷干机为压缩空气系统的节能提供了重要保障。

7. 除二氧化碳吸干机

许多行业对二氧化碳的排放提出了指标要求，除二氧化碳吸干机应运而生，已应用在新能源正极材料等领域。目前通过该类型吸干机的二氧化碳残余含量降到 1×10^{-6} 以下。

8. 催化除油设备

根据催化氧化除油技术，开发出转化式除油机，实现压缩空气的深度除油。

9. 催化燃烧余热利用设备

催化燃烧技术广泛用于涂装、印刷、机电、家电、制鞋、注塑厂及各种化工车间的挥发或泄漏的有害有机废气的净化。针对催化燃烧技术中产生的余热再利用，开发了催化燃烧余热再生吸附式干燥器。

10. 二氧化碳液体冷量回收装置

在二氧化碳回收设备工作时，二氧化碳液体气化过程中产生的潜热可以用于二氧化碳气体液化，从而节省制冷机组的功耗。根据该需求，行业企业研制了二氧化碳液体冷量回收装置。

11. 冰机

研制出 2 000 ～ 30 000m^3 的低温液化冰机，主要应用于天然气等能源行业。

12. 配套产品

吸附剂、阀门、换热器及控制、测试、管理等配套产品也有了很大的发展，如开发的新型错流式冷干机换热器，处理气量为 1 ～ 25m^3/min。开发的产品还有用于吸附式干燥器的三通止回阀、四通阀，高吸附量活性氧化铝，吸附剂真空负压吸填装置，压缩气体综合测量系统，峰谷平能源管理系统等。

二、目前制约行业发展的主要问题

（一）行业集中度不高，同质化竞争严重

截至 2020 年年末，气体净化设备行业生产企业有 200 余家，年营业收入约 45 亿元。企业数量多、规模小，行业集中度不高。

气体净化设备行业低端产能过剩，产品同质化竞争严重。有些企业为了求生存，以低价抢占市场，不惜降低产品质量，造成恶性竞争，导致市场秩序混乱。

（二）技术研发整体投入不高

行业内大多数企业基本上采用边接订单、边设计、边生产的固有模式，创新能力弱、产品技术含量低、企业发展后劲不足的情况在行业内比较普遍。研发投入不足主要体现在：研发投入占销售收入的比重仍然处于较低水平，研发人员占从业人员的比重相对偏低，企业对人才培养不够，企业缺乏研发实验平台。

（三）尚未建立高端领域的品牌影响力

国内气体净化设备生产企业在基础理论、研发能力、创新能力、前瞻性、精益生产及市场策略等方面与欧美企业相比还有一定的差距。国产气体净化设备虽然在新能源、核电、高铁、天然气等领域的应用都有了一定的进展，但尚不能撼动国外产品的主导地位。

（四）高端原材料和配套产品水平亟待提升

虽然国内气体净化设备产业链已基本完善，但在高端原材料和配套产品方面，尤其是高端吸附剂、滤材、传感器、控制系统等仍不能满足产品的需要。过滤器的滤材严重依赖进口，露点变送器等测量设备也主要依赖进口。

（五）企业经营环境仍需改善

气体净化设备行业中的最低价中标现象比较普遍，对市场造成了不利影响，损坏了部分企业的利益，使得行业陷入恶性竞争。此外，气体净化设备等工业产品需考虑运行成本，目前在用户招标时尚未形成共识。因此，急需改善投标机制，优化企业经营环境。

（六）行业标准体系需进一步完善

行业标准体系中仍缺少细分领域和主要配套零部件的产品标准。部分标准标龄过长，不能满足实际需要，需要加快修订步伐。气体净化设备行业的标准体系还需要进一步完善，标准的技术水平仍需进一步提高，标准的可操作性、行业规范作用需要进一步增强。

（七）其他制约行业发展的问题

目前，制约行业发展的其他问题有人才匮乏、许多认证不能实现国际互认（如压力容器证书、医疗行业准入证）、基础数据共享平台欠缺、企业管理参差不齐等。

三、“十四五”行业发展环境和市场需求

（一）国内外环境

当前，经济全球化遭遇逆流，国际环境日趋复杂，不稳定性、不确定性明显增强。“十四五”时期，我国发展环境面临深刻复杂变化，当前和今后一个时期，我国发展仍然处于重要战略机遇期，但机遇和挑战都有新的发展变化。

我国进入新发展阶段，发展基础更加坚实。“十四五”规划指出，“十四五”时期推动高质量发展，必须立足新发展阶段、贯彻新发展理念、构建新发展格局。必须坚持深化供给侧结构性改革，以创新驱动、高质量供给引领和创造新需求，提升供给体系的韧性和对国内需求的适配性。

（二）行业市场环境

受益于国内产业升级、绿色发展、节能环保、供给侧结构性改革等政策拉动，气体净化设备行业作为生产制造领域的基础行业，仍处在快速发展的机遇期。但行业也需要进行产业升级，提供绿色、节能环保、稳定可靠、满足高端需求的净

化设备产品。

随着中美贸易摩擦不断升级，我国遭遇了许多行业的“卡脖子”事件。国家不断加大对高端制造业、基础行业（如电子芯片、屏幕、医疗器械、高铁等）的投入，这对净化设备提出了更高的要求。

绿色产品、绿色工厂的推广为压缩空气系统改造提供了机遇，对节能环保型净化设备的需求也逐渐增大，如我国拥有压缩热再生吸干机的绝大部分市场。

（三）行业技术发展趋势

气体净化设备产品短期内应该不会出现颠覆性的新型产品，但生产企业一直在现有产品基础上进行优化研究，开发新型产品，进行技术储备并拓展新市场。现有技术主要朝着节能环保、深度净化、提高可靠性、模块化、智能化、工业互联网化以及适应不同领域需求的方向发展，如研发零气耗吸干机、循环式冷干机、干燥剂的回收再利用、新型环保制冷剂的使用、催化氧化式净化器、转鼓式干燥器、高可靠性的高压净化装置、模块式吸干机、膜式干燥器、除菌过滤器等技术和产品。

除了一般用途的压缩空气系统外，净化设备行业重点关注的产品应用领域有高端电子、医药、生物制药、高端食品、饮料、烟酒、石化、新能源、军工、造船、国防、科研、电子提纯气及天然气等行业。这些行业往往对压缩空气质量和净化设备产品的可靠性有更高的要求。

四、“十四五”行业发展思路与目标

（一）行业发展思路

以国家产业政策为导向，围绕绿色、节能环保、质量提升，配合国家重大技术装备发展，加快创新平台建设，加大技术创新力度；瞄准国际国内两个市场，在“一带一路”倡议的指引下，实施技术装备“走出去”战略，形成一批具有国际竞争力的气体净化设备企业。

（二）行业发展目标

“十四五”时期，气体净化设备行业的发展始终重视“质”的增长，淘汰落后产能，扩大中高端产品比例，形成一批大而强的企业。到2025年，全行业力争形成4～6家产值超过3亿元的企业、10～12家产值超过亿元的企业。“十四五”时期，气体净化设备行业经济运行保持适度增长，经济增长速度保持在5%～7%。

1.基础和共性技术发展目标

推进气体净化设备行业的技术水平提升，重视基础技术和共性技术研究，组织行业企业联合科研院所、大专院校、基础材料生产企业，开展基础材料的研究，完善气体净化设备行业用分子筛、玻璃纤维等的特性指标。鼓励行业创新，促进企业研发平台的建设，完成绿色节能产品的更新换代，推出一批细分领域的技术产品。到2025年，行业重点企业产品的技术研发能力达到国际先进水平。

2.产业结构调整目标

加快产业结构升级，重视开拓细分领域。“十四五”时期，加大中高端和绿色节能产品研发力度，稳定中端产品的市场份额，使得中高端产品的比例明显提高。围绕工业物联网和大数据，实现气体净化设备产品向智能化方向的改进、升级。针对生物医药、军工、氢能源、高铁、天然气等领域的需求，培育出一批新型产品。

3.服务型制造发展目标

扶持两三家具有国际水平的骨干企业，使其创新能力、研发能力、技术水平达到世界一流水平，其品牌效应、出口能力达到世界领先水平，并带动国内行业整体技术水平的提升。推动企业向服务型制造企业发展，使企业既可以销售净化设备，也可以直接销售压缩空气，提高用户的用气水平。

4.完善标准化体系目标

继续完善标准化体系，提高行业标准化水平，重点制定一批具有国际、国内先进水平的绿色产品、细分产品、主要零部件的标准，形成完整的标准体系。在国际标准化方面，从单一采用国际标准转变到积极参与国际标准制定，并不断推动我国的产品标准“走出去”。

五、“十四五”行业发展重点

（一）重点任务

1. 加强行业技术创新能力建设

我国气体净化设备产品目前还处于从模仿到创新的关键阶段，许多理论和设计经验都需要完善，如吸附剂的吸附性能曲线研究、滤材的过滤特性研究等都是净化设备设计的关键点，仍然缺乏试验数据和设计理论。行业内急需开展的工作还有干燥器的理论基础、过滤器的设计理论和试验研究、吸干机和活性炭过滤器的寿命研究、如何在现场合理配置气体净化设备、压缩空气质量和能耗在线监测的技术研究。这些基础研究都需要充分利用科研院所和大专院校的理论研究和试验平台，需要科研机构与行业企业共同开展相关工作。

气体净化设备生产企业大都规模较小，而净化设备实验系统建设的投入要求高，大多数企业无法投资建设产品的各种试验台，如干燥器性能、过滤器性能等基础实验台，特别是吸附剂性能检测、滤纸性能检测等基础实验平台。“十四五”时期，要加强企业试验平台的建设。通过依托国家税收、产业和技术创新政策，鼓励国内企业进行研发平台投入，积极引导制造企业建立净化设备产品性能实验台、各主要零部件实验台、特殊行业应用试验台等，为产品开发、性能测试等提供基础保障，提高企业的技术水平。鼓励现有的国家级科研平台（如压缩机技术国家重点实验室）、高校试验平台和企业共同开展共性研究，帮助企业开展产品诊断，为企业产品提供技术服务。增强企业对产品技术发展的全面审视，促进形成“生产一代，储备一代，研发一代”的良性循环。

2. 促进重大技术装备发展

随着军工、机械、纺织、生物、医药、食品、饮料等行业的发展，部分气体净化设备生产企业已经开始关注这些重点领域，并推出了相关产品，如配合军方研发的高压空气干燥过滤装置和风洞测试用气体净化装置以及新能源、海上平台用净化设备。高端重点领域往往对配套产品技术要求高，因此急需推动气体净化设备行业企业通过政产学研用相结合，研制更多符合不同行业要求的产品，加速推动高端重点领域配套的重大技术装备产品自主可控。

国产气体净化设备在新能源、核电、高铁、天然气等领域都有了一定的进展，但尚不能撼动国外产品的主导地位，需大力推动国内企业提高产品技术和质量水平，增强品牌影响力，提升国产品牌在重点应用领域的市场地位。

3. 推进行业深化转型升级发展

完善产业链水平，加强对上下游市场的延伸拓展。对于吸附剂、滤材、露点仪等上游核心配套产品难以满足高端产品生产的问题，各企业应联合科研院所，共同向相关配套企业或科研单位提出研发要求，共同申请相关课题研究，有针对性地开展相关技术研发，提高产品的技术水平，尽早实现对进口产品的替代。对于下游市场，一方面，在国家重点领域、高端领域、特殊领域加强技术和市场布局，做好现代工业的重要保障；另一方面，需要积极扩展行业领域，抓住“一带一路”建设机遇，加大国内产品的出口配套。

推进产业结构升级，使我国气体净化设备产品向高端化发展，提高行业整体竞争力。目前行业内许多企业在中端产品市场已占据优势，部分企业产品已经进入高端市场。应充分发挥企业优势，积极扩展国际市场、高端市场。争取到2025年，我国的气体净化设备在高端市场占有一席之地，避免在重点领域陷入“卡脖子”的困局。

绿色制造、智能制造、服务型制造正在成为我国制造业转型升级的必由之路。气体净化设备行业企业不断加强转型升级，通过申报绿色制造、工业互联网相关的行业标准，推动气体净化设备产品及压缩空气系统的升级。目前我国工业企业中采用的大部分吸干机仍是高能耗产品，节能市场空间巨大。要推动发展气体净化设备绿色产品，促进用户企业加大节能改造项目的投入、对现有设备进行升级换代，并引入气体净化设备的全生命周期管理，将为用户企业带来可观的节能效益，对气体净化设备产品的市场发展有着重要的意义。

4. 提高行业标准化水平

制定行业标准时优先考虑绿色产品标准，在行业内推动绿色产品、绿色工厂的评选。继续完善检测方法标准的体系，并制定一批节能型细分产品的标准，如近年来得到快速发展的鼓风热吸干机、压缩热吸干机有关标准。军民融合产品高压空气干燥过滤装置标准尚为空白，需要制定有关标准，以满足其发展需求。

加速修订一批标龄长且不满足行业技术水平的标准，如干燥器控制柜标准、压缩空气质量等级标准等。

团体标准的重点制定项目包括选型指南等基础标准、细分产品标准、主要零部件标准。选型指南等基础标准包括干燥器选型指南、过滤器选型指南、能耗等级标准和医药用气等级指标等标准；细分产品标准包括循环式冷干机、膜式干燥器、压缩空气无油催化机、除气态污染物过滤器、除菌过滤器和变压吸附制氮机/制氧机等标准；主要零部件标准包括吸附剂、换热器、油分滤纸和排水器等标准。

积极参与国际标准的制修订或提案工作，并推动我国标准的国际化。

加强标准的宣传贯彻和有效落实，让标准切实起到提高技术门槛、促进技术进步、规范行业发展的作用。

（二）重点发展技术

按照国家产业政策和行业技术的发展趋势，气体净化设备行业“十四五”时期的重点发展技术如下：

1. 行业基础理论

气体净化设备行业的基础理论薄弱，需要行业内的科研院所、大专院校和企业共同努力，通过试验数据积累、理论知识创新，推动行业基础设计理论研究，完成国内产品从仿制阶段到创新研发阶段的转变，推动企业由逆向研发逐渐转向正向研发。

2. 节能技术

气体净化设备耗能严重已成为行业的共识，部分无热吸干机产品的耗气量高达 30%。因此，急需开发节能技术，完成技术和产品的更新换代。

3. 智能化和工业互联网技术

近年来，以物联网、大数据和人工智能为代表的新一代信息技术加速突破应用。气体净化设备产品要进行产业升级，引入智能化和工业互联网技术，提升产品质量和生产效率。

4. 压缩空气深度净化技术

随着半导体、芯片等高端产业的发展，对压缩空气质量的要求越来越高。这对气体净化设备产品的研发和检测技术都提出了新的要求，需要重点关注、提前布局并进行技术储备。

（三）重点发展产品

1. 压缩热吸附式干燥器

离心式压缩机、干式螺杆压缩机在压缩空气系统中的快速发展，为压缩热吸附式干燥器带来了前所未有的机遇。但目前产品水平参差不齐，需要行业进行规范引导、加强管理，促进产品技术的提升。

2. 零气耗吸附式干燥器

零气耗吸附式干燥器适应节能环保的需求，改变原有吸干机的工作流程，可有效降低再生成本。

3. 节能环保型冷冻式干燥器

应重点关注变频冷干机、热质蓄能冷干机、新型环保制冷剂和高效换热器的使用。

4. 膜式干燥器

膜式干燥器在小流量、无电源或有防爆、安装位置紧凑等特殊要求下具有很好的优势，值得国内企业关注。

5. 除菌过滤器

随着医药、食品行业对除菌的需求日益加大，除菌过滤器的重要性得到广泛的共识。应加大除菌过滤器、医用压缩空气净化过滤（抗病毒杀菌）一体机等的研发。

6. 变压制氮、制氧、制氢设备

变压制氮、制氧、制氢设备的发展给压缩气

体行业带来了新的机遇，气体净化设备行业部分企业已经进入该市场。

7. 氢气干燥机

近年来，氢能源得到快速发展。氢气干燥机作为气体净化设备行业的一个细分领域产品具有广阔的市场前景。

8. 电子特气设备

在微电子、光电子器件生产过程的每一个环节都离不开电子气体。目前已有气体净化设备企业关注该领域，力争进一步实现产品技术的突破。

9. 其他净化设备

特种气体纯化器、模块设计产品、撬装天然气干燥器、烟气干燥器、气态污染物深度脱除设备、大型冰机等都是气体净化设备行业需要关注的领域。应针对不同的领域开发符合性能指标要求并能可靠运行的产品。

10. 关键配套产品

行业内的配套企业应重点关注高端吸附剂、滤纸、膜、换热器的发展，如高强度活性氧化铝、高性能低能耗吸附材料、过滤器滤纸的国产化，膜式干燥器中渗透膜的开发，针对压缩热、零耗气吸干机的冷却器和高性能阀门。

六、规划措施和建议

（一）优化企业经营环境

近年来，随着我国经济发展进入新常态，中小型企业的发展也受到了巨大挑战，需要进一步优化环境，具体包括：保护知识产权，打击市场假冒伪劣仿制品；加强质量监督，引导企业良性竞争；减轻企业税收负担，减轻用工成本；打击拖欠货款行为（特别是需要整顿大型企业不合理的合同条款）；落实国家对于小微企业的扶持政策。

（二）加强政策支持

建议国家有关部门对气体净化设备的重点产品国产化提供政策支持，鼓励招标时优先采用国内企业生产的产品，为企业提供市场和机会。地方政府和行业协会应加大对行业内具有创新性、成长性的企业进行市场、资金、宣传的全方位扶持，以加速淘汰过时技术、低端产业。

（三）加大人才培养力度

气体净化设备行业缺乏技术和人才储备，需要加大投入力度。鼓励相关院校开展基础理论研究和人才培养，鼓励各企业加大人才培养力度，通过产品研发带动人才培养。建议国家和地方政府在科研项目和人才培养方面给予支持。企业应积极加强与大专院校合作培养定向人才，着重培养设计、生产、服务的全面型人才，推动企业发展以至整个行业的进步。

〔供稿单位：中国通用机械工业协会气体净化设备分会〕

能量回收装备行业“十四五”发展规划

前言

能量回收装备用于回收利用工业生产过程中所产生的工业余热、余压、高炉与焦炉煤气，回收利用工业排放废水、工业废弃物及油页岩等矿石中蕴含的能量，地热及生物质能等，是提升能源综合利用效率的重要技术和系统装备。能量回收装备主要包括透平膨胀机、液力回收透平机组、工业汽轮机、轻型燃气轮机、燃气内燃发电机、螺杆膨胀机、发电机、工业热泵、热回收蒸汽发生器、热交换器及智能控制软件与设备、有机工质余热回收利用设备等。我国能量回收装备行业生产企业较多，产品门类齐全，各类产品基本上实现了国产化。我国的余能回收透平膨胀机、工业汽轮机、工业余热锅炉、高炉煤气透平发电装置、煤层气发电机等产品年产量连续多年居世界首位。吸收式工业热泵、有机工质膨胀透平机组等低品位余热回收利用设备已建有多个示范项目，产品广泛应用于冶金、石化、化工、建材、煤化工、新能源、智慧城市等多个领域。

能量回收和节能是永恒的主题，发展能量回收装备产业，是培育发展新动能、提升绿色竞争力的重大举措，是我国实现“碳达峰”“碳中和”目标的重要支撑，是我国实现绿色发展的一个重要的保障。为加快将能量回收装备产业培育成我国国民经济的重要产业，根据《中华人民共和国国民经济和社会发展第十四个五年规划和 2035 年远景目标纲要》，制定本规划。规划期为 2021—2025 年。

一、“十三五”行业发展取得的成果

（一）技术创新取得重大成果

“十三五”期间，能量回收装备企业围绕产业链开展技术创新，通过产学研合作，技术创新取得了重大突破。

1. 能量回收技术与装备获得多项大奖

“十三五”期间，中国通用机械工业协会能量回收装备分会重点会员企业的能量回收装备与技术节能效果突出，屡获多项大奖，技术装备水平得到用户的广泛认可。

2016 年，“冶金余热余压能量回收同轴机组应用技术（BPRT、SHRT）”入选国际“双十佳”最佳节能技术和最佳节能实践清单，BPRT 获捷克布尔诺展览会金奖。2017—2018 年，烧结余热能量回收驱动技术（SHRT）、干式高炉煤气能量回收透平装置（干式 TRT）技术、硝酸装置蒸汽及尾气循环利用能量回收机组系统技术、煤气透平与电动机同轴驱动的高炉鼓风能量回收技术(BPRT) 入选《国家工业节能技术装备推荐目录》。

2018 年，国家科技支撑计划项目“基于有机介质低温余热发电关键技术及能源合同管理”通过了科技部结题验收。JB/T 12488—2015《兰炭尾气余热回收利用成套装置技术条件》获得中国机械工业科学技术奖三等奖。

宽温区高效制冷供热耦合集成系统、热电协同集中供热技术、喷淋吸收式烟气余热回收利用技术、基于吸收式换热的热电联产集中供热技术、烟气余热深度回收技术以及基于喷淋换热的烟气余热回收与减排一体化技术等多项余能回收技术与装备入选国家、地方工业节能技术装备推荐目录。

2. 节能技术装备能效达到国际领先水平

“十三五”期间，行业企业以市场为导向，加强科技创新，多项节能技术与装备研发取得重大突破，机组能效不断提升，达到国际领先水平。

“十三五”期间，烟气轮机、TRT 等能量回收装备能效不断提升。第三代 TRT 技术研发取得突破性进展，整体 TRT 能量回收效率比上一代产品提升了 6 ～ 12 个百分点，部分 TRT 产品已投运并达到设计效果。为河北津西钢铁 2 000m^3 高炉研制的两套 AV80-BPRT 机组是当前全球最大的高炉余热余压能量回收同轴机组，可有效解决作业现场空间不足、投资量大、运行及维护成本高等问题。2020 年 6 月 30 日，该机组在现场一次投运成功。该机组节能效果达到 48% ～ 50%。为河北津西钢铁防城港项目研制的 AV90-BPRT 机组是在 3 000m^3 以上大型高炉的创新性应用，是当前全球最大的高炉鼓风和煤气余压能量回收同轴机组，首次采用全新的三代 TRT 技术。

“十三五”期间，冷水机组研制取得重大突破，相关技术打破国外垄断，达到国际领先水平。2019 年，超大冷量化工用离心式冷水机组顺利通过性能测试及验收，相关性能达到国际先进水平。我国自主研发的国产化磁悬浮变频离心式冷水机组一次性试车成功。通过测试，机组制冷量达到 350RT（1 231kW），性能系数 COP 超过国家一级能效水平。该项目实现了磁悬浮冷水机组技术国产化研发的重大突破，有效填补了国产化磁悬浮变频离心式冷水机组的空白。2020 年，国家重大核能科技专项——中核霞浦冷冻水供应系统水冷式冷水机组项目正式启动。该项目是新时代、新形势下我国核工业发展的标志性工程，代表第四代核电技术，是当前核电领域最先进的技术之一。

3. 新型余热回收装备研制取得重大进展

新型余热回收发电装备相较于传统设备，在低温余热回收领域有着明显的优势。“十三五”期间，行业内出现了大批 ORC 低温余热发电系统成果，有些成果已经实现了投产，并取得了良好的运行效果。研制出新一代一体化移动式小型 ORC 发电装置，达到系统运行管理科学规范化和无人值守控制的技术要求。

2018 年 10 月，100MW 高性能汽轮发电机组在敦煌的太阳能光热发电项目中成功投入运行，发电机组日转化效率处于世界领先水平，年发电量 3.5 亿 kW·h。

（二）我国能量回收装备走向世界

“十三五”期间，我国能量回收装备骨干生产企业在扩大国内市场的同时，还积极践行国家“一带一路”倡议，开拓国际市场，签订了一批重大的节能环保项目，为全球绿色发展做出了一定的贡献。

在冶金市场，2019 年，行业企业中标河北钢铁集团塞尔维亚有限公司高炉鼓风系统能效优化升级改造总承包工程项目。在该项目中，针对用户高炉系统能源使用效率提升的需要，为用户量身定制了冶金全流程能源动力系统解决方案，回收利用释放掉的煤气，使高炉鼓风机运行效率由原来的 62% 提升到 90%，最终使园区的能源得到高效配给和利用。2019 年 12 月，签订了俄罗斯北方钢铁集团 5 580m^3 高炉煤气余热余压能量回收透平发电装置项目合同。

在石化领域，行业企业承揽了哈萨克斯坦 PK 项目烟气轮机发电机组及其配套阀门的总成业务。2017 年，签订并实施了朝鲜烽火炼厂催化改造项目 1 台烟气轮机及一批特殊阀门。

在水泥行业，行业企业实施了巴基斯坦飞翔水泥公司 7.5MW 水泥余热发电项目、柬埔寨 CMIC 日产 5 000t 水泥生产线配套纯低温余热发电 EPC 项目。

在环保领域，行业企业签订并实施了美国 BHS 公司垃圾发酵分解窑设备供货合同、菲律宾 30MW 燃煤和生物质发电机组、泰国 AVAI 200t/d 垃圾电厂、印度 Ramkey 2×600t/d 城市生活垃圾锅炉一期项目等诸多环保项目。

在地热发电市场，行业企业利用螺杆膨胀发电技术，已在全球范围内建设运营了多个地热电站项目，包括印度尼西亚、美国、肯尼亚、匈牙利、土耳其等多个地热项目。发电机组运行稳定，表现出很高的可靠性，项目具有良好的经济效益和环境效益。

（三）低品位余热回收利用技术发展迅速

我国工业用能中有至少 50% 的能源转化为余热资源，其中温度低于 350℃以下的低温余热约占余热总量的 60%。若这些资源能够得到合理的利用，不但能减少能源的过度浪费，也可大大减少对环境的影响。近年来，我国工业领域内的余热资源，特别是高温和中温余热资源利用取得显著效果。“十三五”期间，高校、科研院所、企业积极投入研发，低品位余热回收技术与装备取得了快速发展。

低品位余热资源的利用可以分为直接热利用、制冷/制热和热功转换三种方式。

1. 直接热利用

直接热利用主要是通过换热设备将余热能量直接传给自身工艺的耗能过程，是直接高效的余热回收方法之一。低温余热资源温度较低，需要找到合适的利用场合，还要考虑输送过程中的损耗因素。行业企业采用自主研发的高效换热器，开展了宣钢等高炉冲渣水用于居民采暖供热的工程项目，取得了不错的经济效益和环境效益。企业承接的营口京华钢铁有限公司蒸汽采暖改造暨高炉冲渣水余热回收综合利用工程总包项目，已成功运行，提高了高炉余热回收利用效率，每年可为营口京华钢铁有限公司节约资金 2 000 余万元。

2. 制冷 / 制热

在直接热交换没有合适的利用场合的情况下，

也可以将低温余热用于吸收式制冷或者热泵制热，改变余热能量的等级。

高校和企业联合开展利用电厂循环水做热泵的热源项目，采用热泵，将循环水温度提升到95℃以后送入城市供热管网，节能效果显著。化工企业需要制冷的工艺装置较多，利用溴化锂吸收式制冷装置，将余热作为热源，制取的冷量用于生产，也是非常合理的利用低温余热的节能措施。

“寒冷及严寒气候区空气源热泵关键技术开发与应用”项目获得2019年度中国机械工业科学技术奖一等奖。该项目由行业内的产学研有关单位协同攻关完成，突破了多项关键技术，研制出了多项可靠部件及产品。该项目形成的低环温空气源热泵技术达到国际先进水平，实现了低环温热泵机组及配套检测装备的产业化推广，产生了良好的经济效益和社会效益。

行业企业自主研发的炼焦行业循环氨水余热回收制冷技术，可直接以循环氨水作为驱动热源，一方面实现荒煤气显热高效安全回收，另一方面，还能改善现有生产工艺、提高产能。该技术节能效果非常显著，可为企业节省大量蒸汽和煤气。

3. 热功转换

热功转换是将低品位余热资源转换为机械能或者电能。热功转换的主要技术手段为螺杆膨胀机发电技术、有机朗肯循环（ORC）发电技术、饱和蒸汽发电/拖动技术等。

螺杆膨胀机能够利用过热蒸汽、饱和蒸汽、热水、热液和其他热源等，可以使用70℃以上的热水和130℃以上的不含硫烟气，也可以使用低压蒸汽。

对于工业中大量存在的低品位余热利用可以采用有机工质循环方案。有机朗肯循环（ORC）是将低沸点的有机物作为工质，来吸收废气余热，通过透平膨胀机做功，带动发电机发电。当前国内的产学研单位在开展相关技术研究，300kW有机郎肯循环发电装置已成功并网发电，并实施了新商业模式的示范工程。2020年，行业企业自主研制的首台一体化移动式ORC发电机组已交付。该机组采用集装箱、磁悬浮轴承和高速永磁电机等解决方案，成功实现了集成化、零泄漏和无人值守。

4. 新一代高效发电装置

该装置采用以二氧化碳透平专用涡轮机为核心技术的最新余热发电技术，在余热发电方面有较宽泛的应用优势，各项技术指标都优于在用的水蒸气朗肯循环系统和有机朗肯循环系统。我国在该领域的研究也取得了诸多进展。

企业联合高校共同完成了5MW超临界二氧化碳（S-CO_2）布雷顿发电循环系统与压缩机透平工作原理、样机设计，100kW氩－氙（Ar-Xe）布雷顿循环发电系统初步设计等系列工作。

2017年，行业企业承担的国家重点研发计划项目“超高参数高效二氧化碳燃煤发电基础理论与关键技术研究”正式启动。该项目提出全流程一体化的大型S-CO_2燃煤发电系统的概念设计，为我国发展该发电系统提供理论和技术支撑。

（四）加快两化融合，推进智能制造

“十三五”期间，行业企业深入贯彻国家两化融合发展战略，对标国内外装备制造业数字化建设标杆，以实现制造过程的智能化、均衡化、自动化和绿色化为方向，以“产业数字化、数字产业化”为目标，不断完善、优化网络基础设施建设，积极开展工业互联网+，建设工业大数据中心，开展数字化工厂建设，智能化进程不断加快，智能制造取得了显著成效。

（五）服务型制造转型取得显著成效

服务型制造是制造与服务融合发展的新型制造模式和产业形态，是先进制造业和现代服务业深度融合的重要方向。“十三五”期间，行业企业以“打造工业服务产业”为目标，以全部产品及关联产业为基础纽带，打造工业服务智能化平台，整合资源，逐渐形成了全托式维保服务、备件零库存服务、绿色再制造服务、旋转设备健康状态监测及诊断服务、节能能效优化服务、安装调试服务、检修维修服务等服务模式。引领客户需求，拓展服务市场，形成企业新的利润增长点。

行业重点企业创新的智慧绿色服务型制造模式获得工业和信息化部以及社会各界的广泛认可，并面向全国推广。

（六）知识产权保护

“十三五”期间，行业企业更加注重培育自主知识产权，更加重视以专利技术提升产品竞争力。行业重点企业专利情况见表 1。

表 1　行业重点企业专利情况

企业名称	持有专利数量（项）	其中：发明专利（项）	其中：实用新型专利（项）	其中：外观设计专利（项）
陕西鼓风机（集团）有限公司	543	158	374	11
陕西航天泵阀科技集团有限公司	75	21	50	4
重庆通用工业（集团）有限责任公司	313	30	278	5
中国长江动力集团有限公司	78	5	73	
中国石油集团公司渤海石油装备制造有限公司兰州石油化工装备分公司	25	7		
杭州哲达科技股份有限公司	180	36		

二、行业发展中存在的主要问题

能量回收装备行业在发展过程中仍存在一些突出问题，主要表现在以下几个方面：

1. 技术创新能力不足，缺乏行业标准

改革开放以来，我国推广了一大批节能新技术、新工艺和新设备，节能技术水平有了很大提高。但先进适用的节能技术特别是一些有重大带动作用的共性和关键技术开发不够。能量回收装备在企业主营业务中占比较小，企业研发投入不足，技术创新能力较弱，机组效率低，与国际先进水平还有差距。行业内缺乏相关零部件的配套企业，关键零部件的技术未完全掌握，设备系统运行数据少，使得相关低温余热产品推广难度大。在工业余热发电方面，国内缺乏相关的系统设计单位，行业数据不完善。

行业缺乏检测和制造规范，缺乏衡量标准。针对一个新的产品，在缺乏相关检测、行业标准的情况下，客户对产品使用年限、系统维护成本存在较大疑虑，不敢贸然进行投资。

2. 企业融资难，市场推广不足

许多工业余能回收项目大多采用 BOT、BOO 以及合同能源管理等商业模式。由于技术还不够成熟，前期成套设备的投入较大，且运维费用还存在不确定因素，回收期长，给多数企业带来了资金压力。由于缺乏鼓励节能技术推广的政策和机制，多数企业融资困难，节能装备技术推广应用较难。行业企业侧重工业余热相关行业的开发，在新能源行业的市场推广较少。

3. 国家政策支持乏力，地方配套政策不完善

发电补贴和购买机组补贴等政策措施不完善，企业创新发展的积极性不高，能量回收装备行业发展缓慢。新型低温余热发电机组装机量一般不大，功率较小，机组发出来的电上网难，相关审批手续繁杂。且不同地区机组上网电价也有差异，有些地区出台了保护电价的政策，但实际落实中也有困难。

三、行业面临的形势和市场需求

（一）面临的形势

党的十九届五中全会提出，“十四五”时期，能源资源配置更加合理、利用效率大幅提高，主要污染物排放总量持续减少；要推动绿色发展，促进人与自然和谐共生；要加快推动绿色低碳发展，持续改善环境质量，提升生态系统质量和稳定性，全面提高资源利用效率。

我国在联合国大会上明确提出，力争于 2030 年前二氧化碳排放达到峰值，努力争取 2060 年

前实现碳中和。“十四五”时期，我国将加快推动绿色低碳发展，积极应对气候变化，制定实施2030年前碳排放达峰行动方案。在能源方面，我国将坚持和完善能源消费总量和强度双控制度，加快实施综合能效提升等节能工程，深入推进工业、建筑、交通等重点领域的节能降耗，持续提升新基建能效水平。

节能减排是我国的一项基本国策，是我国实现可持续发展的重大战略保障所面临的极为迫切的任务。我国工业能耗占总能耗的70%以上，其中至少50%转化为载体不同、温度不同的工业余热，大部分可回收利用。而我国工业余热资源回收率仅约为30%，能源利用效率偏低。因此，根据我国工业余热的国情及其高效利用的重大需求，进一步强化节能降耗措施，制定积极的节能降耗定量目标，大力开展工业余热综合利用的基础研究和工业实践，对推动我国节能减排重大战略目标的实现具有重要的意义。

（二）市场需求

我国钢铁、水泥、玻璃、合成氨、烧碱、电石、硫酸行业余热资源丰富，约占这些工业行业能源消费总量的1/3。就当前余热资源回收利用情况看，国内可回收利用余热资源偏低。但随着国家出台对余热回收利用的鼓励和支持政策，以及余热回收利用技术和效率的不断提高，未来潜在的余热回收利用率有望达到60%，则可回收利用的余热资源可达4.71亿～18.57亿t标准煤，发展潜力巨大。

工业是能源资源消耗的主要领域，面对国家战略任务和约束性指标要求、工业转型升级的内在需要以及国际竞争的巨大压力，“十四五”时期，工业节能任务更重、压力更大、要求更高。随着我国循环经济及低碳经济的深入发展，工业领域节能减排、提高能源利用率成为重中之重。“十四五”时期，工业余能回收作为节能减排的有效途径，市场规模将持续增长。

1. 钢铁行业

我国钢铁行业去产能已取得显著成效，大部分产能置换和环保搬迁项目进入落地投产阶段，环保限产和节能减排全面实施，大型钢铁企业实施兼并重组或产业合作。

钢铁行业进入高质量发展时期，将持续深入去产能，预计未来粗钢产量稳中略降；企业资源整合和兼并重组速度加快，区域化和海外布局持续优化；超低排放、节能降耗推进绿色低碳可循环发展。

我国吨钢二氧化碳单位排放量在不断下降，但总量依然较大。吨钢耗煤总量有所下降，但因为我国钢铁行业体量大，这方面仍有潜力可挖。

“十四五”时期，节能减排仍将是钢铁行业一个重要的任务。能量回收利用装备在烧结环冷机余热回收、冲渣水余能回收，高炉能量回收机组性能优化提升改造，煤气综合利用，焦炉煤气综合利用，转炉煤气、蒸汽余热回收利用，轧钢加热炉烟气余热利用等方面有较大的市场空间。

2. 石油和化工行业

2020年，我国原油产量为1.95亿t、乙烯产量为2 160万t、丙烯产量为3 610万t。以石油消费为主的碳排放占我国碳排放总量的19%。到2025年，预计新增炼油产能1亿t，乙烯产量达到4 680万t，丙烯产量达到5 000万t。

2021年1月15日，17家石油和化工企业、化工园区以及中国石化联合会签署并发布《中国石油和化学工业碳达峰与碳中和宣言》，倡议通过推进能源结构清洁低碳化、提高能源利用效率、提升高端石化产品供给水平、积极开发碳汇项目、开发节能高效核心技术、增加绿色低碳投资强度等方式实现行业“碳中和”。

未来几年，机组技术升级和节能改造以及低品位余热回收利用是主要的发展趋势，为能量回收装备的发展提供了市场机会。

3. 水泥行业

《中国水泥协会推进行业高质量发展行动方案（2020—2024年）》中提出，去产能、调结构、促创新、稳效益是水泥行业未来几年的总体目标。到2024年年底，水泥行业10家大企业集团水泥产能集中度达到 65% 以上，同时全面提升与推进二代水泥技术标准等。

“十四五”时期，水泥行业将继续大力推动行业绿色发展和智能制造，提高行业全产业链节能减排水平，超低温余热发电技术改造是主要的发展趋势。

4. 新能源领域

2016 年，国家发展改革委和能源局相继发布了太阳能热发电示范项目标杆上网电价及《关于建设太阳能热发电示范项目的通知》。确定了首批光热发电示范项目共计 20 个，合计装机容量 1 349MW。但由于技术、资金等原因，屡屡出现项目延期、退出情况，当前仅有 8 座大型光热电站并网，合计装机容量 500MW。

我国地热发电起步较早，但装机规模却停滞不前。截至 2018 年年底，我国地热发电累计装机仅约 46.38MWe。地热发电的核心设备是 ORC 机组，单机规模在 1 ～ 30MW。

随着我国“碳中和”计划的推进，光热发电和地热发电市场在“十四五”时期，预计迎来新的增长空间。光热发电汽轮机、ORC 机组、热泵的市场将会增多。

氢能作为一种清洁、高效、安全、可持续的新能源，其开发与利用已成为世界能源技术变革的重要方向。我国的氢气来源广泛，可再生能源储量巨大，电解水制氢前景广阔。在未来的能源体系中，氢能将处于关键的位置，是碳氢产业链去碳化的关键要素之一。氢能储运关键设备（如氢透平膨胀机、低漏率换热器、氢螺杆压缩机等）的市场规模将迎来较大的增长。

四、“十四五”行业发展思路与目标

（一）发展思路

“十四五”时期，能量回收装备行业将牢固树立和贯彻落实“创新、协调、绿色、开放、共享”的新发展理念，紧紧把握节能环保产业重大历史发展机遇，以科技创新为支撑，大力推进全行业的技术改造与自主创新，努力实现核心技术、关键技术和基础技术的新突破，设计制造出具有自主知识产权、技术水平达到或超越国际水平的新一代高水平的能量回收利用装备；大力推进工艺、装备、产品的结构调整和技术进步，继续推广“服务型制造”，推动行业商业模式创新，促进行业创新发展，将能量回收装备行业努力建设成国民经济中的重要产业。

（二）发展目标

到 2025 年，能量回收装备行业质量效益显著提升，高效节能产品市场占有率明显提高，一批关键核心技术取得突破，“服务型制造”在行业转型发展中发挥重要作用。能量回收装备产业成为节能环保产业的重要支撑，为我国实现“碳达峰”“碳中和”目标发挥重要作用。

（1）产业规模持续扩大。能量回收装备产业增加值持续增大，能量回收装备产品销售收入占各企业的主营业务收入的比例持续增大，逐渐成为企业的核心业务。主要能量回收产品和设备销量持续增长。

（2）技术水平进步明显。开展工业余热综合利用的基础研究和工业实践，拥有一批自主知识产权的关键共性技术，一些难点技术取得突破。我国工业余热高效利用的基础理论和关键技术的自主创新能力进一步提升。

（3）产业集中度提高，竞争能力增强。到 2025 年，培育一批具有国际竞争力的大型骨干企业，形成一批产业配套能力强、辐射带动作用大的能量回收装备知名企业。

五、“十四五”行业发展任务与发展重点

（一）行业发展任务

1. 加快工业余能回收技术开发、示范和推广

组织对共性、关键和前沿工业余能回收利用技术的科研开发，实施重大工业余能回收示范工程，促进能量回收技术产业化。建立以企业为主体的节能技术创新体系，加快科技成果的转化。鼓励企业引进国外先进的节能技术并消化吸收。组织先进、成熟的节能新技术、新工艺、新设备和新材料的推广应用，同时组织开展原材料、水等载能体的节约、替代技术的开发和推广应用。

制订节能技术开发、示范和推广计划，明确阶段目标，分步组织实施。引导企业有重点地开发和应用先进的节能技术，引导企业和金融机构的投资方向。在国家中长期科学技术发展规划、国家高技术产业发展项目计划等各类国家科技计划以及地方相应的计划中，加大对重大节能技术开发和产业化的支持力度。

建立行业节能共性技术和通用设备科研基地（平台）。鼓励依托科研单位和企业、个人，开发先进的节能技术和高效节能设备。引入竞争机制，实行市场化运作，争取国家对高投入、高风险项目给予经费支持。

2. 开展能量回收装备标准的研究和制定工作

开展能量回收装备检验、安装、调试、验收等标准的研究和制定工作，加强能量回收产品认证和检测能力建设，加强对新型低温余热回收发电机组设计、制造、检验等标准的研究和制定工作。

3. 推动“服务型制造”创新发展

“十四五”时期，在行业中培育一批服务型制造示范企业，推进服务型制造模式的深入应用，使服务型制造发展生态体系趋于完善，形成一批服务型制造跨国领先企业。

（1）鼓励能量回收装备企业提高资源整合能力，提供一体化的系统解决方案，开展总集成、总承包服务。支持行业企业依托核心装备，整合优质产业资源，建设“硬件＋软件＋平台＋服务”的集成系统，为客户提供端到端的系统集成服务。支持有条件的企业发展建设－移交（BT）、建设－运营－移交（BOT）、建设－拥有－运营（BOO）、交钥匙工程（EPC）等多种形式的工程总承包服务，探索开展战略和管理咨询服务。

（2）鼓励企业以客户为中心，完善专业化服务体系，开展从研发设计、生产制造、安装调试、交付使用到状态预警、故障诊断、维护检修、回收利用等全链条服务。围绕提升研发设计、生产制造、维护检修水平，拓展售后支持、在线监测、数据融合分析处理和产品升级服务。建设贯穿产品全生命周期的数字化平台、产品数字孪生体等，提高产品生产数据的分析能力，提升全生命周期服务水平。

（3）推进更多企业从传统制造业向服务型制造业转型升级，鼓励中小型龙头企业整合产业链资源，建立产业研究院等创新平台；鼓励中小型龙头企业深化两化融合，探索建立非标定制类产品智慧车间、智慧生产基地，建立并推广行业标准。

4. 推动能量回收装备在新能源领域的应用

低温余热发电技术及装备不仅用于工业余热发电领域，也可以用于新能源领域。随着我国新能源行业规模不断扩大，能量回收装备在太阳能、地热、生物质能、核电以及分布式能源等领域的应用规模将持续增长。整体来看，能量回收装备在新能源领域的发展前景广阔，需加大在该领域的推广。

5. 推进企业数字化转型

数字化转型是企业提升传统动能、培育发展新动能的重要手段。应用两化融合管理体系标准，加快建立数字化转型闭环管理机制，促进企业形成并完善数字化转型战略架构，持续提升新一代信息技术与企业业务融合发展水平。

推动产品和服务的数字化改造，提升产品与服务策划、实施和优化过程的数字化水平，打造差异化、场景化、智能化的数字产品和服务。加快建设数字营销网络，实现用户需求的实时感知、分析和预测。整合服务渠道，建设敏捷响应的用户服务体系，实现从订单到交付全流程的按需、精准服务，提升用户全生命周期响应能力。动态采集产品使用和服务过程数据，提供在线监控、远程诊断、预测性维护等延伸服务，完善服务产品和业务模式，探索平台化、集成化和场景化增值服务。

以智能制造为主攻方向，加快建设推广智[illegible]工厂、数字化车间等智能现场，推动[illegible]线和工厂的数字化、网络化、[illegible]提高生产设备数字化率和[illegible]数控化率。积极打造工业互[illegible]供应链资源共享和业务协同。

发展数字孪生技术，助力智能制造。数字孪生是智能制造的关键技术，为当前制造业的创新和发展提供了新的理念和工具。开展数字孪生技术在产品设计、生产制造、工艺装配、物流配送、测试检测、产品质量分析与追溯、故障预测与健康管理、制造能耗管理等产品全生命周期的关键问题和技术的研究，发挥数字孪生连接物理世界和信息世界的桥梁和纽带作用，提供更加实时、高效、智能的服务。

6. 培育节能服务产业

深入推进节能服务模式创新，提高服务专业化水平，充分激发节能环保市场活力。做大做强能量回收装备服务产业，创新合同能源管理服务模式，健全效益分享型机制，推广能源费用托管、节能量保证、融资租赁等商业模式，满足用能单位个性化需要。鼓励能量回收装备企业整合上下游资源，为用户提供诊断、设计、融资、建设、运营等合同能源管理“一站式”服务，推动服务内容从单一设备、单一项目改造向能量系统优化、区域能效提升拓展。

7. 加强人才培养

围绕能量回收装备产业发展需要，加大对节能环保人才的培养和引进，培育一批突破关键技术、引领学科发展、带动产业转型的领军人才。发挥高校和科研机构在培养优秀创新人才方面的作用，鼓励高校和科研院所根据市场需求设置相关学科专业形成一批科学研究基地和人才培养基地。加强多元化培训，提升经营管理人才在金融、法律、企业管理等方面的综合能力；强化产业技术工人专业技能培训。

8. 促进行业内部合作

发挥行业协会的作用，搭建行业合作平台。充分发挥龙头企业的引领作用，以项目带动行业产业链上下游单位开展商务合作，稳定产业链。积极搭建产学研用行业研发创新平台，开展协同创新，联合开展共性技术研发。

9. 加强国际合作

推进能量回收装备产品和服务“走出去”，拓展国际市场，促进能量回收装备产品出口；依托“一带一路”建设，鼓励能量回收装备企业开展境外工程承包，提供优质高效的低温余热发电等服务。实施高水平“引进来”，积极引进国外先进节能技术。

（二）重点发展的技术和产品

（1）余能回收利用技术。加强超临界二氧化碳循环发电系统、有机朗肯循环发电、吸收式换热集中供热、低浓度瓦斯发电等技术攻关，推动低品位余热余压资源回收利用。加快炉渣、钢坯和钢材等余热回收利用技术开发，推进固态余热资源回收利用，加快研发高炉渣的干法余热利用技术。探索余热余压利用新方式，鼓励研发余热温差发电、新型相变储热材料、液态金属余热利用换热器技术等。继续推动余热余压跨行业协同利用和余热供暖应用。针对钢铁行业低品位余热回收利用，研究超高温超高压、超高温亚临界再热煤气高效发电等行业领先技术。

（2）能量系统优化。加大系统优化技术研发和推广力度，鼓励先进节能技术、信息控制技术与传统生产工艺的集成优化运用，加强流程工业系统节能。

（3）工业节水利用。大力发展和推广工业用水重复利用技术，提高水的重复利用率是工业节水的首要途径。发展和推广蒸汽冷凝水回收再利用技术，优化企业蒸汽冷凝水回收网络，发展闭式回收系统。发展外排废水回用和“零排放”技术，鼓励和支持企业外排废（污）水处理后回用，大力推广外排废（污）水处理后用于循环冷却水系统的技术，发展高效冷却节水技术。发展高效换热技术和设备，在缺水以及气候条件适宜的地区推广空气冷却技术。

（4）消雾节水技术。针对需要大型工业循环冷却水的行业，加大机力通风冷却塔消雾技术的研究及推广，减少循环冷却水的蒸发损失，利用循环水自身的热量消除或削弱寒冷季节的雨雾现象。

（5）能量回收透平机组。围绕透平机械的技术升级开展技术研发工作，提高TRT、液力透平机组、低温液体膨胀机、烟气轮机等余热利用透平机械的核心技术能力，提升能量回收效率，力争使能量回收透平机组的整体技术达到国际领先水平。开展氢循环膨胀机国产化技术研究。

（6）氢能储运关键设备。氢的液化设备主要有氦透平膨胀机、低漏率换热器、氦螺杆压缩机、低温阀门等核心部件，而液氢的储运则需要液氢泵、液氢储罐、液氢槽车等设备。需加快氦透平膨胀机、低漏率换热器、氦螺杆压缩机等关键设备的国产化研制。

（7）热泵。重点开展高效吸收式热泵和高效多级压缩式热泵的研发，加强核心部件、特种循环介质的研制，进行多级、多段化应用研究，改进优化系统循环，强化换热传递、高效化换热管、在线清洁装置的研究。增大余热的利用范围，提高供热的品质。

（8）有机朗肯循环（ORC）发电机组。ORC发电机组主要由余热锅炉（或换热器）、透平机组、冷凝器和工质泵组成。需加强关键零部件的开发研制，优化透平转子和叶片型线设计、高效换热器设计，提高关键零部件的性能。加强对新型有机工质和混合工质的研究，研究新型密封技术。加强对低温余热发电系统优化的研究，建立系统优化设计方法，研究ORC发电系统的优化运行和协调控制，研制设备运行控制系统，积累机组运营和制造经验。

（9）混合工质发电机组。混合工质的循环热力学性能高于纯工质的热力学性能，换热匹配效果较好，适合于宽温度范围热源。研究采用多组不同混合工质及在其不同配比情况下，混合工质发电系统换热匹配性能相对于纯工质系统的提升情况；探寻可使系统热力学性能达到最优的最佳混合工质及其最佳配比；通过采用系统多目标优化算法，寻求混合工质发电系统最佳工况点，确定混合工质发电系统的适用工作参数范围；研制混合工质发电机组系统和关键部件，积累机组运营和制造经验。

（10）超临界二氧化碳（S-CO_2）布雷顿循环透平机系统。需加强超临界二氧化碳布雷顿循环发电系统理论研究，开展超临界二氧化碳布雷顿循环发电系统锅炉和印刷电路板换热器的研究；发展针对超高密流、极小尺寸超临界二氧化碳透平和压缩机的流动损失模型以及流热固耦合计算方法；研究超高密流、极大压差条件下超临界二氧化碳轴端密封技术方案以及紧凑转子的热管理方法；研究建立超临界二氧化碳透平、压缩机实验系统及布雷顿循环实验系统等行业试验平台。

六、发展措施和建议

（一）强化重大工程需求牵引

建议国家通过实施节能重点工程，激发市场对能量回收技术、装备及服务的需求。大力推动节能装备升级改造，推动钢铁、有色、石化、建材等高耗能行业工艺革新，实施系统节能改造，鼓励先进节能技术的集成优化运用，进一步加强能源管控中心建设。鼓励企业使用首台（套）国产节能重大技术装备。

（二）加大财税和价格政策支持

建议中央和地方政府安排财政专项资金，支持和引导节能环保产业发展。落实节能环保产业税收优惠政策。加强对企业技术创新活动的支持，在规划、政策制定、立项审批、资金筹措等方面加大支持力度。对一些重大节能工程项目和重大节能技术开发、示范项目给予投资和资金补助或贷款贴息支持。政府节能管理、政府机构节能改造等所需费用纳入同级财政预算。

（三）完善投融资政策

建议相关部门开展节能金融产品创新示范工作；引导金融机构按照市场化原则，为节能项目提供融资、保理、担保等金融服务；研究建立工业节能产业发展基金、合同能源管理项目担保基金，促进能量回收装备制造业和节能服务产业发展；引导和支持社会资本建立绿色发展基金，投资节能环保产业。支持信用担保机构、绿色发展基金对资质好、管理规范的中小型企业融资提供担保服务。

（四）支持民营企业健康发展

民营企业是我国节能环保产业的骨干力量，不但引领了我国节能环保产业的技术创新、装备发展和新兴领域市场开拓，还为行业培养了一大批懂市场、会管理、精通专业技术的人才。

建议积极鼓励和支持民营企业参与节能环保重大工程建设。贯彻落实好税收优惠政策，按照规定实行便利化的税收优惠办理方式，方便民营企业享受税收优惠。加大绿色金融支持力度，积极发展绿色信贷，支持符合条件的民营企业发行绿色债券，拓宽节能环保产业增信方式。提升民营企业绿色技术创新能力，支持民营企业承担国家重大科技专项、国家重点研发计划支持的绿色技术研发项目，建设绿色技术领域国家技术创新中心，引导有关基金支持民营企业关键技术创新转化。

〔供稿单位：中国通用机械工业协会能量回收装备分会〕

中国通用机械工业年鉴2021

行业概况

从生产发展情况、市场及销售、科技成果及新产品、基本建设及技术改造、企业结构调整等方面报道我国通用机械行业各分行业的发展情况

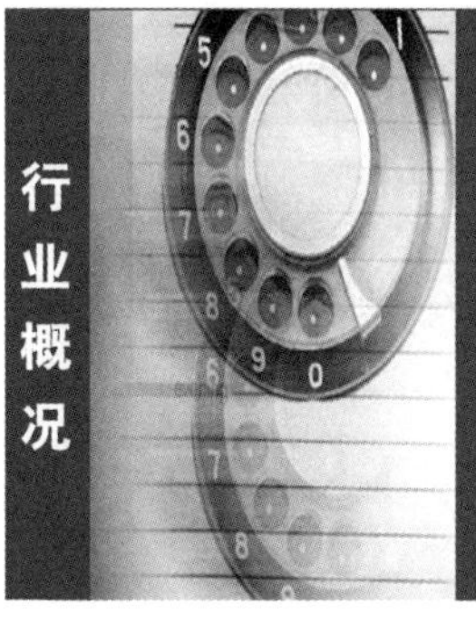

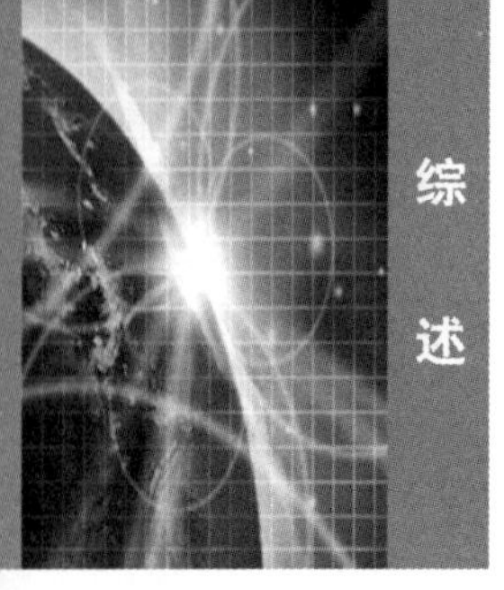

行业概况

2020 年泵行业概况
2020 年风机行业概况
2020 年阀门行业概况
2020 年压缩机行业概况
2020 年真空设备行业概况
2020 年干燥设备行业概况
2020 年减变速机行业概况
2020 年分离机械行业概况
2020 年气体分离设备行业概况
2020 年冷却设备行业概况

2020 年泵行业概况

2020 年是“十三五”规划收官之年，泵行业面对复杂的国内外环境，特别是新冠肺炎疫情带来的严重冲击，在国家一系列经济扶持政策的有力拉动下，经济运行稳中有升，呈现良好的发展态势。

一、生产发展情况

2020 年，根据中国通用机械工业协会泵业分会对 171 家会员企业上报的资料统计：完成工业总产值 612.9 亿元，同比增长 3.64%，增速比上年回落 0.55 个百分点；完成工业销售产值 576.3 亿元，同比增长 4.12%，增速比上年提升 1.68 个百分点；完成工业增加值 215.4 亿元，同比增长 17.77%，增速比上年提升 12.18 个百分点。

按企业所在地区统计，东北地区、西南地区的工业总产值均出现了下降，其他地区有所增长，但是增速明显放缓。其中，东北地区工业总产值同比下降 1.9%，华北地区工业总产值同比增长 2.92%，西北地区工业总产值同比增长 10.35%，华东地区工业总产值同比增长 4.84%，中南地区工业总产值同比增长 3.4%，西南地区工业总产值同比下降 6.24%。

在统计的 171 家会员企业中，工业总产值超过亿元的企业有 109 家，共完成工业总产值 585.78 亿元，占行业工业总产值的 95.6%。2020 年泵行业工业总产值前 20 名企业见表 1。

表 1　2020 年泵行业工业总产值前 20 名企业

序号	企业名称	工业总产值（万元）	同比增长（%）
1	南方中金环境股份有限公司	343 212	31.59
2	上海连成（集团）有限公司	329 057	9.56
3	上海东方泵业（集团）有限公司	317 134	3.10
4	上海凯泉泵业（集团）有限公司	316 570	4.50
5	上海熊猫机械（集团）有限公司	294 098	11.30
6	利欧集团浙江泵业有限公司	193 137	-2.64
7	新界泵业（浙江）有限公司	172 113	11.91
8	广东凌霄泵业股份有限公司	146 741	30.79
9	丰球集团有限公司	131 700	3.41
10	上海凯士比泵有限公司	130 390	-0.64
11	广州市白云泵业集团有限公司	129 819	8.68
12	安徽省天马泵阀集团有限公司	105 229	-2.94
13	江西江特电机有限公司	97 594	5.67
14	广东肯富来泵业股份有限公司	90 487	-5.28
15	中国电建集团上海能源装备有限公司	89 322	-34.32
16	大耐泵业有限公司	88 984	-2.44
17	嘉利特荏原泵业有限公司	88 164	1.53

（续）

序号	企业名称	工业总产值（万元）	同比增长（%）
18	武汉特种工业泵厂有限公司	77 981	-3.65
19	君禾泵业股份有限公司	77 633	3.52
20	三联泵业股份有限公司	76 221	12.86

2020 年，沈鼓集团核电泵业有限公司完成工业总产值 52 339 万元。重点项目包括 CAP1400 屏蔽主泵样机试制，“华龙一号”轴封主泵样机试制，“华龙一号”3 种核二级、核三级泵的样机试制等。

2020 年，大耐泵业有限公司总体形势向好，主要产品产量为 10 651 台（套），同比增长 2.81%。公司开发的高含气量的固液气三相流泵应用于新加坡丰益集团的高危酰氯光气泵位；创新改进的液态光气泵在 TDI（甲苯二异氰酸酯）项目中得到应用；大型 BB2 泵在蓝山屯河新材料生物降解工程塑料一体化项目中得到应用推广；特殊设计的超低汽蚀 BB5 型烯烃泵在浙江石化 4 000 万 t/a 炼油项目中得到应用。

2020 年，江苏振华海科装备科技股份有限公司完成工业总产值 2.18 亿元，实现销售收入 3.03 亿元。公司完成 XXX 型船改换装竞优空调淡水泵集中考核；中标 XX3 型船柴油加注装置；完成 XX3B 型船空调淡水泵和中低压疏干泵的鉴定工作；承制的均衡泵组、低噪声高扬程冷却水泵已顺利交付。

2020 年，重庆水泵厂有限责任公司在市场方面做足存量、做强增量，订货、回款创历史新高。公司完成产值 7.44 亿元，同比增长 2.4%；实现营业收入 6.59 亿元，同比增长 7%；实现利润总额 8 549 万元，同比增长 2%；实现新增订货 9.3 亿元，同比增长 11%。

2020 年，广东肯富来泵业股份有限公司围绕“企业上市”这一发展战略做了大量工作，一方面，对标企业上市合规性要求，妥善处理好相关问题，达到上市合规性要求；另一方面，做好疫情防控、复工复产工作，抓好日常生产经营，保持企业健康平稳发展。公司主要经济指标均保持增长，实现销售收入同比增长 10.22%，新签合同额同比增长 24.52%，新签合同额创下历史最高纪录。按照新的国家标准要求，对企业的标准体系进行了重构，对标准文件进行了全面的整理。公司获得 5A 级标准化良好行为企业称号，被评为“十三五”全国泵行业标准化工作先进单位。公司牵头修订《单级双吸离心泵　型式与基本参数》行业标准，通过了高新技术企业资格重新认定、省级工程技术研究中心动态评估、广东省省级企业技术中心评价和广东省重点实验室考评。

2020 年，天津泵业机械有限公司累计完成承揽任务 24 340 万元，同比下降 5.93%；实现销售收入 19 819 万元，同比下降 9.03%。受疫情影响，综合行业的间接出口订单几乎清零，船舶行业出口订单锐减，石化行业基本保持了平稳发展，因此，2020 年民品承揽指标下滑明显。在军品方面，充分发挥产品优势、服务优势，承揽任务超额完成年初计划。整体指标虽然比 2019 年有所下降，但企业仍保持正常经营，并超额完成了利润指标。

2020 年，合肥恒大江海泵业股份有限公司销售合同总额为 2.75 亿元，同比增长 48%。公司夯实市政水利和矿用潜水泵两大市场营销体系，积极拓展小泵营销渠道，以客户为中心，以科技创新为抓手，加强产学研合作，各项主要经营指标均超额完成年度任务目标。

2020 年，中国电建集团上海能源装备有限公司完成工业总产值 89 322 万元。公司在传统市场领域取得突破，转型业务产业化落地，提质增效取得较好成果，科技创新能力得到提升。公司入选 2020 年国家技术创新示范企业名单，荣获 2020 年上海市产业青年创新大赛金奖；高温热泵产品通过中国通用机械工业协会组织的产品鉴定。

2020 年，襄阳五二五泵业有限公司各项经营指标未达预期，且同比下降。公司订单金额同比下降 8%，营业收入同比下降 7%，回款同比下降 8%，利润总额比上年减少 1 895 万元。公司开展产品质量提升工作，从造型、冶炼、浇注、打箱、切割、热处理、焊补等方面规范了超级双相钢的技术要求，重新制定了工艺路线，中大件的开裂问题得到明显改善。工业泵全生命周期产品服务系统平台搭建取得关键性突破。公司在 2020 年开发完成了初版的工业泵全生命产品服务系统 APP，形成工业泵设备台账、状态监测故障诊断、在线报修、商城、知识库五大功能模块。公司和江苏大学联合创办的企校联合创新中心顺利进入“湖北省企校联合创新中心”及“襄阳市企校联合创新中心”名录。公司被认定为湖北省创新示范企业。

2020 年，湖南湘电长沙水泵有限公司完成产值 32 679 万元，实现主营业务收入 34 184 万元，实现货款回收 42 235 万元。公司以“一种精神、十项重点工作”为导向，推动公司向前发展。公司发扬“钉钉子”精神，切实抓好各项工作的具体落实，各项经营指标较上年均有较大幅度的增长。

2020 年，西安泵阀总厂有限公司完成工业总产值 42 010 万元。公司为进一步提升生产管理效率、简化生产管理流程，将物料组织协调与生产加工职能区分，成立生产运行中心，下设车间、物资供应部、设备动力部等。经过生产系统的组织架构调整和职能优化，公司基本完成了生产系统架构设计，为企业后续发展提供了基础的保证。公司为推进设计、工艺标准化管理工作，下发了真空泵选型及合同评审规范、CZX 型泵关键点控制规范、轴流泵通用化设计规范、回流阀关键点控制规范、紧急切断阀关键点控制规范、绝缘接头关键点控制规范等；编制下发了 10 种平台泵阀产品急需的工艺标准。为配合信息化建设，设计部门完成 PLM 系统基础图样的录入及物料编码的确定，为生产计划、物料采购环节提供了最基础的技术数据信息。在技术人员日常管理考核的基础上，加强了以负责制小组为单位的论文发表、科技革新的考核，并对新项目执行情况进行月度检查。

2020 年，石家庄工业泵厂有限公司完成工业总产值 55 612 万元。公司按照“专业化构建、规模化发展”的思路，以摆脱同质化竞争、走产业高端化道路为目标，系统实施铸造分厂绿色扩能增效项目，完成大泵、清铲、北熔化车间综合提升工程，实现节能降耗、清洁生产的目标。公司以打造行业和地方“环保名片”为目标，严格对照环保绩效评级标准的要求，逐项完善环保治理设施，完成铸造分厂“二次除尘”改造、贾庄分厂浇铸车间“串联”除尘、公司移动源摄像监控等重点项目。公司顺利通过环境 B 级绩效评价，被列入重点出口企业生产保障正面清单，实现重污染天气预警期间正常生产。

2020 年，昆明嘉和科技股份有限公司完成工业总产值 28 034 万元，实现营业收入 24 424 万元，实现利润总额 1 774 万元。公司的多项产品可替代进口产品，填补了国内空白。公司已成为中石油、中石化、中海油的重点合作伙伴。在国家、省、市、区各级政府的大力支持下，公司先后获得工业和信息化部“专精特新”小巨人企业、工业和信息化部“服务型制造示范项目”、云南省绿色工厂、云南省制造业单项冠军示范企业、云南省民营小巨人企业、云南省创新型企业、云南最具成长性民营企业及云南省民营百强企业等多项殊荣。

二、市场及销售情况

2020 年，泵业分会参与统计的 171 家会员企业实现主营业务收入 604 亿元，同比增长 2.8%，增速比上年回落 2.08 个百分点；实现利润总额 54.7 亿元，同比增长 10.14%，增速比上年回落 2.49 个百分点；实现利税总额 76 亿元，同比增长 6.59%。171 家会员企业中，盈利的企业有 159 家，亏损的企业有 12 家。2020 年泵行业营业收入前 20 名企业见表 2。2020 年泵行业利润总额前 20 名企业见表 3。

表 2　2020 年泵行业营业收入前 20 名企业

序号	企业名称	营业收入（万元）	同比增长（%）
1	上海凯泉泵业（集团）有限公司	358 423	0.24
2	南方中金环境股份有限公司	344 017	41.40
3	上海连成（集团）有限公司	329 589	11.48
4	上海东方泵业（集团）有限公司	307 816	2.52
5	上海熊猫机械（集团）有限公司	277 452	11.29
6	利欧集团浙江泵业有限公司	201 415	8.85
7	新界泵业（浙江）有限公司	177 425	11.82
8	安徽省天马泵阀集团有限公司	150 526	-2.59
9	广东凌霄泵业股份有限公司	143 590	26.52
10	丰球集团有限公司	131 608	3.34
11	上海凯士比泵有限公司	122 163	-7.34
12	广州市白云泵业集团有限公司	119 100	8.68
13	大耐泵业有限公司	96 324	-4.31
14	中国电建集团上海能源装备有限公司	88 805	-32.88
15	广东肯富来泵业股份有限公司	87 172	-5.62
16	江西江特电机有限公司	85 940	-39.13
17	嘉利特荏原泵业有限公司	85 232	5.11
18	赛莱默水处理系统（沈阳）有限公司	77 031	-8.90
19	君禾泵业股份有限公司	72 930	9.99
20	合肥新沪屏蔽泵有限公司	70 305	26.43

表 3　2020 年泵行业利润总额前 20 名企业

序号	企业名称	利润总额（万元）	同比增长（%）
1	上海熊猫机械（集团）有限公司	44 062	85.48
2	广东凌霄泵业股份有限公司	42 131	31.75
3	南方中金环境股份有限公司	38 573	59.87
4	新界泵业（浙江）有限公司	33 163	53.61
5	利欧集团浙江泵业有限公司	29 596	16.09
6	上海凯泉泵业（集团）有限公司	21 099	1.35
7	安徽省天马泵阀集团有限公司	16 828	-22.60
8	合肥新沪屏蔽泵有限公司	14 199	26.94
9	嘉利特荏原泵业有限公司	14 029	7.72
10	丰球集团有限公司	13 628	5.32
11	上海连成（集团）有限公司	13 486	0.31
12	青蛙泵业股份有限公司	13 138	34.03
13	江西江特电机有限公司	13 040	75.29
14	上海东方泵业（集团）有限公司	12 621	-37.31
15	大耐泵业有限公司	12 217	-3.06

（续）

序号	企业名称	利润总额（万元）	同比增长（%）
16	广州市白云泵业集团有限公司	9 793	9.85
17	丹东克隆集团有限责任公司	9 588	9.97
18	君禾泵业股份有限公司	9 378	4.53
19	山东长志泵业有限公司	9 015	-7.92
20	湖南耐普泵业股份有限公司	8 979	33.04

2020 年，虽然外部环境比较严峻，但是国际市场实现较大增长，90 家出口企业完成出口交货值 67.15 亿元，同比增长 11%。2020 年泵行业出口交货值前 20 名企业见表 4。

表 4　2020 年泵行业出口交货值前 20 名企业

序号	企业名称	出口交货值（万元）	同比增长（%）
1	利欧集团浙江泵业有限公司	165 417	16.74
2	君禾泵业股份有限公司	71 846	62.63
3	新界泵业（浙江）有限公司	64 301	9.14
4	广东凌霄泵业股份有限公司	62 857	33.43
5	浙江泰福泵业股份有限公司	39 023	9.44
6	丰球集团有限公司	32 915	3.37
7	南方中金环境股份有限公司	26 601	131.25
8	湖南凯利特泵业有限公司	22 356	46.45
9	湖南天一奥星泵业有限公司	20 000	6.48
10	江西耐普矿机股份有限公司	13 842	-7.12
11	湖南湘电长沙水泵有限公司	12 211	111.52
12	青蛙泵业股份有限公司	10 416	-1.38
13	江苏双达泵业股份有限公司	9 516	-0.23
14	广东肯富来泵业股份有限公司	8 342	22.37
15	上海凯士比泵有限公司	8 199	-6.84
16	沈阳启源工业泵制造有限公司	7 415	-6.33
17	安徽莱恩电泵有限公司	6 889	5.00
18	宁波伏尔肯科技股份有限公司	6 140	-18.84
19	石家庄工业泵厂有限公司	5 626	
20	海城三鱼泵业有限公司	5 343	17.48

2020 年，重庆水泵厂有限责任公司重视市场工作，积极走访用户，捕捉市场信息，精准运作项目，全年新增订货 9.3 亿元。其中，钢铁领域订货 4.8 亿元，同比增长 29.66%；矿冶领域订货 0.71 亿元，同比下降 11%；海油领域订货 0.30 亿元，同比下降 43%；外贸订货 0.15 亿元，同比下降 57.3%。公司不断夯实市场存量，核电产品的市场地位得到巩固，在由中国原子能公司组织的招标中取得近 7 000 万元的订单。公司大力拓宽市场增量，实现中海油五柱塞往复注水泵、无人平台原油外输泵和超大功率注水泵，进口压力 13MPa、出口压力达 18MPa 的超高压 BB3 型离心泵的订货。二重 160MN 水压机高压离心泵替代高压往复泵项目成功交货并投入运行。公司海外市场实现突破，

取得伊拉克惠博普卢克石油、印度尼西亚古龙钢铁轻工字钢项目订单。

广东肯富来泵业股份有限公司在国内销售方面，抓住机遇，积极与客户联系，新签合同有了较大幅度的增长。从产品分类销售来看，液环泵类新签合同额同比增长 42.95%，离心泵类新签合同额同比增长 7.31%。受新冠肺炎疫情影响，国际市场的销售和合同执行均变得极为困难，公司出口创汇同比增长 9.72%。真空泵成套机组中标万华双酚 A 项目、鲁西化工和海南华盛新材双酚 A 项目；真空压缩机组成功中标天辰设计院设计的鲁南化工、华鲁恒升两个大型叔丁醇项目。大型化工机组 2BW6 630 顺利通过验收并发往沙特阿拉伯用户现场，这是公司设计的大型化工机组首次销往国外。公司第一次承接了中核项目的废气处理真空泵项目，为下一步承接相关项目打下了基础；加大了双级真空泵在发电行业的推广，新设计的 CBE2 3032 配套的双级电站机组实现了零的突破，成功打入印度市场，为进一步拓展国内外市场奠定了基础。根据用户工况的需要，承接了适应强腐蚀工况全钛材质的 2BW6 303 机组和 KCC 离心泵产品，以及一些其他特殊材质的高价值液环泵机组。首次使用钛合金材质 KCC 离心泵向武汉兴达高技术工程公司供货，首次配套干气密封及系统的 KCC 离心泵成功向甘肃兰储物资机电成套公司供货。在成套机组向高真空、高排压、复合化拓展方面，取得了华鲁恒升环己酮装置脱氢串联氢气压缩机、中石油大庆石化单级排压 0.8MPa 火炬气压缩机、恒河材料科技 20 万 t/a 溶剂油加氢项目用高真空罗茨泵机组、万德化学解析气串联压缩机组、陕西榆林化学乙二醇尾气压缩机组等项目。

中国电建集团上海能源装备有限公司坚持“主业突出，相关多元”的战略布局，在巩固传统火电板块业务的同时，不断拓展非传统业务市场，推动公司转型升级，创新经营模式，探索融资投资方向。在传统领域，为山东电建三公司巴基斯坦 lucky、印度鼓达、孟加拉国艾萨拉姆等项目提供成套泵阀；打造焊材产品成套化解决方案，成功试点上海电建、山东电建、天津电建等出口总包；先后完成崇信变频改造项目、山西华光电改气项目、盐城联鑫钢铁尾气余热发电节能改造 EPC 项目；参与国家核动力研究试验平台、舰船动力系统等多型调节阀方案认证和技术设计，完成 66 台（套）各型军品调节阀任务交付；推进服务产业化布局，建立印度、印度尼西亚商务服务中心，辐射东南亚售后维修市场。公司积极推动转型业务落地，与晋能集团合作完成河南汝州 60MW、安徽宿州 40MW 等地面光伏项目；承接中南勘测设计研究院有限公司越南隆安 50MW 光伏项目、成都勘测设计研究院有限公司越南宁福 30MW 光伏一体机项目，并网发电实现销售收入 1 400 万元；与美国 PGT 公司合作并成立合资公司，共获得 147 条船舶烟气脱硫装置设备供应及改装订单，实现新签订单近 1.28 亿美元；获得山东梁山、江苏淮安光伏清扫机器人合同，完成 100 多台设备现场安装，实现产业化落地。

湖南湘电长沙水泵有限公司为切实解决产品交付矛盾，加快了合同评审进度和排产进度，加快合同的流转速度，为生产组织留出更多的时间。同时加强配套管理，按照招投标要求，主动与配套商沟通协调，争取商务和技术上的支持。公司进一步强化营销内部管理，实施营销体系改革，试行驻外机构区域化，合并了部分驻外销售点。

襄阳五二五泵业有限公司积极拓展市场，新市场业绩突飞猛进，行业地位持续巩固。公司向维护服务市场转型，深入挖掘客户潜力，从存量市场找增量，维护服务市场订单首次突破 2 亿元，签订合同 21 680 万元，同比增长 21%。公司向海外市场转型，紧盯涉外投资项目，深耕印度、东盟等重点市场，海外市场逆势增长，全年实现合同 7 195 万元，同比增长 38%。其中，自营外贸合同增长 2 256 万元，同比增长 298%。公司向矿山、冶金等新市场转型，灵活调整营销政策与激励机制，矿山、冶金市场初结硕果，全年实现合同 7 420 万元。在船舶脱硫市场，NPS 系列船用脱硫泵的船级社认证、取证工作全部完成，山东佩森生物科技有限公司试用泵反馈运行情况良好，为下一阶段拓展市场打下了基础。在疏浚市场，中国交通天津航道局挖泥泵备件试制已完成部分零件的制作，打开了疏浚市场的突破口。在陶瓷泵市场取得重大突破，连续获得西安热工研究院有限公司瑞金电厂项目、印度古吉拉特项目等具有行业影响力的大单。全年共销售陶瓷泵 82 台（套），实现合同 2 834 万元。

西安泵阀总厂有限公司为巩固平台产品市场，对各区域市场加强了管控力度。2020 年，在甲基丙烯酸甲酯（MMA）行业共承接合同 4 108 万元，其中斯尔邦石化有限公司的二期采购合同 2 559 万元；在陕西化建工程有限责任公司大力推广井口紧急切断阀及撬装产品，共签订合同 980 万元，其中 17 套撬装产品合同为公司未来市场开拓打下了良好的基础。全年共承接备品备件合同 4 896 万元，其中承接铸件类合同 790 万元。公司加大资金回收工作力度，严格按照货款回收制度落实货款进度，并对每月资金回收提出计划方案，保障了公司资金需求。为提升售后服务的响应速度及问题解决的效率，提升客户满意度，公司成立了售后服务部；为规范产品选型，提升关键项目中标率，公司成立了标书小组。

合肥恒大江海泵业股份有限公司转变销售业务模式，重点从单个的产品销售逐步向机电总承包转变，为客户提供泵站整体解决方案和交钥匙工程。公司开展智慧泵站专家管理系统的前期调研和实践，面向客户打造样板工程。中标寿光重点水利工程 31 座泵站机电总承包项目，开拓机电总承包业务拓展模式，为后期公司资质的提升奠定了基础；中标海口市 2 800mm 叶轮内置式潜水电泵和电气自动化采购项目，为公司新产品推广奠定了坚实的基础；中标山东临沂矿业集团古城煤矿透水抢险项目，一次性销售 9 台大型潜水电泵，完成矿井的抢险复矿任务；中标合肥应急抢险潜水电泵项目，同时为长江流域抢险救援提供潜水电泵。

昆明嘉和科技股份有限公司确定了“以客户为中心”的发展理念，采用 Make-to-order 定制化生产，聚焦市场和产品，以高端客户为核心，开展产品定制化管理。通过高端客户拉动产品的升级换代，提升产品盈利能力和品牌竞争力。公司引导全体员工主动关注市场，形成全员对接市场、全员研究产品的浓厚氛围。通过深入研究国内市场与国际市场、老客户和新市场，了解市场形势变化，谋划市场战略，明晰市场定位，研究营销策略。

江苏振华海科装备科技股份有限公司顺应市场变化要求，倾力开发更多国内外民品市场。2020 年，在国外市场，公司签订韩国的订单 120 万元，签订日本的订单 200 万元，并且与用户建立了长期合作关系。在国内民用市场业务中，高压冲洗泵、防倾横泵等产品得到客户的赞许，并且取得多份订单。全年调试保养水泵 1 063 台（套），维修水泵 1 569 台（套）。

石家庄工业泵厂有限公司创新营销模式，主动对接需求，培育市场竞争新优势。公司定向攻关重点客户，将陶瓷泵、重型渣浆泵等新产品推向市场。围绕“做大做精离心泵”发展方向，经过不懈努力、不间断跟踪，成功签下特大尾矿泵出口项目。公司借助网络直播、线上投标、电子邮件等开展推介洽谈，新开发缅甸、土耳其、越南等新客户，直接出口再创新纪录。国内船用市场得到有效开发，销售 650 以上大泵整机 20 台；运用电子商务、总包运营、定向收复、旧件回收等手段，精细化开展备件市场业务，国电平台销售脱硫备件突破千万元大关，向大唐、华能系统延伸。针对传统市场日趋饱和的现状，打造项目运营团队，重大项目坚决执行项目经理责任制，聚合优势资源，精准制订销售方案，全年重大项目中标率达 80%，煤炭、氧化铝重大项目全部中标。

三、科技成果及新产品

2020 年，沈鼓集团核电泵业有限公司重点项目 CAP1400 屏蔽电机主泵工程耐久试验已完成 CAP1400 主泵样机试验规范的全部 20 项试验内容和拆检工作，完成了试验总结报告和拆检报告的编制。根据国家电投重大办的专项实施评估意见，完成了 AP1000 主泵专项和 CAP1400 主泵试验台建设 2 个课题的预算调整，形成了财务收支报告等财务报告的终版，完成了 AP1000 主泵专项自评价报告等总结报告的升级版，完成了 CAP1400 主泵专项和 CAP1400 试验台建设专项的子课题自评价报告、技术总结报告、科技报告的初版。“华龙一号”轴封主泵研制项目完成了试验大纲及试验台改造的研发团队内部评审，完成了试验台改造的设计图样出版和固化，确定了试验台改造的窗口期并拟定了改造计划；完成了新的飞轮连接方案的设计和计算，并投产制造；继续开展动压轴封的工程耐久试验。“华龙一号”3 种核二级、核三级泵的样机试制，完成了中、低压安注泵的加工制造、装配及性能试验，其性能指标均符合技术规格书要求。完成了上充泵水力模型的固化及原材料采购工作并投产制造。

江苏振华海科装备科技股份有限公司新品工作稳步推进。完成 XX3 船共 12 型泵组的减振降噪设计和交付工作；完成中国船舶重工集团分司第七〇四研究所定制的 4 型低噪低振泵组的设计和交付工作；完成双向调驳泵 ZLT400、高压冲水泵 400CSW-660 的设计研制工作。与北京理工大学合作完成了阻尼合金材料的减振性能研制工作。全年共完成新产品 29 项，完成了 150CLB-40T 型空调淡水泵、65CW-20T 型淡水冷却泵、舱室中低压疏干泵等重要项目 10 型产品共 10 次的项目过程外审，以及 6 型产品共 6 次样机鉴定及工程样机外审。另外，完成中国船舶重工集团公司第七一九研究所一体化冷却泵低噪声制造研究项目的相关评审，以及“十三五”减振降噪条件建设项目的招投标及采购工作。

大耐泵业有限公司开发高含气量的固液气三相流泵，应用于新加坡丰益集团的高危酰氯光气泵位，替代进口产品，取得良好效果；开发的低温乙烯泵应用于日益盛行的新材料领域；创新改进的液态光气泵在 TDI 项目中得以广泛应用，可以替代进口产品。大型 BB2 泵在蓝山屯河新材料生物降解工程塑料一体化项目中得以广泛应用。高的耐汽蚀性能以及稳定的运行质量，使得泵在现场的应用效果远高于国内外同类产品。特殊设计的超低汽蚀 BB5 型烯烃泵在浙江石化 4 000 万 t/a 炼油项目中得以应用，解决了此类工况中的汽蚀难题。公司开发的 BB3 型泵在中石油西南及西北分公司的净化装置中逐步替代了进口设备。

重庆水泵厂有限责任公司强化技术创新，发展驱动力不断增强。2020 年，公司投入研发费用 4 312 万元，比 2019 年增加 344 万元；争取各类创新支持资金 1 310 万元，同比增长 27%。公司申报专利 84 项，其中发明专利 20 项；获得授权专利 65 项，完成重点新产品开发 4 个。公司完成 3D 型高温高压往复式加氢进料泵等 4 型新产品的鉴定；加大基础研究投入力度，获得国家科技部重点研发计划 1 项、重庆市科技局重点项目 2 项，在研国家科技部和重庆市科技局科技项目 7 项。公司加强产学研合作，与重庆交通大学合作的“1 000MW 核电上充泵关键技术研究及工程应用”项目获得 2020 年重庆科技进步奖二等奖；与兰州理工大学共建工业泵及系统联合研发中心开展的“大流量往复泵阀组升程的优化研究”等项目获得显著成果。公司加强博士后工作站管理，开展螺栓仿真方法分析、螺旋密封实验研究，提升公司基础研究技术水平。公司获得中国机械工业科学技术奖三等奖 1 项、中国石化集团科技进步奖二等奖 1 项、重庆机电集团科技成果奖 1 项、机电股份企业创新三等奖 2 项。

2020 年，广东肯富来泵业股份有限公司在真空泵研发方面，完成 CBE2 2032 和 CBE2 2532 两种双级真空泵的整泵和零件设计，已进行了试制；完成了 CBK480 产品的研发；在原有 CDF1202 产品的基础上，完成了专用于核电项目的 CDF1202T 产品的设计。在离心泵研发方面，完成了 18 种规格 KPS（Ⅱ）升级版的设计；完成了原计划中的 10 个规格 KPS（Ⅱ）样机装配工作，其中完成 1

个规格的全部试验，另有7个规格泵的正叶试验、3个规格的第一次车叶试验也已完成。从已完成样机试验泵的情况来看，性能指标均达到设计要求。此外，KPP化工泵和KHP多级泵新增规格开发工作也在推进中，碳钢铸造工艺的研究与应用也进一步落实。2020年，公司实施了离心泵碳钢叶轮及KPP泵碳钢铸件试制验证工作，取得了较好的成果，碳钢的生产试制通过了验收。

天津泵业机械集团有限公司针对单螺杆泵、双螺杆泵、三螺杆泵、离心泵、齿轮泵等各类产品开展技术创新及相关研究工作。其中，研制的CP系列喷射泵、SNEFY/Z系列浸没式三螺杆泵组和SMLH系列柴油高压三螺杆泵组都填补了公司产品线的空白，SPF20替代升级产品开发、EU系列单螺杆泵升级产品系列化开发、新型U8机封方案可行性研究项目弥补了公司现有产品的不足。在三螺杆泵产品开发方面，公司开发的SNH/IM120型三螺杆泵用于替换IMO品牌进口产品。公司为沈鼓集团西气东输项目开发的SNEF/ZA系列浸没式三螺杆油泵机组，采用高端不锈钢材质，外观及精度都高于普通产品。SPF20U10型三螺杆泵从结构上根本解决了原SPF20在输送燃油时的泄漏风险，并可实现整机无缝替换。在双螺杆泵产品开发方面，全新设计的W6.KSEL脱氮残渣输送泵，可输送高温、高黏及腐蚀性介质，填补了公司产品空白。GW6.7ZD/S1杂油泵是为使用压力高、介质黏度低、有腐蚀工况而重新设计的专用结构产品。W220ZDS1原油外输泵首次应用双相不锈钢轴和泵体材质，首次使用密封配套P54系统。在船用离心泵产品开发方面，在完善KDC系列多级中开卧式离心泵和CP系列喷射泵产品的基础上，又开发了EHS-81MEF、EHC-50MBF粉碎泵产品。在半潜船项目中开发了ESD-400MK型大型压载泵，通过水力及结构优化设计，产品结构紧凑，运转可靠性高，为产品的升级换代奠定了基础。继续补充完善EKC系列高端产品，主要用于消防泵，通过系列化设计开发及优化，产品可靠性高、结构简单、维修方便，有利于产品的升级换代及后期市场的拓展。公司在研的立项科研项目共22项，其中配套科研项目12项、民品科研项目10项。2020年新增立项科研项目13项，其中配套项目7项、民品项目6项。截至2020年12月中旬，具备结项条件的项目共11项。公司参加国防科工局某工程中的高压液压三螺杆泵竞优工作，获得国拨科研经费；参与汾西热能公司海水循环泵的研制项目，获得22台（套）泵产品的商务合同；参加X95主滑油泵竞争性研制，已完成技术设计评审。

合肥恒大江海泵业股份有限公司参与的“十三五”国家重点研发项目“高效高可靠大流量排水技术及装备”按照课题任务书完成各项指标，正在准备验收材料；安徽省科技重大专项项目“国家安全防治水用大型潜水电机高效高可靠性智能化关键技术研发及应用”按照项目任务书节点计划要求，开展潜水电机降低噪声技术研究；科技部国家重点研发计划“深海多金属结核采矿试验工程”合作开发项目深海提升潜水电泵完成六级泵样机装配及工厂试验，各项性能试验结果满足设计要求。2020年，公司申请专利68项，其中发明专利44项；获得授权专利29项，其中发明专利3项。

昆明嘉和科技股份有限公司研发的JHDT双壳体径向剖分多级两端支承泵，可用于输送石油、成品油、液化石油气、轻烃、煤化工中的贫甲醇、合成氨装置的贫液／富液、锅炉给水等各种清洁的或含有微量颗粒、易燃易爆、有毒的介质。该产品的适用温度为-30～425℃，扬程达2 600m，压力为30MPa，与国外产品性能参数相当，实现高端石油化工、煤化工装置用高温、高压、高扬程多级离心泵的国产化。JHCD/JHBD系列泵突破通用关键设备中的耐温耐磨泵技术，属于石油高效与清洁转化的关键装备，适用于输送各种清洁的或带有微量固体颗粒的、中性或有强腐蚀性的介质，包括酸性液体、丙烷、轻烃、高温腐蚀性介质、原油等，实现大型炼油、煤化工、烷基化装置关键用泵机组的“以国代进”。公司完成中石化中科合资广东炼化一体化项目订单 7 000 余万元，实现了高端泵国产化，并且配备智能化监测设备。公司的特种工业泵用于该项目原油罐区、芳烃装置、常减压装置及轻烃回收装置中。

石家庄工业泵厂有限公司立足科技创新前沿，对标国际先进标准，创新开展金属泵与非金属泵的研发。其中，金属泵向重型、大型化方向发展，成功试制 900HD 重型渣浆泵。该产品作为冶金特大渣浆泵产品，单体质量突破 50t。公司发挥大泵产能优势，定位行业高端水准，完成 1000ND 大型船用泵水力和结构设计，实现前瞻技术储备。非金属泵向陶瓷方向发展，紧跟先进技术发展方向，系统谋划陶瓷泵研发，新产品经过市场验证，运行效率、使用寿命均达到设计要求。公司定向开发的 250HD 重型单壳泵，迅速占领氧化铝溶出泵市场，实现该行业最大泵型整机的替代。公司开发高压渣浆泵、压滤机给料泵、双吸泵等新产品，拓宽了产品应用领域，丰富了产品种类。公司完成 MDS450 多级泵“MA”“KA”双重认证，标志着公司迈入矿用产品新领域。

西安泵阀总厂有限公司以市场需求为导向，加速推进技术管理信息化及标准化建设。公司对大口径绝缘接头减重优化设计方案进行了探索，最终实现 6 个规格大口径绝缘接头的质量平均减少 22.5% 左右，节约了材料成本。为响应国家能源项目关键设备国产化进程，公司研制的 LNG 用 10″ 1 500Lb 低温球阀通过了中国机械工业联合会、昆仑石油联合组织的专家组鉴定，为 LNG 大口径、高压球阀的批量国产化生产奠定了基础；以技术革新为突破口，以新市场为切入点，研发了高温高压锆泵、小流量泵、聚酯行业用过滤器系统、天然气井口注醇撬装、大口径旋塞阀及电动刀闸阀等产品，为实现企业中长期发展目标做好技术储备。为提高生产效率、降低劳动强度、确保产品质量，工艺部门结合生产实际，探索特材表面硬化工艺、智能制造技术应用，进行工艺装备技术提升。截至 2020 年 10 月底，提交专利 17 项（其中发明专利 2 项），其中 5 项专利已被专利局受理。

湖南湘电长沙水泵有限公司开展了大型斜流泵水力模型研制、簸箕型进水流道研发工作，完成了中开泵水力模型开发。雁田泵站噪声优化项目完成了水泵结构改进及运行参数优化，重新制作的零件已完成安装调试，达到预期目标。

襄阳五二五泵业有限公司完成了研发管理体系调整，成立产品工程部和材料研发部，推动研发成果转化。重型渣浆泵体系初步形成大流量渣浆泵、高压渣浆泵、中型渣浆泵、液下渣浆泵、挖泥泵、泡沫泵等系列产品；轻型渣浆泵体系形成高效化工渣浆泵、烟气脱硫循环泵、陶瓷循环泵及陶瓷浆液泵、船舶用脱硫泵等系列产品，基本覆盖渣浆泵市场领域。2020 年，公司共完成 44 个新泵型的开发，包括 LC-B 化工渣浆泵、陶瓷化工渣浆泵、重型渣浆泵、氧化铝行业用高效耐磨单蜗壳渣浆泵及船舶用立式高效脱硫泵等。针对矿山冶金市场研发的 WH20 材料，经过工艺改进优化，解决了铸造生产过程中容易开裂的问题，铸造合格率由 2019 年的 55% 稳定至 80%。为开拓疏浚市场研发的 WH18、WH19 材料，各项性能指标达到挖泥泵的技术要求。为解决硫酸行业中低温余热回收泵使用寿命短的问题，研发出一种高硬度奥氏体材料，试制轴套衬套产品已发往两家磷复肥厂家使用。2020 年，公司对 34 个现有泵型进行升级改型，组织完成了 19 项科技项目的申报工作。经兵器集团科技成果鉴定会评定，“耐磨耐蚀工况的高效高可靠料浆输送泵”及“高温浓硫酸泵及硫酸装置用泵”两个项目产品达到国际先进水平。全年受理 25 项专利，获得授权发明专利 4 项、实用新型专利 7 项。

三联泵业股份有限公司开展大型双吸泵技术升级工作，依托甘肃省景电二期大型泵站更新改造灌区段项目，成功研制新一代高效耐磨型黄河水利用双吸泵。机组于 2020 年 4 月在用户负荷运转试车成功，各项指标均优于合同要求，提升了泵性能及系统运维智能程度。2020 年，公司开展研发项目 10 项（其中新开研发项目 7 项），实现 15 项科技成果转化。高效耐磨型黄河水利用双吸泵、车载专用特殊离心泵、高效耐磨矿浆泵、新型高效节能型中开泵被列为高新技术产品，高效耐磨矿浆泵、新型高效节能型中开泵获评安徽省节能环保“五个一百”新产品。

四、基本建设及技术改造

2020 年，大耐泵业有限公司按照大连市政府的相关要求，抢抓金普新区（自贸区）发展新机遇。公司作为泵业园的中方主体代表，将主导博格曼上海生产基地迁入园区，同时，大连里瓦泵业有限公司、大连海密梯克泵业有限公司及大耐泵业有限公司自身进行了生产电力扩容和试验站改造项目建设。泵业园区内各企业需要进行设备更新及技术改造，而生产动能资源和动能设施不足限制了企业的发展和生产能力的提升。因此，大耐泵业有限公司根据泵业园区内各企业的电力需求情况及市场预测，制定了企业电力扩容和试验站设施发展规划。大连泵业园区技术改造总投资为 6 011.86 万元，待工程完成后，园区的年产值将由当前的 12 亿元增至 20 亿元，就业人数从当前的 1 300 多人增至 1 600 多人。对大耐泵业有限公司来说，完成扩容发展后，公司的生产试泵能力将提升数倍，主流产品尤其是大功率产品的生产能力也将提升数倍，进而开拓更广阔的国内外市场，创造巨大的经济效益。

襄阳五二五泵业有限公司以“高效率、低损耗、低成本”为目标，开展铸造厂东方分部搬迁、铸造产能整合工作。从方案策划到整体搬迁，历时 6 个月，顺利完成了近 3 000 个品种模型规划就位，90 余人转移安置，以及废旧物资处置、可用物资转移安装、高新区电力扩容等一系列工作。关停铸造东方分部，优化产能布局，既是公司转型升级、实现可持续发展的需求，也是新形势下优化整合资源、降低运营成本的有力举措。据估算，上述举措可节省一次性环保投入及接入国家电网投资共计 688 万元，每年节省运营成本 311 万元。

五、企业经营管理及改革

大耐泵业有限公司对公司文化进行系统调研、梳理、整合和提升，最终确定了企业文化“五个理念”，即市场理念、质量理念、服务理念、安全理念、人才管理理念。凭借“一事精致，足以动人”的态度和要求，对外不断深挖厚掘，销售、技术进一步加强对接；对内持续优化改进，技术和生产资源充分融合。深入实施工业化、信息化“两化融合”，提升资源利用率。在流程再造方面，已上线德国 SAP 系统，通过标准化的业务流程整合公司物流、资金流、信息流等各种企业资源，提升内部运营的效率和整体的经营水平，为企业决策层及员工提供高效的决策管理平台；推广应用 CFD 流畅模拟和三维设计软件，缩短设计周期，提升新产品性能指标，降低设计成本。泵生产及销售的动态选型软件与标书自动生成系统可以进行产品的动态选型及性能曲线、报价的自动生成。公司引入了图文档加密系统，建立了电子化的知识与制度管理平台，建立了 PLM 产品生命周期管理系统平台，进行科学、智能化的管理。

重庆水泵厂有限责任公司落实改革举措，发展活力得到释放。公司制定了 2025 年高质量发展目标和战略举措，形成了公司“十四五”战略规划，为公司持续高质量发展指明目标与方向。公司加强机构改革，成立矿浆泵室，再次细分研发专业，为公司抢占矿冶市场打下坚实的基础。通过部门、车间等合并，实行扁平化管理，提高工作效率，机构改革成效显著；成立专职 HSE 管理部门，加强公司安全生产管理。

天津泵业机械集团有限公司在管理创新或商业模式创新方面取得一定的成效。公司与国华智库专家团队进行合作，对公司总体架构进行了梳理和调整。公司为进一步提高工作效率，实行扁平化管理，取消工段设置，改为班组，并入各车间。设立生产运营中心，下辖生产运营中心办公室、采购部、制造部、设备部、安技部，对生产运营组织、现场等进行综合管理，进一步改善交期、质量、库存等指标，提高运营效率。设立营销中心，按照售前、售中、售后的管理流程设置部门。2020 年，公司继续加强质量体系建设管理工作，开展战略研讨工作，制定了公司 2021—2023 年发展战略。2020 年，公司正式执行 5S 管理工作，各个部门每两个月进行一次“5S”检查和自评。通过资产、文件、服务的清理、整顿，达到工作有条理、质量有提升、重视生产安全的目的。

2020 年，沈鼓集团核电泵业有限公司制定了核安全文化推进计划，并开展核安全文化自评估工作。公司对中层干部进行核安全文化培训，印制相关法律法规资料，发放到各个部门。公司完善经验反馈程序，明确每月经验反馈月报中列出的对各部门经验反馈的要求，并及时跟踪各部门经验反馈的实施情况。公司每月召开质量例会，对当月质量指标完成情况、质量责任考核情况、质量问题情况、质量监督及改进工作情况等进行总结。公司每月组织质保工程师对整个制造过程的现场环境、零部件储存/摆放、清洁度、人员资质、文件的使用等进行检查，形成现场监督报告，进行整改并跟踪整改情况。规范采购合同流程，加强供应商管理水平，降低采购成本。在核级供应商管理方面，提升供应商完工文件编制质量，优化重点供应商进度管控制度，对部分战略供应商进行专项检查。在采购方面，设置专项审查制度，配合监造团队，持续改进合格供应商管理制度；做好年度双增双节工作，降低采购成本。公司扩大招标范围，寻找质量过关、服务过硬的供应商参加招标，与供应商签订长期的互惠互利的 OEM 协议。

中国电建集团上海能源装备有限公司深入推进全面绩效考核工作，重新修订绩效考核管理办法，子企业实行经营业绩与管理评价相结合、结果考核与过程评价相统一、考核结果与绩效相挂钩。公司稳步推进有关专项改革工作，20 家厂办大集体企业在 2020 年均已基本完成改革任务。

六、企业人才培养情况

大耐泵业有限公司为充分调动设计人员的工作积极性，制定了科技人员培养进修制度，加强员工的科研实践能力培养。公司同浙江理工大学机械能源与动力工程学院开展泵性能测试培训，同江苏大学流体中心（流体机械工程技术研究中心）开展水泵设计、水泵实验技术培训。为设计人员提供多次国内学术交流考察机会，派设计人员前往德国的海密梯克公司、里瓦公司、博格曼公司接受设计培训；邀请海外专家到大连，进行现场设计讲解及指导，并提出改进意见。邀请行业专家在企业内部举办多场设计讲座，使设计人员及时了解最新应用设计，并将其用于产品设计中。公司与多所高校建立了良好的合作关系，高校每年派多名学生到企业实习，进行有针对性的培训。公司与兰州理工大学签订“教育部卓越工程师计划工程实践教育基地”共建协议，进行专业人员的培训与培养。公司制定了相关制度，采用“一对一”的方式，对于新员工或要提升某项技能的员工，选派专业能力强的导师进行指导。在晋级、培训等方面，公司对设计人员予以倾斜，创造激励人才成长的良好环境，逐步形成现代企业发展需要的人才管理体系。

2020 年，沈鼓集团核电泵业有限公司组织实施培训 108 项，共 3 489 人次参加了培训。公司推广线上直播课程，组织相关员工参加中广核公司的培训技巧课程学习；组织员工参加集团公司一级培训项目及线上考试活动，学员培训考试通过率为 100%；组织员工参加集团钳工、车工、厂内机动车驾驶员、起重机地面操作人员等的培训考试工作。公司完成 ASME 手册新员工培训 1 次，对 28 位新员工进行了 ASME 培训。

中国电建集团上海能源装备有限公司不断完善现代化企业管理，围绕集团公司全面深化改革总要求，从组织机构调整、干部队伍建设、全员竞聘上岗、绩效考核调整等方面持续优化，适应不断变化的市场需求。公司落实有为有位、能上能下的干部机制，修订完善中层干部管理办法、公司后备干部管理办法、中层干部绩效考核管理办法，出台了子企业领导人员考核办法。公司拥有本科以上员工 454 人，占比达 40.3%。其中硕士以上学历的员工 82 人，占比为 7.3%。公司的人力资源结构进一步改善，人才梯队状态良好。

〔撰稿人：中国通用机械工业协会泵业分会王国轩〕

2020 年风机行业概况

2020 年，风机行业克服全球经济增长乏力、传统制造业产能过剩、中美贸易摩擦及新冠肺炎疫情等多方面不利因素的影响，积极适应经济发展的新常态。在国家减税降费、助企扶企、稳定就业等政策支持下，风机行业不断强化行业自主创新能力，全年生产回稳向好，工业总产值、营业收入与利润总额增速均超过预期，取得了较好的业绩。

一、行业经济运行情况

2020 年，风机行业规模以上企业共有 508 家，实现营业收入 739.3 亿元，完成出口交货值 50.9 亿元，实现利润总额 42.8 亿元。

截至 2020 年年末，中国通用机械工业协会风机分会共有会员单位 272 家。其中，企业会员 260 家，高校、研究院所等 12 家。260 家企业会员包括国有企业 14 家、民营企业 203 家、股份制企业 9 家、中外合资企业 12 家、外商独资企业 5 家、其他类型企业 17 家。

1. 工业总产值大幅增长

2020 年，参与统计的 175 家风机生产企业共完成工业总产值 5 431 481 万元，同比增长 12.1%。2020 年风机行业工业总产值前 20 名企业见表 1。

表 1　2020 年风机行业工业总产值前 20 名企业

序号	企业名称	工业总产值（万元）	同比增长（%）
1	沈阳鼓风机集团股份有限公司	1 107 278	10.69
2	陕西鼓风机（集团）有限公司	1 029 943	32.69
3	山东格瑞德集团有限公司	296 956	-2.79
4	重庆通用工业（集团）有限责任公司	274 992	92.81
5	浙江朗迪集团股份有限公司	148 643	-8.52
6	金通灵科技集团股份有限公司	142 020	-24.74
7	浙江上风高科专风实业股份有限公司	132 250	19.98
8	荏原冷热系统（中国）有限公司	108 532	-13.84
9	山东省章丘鼓风机股份有限公司	106 980	-4.08
10	浙江亿利达风机股份有限公司	103 503	4.83
11	佛山市南海九洲普惠风机有限公司	82 385	-6.51
12	泛仕达机电股份有限公司	61 356	36.62
13	中国电建集团透平科技有限公司	60 202	40.5
14	南通大通宝富风机有限公司	54 061	11.63
15	杭州杭氧透平机械有限公司	51 087	9.97
16	瑞冬集团股份有限公司	49 656	2.21
17	广东绿岛风空气系统股份有限公司	45 076	10.95
18	湖北三峰透平装备股份有限公司	44 241	49.69

（续）

序号	企业名称	工业总产值（万元）	同比增长（%）
19	广东肇庆德通有限公司	37 242	-7.46
20	上海通用风机股份有限公司	36 743	10.27

2. 多数产品恢复增长

受 2020 年延期复工影响，主要风机产品产量大幅下降。随着复工复产的持续推进，企业生产逐步恢复，重点产品产量不断增长。

2020 年，参与统计的 175 家风机生产企业共完成风机产值 3 155 800 万元，同比增长 8.5%；生产各类风机产品 19 387 556 台，同比增长 2.6%。2020 年风机产品产值、产量完成情况见表 2。

表 2　2020 年风机产品产值、产量完成情况

产品名称	产值（万元）	产值同比增长（%）	产量（台）	产量同比增长（%）
离心压缩机	815 953	7.5	721	2.0
轴流压缩机	164 340	14.7	76	-5.0
能量回收透平机组	74 045	73.7	46	15.0
离心鼓风机	315 106	32.2	10 315	5.9
罗茨鼓风机	198 019	5.8	79 855	13.7
离心通风机	779 481	0.7	3 725 040	20.9
轴流通风机	506 722	5.8	3 326 927	1.8
旋涡风机	35 255	13.4	335 896	22.1
空调风机	140 042	2.6	9 922 662	-8.5
其他风机	126 837	7.2	1 986 018	47.4

3. 主要经济指标继续回升

随着国内外市场逐步回暖以及国家大规模减税降费等政策显效，风机企业经济效益在经历年初大幅下滑后，呈现稳步修复、逐季改善的态势。

2020 年，参与统计的 175 家风机生产企业共实现营业收入 5 863 071 万元，同比增长 20.9%。陕西鼓风机（集团）有限公司营业收入首次超过 100 亿元，同比增长 78.21%，带动了全行业营业收入的提升。2020 年风机行业营业收入前 20 名企业见表 3。

表 3　2020 年风机行业营业收入前 20 名企业

序号	企业名称	营业收入（万元）	同比增长（%）
1	陕西鼓风机（集团）有限公司	1 558 136	78.21
2	沈阳鼓风机集团股份有限公司	1 087 210	15.68
3	山东格瑞德集团有限公司	335 561	0.76
4	重庆通用工业（集团）有限责任公司	234 023	78.63
5	金通灵科技集团股份有限公司	143 606	-23.63
6	浙江朗迪集团股份有限公司	140 119	-12.04
7	山东省章丘鼓风机股份有限公司	112 899	4.67
8	荏原冷热系统（中国）有限公司	108 532	-13.61
9	浙江亿利达风机股份有限公司	101 774	2.32

（续）

序号	企业名称	营业收入（万元）	同比增长（%）
10	浙江上风高科专风实业股份有限公司	92 067	27.51
11	中国电建集团透平科技有限公司	85 463	5.98
12	佛山市南海九州普惠风机有限公司	75 237	1.34
13	泛仕达机电股份有限公司	57 412	30.54
14	杭州杭氧透平机械有限公司	50 407	10.32
15	瑞东集团股份有限公司	50 164	-10.35
16	湖北三峰透平装备股份有限公司	43 608	44.38
17	南通大通宝富风机有限公司	42 354	11.77
18	广东绿岛风空气系统股份有限公司	41 234	-4.09
19	浙江义乌星耀风机有限公司	40 229	45.15
20	湖北双剑鼓风机股份有限公司	38 789	-8.44

2020 年，参与统计的 175 家风机生产企业实现利润总额 350 844 万元，同比增长 21.7%。营业收入利润率为 5.98%，比上年同期提高 0.15 个百分点。利润增速远高于上年同期，这与中央财政大幅减税降费有很大关系。亏损企业有 17 家，累计亏损额 14 797 万元，同比下降 8.7%。2020 年风机行业利润总额前 20 名企业见表 4。

表 4　2020 年风机行业利润总额前 20 名企业

序号	企业名称	利润总额（万元）	同比增长（%）
1	陕西鼓风机（集团）有限公司	93 423	38.83
2	山东格瑞德集团有限公司	16 222	-3.11
3	杭州杭氧透平机械有限公司	15 263	18.73
4	沈阳鼓风机集团股份有限公司	13 458	178.23
5	浙江朗迪集团股份有限公司	13 205	8.71
6	浙江亿利达风机股份有限公司	11 969	6.60
7	山东省章丘鼓风机股份有限公司	9 259	14.39
8	湖北三峰透平装备股份有限公司	8 640	70.08
9	泛仕达机电股份有限公司	8 254	23.08
10	广东绿岛风空气系统股份有限公司	8 129	3.51
11	苏州顶裕节能设备有限公司	7 978	45.53
12	阿特拉斯·科普柯（上海）贸易有限公司	7 290	282.88
13	浙江上风高科专风实业股份有限公司	6 545	53.21
14	南京磁谷科技股份有限公司	5 876	4.85
15	金通灵科技集团股份有限公司	5 643	-54.08
16	百事德机械（江苏）有限公司	5 480	27.23
17	上海通用风机股份有限公司	5 265	-5.29
18	浙江格凌实业有限公司	4 510	2.27
19	山东天瑞重工有限公司	4 351	6.78
20	湖北双剑鼓风机股份有限公司	4 236	11.92

4. 外贸出口增速由负转正

2020 年，参与统计的 175 家风机生产企业完成出口交货值 223 313 万元，同比增长 10.9%；出口各类风机 2 475 702 台，同比增长 31.31%。2020 年风机行业出口交货值前 20 名企业见表 5。

表 5　2020 年风机行业出口交货值前 20 名企业

序号	企业名称	出口交货值（万元）	同比增长（%）
1	沈阳鼓风机集团股份有限公司	55 382	81.68
2	陕西鼓风机（集团）有限公司	39 164	76.49
3	广东肇庆德通有限公司	13 920	-22.62
4	杭州顿力电器有限公司	13 297	11.65
5	浙江亿利达风机股份有限公司	10 442	-4.15
6	泛仕达机电股份有限公司	9 717	-41.06
7	荏原冷热系统（中国）有限公司	9 542	10.50
8	浙江格凌实业有限公司	8 511	-2.43
9	浙江朗迪集团股份有限公司	7 359	-55.65
10	佛山市南海南洋电机电器有限公司	5 641	-1.16
11	金通灵科技集团股份有限公司	5 055	145.99
12	锦州新锦化机械制造有限公司	4 000	
13	广东绿岛风空气系统股份有限公司	3 589	-21.47
14	沈阳鼓风机集团通风装备科技有限公司	3 415	1 582.27
15	江苏英德利实业有限公司	3 262	9.39
16	福建东亚环保科技股份有限公司	3 070	-9.65
17	重庆通用工业（集团）有限责任公司	2 834	1 061.48
18	威海克莱特菲尔风机股份有限公司	2 794	-31.89
19	山东华东风机有限公司	2 000	100.00
20	台州瑞晶机电有限公司	1 710	6.21

5. 风机行业需求回暖

2020 年，随着我国疫情得到全面控制，石油、化工、冶金、电力、大型基建等传统行业计划内的大型投资项目陆续启动，特别是由于疫情反映出的医疗卫生等补短板项目投入，带动了风机需求市场快速恢复增长。2020 年，参与统计的 175 家风机生产企业完成订货 9 414 643 万元，同比增长 36.6%。其中，当年订货量 5 755 533 万元，同比增长 49.5%。

2020 年，沈阳鼓风机集团股份有限公司在产品研发和市场推广方面不断取得新的突破，依靠核心技术形成新的成长动能。通过优质的产品和完善的售后服务，沈鼓集团始终保持稳定、持续、协调发展的势头，各种主机产品的市场份额不断提升，大炼化市场离心压缩机占有率超过 85%，煤化工市场离心压缩机市场占有率可达 75%，长输管线用离心压缩机市场占有率高达 90%。同时，在天然气油田火驱工程、分布式能源、垃圾处理等领域不断实现新产品的研发和推广。紧跟“一带一路”沿线国家的中资企业投资项目，拓展与中石油、中石化、中海油以外的央企、国企及外企合作，利用外资在华企业获取项目信息，提升项目参与度和中标率。2020 年，实现了印度尼西亚、哈萨克斯坦、突尼斯等多个“一带一路”沿线国家出口项目近 2 亿元合同的签订。

2020 年，陕西鼓风机（集团）有限公司聚焦新市场的要求，完成了生物经济、新能源、新能源汽车、新材料、新一代信息技术、高端装备制造业、节能环保、新基建等市场研判。各项指标均创历年之最，实现销售合同额334.10亿元，同比增长122.38%。

2020年，重庆通用工业（集团）有限责任公司营业收入突破20亿大关，创历史新高。制冷压缩机新增订货同比增长66.3%，其中中标四代核电首个示范项目，签订中海油长协服务合同，成功进入油气市场。成功签订德国某项目工艺风机合同，签订意大利某电解铝厂风机项目合同，实现欧洲风机市场的突破。抓住“抢装潮”机遇，风电叶片新增订货同比增长94%。与此同时，市场结构调整取得突破，与金风科技、国电联合动力等主流厂商建立了紧密的战略合作伙伴关系。海上风电稳步推进，多款产品实现批量生产。公司自主设计开发的CGI76型叶片已实现量产，实现销售99套的业绩。

2020年，山东省章丘鼓风机股份有限公司主要产品罗茨风机销售9 838台，实现销售收入67 818万元。经过不断完善公司销售激励政策，在喷洒消毒及口罩生产用熔喷布风机、含重油（沥青类等）尾气用风机等领域开创了新局面。公司紧盯国家节能减排项目，实施风机产品的不断创新，满足国家节能降耗及环保需求；继续扩展工业废水处理市场，做大做强该领域产品；加大电子电气设备市场开拓，实现产品向智能化方向发展。为适应市场发展要求，在继续对办事处实行大区制管理模式的前提下，增加了特区制管理模式，尝试了能源管理模式的创新，即用先进节能高效的产品代替高耗能的产品，且业绩已显现。

2020年，浙江明新风机有限公司的风机销售额为16 710万元，同比增长3.10%；出口额为164万元，同比下降25.11%。制冷风机订单有所增加。

2020年，山东临风科技股份有限公司调整销售主攻行业，主要开发钢铁、环保等行业。钢铁、环保行业用风机销售占比为79.93%，远高于其他类型风机；鼓风机的销售同比下降61.46%。公司与环保配套相关的通风机类产品销售收入较为稳定，并略有增长。公司维修服务及风机配件销量分别同比增长7.78%、11.94%。

2020年，浙江金盾风机股份有限公司总销售额（风机与装备）为4.64亿元，同比增长9.5%。公司中标桂庙路快速化改造工程隧道空气净化系统项目，为公司开拓城市隧道空气净化市场打开了良好的局面。

2020年，中国电建集团透平科技有限公司在市场开拓方面取得可喜成绩。公司中标GE POWER总承包的日本Kamisu 1×50MW三大风机项目，填补了海外生物质发电市场的空白；签订公司首个公路隧道通风机项目；签订神东煤炭补连塔区域矿井水提标治理项目EPCO总承包盐侧蒸发系统项目和第一个海底（穿长江）隧道通风业务订单；签订巴基斯坦塔尔煤田一区块2×660MW燃煤电站环保岛项目废水处理系统设备，实现了水处理业务在海外市场的拓展；中标400万t/a球团工程项目工艺风机（含高温风机）项目。

2020年，湖北双剑鼓风机股份有限公司产品主要销售领域是化工、环保、煤炭、矿山及冶金等行业。其中，化工行业风机销量为444台，环保行业风机销量为206台，煤炭行业风机销量为205台，矿山行业风机销量为137台，冶金行业风机销量为111台。公司实现销售收入38 789万元，实现净利润4 236万元。

二、重大技术装备及关键设备完成情况

2020年，沈阳鼓风机集团股份有限公司为中化泉州石化有限公司20万t/a环氧丙烷联产45万t/a苯乙烯项目研制的空气压缩机组，是沈鼓集团首台应用在PO/SM环氧丙烷、苯乙烯联合装置中的空气压缩机组，为PO/SM装置流程输送参与反应的空气；依托传统结构，结合对大庆炼化富气压缩机等国外机组的改造经验，在内蒙古汇能煤化工有限公司煤制天然气项目丙烯压缩机上首次采用整体端盖结构；为齐鲁制药（内蒙古）有限

公司阿荣旗项目研制的轴流压缩机组，极大地提高了沈鼓集团轴流机组在市场上的竞争力。空气压缩机 + 空气增压机（MCO 型 +SVK 型）是公司为宁夏鲲鹏清洁能源有限公司生产的 68 000m^3/h 制氧量空分装置的核心设备，三级 MCO 空压机和 SVK 多轴增压机是 3 万～ 8 万 m^3/h 空分装置广泛应用的机型，市场前景广阔。

2020 年，陕西鼓风机（集团）有限公司在从传统制造业向服务型制造转型的同时，加大科技创新投入，解决了一批关键核心技术和产品的“卡脖子”问题。公司完全拥有自主知识产权的全球流量最大的 AV140 工业用轴流压缩机在公司试车成功，机组多项性能指标达到全球工业压缩机领域的国际先进水平；开发的新一代高压比轴流压缩机模型试验机，主要效率指标达到国际先进水平；开发的第三代 TRT 产品效率高达 94%，产品三化成效显著，形成了全系列离心压缩机先进的技术体系；开发的冶金领域 SHRT 四象限变频节能新技术填补国际空白；利用 AR 支持系统，攻克了海外服务技术难题。

2020 年，重庆通用工业（集团）有限责任公司完成小流量国产化磁悬浮冷水机组研制，填补了公司磁悬浮冷机方向的空白；完成“华龙一号”三代国产化核电冷水机组研制，机组振动和噪声等指标超越历史最高水准，填补了国内空白，可广泛应用于我国“十四五”时期国内各三代核电建设项目；完成 115RT 国产磁悬浮离心式冷水机组研制，为后续产品换代及升级提供了技术储备；完成四代核电冷水机组研制，巩固了公司在核电领域的品牌优势；完成高速变频轴流风机研制，优化后的机组效率提高了 2%，比 A 声级噪声降低了 4.1dB，转子组加工周期缩短 50%，在船用高端产品技术竞争中优势明显；研制的高压力小流量模型级风机具有高效、低噪、高效区间宽等性能优势，同时兼具结构平直、易于加工的特点，填补了国内该类风机模型级的空白；完成国产化磁浮鼓风机、变频直驱鼓风机等新产品的研究、设计及试验工作；蒸汽压缩机实现多个新兴领域的开拓，首台用于造船厂污水处理和页岩气污水处理领域的蒸汽压缩机均已实现现场调试；完成全国首套 -50℃的丙烯制冷压缩机技术设计工作；完成材料工艺性匹配、拉挤主梁研究等 4 项新工艺开发应用；完成 GW90 预浸料铺布小车、GW90 海运工装、新型智能圈车等 10 项工装设备优化开发；开发出具有张力调节装置的铺层工装，提升了生产效率，有效避免了海上大型叶片碳纤维大梁褶皱质量问题。

2020 年，山东省章丘鼓风机股份有限公司与西安交通大学联合开发了山东省技术创新项目 HL618 系列螺杆鼓风机，完成样机性能试验，并申请了外观专利。完成 TEP 核电罗茨风机承压状态和地震载荷下强度、模态以及螺栓强度等校核，TEP 风机流场计算，罗茨风机逆流冷却系统流场分析建模。

2020 年，中国电建集团透平科技有限公司第一台国产比例阀试制、试验完成，并通过 TLT 复测；完成大型超限离心风机优化设计工作，以此为基础，制定了多个型号叶轮通用模型；完成转炉一次风机吸收转化、国产系列化设计。

三、科研成果及新产品

2020 年，参与统计的 175 家风机生产企业在科研方面共支出 214 480 万元，同比增长 9%，研发费用支出占营业收入的 4%。

2020 年，沈阳鼓风机集团股份有限公司攻克了新一代乙烯装置用压缩机关键技术难题，完成了整体端盖形式的压缩机结构等关键技术研究，获得科研成果百余项，开发出新产品 226 种，共计 281 台。承担的辽宁省重大科技专项“140 万 t/a 乙烯装置用压缩机组研制”项目，攻克了压缩机气动性能匹配性、高效性整体优化、叶轮结构完整性研究、新型高压力机壳开发、大型叶轮加工新工艺开发、大扭矩高转速转子系统动特性研究、控制方案设计与优化等关键技术，项目申请专利 10 项，形成关键核心技术 2 项。完成了 10 万 m^3/h 等级离心压缩机节能优化设计，并进行了试验验证；完成了 2.4m 连续式跨声速风洞压缩机用户现场安装调试；研制的 120 万 t/a PDH 装置丙烯制冷压缩机组是国内最大的 PDH 压缩机组，通过省级以上科技成果鉴定；承制的 50 万 t/a 高效合成气制乙二醇项目关键设备，首次在国内实现了单线 50 万 t/a 合成气制乙二醇装置用压缩机组的完全自主研制和成套应用，填补了国内空白，整体技术达到国际先进水平，关键技术指标达到国际领先水平。公司荣获省级以上科技奖励 7 项，其中，“大型蒸汽裂解装置用离心压缩机组的研制”项目获得中国石油和化学工业联合会科技进步奖特等奖、辽宁省科技进步奖一等奖，“大型高效合成气制乙二醇装置关键设备”项目获得中国机械工业科学技术奖二等奖、辽宁省科技进步奖三等奖，“大型乙烯装置乙烯制冷压缩机组研制”项目获得第十届中国技术市场协会金桥奖一等奖，“十万等级制氧量空分装置 MAC180 离心压缩机”项目获得“好设计”金奖，“MAC180 空气压缩机”项目获得“中德园杯”中国·东北“好设计”金奖。

2020 年，陕西鼓风机（集团）有限公司完成 2 项科技成果的省级鉴定。其中，“煤气透平与电动机同轴驱动大型高炉鼓风机的高效节能技术及其应用（AV80-BPRT）”整体技术达到国际先进水平，其中电动机与煤气透平同轴驱动高炉鼓风机的新方式属于国际领先水平；“超大型轴流压缩机轻量化新型焊接机壳的高效高性能成套制造技术及应用”整体技术达到国内领先水平。公司完成 36 万 t/a 高效宽工况硝酸四合一机组研发及应用。荣获省级以上科技奖励 3 项，其中，“36 万 t/a 高效宽工况硝酸四合一机组研发及应用”项目获得中国机械工业科学技术奖二等奖，“天然气长输管线用离心压缩机关键技术研究及产品开发”项目获得陕西省科学技术进步奖二等奖，“烧结余热能量回收与烧结主抽风机联合机组”项目获得陕西省科学技术进步奖三等奖。

2020 年，重庆通用工业（集团）有限责任公司完成研发投入 1.59 亿元，市级以上新产品销售收入占总收入的比重为 43.89%。公司获得授权专利 71 项；“MVR 系统用离心式蒸气压缩机”和“大型离心压缩机拼装机壳”项目被重庆市科技成果转化促进会列为重庆市科学技术成果；“首台大型离心冰机在联碱系统的应用”项目获得中国纯碱工业协会科技进步奖；“离心通风机叶片成型方法”专利获得第二十一届中国专利奖优秀奖；离心式制冷机组、通风机、鼓风机、风力发电叶片等产品被评为“2020 年机械工业优质品牌产品”。

2020 年，山东省章丘鼓风机股份有限公司高度重视技术创新工作，获得公司级科技成果近 50 项；授权知识产权 17 项；精馏用高效节能环保 MVR 系统、ZGD 轻型单泵壳渣浆泵等 5 个项目被列入 2020 年山东省技术创新项目计划；安德利果胶废水处理项目在程序上实现了由两台单级高速式压缩机组成的 MVR 蒸发系统在酒精精馏提纯行业首次成功应用，并实现系统的自动运行，可实现无人值守；中石油西南分公司多级离心风机防爆监控系统项目实现了就地、DCS、SIS、触摸屏四方控制，实现石油化工行业防爆、高安全等级的控制要求。根据国家产业政策及客户需求，积极开发新产品，全年完成新产品销售收入 58 950 万元，占公司销售收入的 53%。通过新产品开发，公司实现了产品的更新换代升级，逐步向节能、高效、环保方向发展。

2020 年，南通大通宝富风机有限公司研制的国内首台“鲲鹏”系列磁悬浮蒸汽压缩机在山东某化工浓缩碱液工艺段上一次试车成功。该系列磁悬浮蒸汽压缩机申请专利 10 项，并入选 2020 年江苏省重点技术创新项目导向计划，获得政府资金 120 万元。为黑龙江省某化工企业研制的 5 台裂解炉引风机顺利出厂，填补了公司空白；初步完成小吨位蒸汽压缩机模型级开发，并在 10 个 MVR 蒸汽压缩机项目上得以应用；开展风机叶轮焊接变形控制研究，叶轮变形量在原来的基础上减少 90% 以上。

2020 年，浙江明新风机有限公司投入研发经费 991 万元。公司的科技成果转化项目共 19 项，公司列入省级新产品试制计划项目的有便携外置式注油风机、接力式风机、轴流式消防排烟风机、环保型风机箱，均已通过浙江省技术市场促进会的鉴定。一种环保型风机箱、环保型降温风机、便于安装的变压器风机、一种聚风冷却风机、一种聚风结构、一种扇片角度可调的排烟风机、一种叶轮、带传动冷却风机、环保型风机叶轮和带传动的冷却风机外壳 10 项技术获批实用新型专利。

2020 年，北京新安特风机有限公司生产的离心式排油烟风机被认定为北京市新技术新产品（服务）。公司对轴流风机和离心风机进行改进设计，减少焊接量 80% 以上。公司申请专利 2 项，获得授权实用新型专利 2 项。公司专利产品通过能效认证，大部分达到 2 级能效。科技成果全部转化应用于产品中，新产品占比为 67%。

2020 年，湖北三峰透平装备股份有限公司完成“应用大功率激光切割机对大型静叶轴流风机的工艺优化”研究，基本取消划线、钻孔工序，仅保留前、后风筒连接孔配作，切割孔率达 90%；取消原部件之间连接孔的配作工序，改进为径向腰形孔和周向腰形孔连接。

2020 年，浙江上风高科专风实业股份有限公司承担的省级重点研发计划项目“核级离心风机的研发及产业化”顺利通过省科技厅组织的项目验收。公司申请专利 38 项，获得授权专利 33 项，其中发明专利 27 项。公司研制的核级离心风机被省经信委评为 2020 年度浙江制造精品；核电抗冲击波阀获得 2020 第十届中国国际流体机械展览会金奖。

2020 年，浙江金盾风机股份有限公司完成地铁车辆运行库离心、轴流式诱导风机研制，样机性能完全满足业主要求。在此基础上进行了降成本优化，承制的天津地铁 6 号线诱导风机在正常批量化生产中。针对高海拔地区特长隧道施工环境，成功研制施工风机，性能完全满足客户要求，为天山胜利隧道、川藏铁路雅林段隧道等项目提供了相应的技术方案；与浙江大学签订战略合作协议，联合成立技术研发中心，研制出多个系列低噪声小型化特种通风设备。

2020 年，中国电建集团透平科技有限公司依托有限元分析、风机试验平台、气动分析仿真软件和结构力学软件，通过对一些关键技术的专题研究，完成新型低流量高压静叶可调轴流风机研发，其出口压力较原有静调风机压力系数提高约 10%，风量系数降低 20%；完成高转速油润滑静叶可调轴流风机的研发，全新设计了轴承冷却系统，解决了静叶可调轴流风机在高转速及大出力时可能导致的轴承温度高等风险，当前已在多个项目上得到应用。“超低排放下 600MW 火电机组双级高转速动叶可调联合风机的研制”项目获得中国设备管理协会创新成果奖二等奖。

2020 年，威海克莱特菲尔风机股份有限公司自主研发的 WFS 超低噪叶轮，可降低风机噪声 5 ～ 15dB，产品通过了美国 CTI 测试认证，达到 GB/T 7190.1—2018 的一级噪声要求。公司研发的 TM2500 HES 移动式航改燃气轮机发电机用通风机，可在 50Hz 或 60Hz 工况下运行，能适应 -40 ～ 60℃运行环境，通过了 CE/ATEX 防爆认证。公司为 GE POWER 7H02 发电机项目研发的 TJL1000-2 通风系统获得国内首张 IEC Ex 非电器类防爆认证证书，公司防爆类产品获得防爆 CCC 认证证书。公司对海上风电空冷器、水冷系统、散热空调不断创新，为海上风电 5 ～ 12MW 的发电机、机舱、变流器、塔筒批量提供耐腐蚀、高效率、低噪声、易维护的冷却散热系统。

2020 年，湖北双剑鼓风机股份有限公司完成新产品产值 21 505 万元。公司研制的新产品主要有离心制酸风机、环保曝气风机、电站风机及离心鼓风机等。公司获得授权实用新型专利 13 项。

四、质量管理及标准化工作

1. 质量管理

2020 年，沈阳鼓风机集团股份有限公司不断完善质量指标体系，补齐质量管理短板；落实质量责任制，严格质量责任考核；将公司质量要求和过程控制向供应商延伸；持续进行过程控制，不断提升产品实物质量；坚持问题导向，系统开展质量改进活动；强化质量体系有效运行，确保发挥应有作用；增强质量意识，建设精品文化；重视质量人才培养，打造专业质量技术团队。1995年，首次取得华信技术检验有限公司颁发的ISO9001质量管理体系认证证书，2019年通过再认证，2020年进行换证后的第一次监督审核，证书有效期是2019年12月4日至2022年11月6日。

西安陕鼓动力股份有限公司于1994年9月取得中国质量认证中心（CQC）认证，2020年9月最后一次复审。公司围绕“成就用户”“为用户创造价值”等理念，建立“1+7”质量管控体系，持续提升客户满意度，落实“有缺陷产品就是废品”的质量观，深化产品质量“零让步”等工作，为陕西经济高质量发展贡献力量。

2020年，重庆通用工业（集团）有限责任公司为确保公司质量管理体系有效运行，识别了顾客导向过程、支持过程、管理过程共28个过程。通过对产品和服务要求、设计和开发、生产和服务的提供、采购等管理过程控制，建立了企业质量诚信管理机制，实现满足客户要求和法律法规要求的产品和服务输出。

山东省章丘鼓风机股份有限公司坚持“产品质量就是企业生存之道”的理念，不断提高产品质量。通过多元化的信息化软件、先进的加工及检测设备，缩短产品设计制造周期，提高产品制造精度；持续开展做“精品工程”号召，从源头抓起，确保质量信息可追溯；定期召开质量分析会、质量专题会，对发现的问题制订整改措施，防止同类问题再发生；通过推行“5S管理”活动、开展“优质优价”活动、评选“质量服务之星”活动等，在公司内部树立标杆。

2020年，浙江金盾风机股份有限公司顺利通过了装备承制单位第三次监督审核、三体系监督审核、船级社监督审查及合格供方兴原认证工作，同时也通过了防爆转3C后的第一次工厂检查、节能产品认证工厂检查；完成质量手册扩项升版，编制XX3等军工产品质量保证大纲/程序文件、质量计划，修订完善多份三层次文件等；组织了质量管理体系内审和核电质量保证监查工作，对不符合项进行了关闭验证；对超过5 500t金属原材料进行了来料检验，检出不符合原材料近100t，并及时退换；对12 000多台电机进行了检验；对11 000多台（套、件）产品进行成品及其过程检验，共检出3 900多批次不合格项。

2020年，中国电建集团透平科技有限公司树立“一次把事情做对就是最大的提质增效”的理念，对公司的质量管理体系文件进行一次大的修编，重新审视管理手册、程序文件和第三层次文件，并增加对自检、互检表等第四层次文件的受控。

2. 标准化工作

2020年，风机分会完成1项团体标准送审稿，提交中国通用机械工业协会标准化管理委员会；完成3项团体标准立项；组织召开3次团体标准工作会议。

2020年2月，完成《离心通风机用调节门技术条件》团体标准征求意见稿；8月召开标准征求意见稿研讨会；9月完成标准送审一稿，并提交给风机分会团体标准化工作委员会征求意见；10月召开标准审查会，重点讨论送审一稿，针对专家建议修订完成标准送审二稿及相关资料，报送至中国通用机械工业协会标准化管理委员会。

2020年3月，《整体齿轮增速组装型离心式水蒸汽压缩机》和《一般用途悬浮类离心式鼓风机》团体标准批准立项；4月完成标准初稿并征求意见，形成标准修订一稿；7月召开首次标准研讨会，重点讨论修订一稿，针对专家建议，修订完成标准征求意见稿；11月完成标准征求意见稿网上公示，并根据建议对这两项标准进行修订。

2020年4月，《节能高效离心通风机　技术条件》团体标准批准立项；6月完成标准初稿并征求意见；8月召开标准初稿研讨会，就37条修改意见的处理情况进行了逐一回复。

五、基本建设及技术改造

2020年，陕西鼓风机（集团）有限公司完成技术改造项目4项，分别是智能化提升，高速动平衡关键备件，新增检验、检测设备，车间设备更新。技改投入资金总额为554.5万元。

2020 年，重庆通用工业（集团）有限责任公司依照公司新的战略规划，开展工艺布局调整的相关工作，推进高效、绿色、智能的生产制造流程。重点推进焊接自动化等改造项目，结合智能制造相关工作，持续推进设备互联。针对涂装和焊接特殊工艺过程，积极攻克工艺瓶颈，助力生产系统现场环境改进。建立工艺仿真中心，为产品的结构设计、工艺优化提供理论基础。

2020 年，山东省章丘鼓风机股份有限公司完成风机车间和配套件车间喷漆房改造项目的施工、调试、验收；完成 BTD-110H、R16 型东芝加工中心，B60100 型牛头刨床，伸缩式除尘房，蓄电池平板车的招标采购和调试、验收；完成 710 车间日本大隈立加液压站及排屑器的安装、调试和验收；完成配套件车间电动叉车、逆变直流焊机、焊烟除尘装置、滚轮架和内燃机叉车等的招标采购、安装、调试和验收；完成卧式数显镗床、数控等离子切割机的议标采购和安装、调试、验收；完成 1 台龙门数控钻床的安装、调试、验收；完成 1 台 1.2m 立式车床的安装、调试、验收；完成 1 台热处理电炉的安装、调试和验收。

2020 年，浙江明新风机有限公司年产 1 万台合金微型叶轮项目进入竣工验收阶段。项目总投资 1 500 万元，建成后形成年产 1 万台合金微型叶轮的生产能力，可实现销售收入 1 500 万元、利税 330 万元。即将开工建设年产 2 万台智能风机项目，项目总投资 3 000 万元。

2020 年，山东海福德机械有限公司新购立式加工中心 1 台，对风机墙板进行铣平面、镗孔、钻孔、铰孔、套丝等工序加工，能够实现一次装夹多工位加工，大大减少累积误差，平行度、平面度大幅提升。新购大型动平衡机 1 台，改善了风机性能，提高了产品质量。

六、企业经营管理及改革

2020 年，沈阳鼓风机集团股份有限公司持续深化改革，完成了市场化职业经理人的体系设计，“三项制度”改革成果进一步深化，规范了各类奖金奖励标准和办法，建立了子公司薪酬总额管理制度，启动了工时定额改革试点工作，完成了一家子公司混合所有制改革。公司服务型制造收入占比达到 23.6%，是企业效益不断得到提升的关键；融资租赁业务新增投放额 1.3 亿元，有效支撑了公司工程成套业务和销售市场开发。

2020 年，陕西鼓风机（集团）有限公司以市场化为指引，持续创新管理机制，企业焕发出强劲的内生动力。公司持续推进党建工作与企业经营发展的相互融合深化“044”管控和“5+3”能效分析法，推进“8+1”销售支持体系落地。

2020 年，山东省章丘鼓风机股份有限公司随着国家产业政策及供给侧结构性改革的深入推进，结合公司自身优势和市场机遇，逐渐实现由传统制造型企业向新型高科技企业转型，从智能制造和环保水处理产业向智能制造、环保水处理、新材料开发应用的三大产业发展，加大研发投入，增强自主创新能力，整合外部资源，从智能制造业拓展至工业服务业。2020 年 2 月 28 日，对外投资设立徐州考拉机器人科技有限公司，实现智能化制造的提升；6 月 4 日，对外投资设立江苏章鼓力魄锐动力科技有限公司，增强节能环保工程技术和设备制造能力；8 月 17 日，对外投资设立微鲸环境（北京）有限公司，推动水处理业务的布局和发展。11 月 12 日，山东省章丘鼓风机股份有限公司罗茨鼓风机节能与环保工程研究中心通过济南市发展和改革委员会的认定。

2020 年，南通大通宝富风机有限公司正式从盾安集团脱离，成为一个独立的公司，并实行企业合伙人制。

2020 年，山东临风科技股份有限公司董事会研究决定，任命王海担任公司总经理，原公司董事长王洪强不再兼任公司总经理。

2020 年，中国电建集团透平科技有限公司对生产组织方式进行调整，将下料工作从各个车间分别下料调整到仓储中心集中下料；组建了新的地铁风机半自动流水线生产车间；组建了水处理车间，并配置了专门的采购、成本核算、安装调试等人员，建立起独立的涵盖设计、采购、施工、安装和调试的项目运营模式。

七、企业节能、降耗、减排情况

2020年，参与统计的175家风机生产企业生产用钢材消耗量为485 650t，同比下降0.7%；用电量为47 668万kW·h，同比增长12.1%；综合能耗总量为78 114t标准煤，同比增长7.5%。

2020年，沈阳鼓风机集团股份有限公司贯彻国家、省市关于进一步加强企业节能降耗工作的安排部署及《沈阳市重点用能企业节能管理达标活动实施方案的通知》等文件精神，进一步强化能源管理，开展了一系列节能、降耗、减排工作：不断完善集团公司能源管理三级网络；坚持巡检制，对厂区能源使用、节能降耗情况进行现场巡检监督；加强对热处理车间等的重点耗能管理，配合热处理车间提高炉热利用率、装炉率，对热处理燃气炉加装了二次流量仪，并不断完善能源计量仪表，配齐各种能源一、二、三级计量仪表；加强对峰、谷、平各用电时段用电合理使用等。2020年，公司综合能耗为13 394t标准煤，同比下降1.04%；万元产值综合能耗为0.012 1t标准煤，同比下降10.6%；万元增加值综合能耗为0.071 1t标准煤，同比下降10.95%。

2020年，陕西鼓风机（集团）有限公司从能源生产、输送、配给、转化和消耗五个方面，构建了一套完整的能源体系，具有“供给侧、需求侧、技术侧”互联、互享、互为市场、互为资源的特征。以此为依托，公司聚焦客户综合能效提升需求，围绕“5+3”指标有效提升能源利用效率，大幅降低用户运营成本。当前，能源互联岛能源互联及能源高效利用技术已获得8项授权专利。同时，公司与合作伙伴共同发力智慧能源科技，为“零碳工厂”“零碳医院”“零碳校园”等城市“零碳”经济发展赋能。

2020年，重庆通用工业（集团）有限责任公司进一步控制能耗，综合能源消费量由上年的3 903t标准煤增至4 367t标准煤，能耗同比增长11.9%。

2020年，山东省章丘鼓风机股份有限公司紧随国家环保整治政策，进一步完善了公司内部的节能、减排、降耗的目标措施。公司定期清理危废仓库和水池，完善环境保护应急预案并备案，编制环境影响分析报告，进一步完善环境保护管理制度。继续围绕重点生产车间耗电和排放进行强化管理培训，按照“集约化、特色化、高新化、信息化”的发展要求，利用先进的节能技术手段和管理模式，推动节能减排降耗工作有序进行，取得显著效果。

八、行业及企业人才培养情况

为提高风机行业各企业通风机设计和制造水平，培养企业技术人才，同时解决行业内相关企业振动、噪声检测与故障诊断等问题，风机分会于2020年11月16日在无锡举办第十一期“离心通风机设计及振噪检测与故障诊断”培训班。参加此次培训的学员为风机行业会员企业及非会员企业的技术、销售人员。本次培训班聘请西安交通大学、浙江大学、东南大学的教授，为学员讲解离心通风机设计与振噪检测和故障诊断等一系列课程。

2020年，沈阳鼓风机集团股份有限公司利用“两站、三院、五中心”的合作契机，选送优秀的技术、管理人才到合作高校进行学习深造，开办在职工程硕士培训班，提高优秀人才的理论知识水平。公司积极为高层次人才申报个人荣誉和人才资助项目，近两年共有12人获得省级以上荣誉称号，1个项目获得沈阳市创新创业人才资助资金500万元。

2020年，陕西鼓风机（集团）有限公司大力实施人才战略和员工素质提升工程建设。一方面，通过国际化科技平台的建设，筑巢引凤，吸引了高层次技术人才加盟，使之成为公司发展分布式能源相关产业的技术领军人才；另一方面，通过开展岗位创新创效、智慧众筹、全员岗位大练兵、劳动竞赛、标杆选树、外出培训等，扎实推进员工素质提升工程，造就了一大批技术人才和创新骨干。同时，公司还建立员工职业发展多通道平台，帮助员工进行职业生涯发展规划，有针对性地进行人才培养和激励，培育造就了一大批推动分布式能源产业发展的优秀管理者和智慧劳动者，使企业在顺应新常态的变化中得到持续稳定发展。

2020 年，重庆通用工业（集团）有限责任公司继续在人才引进和人才培育上下足功夫。通过提高学历标准、扩大引才区域、增加学科选择、拓宽招聘渠道、提升薪酬待遇等方式，引进优秀人才，基本满足了公司发展需要；通过加大人才培养力度，丰富培养方式，获得了很好的成效。公司 1 名员工荣获首届国家级新区经开区高新区班组长管埋技能大赛三等奖，1 名员工成功入选“重庆英才·技术技能领军人才”，10 名员工获得副高级以上职称，2 名员工考取了全国统招非全日研究生。

2020 年，南通大通宝富风机有限公司开办了大通宝富学院，邀请西安交通大学、华中科技大学的老师授课。公司实行五通道评级制，根据员工岗位，将员工发展划分为五个通道，要求员工全面发展。公司编制了“应知应会”教材，对新进入公司的大学生进行培训。通过多重考量，公司遴选出的各部门部长及业务骨干作为新员工的导师，发挥他们“传、帮、带”的作用。

浙江明新风机有限公司明确了不同职系晋升办法，为员工提供“横向”“纵向”并存的双轨制职业发展通道；建立了职业生涯辅导制度，构建了三级培训、员工换岗、后备人才培养计划等多种平台，帮助员工实现职业发展。2020 年，新晋 1 名高级工程师、1 名工程师、2 名高级工。

2020 年，山东海福德机械有限公司在员工培训方面，坚持内外结合、以内为主的培训思路。公司对新员工进行入职培训，让新员工熟悉产品的生产制造过程；由公司党支部及技术、营销等部门人员开展全员思想工作、专业知识方面的培训；参加政府等相关部门组织的学习、培训活动；参加行业协会组织的各种活动；参加股东、集团兄弟单位组织的学习、培训活动。

2020 年，湖北三峰透平装备股份有限公司积极引进和培养各类技术人才，努力提高研发团队人员的素质。对有突出贡献、确有专长的特殊人才，通过实行年薪制、股权激励等多种分配方式，使科技人员的报酬逐步与其贡献和市场价位相匹配，激发员工的积极性和创造性。同时做到“四个并举”，即引进人才和自主培养并举、人才开发与提高使用效率并举、培养高层次人才与培养一般性人才并举、扩大人才总量与结构优化并举，建设一支多层次、高素质的企业技术创新队伍。

2020 年，浙江上风高科专风实业股份有限公司引进博士 2 人、硕士 9 人，有 1 人晋升为高级工程师。智慧风机团队荣获“绍兴青年五四奖章集体”称号；嘉法理博士获评 2020 年浙江省省级（KP 项目）人才，蔡彩芳博士获评“绍兴市海外英才 330”B 类人才。

2020 年，浙江金盾风机股份有限公司把员工培训作为重点工作，进一步完善培训机制，全年组织公司制度、企业文化、三级安全教育、特种岗位上岗证培训、核安全文化宣导、三体系转版、焊工考证、内审员考证等各种培训 30 余次。

2020 年，威海克莱特菲尔风机股份有限公司组织培训 50 余场次，培训内容涉及高管培训、目标管理、技术拓展、质量工艺、生产精益、特种作业资质认证等方面。公司高技能专家人才队伍进一步扩大，新增 3 名高级工程师，1 名威海市有突出贡献技师、1 名威海市首席技师，20 余名技师和高级技师。

九、信息化建设情况

2020 年，沈阳鼓风机集团股份有限公司以建设“数字化企业”为目标，全面推进和实施数字化设计、数字化管理、数字化生产、数字化服务、数字化决策，持续完善信息化系统，优化各项业务流程，使信息化成为企业发展的重要支撑。近百台高端服务器集群构成了完备、高效的信息化数据中心，实现从硬件设备到软件应用的技术融合。IBM P 系列服务器集群为 ERP、PDM 等核心应用系统提供稳定的运行环境，通过服务器虚拟化技术实现了云 OA 系统等多项应用的集中管理。

2020 年，陕西鼓风机（集团）有限公司提出了智能设计、制造、服务“三位一体”的智能制造服务型集成理念，持续深入探索数字化与传统制造业的有机结合，创新发展模式，打造现代数字化服务型制造企业，推进传统工业向高端、智能、绿色方向快速升级。公司大力发展数字化产业，通过1个大数据中心和产品智能化、服务智能化、过程智能化、流程智能化“4个智能化”的“1+4”数字化发展模式，为实现企业数字化产业发展目标赋能。

2020年，重庆通用工业（集团）有限责任公司智能制造大数据中心建设相关工作有序推进，仿真中心和远程运维中心完成阶段性建设，基本形成数值仿真和远程运维的实施能力。PLM信息化建设项目实现产品在研在制数据试验上线，基本形成离散型制造产品数据管理的信息平台能力，实现产品数据标准化和设计工艺BOM表自动输出，奠定了公司整体信息化的基础。当前，各产线产品已经在线上试运行。

2020年，山东省章丘鼓风机股份有限公司对信息化业务模型进行了系统规划，对已经应用或正在实施的信息系统进行内部交付使用及系统维护。ERP系统在两家子公司进行试点工作，尝试上线的功能模块包括供应链（采购、仓储、外协、销售、在制品等业务）、财务核算等。开展全面的网络维护，增加多处监控系统，完善PLM、GS数据。布局物联网平台，完成物联网平台的筹备、云服务器搭建、云平台软件开发等工作。

2020年，河北骞海鼓风机有限公司持续加大信息化建设力度，取得了长足进步。公司内部建立了局域网，实现信息传达与共享；引进用友U8供应链管理模块，有效管理库存物资和财务模块，实现了会计电算化；利用凤凰卫士反商业泄密软件，有效保护公司相关信息。

苏州顶裕节能设备有限公司将信息技术应用到生产、经营、管理等方面，促进业务创新和管理创新。公司引入并完善了包括客户关系管理（CRM）系统、研发项目管理（RDM）系统、资源计划管理（ERP）系统、产品数据库管理（PDM）系统、基于RFID技术开发的管理系统、集散控制系统（DCS）、计算机集成制造系统（CIMS）等的信息管理平台，以信息技术为驱动，加强生产过程中有效监控，同时充分考虑系统与数据的安全性和独立性，使所集成的产品数据能为研发、销售、生产提供及时、准确和完整的信息。

2020年，浙江明新风机有限公司启动明新风机信息化系统建设项目，运用SolidWorks三维设计软件进行图样设计管理，采用PDM对产品数据进行整合管理，导入MES和ERP系统，进行业务系统管理，实现办公无纸化、设计标准化、产品BOM数据化、产品追踪快速化的效果。

2020年，山东海福德机械有限公司加强办公信息化建设，OA、ERP、钉钉等软件平台在日常工作中得以广泛应用。公司利用互联网，积极拓宽销售渠道：对公司网站进行改造升级，建立营销型网站，提升网站的营销职能；建立了企业微信公众平台；与百度合作，加强产品推广；与阿里巴巴、谷瀑环保网等销售平台合作；加强抖音、快手等网络销售平台的建设工作。

山东临风科技股份有限公司于2008年开始实施全业务模块ERP管理，经过多年的探索，由最初的4.0版升级到8.0版，ERP软件已成为公司开展经营活动不可或缺的工具，逐步使公司的业务和财务实现了一体化。生产车间现场报工管理由原来的手工统计过渡到PDA扫码报工，使企业逐渐从传统型手工作坊式工厂向现代化工厂转变。

2020年，浙江金盾风机股份有限公司搭建泛微OA系统，新增预算模块，费用流程严格按发货情况、部门预算、科目预算等进行管控；搭建Mobile沟通工具，便于日常流程审批及工作交流。

2020年，中国电建集团透平科技有限公司启动生产质量信息化建设项目。

〔撰稿人：中国通用机械工业协会风机分会匡中华、刘蕾、邱娟　审稿人：中国通用机械工业协会风机分会董友〕

2020 年阀门行业概况

一、生产发展情况

2020 年，突如其来的新冠肺炎疫情给经济发展带来了严重冲击。阀门行业企业主动采取措施，配合当地防控政策，防控疫情和复工复产工作同时有效推进，行业总体上实现了一定的增长。2020 年，据中国通用机械工业协会阀门分会统计，120 家会员企业共完成工业总产值 413.6 亿元，同比增长 1.1%；实现营业收入 411 亿元，同比增长 2.3%；实现利润总额 38 亿元，同比增长 5.2%；完成出口交货值 49.9 亿元，同比下降 15.6%。

2020 年，阀门行业参与统计的企业按地区统计，江苏的企业有 21 家，上海的企业有 19 家，浙江的企业有 25 家。在营业收入前 50 名企业中，浙江的企业有 15 家，上海的企业有 9 家，江苏的企业有 8 家。2020 年阀门行业工业总产值前 20 名企业见表 1。2020 年阀门行业营业收入前 20 名企业见表 2。2020 年阀门行业利润总额前 20 名企业见表 3。2020 年阀门行业出口交货值前 20 名企业见表 4。

表 1 2020 年阀门行业工业总产值前 20 名企业

序号	企业名称	工业总产值（万元）	序号	企业名称	工业总产值（万元）
1	苏州纽威阀门股份有限公司	317 206	11	上海凯科阀门制造有限公司	90 525
2	江苏苏盐阀门机械有限公司	224 633	12	北京航天石化技术装备工程有限公司	80 990
3	远大阀门集团有限公司	196 025	13	浙江石化阀门有限公司	80 806
4	江苏神通阀门股份有限公司	164 500	14	陕西航天泵阀科技集团有限公司	75 215
5	中核苏阀科技实业股份有限公司	128 042	15	五洲阀门股份有限公司	74 987
6	浙江迪艾智控科技股份有限公司	116 656	16	超达阀门集团股份有限公司	67 448
7	吴忠仪表有限责任公司	110 000	17	慎江阀门有限公司	65 723
8	良工阀门集团有限公司	102 000	18	重庆川仪调节阀有限公司	64 480
9	上海冠龙阀门节能设备股份有限公司	98 655	19	北京市阀门总厂股份有限公司	64 142
10	河南省高山阀门有限公司	91 265	20	江苏盐电阀门有限公司	64 103

表 2 2020 年阀门行业营业收入前 20 名企业

序号	企业名称	营业收入（万元）	序号	企业名称	营业收入（万元）
1	苏州纽威阀门股份有限公司	317 656	11	吴忠仪表有限责任公司	84 611
2	江苏苏盐阀门机械有限公司	221 150	12	上海凯科阀门制造有限公司	78 551
3	远大阀门集团有限公司	191 025	13	陕西航天泵阀科技集团有限公司	75 215
4	江苏神通阀门股份有限公司	158 555	14	浙江石化阀门有限公司	74 112
5	中核苏阀科技实业股份有限公司	121 199	15	上海美科阀门有限公司	69 105
6	浙江迪艾智控科技股份有限公司	115 316	16	五洲阀门股份有限公司	68 440
7	上海冠龙阀门节能设备股份有限公司	102 630	17	浙江伯特利科技股份有限公司	67 180
8	北京航天石化技术装备工程有限公司	98 890	18	江苏盐电阀门有限公司	63 733
9	良工阀门集团有限公司	96 500	19	重庆川仪调节阀有限公司	62 112
10	河南省高山阀门有限公司	90 185	20	北京市阀门总厂股份有限公司	60 300

表 3　2020 年阀门行业利润总额前 20 名企业

序号	企业名称	利润总额（万元）	序号	企业名称	利润总额（万元）
1	苏州纽威阀门股份有限公司	55 022	11	五洲阀门股份有限公司	7 478
2	江苏苏盐阀门机械有限公司	26 411	12	上海凯科阀门制造有限公司	7 148
3	江苏神通阀门股份有限公司	24 941	13	吴忠仪表有限责任公司	7 086
4	远大阀门集团有限公司	16 942	14	重庆川仪调节阀有限公司	7 078
5	浙江迪艾智控科技股份有限公司	14 821	15	上海冠龙阀门节能设备股份有限公司	6 987
6	浙江伯特利科技股份有限公司	12 792	16	江苏盐电阀门有限公司	6 343
7	中核苏阀科技实业股份有限公司	12 150	17	河南省高山阀门有限公司	6 085
8	明珠阀门集团有限公司	10 571	18	上海阀门厂股份有限公司	5 840
9	北京航天石化技术装备工程有限公司	9 975	19	江苏亿阀股份有限公司	5 774
10	浙江石化阀门有限公司	8 725	20	良工阀门集团有限公司	5 720

表 4　2020 年阀门行业出口交货值前 20 名企业

序号	企业名称	出口交货值（万元）	序号	企业名称	出口交货值（万元）
1	苏州纽威阀门股份有限公司	161 513	11	潍坊裕川机械有限公司	13 114
2	江苏盐电阀门有限公司	38 119	12	浙江伯特利科技股份有限公司	11 857
3	天津银河阀门有限公司	23 892	13	河南省高山阀门有限公司	11 254
4	球豹阀门有限公司	23 149	14	铁岭特种阀门股份有限公司	8 379
5	远大阀门集团有限公司	20 564	15	北京航天石化技术装备工程有限公司	8 340
6	五洲阀门股份有限公司	20 003	16	中核苏阀科技实业股份有限公司	8 162
7	慎江阀门有限公司	15 637	17	巴阀工业控制系统（南通）有限公司	7 730
8	安徽方兴实业股份有限公司	15 215	18	天津市北方阀门控制设备有限公司	7 147
9	江苏圣泰阀门有限公司	15 024	19	德维阀门铸造（苏州）股份有限公司	6 821
10	苏州工业园区思达德阀门有限公司	13 124	20	中山铁王流体控制设备有限公司	6 615

2020 年，阀门行业参与统计的企业总资产贡献率为 11.1%，比上年降低 0.57 个百分点；成本费用利润率为 10.21%，比上年降低 0.87 个百分点；主营业务收入利润率为 9.41%，比上年提高 0.41 个百分点；资本保值增值率为 108.25%，比上年降低 20.33 个百分点；净资产收益率为 12.48%，比上年降低 0.66 个百分点；流动资产周转率为 1.08 次，比上年减少 0.08 次；资产负债率为 43.34%，比上年提高 0.9 个百分点；全员劳动生产率为 52.63 万元/人，比上年下降 2.56%。

二、科研开发及产品创新情况

1. 大连大高阀门股份有限公司

2020 年 6 月，大连大高阀门股份有限公司完成快关隔离阀样机研发，样机各项性能指标满足技术规格书要求，技术指标达到国际先进水平，并通过相关单位及业主单位审批，实现了 600MW 示范快堆工程核三级蒸汽、给水、启动和停堆冷却系统快堆隔离阀国产化，是我国重大技术装备国产化进程中的又一次重大突破。2020 年 12 月 28 日，由国家能源局核电司组织的 CAP1400 稳压器安全阀研制及试验鉴定课题验收会在苏州召开，大连大高阀门股份有限公司承担的 CAP1400 稳压器安全阀阀体锻造技术研究子课题通过验收。专家认为，CAP1400 稳压器安全阀阀体锻造技术研究任务指标满足合同书要求，整体技术达到国内领先水平。

大连大高阀门股份有限公司与高校开展了产学研合作项目，对主蒸汽隔离阀气液联动驱动装置的动作逻辑、抗震性能进行优化分析，为主蒸汽隔离阀气液联动驱动装置的成功研制奠定了基础。公司共完成新产品成果转化 5 项，全部获得知识产权授权，其中发明专利 2 项、实用新型专利 3 项。

2. 江苏神通阀门股份有限公司

江苏神通阀门股份有限公司通过对影响密封的重要因素进行优化设计，成功解决了深冷轴流式止回阀高压气密封试验加压过程中阀瓣旋转、阀座和阀体间单一泛塞密封不可靠、分体三开环上螺栓预紧力不均匀等关键难题，提高了阀门的密封性能，填补了国内空白。该止回阀的主要性能达到国际同类产品先进水平。公司引进行业专家人才并投资氢燃料能源高压阀门的研发，高压瓶口阀、溢流阀、截止阀等产品已经上线试用，将在我国大续航氢能源汽车上得到应用。公司与中核集团合作开发的真空气动取送样系统通过了专家组的验收，将在首套处理装置上应用。公司与东南大学开展了“高温气冷堆和快中子堆用核阀关键技术研发及产业化”产学研合作项目，针对高温气冷堆和快中子堆用核阀的材料、工艺等关键技术进行研发。

3. 中核苏阀科技实业股份有限公司

中核苏阀科技实业股份有限公司与中国原子能科学研究院签署了联合研制开发钠阀标准库（大口径钠阀部分）的合同，共研发 3 个型号大口径钠阀样机。大口径钠阀为示范快堆配套的关键阀门，其研发及产业化是实现快堆核电站具备自主知识产权必不可少的部分。大口径钠闸阀的研发在国内属于空白，钠调节阀属全球首次研制，研发难度非常大。

2020 年，中核苏阀科技实业股份有限公司完成了 3 个型号大口径钠阀样机的研发，样机通过了鉴定试验，技术成果具有自主知识产权，达到国际先进水平，特别是 DN 300 钠调节阀样机属国际首创。研发的示范快堆蒸汽发生器快速隔离阀执行机构，适配示范快堆蒸汽发生器蒸汽回路快速隔离阀、给水回路快速隔离阀和启动停堆冷却系统快速隔离阀，设计压力为 31.5MPa，设计寿命为 40 年（3 000 次动作）。产品具有自主知识产权，填补了国内空白，达到国际先进水平。该型驱动装置样机已通过出厂试验、整机联动试验和各项鉴定试验，完成了所有研制任务，并通过了中国核能行业协会组织的科技成果鉴定。

漳州 1 号、2 号机组工程项目主蒸汽隔离阀气液联动驱动装置，适配“华龙一号”DN 800 主蒸汽隔离阀，设计压力为 31.5MPa，设计寿命为 40 年（3 000 次动作）。该型驱动装置推力大、行程长，能实现长行程快速关闭，且快关通道为冗余设计，具有可靠的安全功能。该产品为此类气液联动驱动装置的首次国产化工程应用，具有重要的里程碑意义。该型驱动装置的小规格鉴定样机已通过各项鉴定试验，产品样机已完成制造和出厂试验，并通过业主见证。公司的“华龙一号”（ACP1000）安全壳延伸功能地坑阀获得 2020 年中国机械工业科学技术奖三等奖。

4. 江苏苏盐阀门机械有限公司

江苏苏盐阀门机械有限公司研制的 PFF180-140 高压手动平板阀主要应用于超深、超高压、高温、高蚀环境的采气（油）井口装置上，起到截断介质的作用。该产品为整体模锻成型，采用高性能组合式密封圈、新型联动省力机构，具有耐腐蚀、耐磨损、耐高温、高承压、密封性能可靠、操作轻便、开关快捷等优点，市场推广和应用前景巨大。12″ CDQ367F-1500Lb 上装式超低温球阀采用全通径、固定球、顶装式、自泄压阀座 + 双向密封双阀座、低泄漏填料密封和整体延长阀盖设计。阀体和阀座之间的密封采用 Lip-seal 结构，阀座为中腔自泄压 DIB-2 型阀座结构，密封面设计成金属本体内镶嵌软密封材料 PEEK CT200 的组合式结构，具备很好的防火功能。阀体和阀盖密封采用“唇式密封 + 八角环垫”结构，阀杆密封采用“唇式密封 + 石墨环填料”结构。

5. 苏州纽威阀门股份有限公司

苏州纽威阀门股份有限公司为新材料与氢能源综合利用项目 90 万 t/a 丙烯脱氢装置制造的大口径高温三通快速切换调节阀，填补了国内制造商在此类大型高温调节阀产品方面的空白。该阀门公称通径为 900mm，设计温度为 465℃，要求全通径设计，阀体内部无死区，双向气压零泄漏，阀门全行程时间小于 10s。公司根据客户要求，自行设计 465℃高温试验台，产品一次装配、测试合格，交付客户使用。公司研制的碳石墨球阀公称通径为 15 ～ 300mm，压力级为 Class150 ～ 300，密封性能达到 API598，产品满足 MDI 等工况，达到国内领先水平。高磅级 DBB 固定双球阀公称通径为 50 ～ 300mm，阀门性能满足 API6D 要求，达到国内领先水平。API6D 平板闸阀公称通径为 50 ～ 1 200mm，压力级为 Class150 ～ 2 500，达到国际先进水平。公司完成新产品成果转化 29 项，全部获得知识产权授权，获得发明专利 3 项、实用新型专利 28 项。

6. 超达阀门集团股份有限公司

2020 年，超达阀门集团股份有限公司积极推进浙江省重点研发项目“苛刻工况阀门用特种复合耐磨材料的研发及应用”。当前该项目处于研究开发关键阶段，项目的主要研发内容和关键技术如下：针对大型工业装置的各类苛刻工况，研制开发多种特种复合强化耐磨材料，使耐磨材料具有更好的综合性能，以满足各种苛刻工况的使用要求。针对研制开发的多种复合强化耐磨材料的技术特点，研究开发和优化耐磨涂层的工艺和技术。针对阀门及管件的球面及曲面零部件表面，研究耐磨合金粉末的 3D 精确超音速火焰喷涂打印技术；通过多维度的自动控制技术以及试验研究，研发精确控制耐磨合金粉末厚度及均匀度的技术及工艺，降低制造成本，提高加工效率和加工质量。针对高温、高压、高流速、强腐蚀、高冲刷及硬固体颗粒介质等复杂苛刻工况，通过应用特定的复合强化耐磨材料，对苛刻工况耐磨阀门结构进行创新设计与优化，提高苛刻工况耐磨阀门的寿命与可靠性。

2020 年，公司申报技术专利 12 项，其中发明专利 5 项、实用新型专利 7 项。全年获得授权专利 6 项，其中发明专利 1 项、实用新型专利 5 项。公司开发的“用于系统流程的高性能高可靠性自动控制阀门”获得浙江省科学技术进步奖二等奖。公司参与的“泵阀物联网云服务系统”项目获得浙江机械工业科学技术奖三等奖。

7. 兰州高压阀门有限公司

2020 年 6 月，由兰州高压阀门有限公司研制的高速射流试验设备调压阀及蝶阀完成出厂验收。验收组专家对项目进行了验收评估，各项技术指标满足研制任务书的要求，其中采用锻造结构的大口径蝶阀为国内首创，一次试压合格；公称通径为 2 000mm 的调压阀单体质量为 67t，是当前国内最大的单体调压阀，实现了气泡级零泄漏，填补了国内技术空白。

2020 年，公司研制的大口径液动高温截止阀为风洞用阀，其设计温度为 650℃，压力为 32MPa，公称通径为 550mm。该阀门采用液压驱动，阀体设有特殊的隔热结构，能阻止热量损失。2020 年 11 月 2 日，该产品完成了出厂验收。2020 年 12 月 20 日，用户反馈该阀门在风洞上安装测试成功。

2020 年 11 月，公司研制的空气、氢气、氧气快速阀完成出厂验收。专家组一致认为，性能指标满足技术任务书要求，符合出厂验收标准，一致同意通过验收。

8. 哈电集团哈尔滨电站阀门有限公司

2020 年，哈电集团哈尔滨电站阀门有限公司开展“CPR1000 核电机组立式 MSR 先导式安全阀”研制工作，完成了产品的设计、制造与试验，并通过了中广核工程公司组织的项目验收。该产品性能良好，满足了工程应用条件，可替代现役核电机组用进口产品。公司开展了光热熔盐电站熔盐截止阀、熔盐调节阀、熔盐蝶阀的研究工作，完成了样机的设计、制造与试验，并同步完成了产品的产业化开发工作。当前，部分样机已在中控德令哈 50MW 光热电站实现应用。

2020 年，哈电集团哈尔滨电站阀门有限公司与哈尔滨工业大学、哈尔滨理工大学共同申报黑龙江省重大科技成果转化项目——超（超）临界火电机组关键阀门产业化开发；与兰州理工大学联合开展立式 MSR 先导式安全阀排放系数仿真分析工作，完成了阀门的排放系数数值模拟过程。

2020 年，哈电集团哈尔滨电站阀门有限公司承担的“华龙一号”等百万千瓦核电机组 MSR 先导式安全阀的研制项目获得中国能源研究会能源创新奖三等奖、中国机械工业科学技术奖三等奖；全尺寸超高温超高压恶劣工况用高端阀门研制及产业化项目获得黑龙江省科学技术奖三等奖。

9. 上海阀门厂股份有限公司

上海阀门厂股份有限公司与中广核联合研发了“华龙一号”核级高端弹簧负载式安全阀样机项目，进行样机的设计、制造、装配、试验和鉴定。2020 年，该项目研制成功，项目成果被认定为达到国内领先、国外同等技术水平。公司作为课题的牵头单位，承接了轴流式止回阀项目的研制开发任务。“华龙一号”三代压水堆核电站核安全一级稳压器安全阀及 ACP1000 机组主蒸汽安全阀通过了科技成果鉴定。

10. 北京市阀门总厂股份有限公司

北京市阀门总厂股份有限公司研发的适用于高含硫工况的上装式球阀、平板闸阀，在高含硫工况下运行良好，质量稳定可靠。公司研发的大口径双向密封偏心半球阀采用独特的单隔离阀座设计，密封副采用单隔离双向硬密封，泄漏率符合气泡级。该产品可用于水利、水电、给排水、城建等领域。公司研发的大口径超低温蝶阀采用蝶板流线型设计，具有刮削与清洁阀座密封面、可更换的浮动阀座结构和径向动平衡密封结构。该产品可用于石油、化工、天然气、液化气、制冷等领域。公司研发的高压硬密封轨道球阀应用于天然气分子筛脱水装置、加氢装置、大型乙烯装置、煤气化低温甲醇洗装置等；研发的抗高含硫高压上装式硬密封球阀、抗高含硫高压上导流平板闸阀应用于高含硫工况的石油、化工、天然气等领域。

11. 湖北洪城通用机械有限公司

湖北洪城通用机械有限公司完成了四偏心金属硬密封蝶阀、高精度流量调节柱塞阀等新产品开发，完成了手动蝶阀刮擦密封面异物试验、空气阀密封实验及扇叶式调流阀等 6 个基础设计及产品试验。公司申报国家实用新型专利 5 项，申报了荆州市重点科技计划项目“高精度伺服调节柱塞阀”，完成了湖北省重点科技项目“焊接机器人在阀门行业中的应用”。

12. 浙江迪艾智控科技股份有限公司

浙江迪艾智控科技股份有限公司旗下子公司南通市电站阀门有限公司 1 000MW 超（超）临界火电机组用“贮水罐水位调节阀”和超（超）临界火电机组用“最小流量调节阀”结构设计合理，技术先进，其主要性能指标达到国外同类产品水平。

2020 年，浙江迪艾智控科技股份有限公司完成新产品成果转化 40 项，均获得知识产权授权。全年申请专利 56 项，其中发明专利 11 项；获得授权的专利包括发明专利 1 项、实用新型专利 40 项、外观设计专利 4 项。

2019 年，浙江迪艾智控科技股份有限公司与湖南农业大学签订“活塞式调流调压阀智能设计与选型关键技术研究”产学研项目，2020 年继续合作并获得成果，申请软件著作权 1 项，并获得了授权。2020 年，公司与青岛理工大学开展了“阀门设计优化、选型计算软件及专用调试仪表开发”产学研合作项目；公司与吉林大学开展“控制阀流通能力和噪声计算分析”技术合作，实现产品优化设计。

13. 吴忠仪表有限责任公司

2020 年，吴忠仪表有限责任公司完成了 ZSH

角行程执行机构的12规格系列化设计及试制，完成空分及LNG装置低温控制阀的鉴定；研制了用于油气领域的可控调节球阀、上装式球阀、低温调节阀、低温球阀、低温蝶阀和计量阀，以及用于石化领域的PX程控球阀、柱塞式放料阀等。公司获得授权的专利包括发明专利24项、实用新型专利11项、外观设计专利4项。

14. 上海电气阀门有限公司

上海电气阀门有限公司研制的1 400mm高压大口径全焊接球阀、强制密封球阀，阀门驱动装置均采用电动执行器，产品密封性能达到同类产品国际先进水平。公司完成三偏心蝶阀U形圈的国产化试制及运用，填补了国内空白。产品使用后，客户反馈良好。

15. 成都成高阀门有限公司

成都成高阀门有限公司联合西南石油大学，搭建了内漏阀门检测试验系统，开展了内漏方法试验验证工作。公司联合四川大学、西华大学，完成75℃、90℃、95℃氟橡胶密封圈配方和工艺研制。产品主要性能指标达到企业技术标准要求，整体性能高于同类产品。公司完成新产品成果转化6项，获得实用新型专利5项、发明专利1项。

16. 浙江石化阀门有限公司

浙江石化阀门有限公司与合肥通用机械研究院、浙江理工大学、兰州理工大学等开展多项合作，建设了院士工作站。2020年，公司获得授权专利7项，其中发明专利3项；申报专利15项，其中发明专利6项，5项PCT国际专利已获受理。

浙江石化阀门有限公司的大型石化装置用节能环保智能控制柱塞式高温掺合阀获得中国机械工业科学技术奖二等奖，大型石油化工行业用智能控制超低温撑开式球面闸阀获得浙江机械工业科学技术奖二等奖。

此外，扬州电力设备修造厂有限公司研发的2SA9系列电动执行机构获得全国机械工业设计创新大赛铜奖，获得授权发明专利2项。杭州杭氧工装泵阀有限公司的“大型石化泵及装置关键技术研究与应用”项目获得中国石油和化学工业联合会科学技术奖二等奖。江苏圣泰阀门有限公司研发的超高温旋塞阀产品获得盐城市人民政府专利奖。常州电站辅机股份有限公司的“基于多种网络和移动通信技术的智能阀门电动执行机构系统的研制”项目获得常州市创新创业大赛（百十千组）三等奖。

三、行业部分新产品鉴定情况

2020年5月22日，中国通用机械工业协会与昆仑能源有限公司联合组织了由重庆川仪调节阀有限公司研制的CL1500 DN80低温高压调节阀、CL600 DN200低温高压调节阀、CL150 NPS12深冷蝶阀、CL150 NPS24深冷蝶阀产品鉴定会。鉴定结论为：样机技术参数和性能指标达到同类产品国际先进水平，可在LNG接收站和其他LNG领域推广应用。

2020年6月24日，中国机械工业联合会与中国通用机械工业协会在北京、苏州以视频和现场方式组织召开了由苏州纽威阀门股份有限公司自主研制的NPS3 Class1500、NPS8 Class1500超低温上装式固定球阀和NPS8 Class1500超低温截止阀产品样机鉴定会。鉴定结论为：研制的两种规格超低温上装式固定球阀是成功的，产品具有自主知识产权，填补了国内空白，主要性能指标达到国际先进水平。研制的超低温截止阀主要性能指标达到国际先进水平。

2020年7月28日，国家管网科技信息部对成都成高阀门有限公司的CL900 NPS24和CL600 NPS24压力平衡式旋塞阀进行了工业性试验验收。经评价，CL900 NPS24和CL600 NPS24压力平衡式旋塞阀具有自主知识产权，达到国际领先水平，产品工业性试验验收合格，可以向市场推广使用。

2020年7月30日，中国通用机械工业协会与昆仑能源有限公司在宁夏吴忠组织召开了由江苏神通阀门股份有限公司研制的液化天然气用关键阀门国产化深冷轴流式止回阀科技成果鉴定会。鉴定会专家一致认为：产品样机填补了国内空白，主要性能达到同类产品国际先进水平，经济效益和社会效益显著，可在液化天然气装置上推广使用。

2020 年 8 月 28 日，上海市核电办公室在上海组织召开由中广核工程有限公司和上海阀门厂股份有限公司联合开发的“华龙一号”核级高端弹簧负载式安全阀样机鉴定会。鉴定会专家一致认为：研发成果具有自主知识产权，样机开发及主要性能指标达到同类产品国际先进水平。

2020 年 10 月 15 日，中国机械工业联合会与中国通用机械工业协会在苏州组织召开了由苏州纽威阀门股份有限公司与中广核工程有限公司联合研制的核安全一级超设计基准适用泄压闸阀、核安全一级超设计基准适用泄压截止阀产品样机鉴定会。鉴定结论为：产品具有自主知识产权，填补了国内空白，主要技术指标达到同类产品国际先进水平。

2020 年 10 月 15 日，中国机械工业联合会与中国通用机械工业协会在苏州组织召开了由苏州纽威阀门股份有限公司与上海核工程研究设计院有限公司联合研制的核安全一级轴流式止回阀产品样机鉴定会。鉴定结论为：研制的核安全一级轴流式止回阀具有自主知识产权，填补了国内空白，主要技术指标达到同类产品国际先进水平。

2020 年 11 月 22 日，中国通用机械工业协会在如皋组织了由南通市电站阀门有限公司研制的贮水罐水位调节阀、最小流量调节阀产品鉴定会。鉴定结论为：1 000MW 超（超）临界火电机组用贮水罐水位调节阀、最小流量调节阀结构设计合理，技术先进，其主要性能指标达到国外同类产品水平。

2020 年 12 月 19 日，南通市工业和信息化局在南京主持召开了由江苏神通阀门股份有限公司研制的球面控制阀、金属密封偏心旋球阀和核化工高灵敏度止回阀新产品样机鉴定会。鉴定会专家一致认为：研制的球面控制阀、金属密封偏心旋球阀和核化工高灵敏度止回阀产品整体性能指标均达到了国际先进水平。

2020 年 12 月 25 日，中国通用机械工业协会与昆仑能源有限公司联合组织了由上海高中压阀门股份有限公司研制的 NPS6 CLASS1500 超低温球阀和 NPS24 CLASS150 超低温蝶阀产品科学技术成果鉴定会。鉴定组专家一致认为：样机的研制填补了国内空白，产品具有自主知识产权，主要技术参数和性能指标达到了国外同类产品先进水平，可在液化天然气等超低温领域推广应用。

2020 年 12 月 30 日，浙江省技术市场促进会在诸暨组织了浙江迪艾智控科技股份有限公司 2020 年浙江省级新产品试制计划项目鉴定会。经评价，浙江迪艾智控科技股份有限公司的登高车主阀组、电磁换向阀、卡装式预设流量分集液器、可快捷互换滤网型磁性过滤器 4 项产品技术均达到国内领先水平。

四、行业活动

2020 年 6 月，在北京召开了核电关键短板装备研讨会。工业和信息化部装备二司重装处、中国机械工业联合会、中国通用机械工业协会、中核集团、中广核集团、国家电投、华能集团、哈电集团、中国核能等相关单位的领导出席了会议。

2020 年 8 月，中国通用机械工业协会在北京组织了超（超）临界火电机组设备国产化工作座谈会，行业内 17 家企业代表参加了会议。

2020 年 10 月，中国通用机械工业协会、中广核研究院有限公司和中广核大学核电科技学院联合承办核电泵阀及配套设备第四期培训班。此次培训是为了进一步宣传贯彻核安全文化，梳理核电泵阀关键技术，推行 TRIZ 创新方法；提高核电设备本质安全度，提高我国核电装备制造业整体能力与水平，同时推进智能化和信息化技术在核电装备领域的应用。来自国内 34 家相关生产企业的 52 名学员参加了此次培训。

2020 年 12 月 9—11 日，第十届中国国际流体机械展览会暨第十届中国（上海）国际阀门博览会在国家会展中心（上海虹桥）举办，阀门行业共 158 家企业参展。展会同期开启线上“云展会”，构建全新的线上服务平台，通过“实体展会 + 云展会”的新模式，提供更广泛的采购对接、商贸合作及资讯共享的平台。展会期间还组织了大连大高阀门股份有限公司、成都成高阀门有限公司、中核苏阀科技实业股份有限公司、江苏神通阀门股份有限公司等企业产品发布会，组织行业专家对展品进行评奖。共有 60 多家企业的 100 余种展品通过初评，在展会现场接受专家评审。展会期间还组织了耐磨和密封技术交流会。

〔撰稿人：中国通用机械工业协会阀门分会 郭瑞〕

2020 年压缩机行业概况

2020 年，受新冠肺炎疫情的影响，压缩机行业同其他行业一样，经历了前所未有的挑战。面对常态化的疫情防控，行业企业在保障防疫与生产并举的同时，精准把握市场需求变化，顺应高效节能产品需求增长、定制化产品需求增多、工程总包需求增大等新变化和新趋势，捕捉到更多的发展机遇。

一、行业基本概况

截至 2020 年 12 月，中国通用机械工业协会压缩机分会共有会员单位 198 家，其中：压缩机制造企业 102 家、相关配套企业 75 家、工程公司 7 家、软件服务公司 4 家、高校及科研院所 5 家、地方协会 1 家、媒体 1 家、代理商 1 家、机床制造企业 2 家。

2020 年，参与统计的 70 家压缩机行业企业完成工业总产值 197.63 亿元，同比增长 11.18%；70 家企业中，工业总产值增长的企业有 37 家，工业总产值下降的企业有 33 家。完成工业增加值 76.61 亿元，同比增长 26.9%；实现营业收入 203.46 亿元，同比增长 10.83%；完成出口交货值 28.53 亿元，同比增长 18.6%；实现利润总额 16.1 亿元，同比增长 21.48%。亏损企业有 17 家，亏损额为 17 282 万元。

压缩机行业涉及一般动力用空压机和工艺流程用压缩机两大板块。2020 年，一般动力用空压机销售收入列前五位的企业分别是开山压缩机股份有限公司、上海汉钟精机股份有限公司、宁波鲍斯能源装备股份有限公司、泉州市华德机电设备有限公司、浙江志高机械股份有限公司；工艺流程用压缩机销售收入列前五位的企业分别是中国石油集团济柴动力有限公司成都压缩机分公司、沈阳鼓风机集团往复机有限公司、沈阳远大压缩机有限公司、无锡压缩机股份有限公司、四川金星清洁能源装备股份有限公司。2020 年，一般动力用空压机出口额前五名企业分别是开山压缩机股份有限公司、苏州欧圣电气股份有限公司、鑫磊压缩机股份有限公司、力达（中国）机电有限公司、苏州鸿本机械制造有限公司；工艺流程用压缩机出口额前五名企业分别是沈阳鼓风机集团往复机有限公司、四川金星清洁能源装备股份有限公司、上海大隆机器厂有限公司、安瑞科（蚌埠）压缩机有限公司、浙江洛森压缩机股份有限公司。

从经营情况来看，2020 年，压缩机行业参与统计的企业总资产贡献率为 7.26%，成本费用利润率为 8.52%，利润率为 7.92%，资本保值增值率为 113.7%，净资产收益率为 10.51%，劳动生产率为 37.64 万元 / 人，资产负债率为 55.25%。企业应收账款合计 61.14 亿元，同比下降 2.91%。企业存货合计 64.72 亿元，同比下降 7.19%。其中，产成品为 17.85 亿元，同比下降 12.97%。

二、产品产销情况

2020 年，参与统计的 68 家企业各类压缩机产量为 261.45 万台，同比增长 5.61%；销量为 243.12 万台，同比增长 15.5%；出口量为 194.66 万台（以微小型空压机为主），同比增长 25.73%。

2020 年，一般动力用容积式空压机产量为 260.75 万台，同比增长 5.61%。其中，各类螺杆空压机产量为 52.73 万台，同比增长 4.27%，增速高于上年 9.75 个百分点。微小型活塞式空压机产量为 207 万台，涡旋式空压机产量为 5 439 台，离心式空压机产量为 1 219 台。

2020 年，各类工艺流程用压缩机产量为 5 896 台，同比增长 10.7%；销量为 5 290 台，同比增长 4.71%；出口量为 676 台，同比增长 10.46%。其中，往复式活塞压缩机产量为 4 783 台，同比增长 12.54%；销量为 4 015 台，同比下降 2.14%；出口量为 641 台，同比增长 12.82%。隔膜式压缩机产量为 756 台，同比增长 27.27%；销量为 936 台，同比增长 48.1%；出口量为 32 台，同比下降 15.79%。迷宫式压缩机产量为 51 台，同比下降 5.56%；销量为 52 台，同比下降 14.75%。回转式压缩机产量为 306 台，同比下降 28.5%；销量为 287 台，同比下降 32.94%；出口量为 3 台，与上年持平。

三、科研情况

2020 年，参与统计的 70 家压缩机企业科技研发投入共计 7.88 亿元，同比增长 9.68%。行业企业紧跟市场步伐，重视创新平台建设，在新产品、新技术研发方面取得了很多可喜的成绩。

2020 年 7 月，中国通用机械工业协会压缩机分会组织召开了沈阳鼓风机集团往复机有限公司为广东石化 2×40 万 t/a 全密度聚乙烯、50 万 t/a 聚丙烯装置配套的氮气迷宫压缩机设计方案评审会。与会专家听取了沈鼓集团的迷宫压缩机技术方案汇报，审查了迷宫压缩机研究报告，经过讨论后认为，沈鼓集团提出的氮气迷宫压缩机结构设计合理、方案可行，能够满足广东石化项目氮气压缩机的技术要求，具备相应的制造能力。

2020 年 9 月，四川金星清洁能源装备股份有限公司的 JXG- Ⅱ -001 型隔膜式氢气压缩机通过了四川省经信厅组织的新产品新技术鉴定及四川省科技厅组织的科学成果评价，产品的各项技术及性能指标均处于国内领先水平。公司对氢气压缩机关键零部件数字化设计与运动过程仿真分析、氢气加压系统安全设计、液压油系统集成设计及流量自动化控制技术等关键技术进行了研究，研制的隔膜式氢气压缩机产品具有安全可靠、高压、大流量、无故障运行时间长等特点。该产品拥有 21 项专利技术及软件著作权（其中发明专利 5 项），研发的隔膜压缩机一体化硬密封膜片在高压环境下可实现有效密封，提高了易损件膜片和气阀的寿命；研制了一种隔膜压缩机曲轴箱干燥装置，避免干燥剂被润滑油污染而失效，延长了润滑油的使用寿命；开发了油路清理系统、双循环油系统装置，有效清理隔膜压缩机内残渣物，保证气缸内润滑油的洁净度，延长隔膜的寿命；开发了一种模块化大排量隔膜压缩机设计技术，有效提高压缩比和排气量。

2020 年 9 月，由西安交通大学牵头的国家重点研发计划“可再生能源与氢能技术”重点专项“车用燃料电池空压机研发”项目启动暨实施方案论证会召开。该项目研究成果将推动我国车用燃料电池空压机理论和技术发展，提升我国车用燃料电池空压机水平，支撑氢能和燃料电池汽车行业发展，推动汽车行业节能减排，促进车用燃料电池空压机产业化。

2020 年 8 月，中国科学院工程热物理研究所完成了 100MW 先进压缩空气储能系统膨胀机的集成测试，各项结果全部合格，达到或超过设计指标。研究团队针对传统的压缩空气储能技术存在依赖储气洞穴、化石燃料以及系统效率较低等问题，提出先进压缩空气储能技术。该技术采用压缩空气液化储存或高压气态储存，摆脱了对储气洞穴的依赖；通过蓄热技术回收利用气体压缩过程产生的热量，不必燃烧化石燃料；通过高效的压缩、膨胀、超临界蓄热及换热，大大提升了整体系统效率。膨胀机是压缩空气储能系统的关键核心部件，具有负荷高、流量大、流动传热耦合复杂、变工况调控难度大等特点。研发团队先后攻克了多级膨胀机全三维设计、复杂轴系结构、变工况调节与控制等关键技术，研制出国际上首台100兆瓦级先进压缩空气储能系统多级高负荷膨胀机。该膨胀机具有集成度高、效率高及寿命长等优点。

2020年，阿特拉斯·科普柯国产化SF系列无油涡旋压缩机产品正式发布。阿特拉斯·科普柯无锡工厂采用最新品牌外观设计，加入了智能控制元素，改善人机交互体验。随着未来阿特拉斯·科普柯SF系列国产化项目的进一步深入推进和个性化定制选项的推出，将为小型无油压缩空气应用市场带来更多的产品。

2020年9月，英格索兰发布DH系列无油水润滑螺杆空压机。全新一代英格索兰无油水润滑螺杆式空压机采用创新设计的高效主机，具有对称性结构，有效实现压缩过程力学平衡，确保主机可靠性更高和寿命更长。采用水代替油，实现压缩过程的润滑、冷却、密封、降噪，压缩过程更接近等温的理想压缩过程，可提供100%优质无油压缩空气，无含油污水排放。

鑫磊压缩机股份有限公司的“高性能空压机高价值专利组合培育”项目入选2020年度台州市高价值专利组合培育项目。公司通过高性能空压机高价值专利组合培育项目进行技术开发和核心技术保护。通过该项目的实施，高性能空压机达到预期技术指标，并在螺杆空压机的小型化和轻量化方面取得突破性进展。同时，对螺杆、离心空压机的核心部件进行重点专利布局和保护。

四、信息化发展情况

2020年，蘑菇物联的云智控系统在白云山制药总厂顺利上线。云智控系统运行后，对整个站房进行数据监测，可供分析的数据更多，且有AI算法进行辅助分析，逐一排查出系统阀门状态不正常、吸干机故障、频繁加卸载等问题。之前需要4台设备才能满足生产供气，而云智控系统上线以后，空气质量得到有效保证，只需2台设备就可以满足生产供气。

2020年8月，四川金星清洁能源装备股份有限公司的加氢（液气）站智能远程网络运营、运维监控平台大厅建设完成，标志着金星云平台正式进入调试运行阶段。该平台投入运行后，可收集整理工程安全信息、实时监控信息、视频图像信息等，为运维部门提供数据支撑，提升客户体验，提高客户满意度。

2020年10月，葆德集团与金蝶软件（中国）有限公司佛山分公司、中国联通有限公司佛山分公司、广东迈迪信息技术有限公司、广东星物联科技有限公司为搭建葆德全产业链数字化平台达成战略合作。葆德集团全产业链数字化建设项目自2020年10月13日启动。该数字化平台将基于大数据，对市场进行精准分析，从设计研发、智能采购、生产智造、仓储物流、销售服务和售后服务等环节，形成系统的数字化、智能化管理循环，为客户提供更专业、更节能的产品，以及更精准、更贴心的优质服务。

五、获奖情况

中国船舶重工集团公司第七一一研究所、中国石化工程建设有限公司、上海齐耀螺杆机械有限公司共同承担的“大型氧化脱氢制丁二烯装置生成气压缩机组研制”项目获得2020年中国机械工业科学技术奖二等奖。

2020年，通用机械行业共有30人获得“2019年度中国通用机械行业科技进步贡献奖”，其中，20人获得“科技创新突出贡献奖”，10人获得“能工巧匠突出贡献奖”。压缩机行业有3人获奖，中国石油集团济柴动力有限公司成都压缩机分公司高级工程师肖强、上海汉钟精机股份有限公司协理李子亮荣获“科技创新突出贡献奖”，中国石油集团济柴动力有限公司成都压缩机分公司高级技工邓志刚荣获“能工巧匠突出贡献奖”。

2020年，压缩机行业有9家企业的10个型号压缩机产品入选工业和信息化部《“能效之星”产品目录（2020）》，具体包括：德耐尔节能科技（上海）股份有限公司的DAV-132+/7，宁波鲍斯能源装备股份有限公司的BMF75-8 Ⅱ，厦门东亚机械工业股份有限公司的 ZLS175-2C/8、ZLS175-2iC/8，上海斯可络压缩机有限公司的 SCR1500LHPM-5，石家庄康普斯压缩机有限公司的 SMP540Z Ⅱ，宁波德曼压缩机有限公司的 DDV200-7，萨震压缩机（上海）有限公司的 SVC-160A- Ⅱ，泛亚气体技术（无锡）有限公司的 LU18 PMi，力达（中国）机电有限公司的 LWH-175PM。

2020 年，压缩机行业部分企业的产品入选《国家工业节能技术装备推荐目录（2020）》。其中，一般用喷油回转空气压缩机产品有厦门东亚机械工业股份有限公司的 ZLS75-2C/8、ZLS175-2C/8。有 11 家企业的压缩机产品入选一般用变转速喷油回转空气压缩机，具体包括：德耐尔节能科技（上海）股份有限公司的 DAV-132+/7，力达（中国）机电有限公司的 LWH-30PM、LWH-100PM、LWH-125PM、LWH-175PM，阿特拉斯·科普柯（无锡）压缩机有限公司的 GA37VSD++P A 13、GA75VSD++P A 13、GA90VSD++P A 13，厦门东亚机械工业股份有限公司的 ZLS10Hi+/8、ZLS15Hi+/8、XS-15/8、ZLS20Hi+/8、XS-20/8、ZLS30Hi+/8、XS-30/8、ZLS40Hi+/8、XS-40/8、ZLS50Hi+/8、XS-50/8、ZLS60Hi+/8、XS-60/8、ZLS75-2iC/8、ZLS75Hi+/8、XS-75/8、ZLS100Hi+/8、XS-100/8、ZLS125Hi+/8、XS-125/8、ZLS175-2iC/8、ZLS350-2iC/8，萨震压缩机（上海）有限公司的 SVC-75A- Ⅱ、SLVC-90A、SVC-160A- Ⅱ，宁波鲍斯能源装备股份有限公司的 YNF8、YNF15-8、BMF22-8 Ⅱ、BMF37-8 Ⅱ、BMF55-8 Ⅱ、BMF75-8 Ⅱ、BMF90-8 Ⅱ、BMF110-8 Ⅱ、BMF132-8 Ⅱ、DMF160-5 Ⅱ，广东葆德科技有限公司的 BD-LS22，石家庄康普斯压缩机有限公司的 SMP360Z Ⅱ、SMP540Z Ⅱ、SMP670Z Ⅱ，宁波德曼压缩机有限公司的 GGV110-5、LGV160-3、DDV200-7、DDV110-7、DDV76T-7、DDV37-7，泛亚气体技术（无锡）有限公司的 LU18 PMi、LU37 PM+、QGDV37、LU45-PM+、BLT-75ASPM+、LU55-PM+，上海斯可络压缩机有限公司的 SCR950LHPM-5、SCR1300LHPM-5、SCR1500LHPM-5。

2020 年 12 月 21 日，工业和信息化部、中国工业经济联合会公布了第五批全国制造业单项冠军示范企业和单项冠军产品。宁波鲍斯能源装备股份有限公司的螺杆主机被评为单项冠军产品。

2020 年 9 月 11 日，工业和信息化部第五批绿色制造公示名单发布，压缩机行业的上海汉钟精机股份有限公司、厦门东亚机械工业股份有限公司、宁波德曼压缩机有限公司 3 家企业入选。

2020 年，入选工业和信息化部第二批专精特新“小巨人”企业名单的压缩机行业企业有河北恒工机械装备科技有限公司、广东葆德科技有限公司、湖北迪峰换热器有限公司、泉州市华德机电设备有限公司。

六、标准工作

1. 团体标准

《容积式空气压缩机　产品铭牌、说明书、宣传文件明示要求》团体标准通过行业审核，报中国通用机械工业协会审批；《动力用喷油螺杆空气压缩机油品使用指南》《往复压缩机气阀气密性试验》两项团体标准批准立项；组织了《回转空气压缩机驱动及控制系统技术规范》《空气压缩机用进气滤清器》《空气压缩机用进气滤清器性能试验》3 项团体标准立项推进会；网络征集“十四五”时期团体标准制定项目，共收到 16 个项目提案。

2. 国家标准及行业标准

2020 年，全国压缩机标准化技术委员会组织制修订标准共 7 项。其中，涉及压缩机的国家标准 3 项，2020 年完成制修订并上报；涉及污染物净化等级的国家标准 2 项，完成报批稿；涉及绿色设计产品技术评价规范的行业标准 2 项，完成报批稿。

截至 2020 年 12 月底，全国压缩机标准化技术委员会起草的强制性标准有 1 项，归口的现行推荐性标准有 115 项，其中国家标准 29 项、行业标准 86 项。按标准类别统计，共有基础通用标准 11 项、方法标准 19 项、产品标准（含零部件）

79 项、安全标准 3 项、材料标准 4 项。其中，产品标准涵盖了活塞式、隔膜式、螺杆式、滑片式、涡旋式等各类空气压缩机，覆盖了空气、天然气、石油化工、氢气、乙炔气、二氧化碳等各种介质压缩机，同时配以材料标准、零部件标准等。从而形成了一个既有通用标准、又有专用标准，既有主导产品标准、又有配套的测试方法标准及辅助的零部件和材料标准这样一个相对齐全的标准体系。

七、行业中存在的问题及发展趋势

1. 行业创新能力依然薄弱

行业整体技术创新能力比较薄弱，不能完全满足国民经济各领域高端先进技术发展的需要；自主研发能力不足，特别是在行业中数量占比较大的中小型企业表现尤为突出。创新能力不强的主要表现：一是部分产品研发能力仍落后于国际先进水平，特别是关键零部件及相关材料等的设计研发，基础理论计算、校核方法与相关软件的开发等处于跟随性的被动局面，不具备前瞻性。二是多数中小企业技术基础薄弱，缺乏关键核心技术。三是行业发明专利占比小。虽然专利数量多，但缺乏市场引领性的高质量发明专利，专利技术转化为生产力的能力不强。

行业创新能力不强的主要原因是：①创新成本高，原始创新动力不足。压缩机行业企业利润率偏低，一方面，研发投入大，特别是对于高端装备的研发投入巨大，因没有持续市场而难以消化；另一方面，企业创新成果得不到有效保护，轻易被转移、仿制、抄袭，使企业创新成本投入与收益不匹配，抑制了创新动力。②产业共性技术基础研究缺位。尽管压缩机行业拥有国家级实验室、工程中心和各种创新平台，但受体制机制制约，行业基础共性技术研发职能严重缺失，对行业技术创新的支撑作用不强，难以解决制约行业发展的前瞻性技术、“卡脖子”技术难点和共性问题。③以企业为主体的创新体系难以实现。受人才、体制、成本等诸多因素的制约，企业很难完全依靠自身资源力量形成较强的创新能力。而“政、产、学、研、用”创新平台在实际操作中成效有限，创新研究成果真正实现产业化的难度较大，以企业为主体的创新体系建设艰难。

2. 产能结构性矛盾加剧导致恶性竞争

行业整体集中度偏低。行业长期存在高端产品供给能力不足、中低端产品产能过剩的问题，结构性过剩特征明显。“十三五”期间，在行业总体产能已经过剩的基础上，由于地域发展不均衡，在一些地区政府投资政策引导下，企业过高预估市场预期及自身能力，仍有不少资金投入新建、扩建产能，导致企业同质化、产品同质化现象普遍存在，产能矛盾日益突出。

由于招投标制度不完善，市场竞争越加激烈，企业无法获得技术与产品的真正价值体现和合理的利润空间，部分企业不惜以牺牲产品质量低价换取市场、维持生存，造成劣币驱逐良币的恶性竞争环境，严重制约了行业的健康发展。

3. 人才短缺制约行业发展

人才匮乏是压缩机行业面临的重要问题，特别是创新人才、技能产业工人及高素质管理人才以及应用型人才的不足，制约了行业创新研发、质量水平的提高和企业管理水平的提升。行业企业在高端人才、技能人才和管理人才培训等方面机制不健全、投入不足；知识产权保护问题也影响了研发人员的创新动力。

4. 企业营商环境亟待改善

压缩机行业企业的经营负担仍然较重，特别是中小型民营企业，经营压力较大，企业自我持续发展能力不强，营商环境亟待改善。主要表现在：①资金链紧张，税赋、债务负担沉重。一是企业人力成本增加，各项税赋压力大；二是市场运营环境没有得到根本改善，应收账款持续增加占用企业流动资金；三是扩大产能及转型升级的投入大，负债率较高。②融资难、融资贵仍然是中小企业面对的问题之一。很多企业在融资过程中受到金融机构的歧视性待遇，因融资渠道不畅，时有靠短期较高利息贷款来缓解资金压力，极大地增加了融资成本及风险，企业经营举步维艰。

③行业企业在产业链中处于弱势地位，缺少话语权。企业在经营中时常面对垫资生产，拖欠货款、不合理付款方式等霸王合同条款。行业企业无法直接享受到国家一些普惠降税等政策红利。

2021年，投资的拉动效用将有所减弱，消费的带动作用进展缓慢，外贸出口在全球疫情波动的背景下难以形成有效支撑，行业运行的外部环境依然严峻。同时，2020年下半年行业两位数高增长的基数也为2021年下半年增速继续保持稳定带来不小的压力。但随着重大项目和重大工程的启动，以国内大循环为主体、国内国际双循环相互促进的新发展格局的逐步形成，为行业平稳发展带来了相应的市场需求。特别是我国提出实现“双碳”目标后，CO_2气驱和封存、储能、氢能与燃料电池、节能减排的技术与市场等都将成为2021年乃至“十四五”时期行业发展的历史性机遇。

综上所述，预计2021年行业经济运行总体呈现前高后平的走势，全年工业增加值增速在15%左右，营业收入和利润总额增速在5%左右，外贸进出口将保持基本平衡。

〔撰稿人：中国通用机械工业协会压缩机分会刘海芬〕

2020年真空设备行业概况

2020年，面对突如其来的新冠肺炎疫情，真空设备行业企业不断探索融合发展的新机制、新模式。随着疫情防控进入常态化，企业生产经营活动全面恢复，科研、化工及冶金等领域大型投资项目陆续启动，真空设备行业市场需求快速增长。

受半导体产业发展的驱动，受益于下游集成电路、光伏、LED等行业的持续发展，干式真空泵的产品类型不断增加，其性能、控制集成度等指标显著改善。当前，发达国家的半导体相关产业已全部使用干式真空泵。我国近年来也呈现明显的干式真空泵替代油泵的趋势，国内的高端半导体行业已基本使用干式真空泵。

制药、化工、食品行业对真空泵的需求较大。干式真空泵能够显著减少油污染，且使用干式真空泵可实现溶媒回收，提高利用率，因此，制药、化工、食品等行业对干式真空泵产生了大量新增以及替代原有存量油封式机械泵的需求。

干式真空泵具备良好的洁净真空特性和可靠性，因而是LED产业的外延片生长和芯片制造、平板显示产业PVD等工艺环节真空环境获得的主要设备。此外，干式真空泵在锂电池烘干工序以及制药、化工等产业中均有较为广泛的应用。

一、生产发展情况

根据真空设备行业2020年销售额超过亿元的企业数据，推算2020年行业真空业务销售额约120亿元。2020年，真空设备行业生产受到了疫情影响，但是销售收入实现了增长。由于制药企业生产投入、试剂盒的研发，方舱医院的建设等对各类真空泵的需求增加，相关的真空设备生产企业基本实现了库存产品的迅速应用和较早的复工复产，多数真空设备生产企业销售收入实现了较大的增长。

2020年，山东华成集团淄博水环真空泵厂有限公司合同额共计6.43亿元，实现销售收入5.59亿元，实现回款5.92亿元。公司直接出口额为1 515万元。

2020年，兰州真空设备有限责任公司订单突破10亿元，实现营业收入3.8亿元，较上年同期大幅增长，创造了历史新高。为了顺利完成公司承担的国家重点项目专用真空装置生产任务，2020年8月，公司通过对标质保体系，完善生产条件，培养专业技能人员，取得了国家核安全设备制造许可证。

北京中科科仪股份有限公司作为国内尖端科学仪器设备及真空技术的领军者，持续加大技术创新投入，成功研制国内首台场发射枪扫描电子显微镜、首台磁悬浮分子泵，均达到国际一流水平。2020年，公司深入推进营销体系和能力建设，围绕新行业、新需求，创新营销思路，实现业务逆势增长。公司营业收入同比增长16.09%，净利润同比增长16.13%。

湘潭宏大真空技术股份有限公司是集真空镀膜装备与真空镀膜技术的研发、生产及销售为一体的国家高新技术企业。公司已形成以建筑节能玻璃镀膜、显示器件镀膜、太阳电池镀膜三大系列、20余种产品。2020年，公司实现销售收入超过4亿元。

北京七星华创流量计有限公司专注于气体流量测控，在细分领域深耕发展，其核心产品在相关细分领域市场占有率超过90%。作为国内第一家生产气体质量流量控制器的企业，北京七星华创流量计有限公司从2006年开始研发数字式气体质量流量控制器，陆续推出了适用于各大行业的CS系列数字式气体质量流量控制器。CS系列产品采用了国际领先的技术，申报并获得66项国家专利，其中发明专利24项。公司始终以技术创新为基点，致力于客户过程控制中精确测量控制气体的研究，帮助客户提升设备整体性能。根据客户实际需求，公司深挖技术，优化产品，拓宽产品线。产品现已涵盖质量流量控制器、压力控制器、磁流体密封装置及阀门管件等，为半导体、燃料电池、太阳能、真空镀膜、分析仪器等行业客户提供定制化的关键零部件解决方案及服务。

二、科研成果及新产品开发情况

2020年，真空设备行业整体发展水平大幅提高，技术创新力度持续加大，制造工艺水平持续提升，产品质量比较稳定，部分产品技术指标已接近或达到国际先进水平。

1. 北京中科科仪股份有限公司

北京中科科仪股份有限公司推进技术与市场深度融合，加强产品工艺研究和设计优化，不断提升产品竞争力。2020年，公司持续加强技术创新体系和能力建设，聚焦前沿科学研究与高端产业装备“卡脖子”问题，积极承担国家重大专项，着力突破关键核心技术，稳步推进产品设计改进和产业化，培育高质量发展新动能。公司承接广东省重大科技专项“量子科学与工程”项目，积极申报重大科技专项。国家重大科学仪器设备开发专项“深紫外激光光发射电子显微镜工程化（PEEM）”项目通过科技部验收。首台产品交付西湖大学，用于开展石墨烯研究，为我国高端科学仪器装备自主可控和前沿科学研究做出了重大贡献。

2. 山东华成集团淄博水环真空泵厂有限公司

2020年7月，山东华成集团以第一中标人中标工业和信息化部2020年绿色制造系统解决方案供应商，中标机电产品绿色再制造项目；11月，山东华成集团被人力资源和社会保障部授予博士后科研工作站，新增国家级平台一个。淄博水环真空泵厂有限公司的高压大型智能化水环压缩机成套设备入选山东省首台（套）技术装备、山东创新工业产品目录；“高压大型智能化水环压缩机成套设备关键技术研究开发”项目获得山东省机械工业科技进步奖一等奖；“超大抽气量智能真空成套系统研发”项目入选山东省技术创新项目计划。

公司研制的超大型水环真空泵产品运用气液两相流分析、有限元分析、模态分析等技术手段，抽气量提高到3 000m^3/min，气体等温压缩效率提高3%～5%，广泛应用于煤炭、冶金、造纸、化工、轻工和制药等行业，应用于四川绵阳某军事基地飞机风洞试验、西南交通大学高速列车穿越隧道模拟试验等国家重点项目。

3. 兰州真空设备有限责任公司

2020 年，兰州真空设备有限责任公司从重点项目研发、设计和工艺定型、通用化设计等方面入手，持续推进产品研发和技术创新工作。公司完成了省级重点研发项目“多室隧道连续式真空烧结研发及其产业化”的结题验收，填补了公司在多室连续炉上的技术空白，为后续市场推广提供了技术支撑；完成了兰州市科技创新项目“富氧养生舱”的验收，并再次申请立项了“负压隔离舱研制及产业化”省军民融合发展专项；完成了 K-630/K900C 扩散泵、LDMF-2.75 蒸发镀膜机、箱式真空铝钎焊炉等 7 型产品设计和工艺定型，实现了批量化生产；完成了大口径夹层热沉结构的设计与交付；完成了自主研制大口径低温泵对标国际先进工作，填补了国内空白；完成了水冷电极、真空法兰等 30 余种零部件通用化设计，减少单件小批量产品加工、采购种类，降低生产制造成本。

2020 年，公司持续推行三维设计软件的应用，完善厂标产品模块化三维模型库，用先进的设计工具提升产品设计品质。公司先后完成了多项零部件的三维入库工作，实现了产品全面应用三维设计制图的目的，设计软件应用覆盖率达到 100%，确保了产品设计节点完成率，差错率、关键指标预验收合格率等指标达到质量目标要求。

4. 沈阳中北真空技术有限公司

沈阳中北真空技术有限公司在打破国外技术及市场垄断、实现重大技术装备国产化方面取得了显著的成绩。公司突破了高温环境下重载荷物料在真空连续式设备中的平稳传送技术、大型立式真空室低温段均温控制技术、自由组合积木式炉体建造技术、带油脂捕集循环系统的真空除脂技术等共性、关键技术难题，在高温重载荷物料传送系统开发、加热系统设计、真空加热除油模块设计等方面实现了重大创新。当前已在德国马勒贝洱公司、HT 控股卢森堡公司等企业实现 10 余台的销售及应用，在新能源汽车驱动电机及动力电池散热系统生产制造领域占据 60% 以上的市场份额。

沈阳中北真空技术有限公司联合钢铁研究总院、中国科学院金属研究所、中国科学院沈阳自动化研究所、东北大学等国内产学研用力量，突破了复杂结构空间真空气氛的均匀性精准控制、矩阵式多弧离子镀膜模块及磁控溅射镀膜模块在宽幅镀膜区域内的膜层均匀性和一致性问题、连续真空热处理过程中动态温度梯度下重稀土元素在晶界三维网格中的扩散路径和浓度分布趋势等依靠国外技术授权的技术难题，完成了多室连续真空熔炼速凝炉、超细粒度靶式气流磨、双磁场全自动密封压机、连续式真空烧结炉、连续式真空镀膜机、连续式真空扩散渗金属炉等高端真空装备的方案设计，形成了低重稀土钕铁硼永磁材料及新型镧铈磁体智能制造示范线的设计开发能力。

5. 北京七星华创流量计有限公司

北京七星华创流量计有限公司研制的 CS 系列数字式质量流量控制器，经过了多年的市场考验，被光伏领域设备商和终端客户接受，成为客户在上线之初选择气体流量测控产品的首选。CS 系列产品的各项技术指标均严格执行 SEMI 标准，相对于模拟产品，具有精度高、响应快、使用便捷的特点。CS 系列产品已广泛应用于半导体、太阳能、燃料电池、真空、分析仪器、光电、制气、石化、医疗、航空电力等行业。2020 年，公司推出 PC100 压力控制器，产品一经上市，迅速得到了市场认可，市场占有率节节攀升。

6. 中山凯旋真空科技股份有限公司

2020 年，中山凯旋真空科技股份有限公司研发出拥有完全自主知识产权的 K-200 型 OLED 蒸镀机。该机采用团簇式布局，蒸镀基板尺寸为 200mm×200mm，搭载精密对位系统，对位精度可达到 1μm（甚至以下），可广泛用于 OLED 手机屏、VR 显示屏、OLED 白光照明面板的生产。该机的精密等级在行业内处于领先水平，蒸发源的设计有着很多独特之处，可以获得很高的薄膜沉积均匀性和重复性。

三、基本建设及技术改造情况

浙江方远力鑫真空设备有限公司年产 1 万台真空泵建设项目总用地面积 46 179m^2，新建厂房及配套管理用房面积 44 458m^2。项目建成后，将形成年产 1 万台（套）高精节能环保真空泵及真空应用设备的生产能力。一期项目总投资 5.2 亿元，全部投产后预计产值超过 1.5 亿元。该项目的实施将提升椒江真空泵产业竞争力和区域品牌影响力，促进椒江制造业转型升级，引领本地真空泵行业跨越式发展和集群式发展。

兰州真空设备有限责任公司新园区建设项目于 2020 年 9 月开始施工。当前，产业园前期基础建设基本完成，食堂独立基础施工已完成，结构件生产单元灌注桩施工完成 85%，真空应用生产单元垫层施工完成 80%。到 2021 年年底，部分主体建筑将完工，具备搬迁条件。

2020 年 7 月 17 日，2020 安吉县半年度招商引才项目集中签约仪式举行。浙江杭真能源科技股份有限公司作为本次安吉县天子湖工业园引入的智能制造企业，于 2020 年 6 月起陆续迁入湖州安吉县天子湖工业园，并计划于 2022 年年底前完成固定资产投资。浙江杭真能源科技股份有限公司在安吉天子湖工业园新设立浙江杭真智能科技有限公司，主要生产真空系统设备、检测中心及水下防护装备。该项目达产后，预计年销售收入 3.5 亿元，年创税收 2 000 万元以上。

2020 年 12 月 25 日，湘潭宏大真空技术股份有限公司的“企业技术中心创新能力提升、真空镀膜装备成果转化及产业化基地”项目顺利竣工。该项目总投资 2.5 亿元，用地面积约 7.4 万 m^2（111 亩），建筑面积为 5.6 万 m^2。该项目已建设完成真空镀膜技术研发创新基地、智能自动化设备研发集成基地、真空镀膜设备集成总装基地及真空镀膜技术成果产业化基地，达产后实现产值 10 亿元。

广东汇成真空科技有限公司在粤港澳大湾区建设的研发基地投入使用，主要用于真空应用技术的研究与开发。该项目总投资 2 亿元，建成投入使用后，两年内预计年产值可达 6 亿元。

苏州中科科仪技术发展有限公司位于苏州高新区，是北京中科科仪股份有限公司全资设立的控股公司。公司实施中科科仪高端仪器装备产业化项目，致力于打造中科院高端装备板块研制、转化和产业化落地平台。该项目一期用地面积 3.3 万 m^2（50 亩），投资额 5.1 亿元，投产后将实现磁悬浮分子泵、场发射枪扫描电子显微镜等科技成果的产业化。2020 年 8 月，首批磁悬浮分子泵在苏州完成装配调试，规模产业化进入新的阶段。

四、行业中存在的问题与发展建议

当前，真空设备行业整体技术创新能力还不能完全满足国民经济各领域高端先进技术发展的需要。虽然中低端真空设备产品基本实现了国产化，但是重大装备中的部分高端产品领域仍被国外产品占领。真空设备行业高端产品的技术创新能力依然薄弱，具体表现为：一方面，以企业为主体的研发能力水平不足，创新能力不强；另一方面，因缺乏有效的创新成果及知识产权保护体制机制，企业创新成果容易被轻易转移、仿制、抄袭，使企业创新成本投入与市场收效不匹配，创新动力受挫而无法持续投入。

部分关键技术亟待突破，高端设备自主可控能力需要进一步提升。在高端产品领域，如大型真空泵及真空系统、大抽速风冷双极旋片泵、大抽气量扩散泵、大抽速可靠的磁悬浮分子泵、大型真空熔炼系统、大型真空电子束焊接以及高精度离子注入和 PECVD 设备等，国外产品市场占有率一直较高，国内产品的差距非常明显。

作为真空技术重要应用领域，半导体产业市场占真空技术应用市场总额的 50% 以上。但当前超过 90% 的半导体真空设备都来自进口，尤其是前道工艺过程光刻、刻蚀、离子注入、薄膜沉积等关键工艺设备，几乎被国外企业垄断。真空设备行业亟需突破技术瓶颈，缩小与国外产品水平的差距。

在某些特殊领域，国产真空设备的结构性能和稳定性与进口产品有较大的差距，尤其是应用于光伏、半导体、镀膜、制药等领域的真空设备产品几乎被进口产品占领。应用于这些领域的真空泵尤其是干式真空泵的国产化迫在眉睫。真空设备行业需要通过优势企业互补，合作开发适应于粉尘量大、耐严重腐蚀、耐严重磨损等介质的新一代自主产权的干式真空泵，同时开发运行能耗降低 20% 的模块化多级真空泵。

真空设备行业企业应积极开展新产品、新技术、新装备推广工作，开展对外交流与合作活动，促进行业先进技术的推广和应用；共同推动企业与企业、企业与高校和科研院所、国内企业与国外企业之间的交流合作，推动行业高质量发展。

〔撰稿人：中国通用机械工业协会真空设备分会刘亚利〕

2020 年干燥设备行业概况

一、生产发展情况

2020 年，据中国通用机械工业协会干燥设备分会统计，干燥设备行业 26 家重点骨干企业共完成工业总产值 604 823 万元，比上年增长 6%；实现主营业务收入 494 375 万元，比上年增长 1%。2020 年干燥设备行业 26 家企业工业总产值见表 1。2020 年干燥设备行业 26 家企业主营业务收入见表 2。

表 1　2020 年干燥设备行业 26 家企业工业总产值

序号	企业名称	工业总产值（万元）	序号	企业名称	工业总产值（万元）
1	天华化工机械及自动化研究设计院有限公司	184 400	14	浙江而乐干燥设备有限公司	7 932
2	江苏苏净集团有限公司	176 352	15	江苏宇通干燥工程有限公司	8 890
3	常州市范群干燥设备有限公司	25 000	16	无锡市林洲干燥设备有限公司	8 000
4	山东天力能源股份有限公司	28 200	17	辽宁金谷干燥设备有限公司	4 600
5	常州一步干燥设备有限公司	18 536	18	邹平双飞成套设备有限公司	6 037
6	广东弘科农业机械研究开发有限公司	13 112	19	四川望昌干燥设备有限公司	2 750
7	石家庄工大化工设备有限公司	13 967	20	哈尔滨东宇农业工程机械有限公司	1 700
8	东莞市正旭新能源科技有限公司	34 250	21	常州市丰日粉体设备有限公司	1 500
9	江苏圣曼干燥设备工程有限公司	6 000	22	常州统一干燥设备有限公司	1 500
10	石家庄鼎威化工设备工程有限公司	5 498	23	成都倍力干燥设备有限公司	488
11	江苏先锋干燥工程有限公司	17 000	24	南京邵邦金属复合材料有限公司	5 000
12	锦西化工机械集团有限公司	10 986	25	常州市金陵干燥设备有限公司	5 500
13	东台市食品机械厂有限公司	10 625	26	杭州钱江干燥设备有限公司	7 000

表 2　2020 年干燥设备行业 26 家企业主营业务收入

序号	企业名称	主营业务收入（万元）	序号	企业名称	主营业务收入（万元）
1	天华化工机械及自动化研究设计院有限公司	112 000	14	浙江而乐干燥设备有限公司	6 657
2	江苏苏净集团有限公司	162 541	15	东台市食品机械厂有限公司	10 318
3	常州市范群干燥设备有限公司	17 803	16	江苏宇通干燥工程有限公司	8 876
4	山东天力能源股份有限公司	25 000	17	辽宁金谷干燥设备有限公司	4 570
5	常州一步干燥设备有限公司	17 073	18	邹平双飞成套设备有限公司	6 037
6	广东弘科农业机械研究开发有限公司	13 112	19	四川望昌干燥设备有限公司	2 076
7	石家庄工大化工设备有限公司	12 680	20	哈尔滨东宇农业工程机械有限公司	1 700
8	东莞市正旭新能源科技有限公司	33 765	21	常州市丰日粉体设备有限公司	1 500
9	江苏圣曼干燥设备工程有限公司	6 000	22	成都倍力干燥设备有限公司	460
10	石家庄鼎威化工设备工程有限公司	5 498	23	常州统一干燥设备有限公司	1 000
11	锦西化工机械集团有限公司	10 786	24	南京邵邦金属复合材料有限公司	5 000
12	江苏先锋干燥工程有限公司	10 000	25	常州市金陵干燥设备有限公司	5 500
13	无锡市林洲干燥设备有限公司	8 000	26	杭州钱江干燥设备有限公司	5 500

天华化工机械及自动化研究设计院有限公司紧密结合市场发展需求，着眼于新型先进干燥装备并优化传统工艺设备，推进干燥技术向自动化、大型化、成套化、节能化方向发展，实现产品专业化、专有化以及产品类型的多元化，积极用高质量的国产化产品替代进口产品，用节能装置替代高能耗装置，进而实现技术成果的工业应用和推广，实现技术成果的辐射和扩散。

2020 年，常州一步干燥设备有限公司的设备产量为 415 台（套），完成工业总产值 18 536 万元、新产品产值 4 979 万元、工业销售产值 18 261 万元，实现利润总额 1 860 万元。与 2019 年相比，公司销售收入增长 4.2%，新产品产值增长 4.1%，利润总额增长 6.3%。2020 年，公司在三河口工业园区的 4.67 万 m^2（70 亩）新厂区投入使用，在信息化建设方面进行了大规模投入。

常州市范群干燥设备有限公司建立广泛的协作网络，鼓励并吸纳国内相关科研机构、科研院校、大专院校以科技成果参股。公司与南京理工大学、常州大学、中国科学院昆明贵金属研究所、中国兵器工业集团第二〇四研究所、北京化工大学、大连理工大学、南京工业大学、中国农业大学、天津科技大学等院校合作，在催化剂载体的薄壁涂覆、快速干燥和高效焙烧等方面取得创新突破，成功研发了大产能、智能化程度更高、柔性连续生产的智能化汽车尾气净化催化器制备成套装备，多项装备实现了攻关突破或推广应用，在打破国外技术及市场垄断、重大技术装备国产化方面取得了显著的成绩。2020 年，公司完成工业总产值 25 000 万元，同比下降 7%；完成新产品产值 4 616 万元。实现主营业务收入 17 803 万元，同比增长 11%。

江苏宇通干燥工程有限公司在持续稳定和做大现有市场的基础上，开发新市场，加强公司内部管理，提高产品质量，以质量保市场，向管理要效益。2020 年，公司产品产量超过 1 000 台（套），完成工业总产值 8 890 万元、新产品产值 6 050 万元，实现销售收入 8 876 万元、利润总额 459 万元。与 2019 年相比，公司销售收入增长 15%。公司承建制药、化工及环保等领域项目 50 多个。产品畅销全国各地，并出口到美国、土耳其、希腊、英国等国和东南亚地区。

辽宁金谷干燥设备有限公司的主导产品大型粮食烘干设备主要应用于国家粮库、农业合作社、粮贸公司，以及酒精厂、淀粉厂、味精厂等大型粮食深加工企业。2020 年，公司生产大型烘干机 27 台，主要用于黑龙江省生物能源有限公司 1 200t 粮食烘干系统成套设备工程，黑龙江省鸡西市三粮库、吉林省伊通靠山粮食收储库粮食烘干设备工程，国家粮食产后服务体系建设工程山东省粮食烘干设备项目等。公司完成工业总产值 4 600 万元、新产品产值 2 700 万元，实现销售收入 4 570 万元、利润总额 490 万元。与 2019 年相比，公司工业总产值下降 19%。

邹平双飞成套设备有限公司大力推进干燥设备原始创新、集成创新和引进消化吸收再创新能力建设，推进具有自主知识产权的产品开发；加大自主创新投入，着力突破共性关键技术，把增强自主创新能力作为科技发展的战略基点，作为调整产业结构、转变增长方式的中心环节；按照高品质、低能耗、环保型的要求，对干燥设备的结构进行调整。2020 年，公司出口 3000 型大型喷雾干燥塔 3 套、2000 型干燥塔 15 套，国内销售近 50 余台喷雾干燥塔及配套设备，新增工业产值 3 100 万元，实现销售收入 6 000 余万元、利润总额 1 100 万元。

二、重大技术装备及关键设备完成情况

山东天力能源股份有限公司开发并推广应用了锂电池材料焙烧冷却一体装备。在传统回转窑的基础上，针对锂电池行业材料焙烧需求，开发焙烧冷却一体装备，解决了传统工艺中自动化程度低、无法气氛保护、物料尾气收集处理难以及与冷却工序分开实施的问题，使得锂电池焙烧过程更加高效、环保，焙烧产品品质更好。该套装备可以用于锂电池原料焙烧、废旧锂电池回收利用等，市场用途广泛。当前该套装备已经取得产业化应用，并取得了良好的应用效果。

天华化工机械及自动化研究设计院有限公司的重大技术装备及关键设备研发情况如下：①口罩用熔喷聚丙烯树脂回转法脱除 VOC（挥发性有机物）和降低气味等级成套技术及装备。2020 年，突发的新冠肺炎疫情使得熔喷料需求激增。天华化工机械及自动化研究设计院有限公司与中国科学院上海有机化学研究所合作，基于熔喷生产特点与高分子化学结构，研究熔喷料 VOC 组成及结构，开发了回转汽蒸法深度脱除 VOC 技术，建成装置并生产出优质的聚丙烯熔喷料产品。当前国内的熔喷料 VOC 含量大幅降至 100 μ g/g 以下，显著提升了我国专用料的品质和竞争力。②“FCC 催化剂大型喷雾干燥和调混装备技术开发”项目研究了进料湿含量、进口热风温度、循环风量对产品湿含量的影响；通过数值模拟和实验研究，优化设计关键内构件，开发了高温、大风量、节能喷雾干燥塔；开发了尾气热风半开放半循环的热量回收利用技术，降低了热量损失，减少了尾气排放。该技术应用于 5 万 t/a 催化裂化催化剂生产装置，工业运行考核表明：产能超过设计值，产品破损和粘塔问题得到解决，装置运行稳定，能耗降低。③“燃气式焙烧炉大型设计开发”项目通过建立焙烧炉筒体三维模型和受理有限元分析，确定了筒体设计强度；基于筒体运行时的物料运动情况和炉膛内温度分布，开发了分腔体多个燃烧器控制技术和独特内构件，改善了筒体温度分布及物料受热均匀性，提高了热效率。该技术应用于 5 万 t/a 催化裂化催化剂生产装置，工业应用结果表明：装置运行稳定，综合能耗降低；与电热式焙烧炉相比，减少了设备腐蚀风险。④“分子筛干燥－焙烧系统工程优化与综合节能技术”项目创新开发了分子筛干燥－焙烧外循环和内循环技术，实现烟气热量的可控调节回用，降低了能耗，减轻了后续尾气处理系统负荷，提升了系统稳定性；通过优化焙烧系统内构件结构，缩短了焙烧炉长度，实现两点支撑代替三点支撑，减少了热损耗。该技术用于 1.8 万 t/a 分子筛生产装置，工业应用结果表明：装置运行稳定，产品质量满足要求，且天然气耗量降低，尾气排放量减少。

江苏宇通干燥工程有限公司的环保节能型磁力驱动闭路闪蒸干燥机组被认定为常州市首台（套）重大装备及关键部件。该闪蒸干燥机组主要优势：①新型破碎刀具的应用，提高了对物料的破碎功能，可以将物料破碎成均匀的小颗粒，增加了传热效率，提高了设备的干燥强度，从而降低了干燥的能耗。②闭路循环系统便于有机溶剂的回收和利用，减少了有机溶剂的消耗，大大降低了生产成本。③采用气-气板式换热器，利用热尾气来预热循环气，这样既节约了冷凝水的用量，又节省了加热水蒸气的耗量，使能量利用率提高 20% 以上。该机组采用闭路循环技术，在干燥运行过程中基本上无尾气排放，符合环保要求。将氮气作为循环气源，大大提高了系统的安全性和可靠性。

三、市场及销售情况

山东天力能源股份有限公司完善专业化市场，重点做好专业市场管理和开发的总体销售战略。2020 年，公司成功中标某大型工程公司出口沙特阿拉伯的年产 30 万 t 纯碱及 30 万 t 氯化钙项目。这是公司成立以来最大的出口项目，其中年产 20 万 t 无水氯化钙喷雾造粒项目为公司开拓国际市场打下了良好的基础。公司完成两套年产 20 万 t 环己醇装置和催化回收装置的工艺包设计和工程设计，当前装置已运行。公司研发的烟气再循环污泥耦合发电技术在山东某生物科技公司污泥处置项目上全面应用，成为城市污泥和工厂化工污泥的绿色环保处置及资源化应用的一大突破。公司承接的锂电池正极材料干燥焙烧系统项目的设备于 2020 年 10 月发货，并一次性开车成功，标志着公司成功打开新能源锂电池材料市场。公司承接的年产 2 万 t 磷酸铁锂项目，通过对装置化铁系统、尾气处理系统、蒸发系统进行优化设计，大大提高了化铁反应速率和硝酸铁的混合效率，为客户减少了装置用地面积，节约项目投资约 20%。公司积极开拓海外市场，持续加大流化床干燥机、回转干燥机、回转焙烧窑、桨叶干燥机、旋转闪蒸干燥机等产品的国际市场开拓力度，努力扩大市场份额。与韩国某公司签订了废旧电池热解回转窑供应合同。

天华化工机械及自动化研究设计院有限公司干燥专业主导销售产品以蒸汽管回转干燥技术产品、转鼓式压力过滤技术产品、聚丙烯成套技术产品等为主，同时紧抓国家节能环保产品市场需求旺盛的发展机遇，大力开发废水、废渣、污泥及 VOC 废气处理技术及装备在石油化工、冶炼、环保、新材料等领域的市场应用。公司持续加大 VOC 处理装备、大型管道防腐设备、阳极保护硫酸冷却器等产品的国际市场开拓力度。其中，大型 PTA 蒸汽管回转圆筒干燥机交付俄罗斯西布尔集团；土耳其 ETI SODA 电站扩建项目 65T 锅炉监造项目通过验收；首个印度尼西亚 PKG 合成氨尿素监理项目全线贯通；马来西亚新山 RTO+TO 同步废气废液处理系统投入运行；阿尔及利亚奥兰省超大口径钢管外 3PE 内液态环氧防腐生产线完成调试。

2020 年，常州一步干燥设备有限公司销售的产品主要为中药浸膏喷雾干燥机、离心喷雾干燥机、沸腾制粒机、闪蒸干燥机、双锥干燥机、烘箱、闭路循环沸腾干燥机等设备。公司的拳头产品喷雾干燥机、闪蒸干燥机在公司销售中的占比较大，尤其在中药配方颗粒、食品、钛白粉、石化、新能源生产领域占据较大的市场份额。

邹平双飞成套设备有限公司通过扩大生产规模，组建大型生产车间，建立完善的智能化控制生产线，从单一产品的生产线逐渐扩展到农副产品深加工领域以及新能源的开发与应用。与国内外众多咖啡生产企业达成战略合作，共同研发咖啡深加工新技术、新工艺，全力推动产业融合；与国内诸多知名饲料添加剂生产企业达成共识，共同研发饲料添加剂生产工艺，设立代加工设备试点，立足新技术、新市场，带动市场营销。其中，速溶咖啡生产线行销国内外，产品获得国内外客户的一致好评。

四、科技成果及新产品

山东天力能源股份有限公司与山东大学、青岛理工大学共同申报了 2020 年度山东省重点研发计划（重大科技创新工程）项目“高耗能高污染行业绿色高效清洁生产关键技术集成与应用”，获得山东省科技厅批准立项。2020 年，公司与青岛科技大学共同申报了山东省企业技术创新项目“流态化回转造粒干燥系统研制及其在二水氯化钙生产中的应用”，获得山东省工信厅批准立项，当前项目已经展开研究。山东省科技厅立项的山东省国合项目“低阶煤两级联合干燥和成型提质技术及关键装备”，已经完成工艺开发和装备开发。与山东省科学院材料研究所合作立项的山东省重点研发计划项目“大宗工业固废协同互补生产宽温度窗口 SCR 脱硝催化剂的关键技术与装备研究”，已经完成中期考核，技术获得多项关键突破。公司加强了在高性能材料、新能源材料、环保领域的技术研究和升级，以设备制造为基点，强化了在工程设计和工程建设方面的实力。在大型无水氯化钙造粒、电池材料焙烧、烟气再循环污泥耦合发电技术、新材料工程设计、化工废水治理等领域实现了技术突破和产业化应用。

2020 年，天华化工机械及自动化研究设计院有限公司承担省部级科研开发项目 16 项，申请国家专利 74 项，获得科技奖励 2 项；7 项科技成果通过验收和评议，全部实现工业转化；创新开发聚烯烃 VOC 脱除技术、国产化聚丙烯/聚乙烯专用设备等，完成新产品成果转化 18 项，成果推广辐射到石化、钢铁、煤化工、电力及环保等行业，对提高我国重大工业生产装置的国产率、推动用户企业产品结构调整及技术进步起到积极的推动作用。

常州一步干燥设备有限公司继续完善和改进现有产品，对常规产品进行通用化、标准化、系列化设计，为新产品开发打下基础。公司研发的脉冲真空干燥机用于中药浸膏类物料的干燥，已投入生产。脉冲真空干燥机是在现有的真空干燥箱的基础上自主研发设计的新型干燥设备。该设备应用于制药、生物工程等领域，主要针对热敏性物料、黏性大的物料和需要中药浸膏类的物料。该设备利用脉冲层流真空干燥原理，可以将蒸汽、热水、电作为热源，也可以配备饱和、流通蒸汽灭菌、臭氧消毒、在线清洗或浸泡清洗功能。公司在无尘投料站、上进风上出风喷雾装置、湿整粒机、真空上料机的研制开发方面取得了一定的研究效果，试验结果符合技术要求。

常州市范群干燥设备有限公司建有江苏省（企业）技术中心、江苏省干燥工程技术研究中心，承担国家、省、市各级科技项目 11 项。公司先后研发了 PE 塔式干燥器、焙烧炉远程诊断系统、还原球团网带式冷却机、回转焙烧炉无线温度采集系统、集成催化剂制浆系统、SCR 催化器研发生产线、板式脱硝催化器再生系统、钢厂冷泥压块球团干燥机、纳米材料无尘混合系统、脱硫剂成型干燥系统等。公司针对车载催化器的制备设计开发智能成套装备。公司成立项目组，进行技术攻关，获得省、市立项和资金支持。该装备在特定载体上精密涂覆催化剂浆液，经过快速干燥、高效焙烧等工艺，制成尾气净化催化器。与传统工艺相比，节省贵金属（铂、铑、钯）15% 以上，生产能耗降低 75% 以上。该项目产品被江苏省经济和信息化委员会认定为省首台（套）重大装备产品。

江苏宇通干燥工程有限公司围绕干燥、制粒、粉碎、提取浓缩设备及部件相关技术与产品研发，设置内部自立课题 6 项。2020 年，新产品销售收入为 6 050 万元，占销售总额的 68%。新产品的创新设计增强了国内干燥机生产企业的国际竞争力，同国外同类产品相比，具有一定的竞争优势。

辽宁金谷干燥设备有限公司自主研发的新型蒸汽换热烘干设备广泛应用于玉米深加工企业，完全取代了燃煤热风炉提供烘干的热源，达到了国家环保排放标准，节能效果十分显著。该产品得到了用户的一致认可，具有广阔的市场前景。

邹平双飞成套设备有限公司以技术创新为动力，不断致力于新材料、新技术、新工艺的开发。公司的速溶咖啡智能生产线萃取段采用双进水（浸泡水和高压提取水）系统。浸泡水可在低温状态下充分浸润咖啡豆，让其释放香味液。与其他提取设备相比，该产品的效率提高 58%，香味液得率提高 80%。

五、基本建设及技术改造

山东天力能源股份有限公司根据整体规划，自筹资金购买 3 000W 数控激光切割机 1 台。针对公司优势产品的加工特点，优化了 T 型管加工流水线建设，自主设计制造多功能调心筒体车床夹持工装、大型多功能自动抛光/加工机、大型设备筒体对接机等一系列专用模具工装，保证了产品加工质量，提高了加工效率，降低了加工费用。公司进一步扩大加工区域，新开辟建设 964m^2 管道加工场地，新增加 3t 门式起重机 1 台，大大提升了公司的加工能力。

天华化工机械及自动化研究设计院有限公司投资建设的南京天华二期项目通过相关部门及单位的竣工验收，正式投产使用。南京天华二期项目于 2018 年 5 月启动建设，总投资约 3.5 亿元，主要用于第二生产车间、办公大楼建设，购买 160 余台（套）大型机床和检验检测仪器、污水处理设施等。

2020 年 11 月，江苏宇通干燥工程有限公司总投资约 700 万元的新建车间顺利开工，计划 2021 年上半年投入使用。

邹平双飞成套设备有限公司针对咖啡生产线萃取段，对新型高压罐循环动态萃取结构进行技术改造，自动化程度高，效率和品质可控性强，生产能力是国内传统生产能力的 4 倍；生产模式多样，水解物提取充分，香味液品质好，液体浓度高。对鸡肝粉生产线进行改造后，实现了酶解鸡肝粉生产线生产流程的简化，操作方便。对于含湿量 40% ～ 70%（特殊物料可达 90%）的液体能一次干燥成粉粒产品，干燥后不需粉碎和筛选，减少了生产工序，提高了产品纯度。在一定范围内可通过改变操作条件对产品粒径、松密度、水分进行调整，控制和管理更加方便。

六、企业管理及改革情况

山东天力能源股份有限公司树立了“专业的人做专业的事”的专业化管理理念，坚持“专业化”建设，坚持“专业化”的用人理念，以“强化执行、加强考核、注重品质”为管理方针，坚持技术创新，实现了从装备制造类企业向工程技术类企业的转型，突出了公司“绿色制造工程技术服务商”的技术特征，最终打造成项目成套化和工程化的专业技术型企业。

天华化工机械及自动化研究设计院有限公司坚持“科学至上”的发展理念，强化产业转型升级，坚持工艺与装备相结合、消化吸收与自主创新相结合、自控与装备相结合的原则，以节能降耗、环保、安全、重大技术装备开发和国产攻关研制为主题，结合原始创新、集成创新和消化创新，研发大型化、机电一体化、成套化的节能环保技术装备，推进新技术、新成果的产业化。同时，不断健全安全生产体系，持续优化安全生产环境，强化安全生产主体责任，建立健全覆盖全员、全过程、全方位的安全生产责任体系。公司成立安全环保部，强化安全环保组织体系建设，完善健康、安全与环境管理体系（HSE）的有效性和适宜性，实现 QHSE 管理体系及其过程的持续改进，着力构建安全生产长效机制，使 QHSE 管理体系切实融入公司日常管理及生产经营的各个层面。公司积极推进双重预防机制建设，加强安全隐患排查治理工作，提高风险防控率；坚持“以人为本”，强化 HSE 基础管理；坚持以提高员工安全意识及素质为抓手，推进 HSE 要素体系建设，完善安全生产责任制及属地管理原则，细化 HSE 绩效考核；注重以“安全分享、安全行为观察”为代表的安全生产文化建设；开展习惯性违章零容忍、异地作业管理制度等相关制度落实情况回头看工作，全面优化安全生产过程控制。

常州一步干燥设备有限公司重视企业管理和技术创新，优化过程管控，完善考核机制。公司大力推行绩效量化考核，一线员工实行薪资分配改革，提高了员工的工作积极性。管理部门对照业务标准和流程，强化基层业务的指导、监管和考核。各级部门围绕年初工作目标，落实每个节点，夯实责任，强化考核，形成科学合理、公平公正的价值导向和绩效激励机制，不断提高工作效率。

江苏宇通干燥工程有限公司不断引入各种优秀技术人才，增强开发能力；不断引进国外新技术和新装备，提升制造工艺水平和产品质量。公司引入先进的管理理念，对各层次的管理人员进行系统、全面的培训，逐步完善了公司的管理体系，提升了公司的管理水平。通过成立外贸部，加快进入国际市场的步伐。产品出口到美国、俄罗斯、日本、新加坡、土耳其、伊朗、越南等多个国家和中国香港地区。

邹平双飞成套设备有限公司建立企业决策指挥中心，及时掌握项目生产状态，对人、财、物、信息以及技术资源进行集中整合和统筹调度，提高决策效力；建立企业的多项目管理平台，实现“企业集约化管理”和“项目精细化管理”的和谐统一，有效控制项目建造成本，提高整体经营收益；对于单项目管理，进一步规范并优化项目管理流程，做到“有计划可依，有过程可控，有监控可循，有整改可鉴，有改进可用”。公司建立企业风险监控中心，加强异常和重大事项的监控与反馈机制，及时预警并采取规避措施，降低公司整体运营风险。公司通过政策引导、市场竞争、质量治理和宣传引导，提高全员全过程、全方位质量管理水平。公司加强标准引领，加大人才培养，落实质量分级，推动优质优价，促进产品和服务质量水平的提高。公司施行内部培养与外部引进并举的措施，不断增加人才总量、优化人才结构、提高人才素质，为企业的科技创新工作提供强有力的人才保障。公司积极开展产学研合作，与大连理工大学、清华大学、中国海洋大学等高等院校建立了长期的研发合作机制。公司结合新技术、新业态发展需求，提升质量创新能力；瞄准产业升级质量瓶颈，推广新型质量管理方法，解决关键质量问题，提高品牌竞争优势。公司建立健全知识产权引领产业发展工作机制，提高知识产权运用能力，推动知识产权成果产业化；将知识产权与现有相关产业、创新机制相融合，与产业创新体系建设、质量品牌建设、标准制定、成果应用推广等相结合，积极培育新业态、新模式。

七、企业信息化建设情况

2020 年，山东天力能源股份有限公司加大了对信息化建设的投入，先后投资 300 多万元对信息化系统进行升级，完善了公司项目全生命周期的数据管理，加强了非标产品设计标准化的工作，提高了工作效率。

天华化工机械及自动化研究设计院有限公司推进业务和信息化建设深度融合，深入推进 ERP 项目建设，提升公司信息化管理水平和业务水平。公司重点完成 ERP 前期咨询服务项目和信息系统主数据体系建设工作，全面深入分析公司数字化平台整体战略规划、业务流程管控需求及系统建设方案；提出了公司“战略牵引、数据驱动”的 IT 规划及建设原则，完成公司“十四五”时期的信息化建设总体方案。公司从提高石油化工单元生产装置中核心设备的系列化、大型化出发，注重已定型核心技术设备的单元配套、工业过程自动化、信息化控制等方面的技术开发，加大技术创新力度，从而实现由单一设备开发向单元生产装置成套技术、过程装备成套技术、过程装备与过程控制成套技术、设备扩能改造成套技术开发转化，并取得较好的效果。

常州一步干燥设备有限公司的 ERP 管理系统在日常采购、销售、仓库、成本核算等方面得到很好的应用，促进了企业内部联通和大数据的统计。公司引进绿盾加密软件，确保资料的安全性。2020 年，精细化管理团队梳理公司粗放管理和制度漏洞，公司基本上实现了管理信息化和标准化。

常州市范群干燥设备有限公司坚持与硬件、软件供应商保持联系，以便获取信息化有关的技术、方案，改善公司信息资源的满足能力、运行质量以及故障响应能力。公司对信息技术人员进行专业培训，建立信息系统关键用户制度，培养业务部门使用软件系统的内部业务顾问，使软件系统不断得到优化与提高。公司制定有关的管理制度与管理方法，保证信息系统安全、可靠、稳定、易用。

2020年，江苏宇通干燥工程有限公司上线畅捷通工作圈，提高企业内部人员的信息沟通、文件传输效率，实现了移动办公。

八、行业发展中存在的问题及建议

（1）科研产业化任务剧增，应收账款额度较大，成本压力不断上升。

（2）面对政策与市场的双重压力，企业面临着前所未有的挑战。有部分企业因受疫情的影响而濒临破产。

（3）国内干燥设备工艺水平偏低，精密干燥设备质量差，高精密干燥设备的制造依然困难，核心技术和关键产品仍依赖进口。整个产业链中有研发能力的企业较少，企业研发意愿不是很足。

干燥设备的能耗大，原材料消耗严重，加工周期长，生产效率低，已成为制约行业发展的瓶颈。精密干燥设备是大量生产技术、生产工艺积累的产物，如果没有一定的研发投入，产品一直停留在低端水准，将会被市场逐步淘汰。

面对新的形势、新的困难，各企业在稳中求进的基础上，应在规范管理、精细运作、深化融合、突破创新等方面下功夫，朝着既定的目标前进。

〔撰稿人：中国通用机械工业协会干燥设备分会高书燕〕

2020年减变速机行业概况

一、生产发展情况

2020年，面对新冠肺炎疫情带来的不利影响，减变速机行业企业实行严格的科学防控措施，推进复工复产顺利进行。全行业经受住了新冠肺炎疫情的考验，经济规模稳步增长，营业收入、利润总额、产品产量均保持增长，行业发展迈上新的台阶。

据海关统计，2020年，行星齿轮减速器进出口总额为5.46亿美元，同比增长3.26%。其中，进口额为3.1亿美元，同比增长9.73%；出口额为2.36亿美元，同比下降4.15%。进出口逆差为0.74亿美元，同比增长105.42%。齿轮传动及其他变速装置进出口总额为36.17亿美元，同比增长0.61%。其中，进口额为12.58亿美元，同比下降6.19%；出口额为23.59亿美元，同比增长4.68%。进出口顺差为11.01亿美元，同比增长20.56%。

2020年，据中国通用机械工业协会减变速机分会对20多家重点联系企业统计：营业收入同比增长9.21%，研发费用同比增长12.01%，利润总额同比增长25.92%，累计订货量同比增长9.4%。浙江通力传动科技股份有限公司、杭州诠世传动有限公司、河北志远减速机械有限责任公司、宁波市镇海减变速机制造有限公司、三联传动机械有限公司、台州椒星传动设备有限公司等企业的营业收入增幅在两位数以上，高于行业平均水平。

2020年，重点联系企业经营质量良好，资本保值增值率为108.08%，营业收入利润率为7.18%，资产负债率为55.37%，全员劳动生产率为55.68万元/人。

据对8家上市公司统计，2020年齿轮及传动装置营业收入为254.24亿元，同比增长22.47%，其中，工业齿轮箱及减速机营业收入为55.36亿元，同比增长12.86%。

2020年，江苏国茂减速机股份有限公司的齿轮减速机营业收入同比增长29.43%，宁波东力股份有限公司的营业收入同比增长24%。南京高精齿轮集团有限公司的工业齿轮业务实现营业收入15.26亿元，同比增长20.9%；风电齿轮箱实现营业收入 116.5 亿元，同比增长 42.5%。浙江双环传动机械股份有限公司的汽车用齿轮实现销售收入 22.34 亿元，同比增长 28.91%。深圳市兆威机电股份有限公司的微型传动产品实现营业收入 8.21 亿元，同比下降 43.92%；非手机领域的业务实现营业收入同比增长 43.19%。宁波中大力德智能传动股份有限公司的减速电机及减速器实现营业收入 8.21 亿元，同比增长 13%。苏州绿的谐波传动科技股份有限公司的谐波机及金属部件实现营业收入 2.04 亿元，同比增长 12.38%。

二、市场开拓情况

2020 年，减变速机行业受疫情的影响，一季度市场大幅下滑。之后，随着国内大型石化、基础设施建设进度加快，钢铁冶金改造等市场需求集中释放，砂石矿粉、水泥、冶金等行业市场需求旺盛。行业企业抓住机遇，加大市场开拓力度，与大型企业集团建立战略合作伙伴关系，稳固老客户，开拓新市场，加强品牌建设，并取得一定的成果。

江苏泰隆减速机股份有限公司加大品牌宣传，提升企业形象。公司加强与战略客户的横向联系，了解客户需求。2020 年，公司单月合同额最高达 2 亿元。公司完成了上海昂丰垃圾吊项目 H3KH13/14/15、土耳其项目 MC3PVHF08、普阳钢厂钢包项目 H3SE11/15、南非项目 H3HH15 重载模块化与行星组合式设计，三一重工 SHJ25 项目的 LH770 减速机样机成功交付。

江苏国茂减速机股份有限公司以塔式起重机市场为切入口，生产的 GLW 系列回转减速机实现批量出货，配套于徐州建机工程机械有限公司、徐工重庆建机工程机械有限公司的大中型塔式起重机。GTR 系列卷扬减速机也在较短时间内实现了研发试制及小批量出货。公司加大了海外市场的拓展，深耕东南亚地区，在印度尼西亚、马来西亚、越南、泰国等市场取得成效，同时积极布局其他海外市场。此外，公司生产的用于口罩机、熔喷布机等设备的减速机产销量实现强劲增长。

山东华成中德传动设备有限公司加大高端装备用高性能齿轮传动系统的开发，与潍柴重机、陕西柴油机、安庆中船柴油机、广州柴油机等单位合作，开发柴油机配套高性能齿轮传动系统，用于各类舰船发动机。公司与上海振华重工、青岛海西、南京港机、上海鼎盛等单位合作，实现海工装备高端齿轮箱的开发、设计、生产。公司为重庆齿轮厂、德国 ZF 等单位生产风电齿轮箱配套产品。2020 年，公司以第一中标人中标工业和信息化部绿色制造系统解决方案供应商第 21 包——机电产品绿色智能再制造，精密减速机产品再制造服务合同额近 1 亿元，服务中小企业占比 72%。公司承接了广西北部湾港港口齿轮箱进口替代订单。

山西省平遥减速器有限责任公司在建材市场取得新突破，2020 年交付了单台 39t、齿轮精度要求达 GB5 级的替代进口减速器，解决了用户进口产品价格高、交货周期长的问题。

弗兰德传动系统有限公司加大中国市场开拓力度，与中国宝武欧冶工业品股份有限公司签署采购战略合作协议。双方将基于弗兰德提供的全系列驱动系统解决方案及全生命周期管理服务，在钢铁行业高端装备领域开展深度合作，建立长期的战略合作关系，共建高质量钢铁生态圈。

诺德（中国）传动设备有限公司为绍兴印染废水处理厂提供 72 台 UNICASE 同轴斜齿轮减速机。该产品整体 IP66 防护等级和 KB 冷凝水排水孔可确保产品在现场恶劣工况下工作。该减速机比改造之前节能 50%。

2020 年，受疫情的影响，口罩机市场需求增加，浙江顺天传动科技股份有限公司抓住机遇，组织研发团队进行口罩机的研发。经过反复调试，口罩机研发成功，顺利推向市场，解决了市场亟需。

深圳市兆威机电股份有限公司在手机领域的业务呈下降的形势下，紧跟市场发展趋势，快速适应不断变化的市场需求，不断推进市场拓展工作。公司加大网络推广力度，在官方网站、微信公众号、抖音公众号等线上平台大力宣传公司产品；积极参加线上、线下展会，吸引更多优质客户，树立品牌形象，提升品牌知名度。公司在德国设立子公司，成立海外经营部，进一步拓展海外市场，逐步提升国际竞争力。公司凭借敏锐的市场嗅觉和快速的市场反应能力，不断适应市场的发展和变化，开发出符合市场需求的产品，不断提升市场竞争力。

2020 年，宁波中大力德智能传动股份有限公司结合国内外市场新形势，及时调整营销模式，优化营销团队结构。国内市场继续深挖行业领域新客户，国外市场新增阿里国际站等线上营销模式，同时持续优化电商销售。公司加强经销商及客户产品知识培训，提高服务黏性。

南京高精齿轮集团有限公司为太钢集团 5 号高炉节能改造项目提供了 2 台 MH3S180 减速机，用于高炉上料运矿主带式输送机。公司获得 672 台西班牙巴塞罗那 1 号线和 3 号线地铁齿轮箱订单。该齿轮箱为 PDM490 型双级地铁齿轮箱。

三、科研开发情况

江苏泰隆减速机股份有限公司每年投入研发费用 1 亿元左右，建设科技创新平台，对工程中心的设计软件进行升级，利于博士后工作站开展研究工作。深化知识产权标准化建设，建立了减速机专利信息服务数据库。公司潜心研发工业机器人关节用精密减速器，经过反复试制、小批量试用，2020 年，产品批量生产，可靠性实现突破，能够替代同类进口产品。公司拥有十多项工业机器人关节用精密减速器核心专利。2020 年，公司在重型齿轮箱方面完成 12 套大功率重载系列化模块化减速机的设计，新产品率达 30%。公司设计开发钢帘线新产品 4 项、非标设计产品 13 项。公司申请专利 38 项，获得授权专利 21 项。公司荣获江苏省省长质量奖提名奖。

山东华成中德传动设备有限公司近两年的研发投入均在 5% 以上。2020 年，公司入选第二批国家专精特新“小巨人”企业，被评为山东省专精特新中小企业、山东省瞪羚企业。公司的“大型煤矿智能化刮板输送机用行星减速器关键技术研发及产业化”项目获得中国机械工业科学技术奖二等奖。

江苏国茂减速机股份有限公司自主研发、联合研发取得较好成绩。公司成功研制出轧管机专用高速行星减速机、餐厨垃圾处理设备专用减速机；研制塔式起重机专用卷扬减速机、挖掘机专用回转减速机、搅拌车专用减速机；研制出国内首条垂直连铸生产线的轧机专用减速机。公司联合参股公司研制出智能水处理检测系统，初步形成传动系统整体解决方案。

河北北方减速机有限公司自配套生产电站锅炉空气预热器转子驱动装置及吹灰器以来，电站锅炉辅机产品已形成系列化、专业化。公司生产了 50 ～ 1 000MW 机组锅炉空气预热器转子驱动装置及烟气脱硫 GGH 驱动装置。随着电厂装机容量的不断提升，公司在细分领域做专、做精、做强，不断优化产品结构和性能，解决了空气预热器驱动常见的漏油和润滑问题，获得了用户认可。公司开发出满足市场需求的新型空气预热器驱动组件，产品达到结构精细化、使用节能化、功能多样化、智能自动化的“四化”标准，更加符合电站应用的复杂环境要求，给客户带来新的使用和维护体验。该技术已获得两项专利，并在多家电厂实现应用，同时替代了一些进口品牌的驱动产品。

2020 年，宁波中大力德智能传动股份有限公司投入研发费用 3 887 万元，占营业收入的 5.11%。公司结合市场及客户需求，研发开模项目产品，提升差异化产品的竞争优势。公司对在研项目进行产品认证，加强产品保护和出口替代能力；导入实施 PLM 系统项目，加强管控产品全生命周期，提升产品的核心竞争力。

南京创力传动机械有限公司一直致力于大功率高速动力传动技术的研发。2020 年，公司为分布式能源储能研发项目配套的整体式多轴齿轮箱功率高达 20MW，最高转速为 30 000r/min，大齿轮直径为 1 300mm。为分布式能源用燃气轮机配套的高速行星齿轮箱转速为 18 000r/min，采用单级行星结构，速比达到 12。为船舶行业研制的齿轮箱单台功率为 13MW，质量为 39t，高度接近 4m。由公司主导起草的《整体式高速齿轮传动装置通用技术规范》被评为 2020 年百项团体标准应用示范项目。

2020 年，南京高精齿轮集团有限公司的 7MW 以上齿轮箱进入产品设计、零件加工及装配的预研发阶段。依托 NGC StanGearTM 产品平台和核心技术平台，持续优化产品设计及计算分析技术、工艺制造技术、热处理控制技术以及精密齿形的加工技术。公司开发大兆瓦齿轮箱，引入状态监测、大数据分析以及移动终端技术，致力于打造智能化齿轮箱一体化的产品和服务体系。MLXSS700M 立磨齿轮箱是基于公司新一代技术平台开发的模块化产品，依托系统动力学模拟仿真、多目标齿轮修形、结构件形状拓扑优化、润滑密封模拟等平台技术，既保证了产品性能优良，又缩短了产品交付周期。公司推出 N 系列、E 系列及 C 系列机器人减速机（NGCRV）产品。NGCRV 机器人减速机具有结构紧凑、抗过负荷能力强、性能高效、定位精度高等特点，产品综合性能达到同类产品先进水平。

浙江双环传动机械股份有限公司研发投入 13 965 万元，同比增长 29.82%。产品覆盖博格华纳、比亚迪、上汽、蔚邦、日电产、舍弗勒、汇川技术等多款新能源车型。公司的机器人减速机业务再上新台阶，新研制的大负载系列化减速机产品已成功批量应用于国内主流机器人产品中，获得客户认可，市场黏性进一步增强。机电控一体化机器人关节产品取得重大突破，多型号样机研制成功，获得浙江省科技厅重点研发计划支持，进一步拓宽了公司在机器人关节减速机领域的产业布局。该产品已经打破了同类产品由日欧品牌垄断的局面，当前已进入批量化生产与应用阶段。

2020 年，浙江台玖精密机械有限公司布局新能源市场，配合国家节能减排的要求，设计制造了光伏、光热用的高精度减速机，为太阳能发电提供了高精度光热回转定位减速机。公司研发设计的高精度双导程蜗轮蜗杆减速机定位精准、结构紧凑，为工业 4.0 自动化设备及桁架提供动力传动系统。2020 年，公司获得 9 项实用新型专利。

中国船舶集团重齿公司获得美国罗宾斯地下工程公司双模式主驱动减速机的研制任务。该型减速机在盾构掘进过程中可自由切换模式，完成复杂地质的掘进任务，填补了我国双模式盾构驱动减速机制造技术的空白。

深圳市兆威机电股份有限公司持续加大研发投入，产学研合作攻克关键技术，形成了持续创新发展的内在动力。公司开发的模数小于 0.1mm 的微小齿轮模具，实现了金属注射成形微小齿轮的高质高效生产（200 万件 /d）。2020 年，公司完成了汽车尾翼驱动系统、智慧屏翻转驱动系统、智能头部按摩器、基站天线用 RCU 模组等一系列产品的开发。公司申请发明专利 30 项，获得授权专利 23 项，其中境外发明专利 6 项。

广东金力变速科技股份有限公司研发并量产的直径为 1 ～ 70mm 的各类金属微型减速传动系统，具备各类微型减速传动系统的研发、生产、整合能力，是国内具备整体优化设计能力和规模化柔性生产能力的智能微型减速传动系统解决方案提供商。微型减速传动系统在共享出行锁具、智慧家居、智能安防锁具、智能机器人等领域具有较强的竞争优势。

银川威力传动技术股份有限公司为当前我国自主研发并投入运行的单机容量最大的海上风电机组研发制造 12 个偏航驱动和 6 个变桨减速器。

四、信息化建设情况

江苏泰隆减速机股份有限公司以万基子公司为信息化试点，2016 年开始进行信息化建设，全面推进信息化工程。2020 年，公司把减电区作为 MES/ERP 上线的试点车间。生产现场利用 MES 系统进行管理，与 ERP 系统协同下发生产计划，实时监控车间的生产执行情况。现场利用工位机实现任务的获取、报工、看图、NC 程序的下发和管理等，利用 PAD 实现移动质检。与设备联网管理、仓库管理相结合，实现生产节拍、设备产能、人员、物料的协同管理，生产订单进度的闭环控制。2020年，减电金工车间被评为江苏省智能制造示范车间。

2020年，江苏国茂减速机股份有限公司编制了标准化的“超级BOM（物料清单）”，结合数字化技术的运用，使常规产品订单能自动生成所需要的整机物料清单，有效提升了工作效率。公司新的销售管理平台建设项目正式上线，APS（高级计划系统）以及WMS（仓库管理系统）项目按计划稳步推进。公司投资6.5亿元、建筑面积近10万m^2的年产35万台减速机项目正式进入试运行阶段。其中，自动立体库项目主体建设当前处于验收阶段。该立体库运用约460台“国茂”牌物流分拣减速机，是公司产品在物流行业的第一次大规模应用。项目运行后，可形成最多能容纳10万台减速机的智能立体仓库，在有效利用空间的同时，可大幅提升仓储环节运行效率。

山东柳杭减速机有限公司近两年加大信息化建设投入，实现了协同设计、数据资源共享，减少了大量重复设计，大大提高了设计效率。实现了数字样机的虚拟装配，可以预知产品零件之间是否存在干涉现象，杜绝了产品加工成型后的实体错误，减少了不必要的损失。信息化平台的建设大大提高了公司对市场变化的反应速度，同时为实现智能制造奠定了坚实的基础。通过各个系统的无缝集成，实现设计、工艺、制造、质检、服务等部门之间的信息互通、成果共享，实现生产过程的可视化管理，提升公司的管理水平和技术创新能力。

浙江双环传动机械股份有限公司引入大数据平台，结合5G新一代互联网技术与自身工业系统，实现大数据驱动与智能制造，为制造系统的关联与运行分析提供可靠、可复用的数据资源，实现工业系统数据的全面感知、动态传输、实时分析，提高了资源利用率。通过智能制造在公司内的运用，实现核心零部件定制化的快速研发与设计，攻克高精度制造的核心技术及装备，实现全流程质量追溯技术、车间透明化管控，打造全面数字化、智能化的智慧工厂。

深圳市兆威机电股份有限公司自主开发了人事、行政、财务等管理系统，根据各部门实际需求进行定制化开发，实现相关工作的自动化管理；引进MES生产系统，与公司已有的ERP、CAM、CRM系统等进行集成，实现了对生产现状及品质的实时监管。公司加大了自动化生产设备的研发和投入，实现各个组装工序的自动化生产，逐步以机器替代人工，向自动化生产迈进。

东莞域嘉精密五金塑胶制品有限公司于2016年开始筹划“智能工厂”的建设，构建智能决策层、智能执行层、智能传感层、智能设备层体系，建立车间工艺流程数字化模型、产品数据库管理系统、智能仓储物流系统、实时数据库平台等。通过智能工厂的建设，突破制约产品生产中的若干行业共性问题，实现精密塑胶制品的装备自动化、工艺数字化、过程可视化、决策智能化，有效节省大量人力，提高了工作效率，有效缩短了生产周期，增强了企业核心竞争力。

五、企业投资及技术改造情况

2020年，江苏国茂减速机股份有限公司进行两次项目收购投资。公司以580万美元全资收购常州莱克斯诺传动设备有限公司，以全新的“GNORD”品牌开拓减速机高端市场。以1 500万元收购了泛凯斯特51%的股权，成为其控股股东。

2020年，浙江双环传动机械股份有限公司收购德国VVPKG所持有的STP公司、WTP公司各81%的股权。公司提升精密成型模具的研发设计和制造能力，实现与宝马、奔驰、大众等高端客户的进一步合作，企业在国际化战略部署实施方面迈出了关键一步。

江苏泰隆减速机股份有限公司投资泰隆传动机械产业园项目，计划总投资20亿元，面向新能源、高速机车无人机齿轮传动等领域，重点开发、制造各种类型的减速机及配套产品。项目全部达产后，将形成年产传动装置15万台（套）的生产能力。一期建设16个单体工程均已完工，二期工程已开工，预计 2021 年年底竣工验收。

2020 年，山东华成中德传动设备有限公司实施大型舰船与海工装备用高性能齿轮传动系统研发及产业化项目。项目总投资 11 200 万元，建设年产 2 000 台（套）齿轮传动系统的生产线，开发技术水平与性能指标均达到国际先进水平的高性能齿轮传动系统。项目产业化后，预计年新增销售收入 3.6 亿元。2020 年，公司完成设备投资 4 700 万元，购置数控磨齿机、数控滚齿机、齿轮检测仪、数控磨床、加工中心及三坐标测量仪等设备 23 台（套）。

杭州誉煌传动设备有限公司近年来不断加大企业转型升级技术改造力度，自动化生产线改造项目投入 5 000 多万元，2020 年已完全解决自动化生产线在投入运行过程中出现的各种问题，达到了平稳可靠运行状态，生产效率大幅提高。2020 年，新建办公及技术研发大楼，改扩建生产车间，新增厂房面积 2 万 m^2，生产制造环境全面升级，项目预计在 2021 年完成建设。

2020 年，银川威力传动技术股份有限公司投资 6.8 亿元，建设精密减速器研发生产项目，一期项目 2021 年达产，实现年产 10 万台精密减速器、年产值 10 亿元。二期项目计划 2022 年完工，将实现年产精密减速器 20 万台、年产值达 15 亿元。

2020 年，斯凯孚（中国）销售有限公司投资新昌球轴承生产基地及研发中心。该项目总投资 7.7 亿瑞典克朗，占地面积约 13 万 m^2，配有全球一流的研发中心、先进的检测实验室、庞大的生产空间以及灵活可靠的物流体系，致力于实现“世界级的制造”。

六、标准制修订情况

2020 年，全国减速机标准化技术委员会制定了 GB/T 39545.3—2020《闭式齿轮传动装置的零部件设计和选择 第 3 部分：轴和轮毂的无键配合连接》和 GB/T 39523—2020《精密行星摆线减速器扭转振动性能测试方法》两项国家标准。

2020 年，中国通用机械工业协会制定了团体标准 T/CGMA 081002—2020《模块化电动减速机通用技术要求》。中国通用机械工业协会制定的 T/CGMA 081001—2018《整体式高速齿轮传动装置通用技术规范》团体标准被评为 2019 年工业和信息化部百项团体标准应用示范项目。

2020 年，中国通用机械工业协会归口立项 4 个团体标准，分别是《微型减速机测试技术规范》《智能锁具用微型机电驱动系统》《小型塑胶行星减速器强度寿命测试标准（直径≤ 100mm）》《平行轴、垂直轴齿轮箱通用技术规范》。这 4 项标准将在 2021 年年底完成并发布。

七、行业发展中存在的问题

（1）与国际知名品牌存在一定的差距。我国对减变速机关键技术开展了多方面的研究和探索，取得了显著成绩，部分产品可以与国际知名品牌同台竞争，但在研究的广度、深度、系统性和应用性方面仍有差距。

（2）行业内缺乏专业人才，影响企业创新发展。行业内急需熟悉材料等基础学科的机电一体化人才、高端制造研发及工艺人才、数控机床操作技术人才、高级管理人才等。行业企业找人难、用人难、留人难的现状严重制约了行业发展，行业高端制造自主创新能力较弱。

（3）原材料价格大幅上涨影响企业盈利能力和经营状况。自 2020 年 7 月份开始，减变速机主要原材料全面涨价，企业成本增加，影响企业盈利能力和高质量发展。

（4）国际环境及疫情的持续对行业发展带来一些不确定因素。

八、行业发展预期

2020 年，在全球疫情持续蔓延的情况下，我国经济逆势增长，展现了强大的韧性和活力，为 2021 年经济发展奠定了很好的基础。

2021 年是“十四五”开局之年，行业发展的外部政策环境良好，中央经济工作会议把做好“双碳”工作作为 2021 年的重点任务之一，电力、冶金、储能、建材、水利、城市建设、环保等传统市场将会围绕“十四五”规划及“双碳”目标进行转型升级，这将为减变速机行业带来新的市场需求。

2020 年投资项目较多，后续的配套设备需求也会陆续释放，高质量发展、装备智能化信息化的升级和技术改造都将对行业带来稳定的需求。预计 2021 年减变速机行业经济运行将保持稳中有升的态势，主营业务收入、利润总额将保持 8% 左右的增速。

〔撰稿人：中国通用机械工业协会减变速机分会李多英〕

2020 年分离机械行业概况

一、生产发展情况

截至 2020 年年底，中国通用机械工业协会分离机械分会共有会员单位 69 家，其中企业有 64 家，高校及研究院所有 5 家。生产离心机、分离机产品的企业有 20 家，生产过滤机、压滤机产品的企业有 28 家，生产环保设备和环保成套产品的企业有 8 家，生产旋流器产品的企业有 1 家，生产配套产品的企业有 6 家。

2020 年，据分离机械分会对 64 家企业不完全统计：完成产品产值 1 760 388 万元，其中离心机产值 329 105 万元、压滤机产值 827 327 万元、旋流器产值 50 000 万元；实现销售收入 1 650 717 万元。

从业务体量来看，分离机械分会会员企业营业收入在 30 亿元以上的有 1 家，营业收入在 10 亿元以上的有 2 家，营业收入为 5 亿～ 10 亿元的有 4 家，5 亿元以下、1 亿元以上的有 12 家。从地区分布来看，我国压滤机及过滤机生产企业主要分布浙江杭州、江苏无锡、上海、山东德州、河北衡水、河南禹州等地，形成了以德州、杭州为代表的两大过滤机制造基地。而离心机、分离机企业则分布在华东和川渝湘地区。总体来看，国内分离机械产业呈集中化趋势，行业集聚效应明显。分离机械行业多数企业体量较小、规模化优势不明显，行业集中度有待提升。

分离机械应用于化工、制药、轻工、石油、冶金、煤炭、矿产、染料、食品、酿造、造纸、环保和水务等领域。当前，我国分离机械生产企业仍以提供单机及配套销售为主要模式。随着我国工业向新型工业化方向发展，分离机械越来越多地应用于新的领域，这些领域对过滤与分离的要求更加严格。以压滤机为例，客户往往将过滤系统标段作为标的，在招标合同中明确约定分离机械产品应达到的处理能力。具有较强研究设计能力、能为客户提供整套过滤解决方案的企业，就能在竞争中显现出优势。

上海复洁环保科技股份有限公司经过多年的研发，在恶臭治理与废气净化领域，已形成了以生物滤池净化技术与物化净化技术（包括活性氧离子净化、复合物化净化、分子捕集催化氧化等）为代表的两大类废气净化技术，并可将两大类技术进行灵活组合，形成复合式废气净化成套技术。针对大型污水处理厂、大型排水泵站、大型污泥车间、大型工业企业等不同应用场景及废气净化需求，能够独立实施“密闭 - 收集 - 输送 - 处理 - 排放”全链条的恶臭与废气处理技术路线，提供有针对性的复合型整体解决方案。针对污泥车间高效除臭的技术要求，在应用低温真空脱水干化一体化技术装备时，践行“差异设计、源头收集、分类处理”的理念，充分依托一体化工艺过程，仅产生少量低沸点的挥发性有机物气体，使得工艺尾气的污染物浓度大幅降低，易于后续收集与处理，并实现全部密闭收集。同时对车间其余重点部位的环境空气进行精准收集，采用组合式除臭工艺，进行高效净化，并配套离子送风系统，进一步改善地下大空间的空气质量。废气处理后，全部实现有组织排放，可完全达到当前最严格的恶臭污染物排放标准，塑造了环境友好的污泥处理车间。

2020 年，景津环保股份有限公司坚持“精细、创新、诚信、责任”的经营理念，积极开展各项工作，推动技术创新和产品升级，经营业绩取得了稳定发展。公司积极开拓新客户，推动新产品的市场化，产品订单增加，产品销量及毛利率均有所增长。公司实现营业收入 332 930 万元，同比增长 0.56%；实现归属于上市公司股东的净利润 51 468 万元，同比增长 24.60%。

2020 年，重庆江北机械有限责任公司重点抓好以下几项工作：

（1）紧盯项目，抢订单。对重点项目及时跟踪、落实到位，全年重点项目落实较好。2020 年新产品销售额超过 2 000 万元。产品出口额为 1 472.5 万元，其中直接出口额为 414 万元。

（2）开发新产品，新行业实现突破。2020 年，公司紧密围绕市场需求，研发新产品 12 项，均实现产品订货；完成新产品试制 9 项。全年共实现新产品订货 71 台（套），订货总金额 5 785.45 万元。公司突破的新行业有 7 个，共实现订货 31 台（套）、订货金额 2 162.4 万元。

（3）优化生产组织，确保产出。以提高准时交付率为目标，整合内外资源，提高综合制造能力。一是通过加工设备的自动化改造，向设备要效率，缩短加工周期，缓解产能矛盾；二是及时沟通，优化生产组织，以满足客户需求；三是寻求可靠的外协单位，建立长期的合作关系，保证主导产品和备件生产进度。2020 年，按时产出率为 83.7%，计划完成率为 98.5%。

（4）推进管理改进和节约降耗。2020 年，公司针对在产品生产过程中和用户使用中发现的问题，查找原因，落实解决措施与办法。2020 年质量损失总额为 76.32 万元，比 2019 年降低 50.24 万元；百元销售收入质量损失为 0.43 元（年初目标为 0.47 元），比 2019 年下降 51.45%。

二、科研开发及产品创新情况

景津环保股份有限公司推动技术创新，不断完善技术研发和创新体系，促进了公司业务领域的拓展。2020 年，公司积极推进研发项目，承担了国家重点研发计划“固废资源化”重点专项子课题等国家科研项目；共获得授权专利 109 项。为满足砂石行业的发展需求，公司推出智能砂石废水零排放系统。该产品具有处理量大、高效、运行成本低、无人值守等特点，市场应用效果良好。公司新研发了各式低温滤饼干化机、搅拌机、输送机、自动加药机、浓缩机等系列产品。此外，公司逐步拓展应用于煤泥及尾矿处理、淀粉及淀粉加工、锂电池生产及回收利用等领域的产品。

重庆江北机械有限责任公司成功研发一款新型双级推料离心机——HRJ 节能型活塞推料离心机。该离心机采用纯机械推料驱动结构设计，与传统液压结构相比，传动效率高，更加节能。该机械推料机构已申请国家专利并获得授权。产品结构简单，易于维护，且维护成本更低；在恒定全速状态下运行，完成如进料、分离、洗涤、干燥和卸料等操作工序，机器运行更加平稳；与物料接触的零部件均采用不锈钢，耐蚀性能良好；不需要配置冷却水，现场更清洁。该产品适用于氯化钠、硫酸钠、重铬酸钠、氯化钾、硫酸钾、碳酸钾、磷酸盐等颗粒度为 0.1 ～ 3mm 的物料。

中国船舶集团有限公司在扬州组织召开南京中船绿洲机器有限公司两项科技成果鉴定会。由来自东南大学等单位的专家组成的鉴定委员会听取了项目工程成果汇报，审阅了相关技术资料，对项目进行了质询和讨论，一致同意南京中船绿洲机器有限公司的“外热回转式间接热脱附土壤修复系统”和“LW670×1900-N 型双锥卧螺机”两项科技成果通过鉴定。“外热回转式间接热脱附土壤修复系统”拥有自主研发的外热回转式高效热脱附技术和高温除尘 + 间壁冷凝热脱附气处理技术，与同等规模设备相比，处理能力提升一倍，热效率提升 20% 以上，同时大幅减少了污泥生产量，降低了二次污染，自主可控率达到 100%。当前，该产品已在上海、广西、江苏等地的土壤修复项目中实现工程化应用。“LW670×1900-N 型双锥卧螺机”采用国内首创可调纵向挡板设计技术，实现了分离物料干度可调节性能，应用气雾润滑技术，提高了高速重载卧螺机的润滑性和可靠性。当前，该产品已应用于国内制药行业，获得用户好评。

安徽普源分离机械制造有限公司开发的新型双轨式气动（液压）刮刀已投入批量生产。针对用户本质需求开发的新型双轨式气动（液压）刮刀，杜绝当前业内广泛采用的液压直驱式刮刀漏油污染问题，驱动端与轴端采用模块化分体结构设计，稳定可靠，维护便捷。

江苏新宏大集团设计、制造的高端搅拌装置在中核沽源铀业有限责任公司氧压浸出装置实现连续运行 9 个多月，各项生产指标优异，被中核集团誉为跨行业协作的典范，并在其集团内部推广该技术。该项目的成功实施，使中核沽源铀业有限责任公司成功盘活呆滞矿近 300 万 t，一期矿山服务年限由 3.5 年提高到 15 年以上。该项目开创了高浓度高粒度原矿氧压浸出的先例，为江苏新宏大集团氧压浸出搅拌装置的设计、制造积累了宝贵经验，进一步拓宽了氧压浸出技术的应用领域。

成都智楷分离科技有限公司自主研制的盾构泥浆离心分离系统已在南京、杭州、北京、成都等多个盾构项目中投入使用。该盾构泥浆离心分离系统具有以下特点：系统适应性强，可适用于各种土层及地质的废浆处理；整套系统可实现 24h 连续运行，实现连续进料－分离－排液－排渣过程，无需停机；撬装式集成系统，便于现场转运；设备操作简单，系统日常维护简单，人工成本低；离心机分离单元和药剂配置单元自动联锁，具有保护及报警功能。

浙江轻机离心机制造有限公司研发的技术成果——“CP 系列锥篮推料离心机”通过浙江省级新产品验收。与会专家一致认为，该系列产品在结构设计上具有创新，相关技术已获国家发明专利 1 项、实用新型专利 2 项、软件著作权 1 项，处于同类产品国际先进水平。CP 系列锥篮推料离心机是新一代连续生产的高效离心分离机械，处理能力显著提升，固体含湿率明显降低，特别适用于固体含量较低、细小颗粒物料的分离。当前已成功应用于废水处理、重碱二次脱水等，具有广阔的市场前景。

湘潭惠博离心机有限公司自主研发设计的四级推料式离心机用于七水硫酸亚铁二次脱水分离，分离后的固相物水分低，亚铁中残钛量低。该设备运行平稳，推料阻力小，是钛白粉行业分离七水硫酸亚铁的理想设备。

各企业在坚持科技创新的同时，越来越认识到自主创新的重要性。2020 年，分离机械行业申报专利的数量又有较大增长。2020 年分离机械分会重点会员企业申请专利情况见表 1。

表 1　2020 年分离机械分会重点会员企业申请专利情况

序号	单位	发明专利（项）	实用新型专利（项）	外观设计专利（项）	国际专利（项）
1	景津环保股份有限公司	45	117	3	2
2	浙江华大离心机制造有限公司	3	7		
3	浙江轻机离心机制造有限公司	1	4		
4	上海航发机械有限公司		1		
5	飞潮（无锡）过滤技术有限公司	12	4		
6	苏州优耐特机械制造有限公司		6		
7	重庆工商大学废油资源化技术与装备教育部工程研究中心	20	6		

（续）

序号	单位	发明专利（项）	实用新型专利（项）	外观设计专利（项）	国际专利（项）
8	湖州核华环保科技有限公司		1		
9	威海海王旋流器有限公司		16		
10	湖南众一离心机股份有限公司		8		
11	浙江杰为凯过滤科技有限公司		11		
12	青岛核盛智能环保设备有限公司		7		
13	广汉鸿达硬质合金有限责任公司		5		

三、标准化工作

《厢式和板框式压滤机》和《厢式和板框式压滤机　滤板》两项团体标准已于 2019 年 11 月经中国通用机械工业协会分离机械分会标准化工作委员会（简称“标工委”）一届三次会议审查通过。2020 年，这两项团体标准的审定工作因疫情而推迟。2020 年 9 月 16—17 日，分离机械分会和标工委在杭州召开了《厢式和板框式压滤机》和《厢式和板框式压滤机　滤板》两项团体标准起草组协调工作会议。与会人员经过协商，重新明确了两个团体标准的起草单位名单。《厢式和板框式压滤机》负责起草单位为景津环保股份有限公司，《厢式和板框式压滤机　滤板》负责起草单位为河南大张过滤设备有限公司。会议对两个团体标准进行了审议。全体与会人员对两个团体标准及起草说明进行了讨论，提出几十项修改意见，确定于 9 月 25 日修改完成并形成标准报批稿。

2020 年 12 月 8 日，分离机械分会在上海召开年会。在会上，分离机械分会对《离心机安全性评价规范》团体标准的起草及相关工作进行了重点安排，列入 2021 年分离机械分会工作计划，争取在 2021 年通过中国通用机械工业协会的评定。

四、行业发展中存在的主要问题及建议

当前，我国分离机械行业存在的主要问题是：产业结构不合理；科技开发资金投入不足；人才短缺，缺乏学科带头人；企业的技术创新后劲不足；行业企业的发展两极分化；行业合作与资源共享不够；缺乏认证类团体标准，且团体标准的贯彻执行力度不够。

我国分离机械行业产品技术与国际先进水平存在的主要差距：在基础研究方面存在明显的短板，产品规格大型化有待提高，产品功能集成化还不能满足用户需求，品种多样化仍不能完全满足国内需求，产品外观美学化有待进一步提高，产品质量可靠性还存在一定差距，自动控制水平需进一步加强，在企业规划方面缺乏主动性的战略计划。

今后在分离机械科技创新方面需要关注的内容：产品研发要突出市场多样化和个性化的需求；针对市场需求，加强应用技术开发；突破分离技术瓶颈，加强重点产品开发研制；推进绿色制造、智能制造、服务性制造发展；促进多方合作，提升创新产业链；加快创新成果的转化应用。

〔撰稿人：中国通用机械工业协会分离机械分会刘雅生〕

2020 年气体分离设备行业概况

2020 年，面对复杂的国际形势，气体分离设备行业企业积极投身新冠肺炎疫情防控，快速推进复工复产，生产经营秩序在一季度末得以基本恢复，全年发展超出预期，在钢铁、煤化工、石油化工等产业的拉动下，气体分离设备行业保持了较高景气度，产值、产量、利润均实现了较快增长。

一、生产发展情况

2020 年，据中国通用机械工业协会气体分离设备分会统计，12 家会员企业完成工业总产值 244.83 亿元，同比增长 13.23%；实现营业收入 250.3 亿元，同比增长 6.22%；实现利润总额 22.31 亿元，同比增长 10.89%。

从产值来看，2020 年，气体分离设备行业工业总产值继 2012 年、2019 年之后第三次突破 200 亿元，达到 244.83 亿元，创造了历史新高。与 2019 年相比，工业总产值增速明显加快，增速重新升至两位数。参与统计的企业中有 9 家企业工业总产值同比增长，3 家企业工业总产值同比下降。

从利润总额来看，2020 年，气体分离设备行业实现利润总额再次突破 20 亿元，达到 22.31 亿元，创造了历史新高。利润总额同比增长 10.89%，略低于工业总产值的增速。参与统计的企业全部实现盈利，有 8 家企业利润总额同比增长，3 家企业利润总额同比下降。

2020 年，行业人力成本增长较快，销售费用增速较缓，管理费用增幅较大。多数企业的财务费用增速相对较缓，个别企业财务费用增加明显。行业激烈的竞争导致产品价格被持续压低，产品毛利率为 22.32%，比 2019 年增加了 2.86 个百分点；营业收入利润率为 8.91%，比 2019 年增加 0.37 个百分点。行业资产负债率为 55.78%，比 2019 年增加 0.32 个百分点，整体负债水平处于较为合理的区间。

二、产品产量

1. 空分设备产量

2020 年，参与统计的企业共生产各类空分设备 163 套，同比下降 31.51%；折合制氧总容量 392 万 m^3/h，同比增长 10.93%。与 2019 年相比，2020 年生产的空分设备数量减少，但折合制氧总容量却有较大增长，说明 2020 年生产的大型空分设备数量相对较多。

2020 年生产的各类空分设备中，大型（6 000m^3/h 及以上）空分设备共 95 套，折合制氧容量 377.64 万 m^3/h，占 2020 年制氧总容量的 96.34%；中型（1 000 ～ 6 000m^3/h）空分设备共 15 套，折合制氧容量 4.21 万 m^3/h，占 2020 年制氧总容量的 1.07%；小型（1 000m^3/h 以下）空分设备共 16 套，折合制氧容量 0.46 万 m^3/h，占 2020 年制氧总容量的 0.12%；制氮设备共 37 套，折合制氧容量 9.69 万 m^3/h，占 2020 年制氧总容量的 2.47%。

从空分设备等级来看，共生产 1 万 m^3/h 等级及以上空分设备 83 套、3 万 m^3/h 等级及以上空分设备 53 套、6 万 m^3/h 等级及以上空分设备 23 套、8 万 m^3/h 等级及以上空分设备 13 套、10 万 m^3/h 等级及以上空分设备 8 套。

2. 天然气、煤层气等的液化装置产量

2020 年，天然气液化成套装置市场和 2019 年行情类似，数量仍较少，且仍以中小型装置为主。行业内生产企业主要有四川空分设备（集团）有限责任公司、成都深冷液化设备股份有限公司、杭州福斯达深冷装备股份有限公司等。

2020 年，四川空分设备（集团）有限责任公司、杭州福斯达深冷装备股份有限公司各生产了 1 套 50 万 m^3/d 天然气液化装置，成都深冷液化设备股份有限公司生产了 3 套 30 万～ 60 万 t/a 天然气液化装置，开封黄河空分集团有限公司生产了 1 套 10 万 m^3 沼气提纯设备。

三、空分设备市场应用情况

按制氧容量统计，2020 年空分设备在各应用行业的占比情况：化工、冶金行业分别占 53.27%、38.95%，电子行业占 0.39%，工业气体批发零售行业占 6.65%，食品加工、航空航天、医疗等行业占 0.74%。

1. 化工行业

化工行业是当前空分设备最大的应用市场。2020 年共生产应用于化工行业的空分设备 61 套，折合制氧容量 208.82 万 m^3/h，占 2020 年制氧总容量的 53.27%。其中，应用于石油化工领域的有 21 套，折合制氧容量 116.91 万 m^3/h，占制氧总容量的 29.82%；应用于现代煤化工领域的有 9 套，折合制氧容量 50.8 万 m^3/h，占制氧总容量的 12.96%；应用于化肥及合成氨领域的有 6 套，折合制氧容量 31.4 万 m^3/h，占制氧总容量的 8.01%；应用于钛白粉等化工材料领域的有 25 套，折合制氧容量 9.71 万 m^3/h，占制氧总容量的 2.48%。

（1）现代煤化工领域。现代煤化工领域是空分设备尤其是大型、特大型空分设备的重要应用领域。2020 年生产的应用于煤化工项目的空分设备共 9 套，其中 2 万 m^3/h 等级的 1 套、3 万 m^3/h 等级的 1 套、6 万 m^3/h 等级的 2 套、10 万 m^3/h 等级的 3 套。

2020 年应用于煤化工重点项目的大型、特大型空分设备建设情况如下：

杭州制氧机集团股份有限公司为宁夏宝丰 60 万 t/a 煤制烯烃二期项目配套的 2 套 10.5 万 m^3/h 空分设备于 2020 年 4 月开车成功，为新疆天业 60 万 t/a 乙二醇项目配套的 2 套 9 万 m^3/h 空分设备于 2020 年 5 月开车成功，为神华榆林煤制烯烃项目配套的 3 套 10 万 m^3/h 空分设备中的 1 号空分设备于 2020 年 10 月开车成功，为安徽昊源 30 万 t/a 乙二醇、40 万 t/a 合成氨项目配套的 90 600m^3/h 空分设备于 2020 年 11 月开车成功，为中煤鄂能化图克 100 万 t/a 甲醇项目配套的 75 000m^3/h 空分设备于 2020 年 11 月开车成功，为宁夏鲲鹏清洁能源有限公司乙二醇项目配套的 2 套 68 000m^3/h 空分设备于 2020 年 11 月完成冷箱板封顶。

2020 年，林德亚太工程有限公司为内蒙古汇能 15 亿 m^3 天然气项目配套的 2 套 10 万 m^3/h 空分设备中的一套开车成功，另一套正在建设中；为陕煤榆林 180 万 t/a 乙二醇项目配套的 3 套 10 万 m^3/h 空分设备进入安装阶段。林德普莱克斯为广西钦州华谊煤基多联产 75 万 t/a 丙烯项目配套的 3 套 78 000m^3/h 空分设备正在建设中。

2020 年，液化空气（杭州）有限公司为宝钢气体渭化 30 万 t/a 乙二醇项目配套的 60 000m^3/h 空分设备正在建设中，为中煤榆林填平补齐工程配套的 53 000m^3/h 空分设备开车成功。

（2）石油化工领域。石油化工领域是空分设备尤其是大型、特大型空分设备的另一重要应用领域。2020 年，配套于石化炼化一体化项目的 7 万 m^3/h 及以上等级空分设备有 9 套，并有多套在建或投产。

2020 年石油化工领域大型、特大型空分设备配套情况如下：

杭州制氧机集团股份有限公司为浙江石化 2 000 万 t/a 炼化一体化一期项目配套的 4 套 8 万 m^3/h 空分设备于 2020 年通过考核验收，为其二期项目配套的 4 套 10.5 万 m^3/h 空分设备进入安装阶段；为古雷石化福华气体公司配套的 9 万 m^3/h 空分设备于 2020 年 12 月试车成功；为广东石化配套的 3 套 70 000m^3/h 空分设备开工建设。

2020 年，林德亚太工程有限公司为烟台万华配套的 2 套 65 000m^3/h 空分设备开车成功，为中化泉州 100 万 t/a 乙烯及炼油改扩建项目配套的 42 000m^3/h 空分设备开车成功，为镇海炼化二期项目配套的 2 套 92 000m^3/h 空分设备正在建设中，为盛虹炼化配套的 4 套 92 000m^3/h 空分设备正在建设中。

液化空气（杭州）有限公司为中石化在建最大炼化项目——中科合资广东炼化一体化项目配套的70 000m^3/h空分设备于2020年9月成功投产。

（3）化肥及合成氨领域。2020年，应用于化肥及合成氨领域的空分设备共6套，其中9万m^3/h等级的1套、8万m^3/h等级的1套。

2020年化肥及合成氨领域大型、特大型空分设备配套情况如下：

杭州制氧机集团股份有限公司为河南心连心项目配套的80 000m^3/h空分设备于2020年8月开车成功，为安徽昊源40万t/a合成氨项目配套的90 600m^3/h空分设备于2020年11月开车成功，为福化天辰项目配套的75 000m^3/h空分设备正在安装，为惠生申远30万t/a合成氨项目配套的55 000m^3/h空分设备正在建设中。

液化空气（杭州）有限公司为华鲁恒升项目配套的92 000m^3/h空分设备、为山东润银项目配套的86 000m^3/h空分设备、为江苏灵谷项目配套的53 000m^3/h空分设备均在建设中。

2. 冶金行业

2020年，共生产应用于钢铁、有色冶炼行业的空分设备57套，折合制氧容量152.68万m^3/h，占制氧总容量的38.95%。其中，为钢铁行业配套54套，折合制氧容量149.04万m^3/h，占制氧总容量的38.02%。配套空分设备中有4套为6万m^3/h等级，多数为2万～4万m^3/h等级。为有色冶炼行业配套空分设备3套，折合制氧容量3.64万m^3/h，占制氧总容量的0.93%。

3. 其他行业

2020年，共生产应用于电子行业的空分设备4套，折合制氧容量1.51万m^3/h，占制氧总容量的0.39%。共生产应用于气体批发零售行业的空分设备29套，折合制氧容量26.08万m^3/h，占制氧总容量的6.65%。

四、订货情况

2020年，气体分离设备行业参与统计的企业订货额同比增长约两成，市场需求旺盛。

2020年，气体分离设备行业参与统计的企业新签空分设备合同151套，折合制氧容量391.11万m^3/h。其中，钢铁行业订货61套（2019年为32套），折合制氧容量194.57万m^3/h；有色行业订货6套，折合制氧容量20.9万m^3/h；石化行业订货18套（2019年为36套），折合制氧容量68.55万m^3/h；煤化工行业订货13套（2019年为12套），折合制氧容量55.81万m^3/h；多晶硅、玻璃、钛粉等行业订货32套（2019年为21套），折合制氧容量28.55万m^3/h；化肥行业订货2套（2019年为3套），折合制氧容量7.5万m^3/h；电子行业订货5套（2019年为45套），折合制氧容量1.53万m^3/h；零售及其他行业订货14套(2019年为20套），折合制氧容量13.7万m^3/h。

五、出口情况

2020年，气体分离设备行业参与统计的企业共出口各类空分设备29套，其中大型空分设备8套、中型空分设备2套、小型空分设备2套、制氮设备17套。共完成出口交货值16.63亿元，同比增长58.8%。

2020年，完成出口交货值最多的企业是液化空气（杭州）有限公司（出口交货值5.78亿元），出口产品包括1套10万m^3/h等级空分设备、1套7万m^3/h等级空分设备、8套高纯氮设备、11套变压吸附设备。

杭州制氧机集团股份有限公司中标的成达俄罗斯74 000m^3/h空分设备是出口到欧美市场最大的单体空分设备。公司还出口到欧美市场2套乙烯冷箱、1套高纯氮设备。

此外，开封空分集团有限公司出口印度尼西亚某钢铁项目2套42 000m^3/h等级空分设备。杭州福斯达深冷装备股份有限公司出口1套5万m^3/h等级空分设备、2套中型空分设备、2套小型空分设备及3套高纯氮设备。四川空分设备（集团）有限责任公司出口1套大型空分设备。苏州制氧机股份有限公司出口5套高纯氮设备、1套15 000m^3/h等级空分设备。

〔撰稿人：中国通用机械工业协会气体分离设备分会王世超〕

2020 年冷却设备行业概况

2020 年，面对突如其来的新冠肺炎疫情，冷却设备行业企业勇于担当，捐赠防疫物资，为抗击疫情贡献力量。企业主动转产、停工停产，积极配合国家的防疫行动。虽然企业在一定程度上受到了疫情的冲击，如生产成本增加、资金流动紧张、供货期延长等，但在国家多项减负纾困政策的帮扶下，企业的困境逐渐得到缓解。企业恢复生产后，积极进行适应性、战略性调整，努力发展适销对路的产品，深入挖潜，提质增效，提升品牌影响力。2020 年，冷却设备行业总体呈现平稳的发展态势。

一、生产发展情况

2020 年，中国通用机械工业协会冷却设备分会会员单位共 112 家，其中冷却设备生产企业 87 家、配件生产企业 21 家、高校和科研院所 4 家，主要分布在江苏、上海、山东、浙江、广东等地。

据中国通用机械工业协会冷却设备分会统计，2020 年行业主营业务收入约为 142 亿元，比上年略有下降；平均利润率为 8.5%，较上年略有增长；应收账款较上年有所下降。行业总体运行趋于平稳，盈利能力增强，营商环境逐步改善。

2020 年，虽然行业主营业务收入有所下降，但是部分企业的主营业务收入和利润出现了不同程度的增长。究其原因，一方面，国家大力推进工业节水改造，推动石化、冶金、电力等高耗水行业节水增效，消雾节水冷却塔受到用户的青睐；另一方面，随着互联网 +、大数据应用等一系列信息化大工程的提出和推进，5G、云计算、物联网等新型技术快速发展，数据中心规模和数量急速扩大，数据中心对高效节能冷却技术的需求旺盛，数据中心冷却系统的节能降耗成为冷却设备行业新的经济增长点。此外，机场、地铁、高铁等一系列工程建设项目的实施，也给行业带来新的增量市场。

二、市场及应用情况

江苏海鸥冷却塔股份有限公司（简称海鸥股份）继续稳固和发展国内市场。2020 年 6 月，海鸥股份完成了对江苏海洋冷却设备有限公司的 100% 收购，将其作为自身闭式冷却塔业务的国内加工厂；收购马来西亚 TRUWATER COOLING TOWERS SDN BHD 公司 60% 的股权，进一步拓展境外市场。海欧股份借助国家“一带一路”建设契机，不断加大对生产设备、研发设备、检测及环保设备的投资和新产品研发力度。2020 年 7 月，海欧股份通过公开配股的方式优化资本结构，募集资金用于冷却塔智能环控、研究测试等科研项目中。2020 年 8 月，公司应邀参与“一带一路”东亚地区的战略研究，进一步发挥其行业影响力。

广州览讯科技开发有限公司经过 20 多年的发展，其品牌在冷却设备行业已具有较高的知名度，得到了客户的广泛认可。公司在销售网络、技术研发、生产制造方面均具有较强的优势。2020 年，公司在数据中心、轨道交通、暖通空调等领域签下大单，赢得了项目方的青睐，实现产值、利润的大幅增长。

湖南元亨科技股份有限公司紧抓疫情防控与经济发展，加快生产研发进度，提升服务质量。公司的 YHW 系列冷却塔具有绿色、低碳的性能优势，2020 年 8 月，成功入选湖南省政府采购产品名单。

新菱空调（佛冈）有限公司基于先进的研发能力和非标产品的制造能力，与空调行业许多企业保持着紧密的战略合作关系。2020 年，公司携众产品亮相中国制冷展、美国制冷展、国际流体机械展等大型展会，进一步拓展了国内外市场，新增广州市政府、南宁首创奥特莱斯、深圳市轨道交通、玉林市金城广场、恒泰裕大厦、洛阳市轨道交通、湖南世景国际广场等数十个冷却塔项目。

威海克莱特菲尔风机股份有限公司作为冷却设备配件供应商，积极对标高端装备产业智能化制造，持续为客户创造长期稳定、安全可靠的产品和服务。2020 年 7 月，公司与时代电气签订 Wabtec 北美合作项目，为其打造年生产能力 300 台（套）风机产品的装配制造线。此外，公司与烟台核电研发中心合作的拼板筒体纵缝自动化焊机技术取得了不错的成果，标志着公司在核电领域取得了一定的突破。

三、新产品、新技术研发情况

2020 年，江苏海鸥冷却塔股份有限公司持续加大研发投入，借助国内国际研发力量，提升研发实力，落实科技项目，着力突破关键核心技术。公司在超大型自然通风冷却塔、核电用冷却塔、消雾节水冷却塔、低噪环保型冷却塔及冷却塔的智能环控方面均取得技术性突破。代表性产品 JXY 型工业冷却塔集消雾、节水、低噪技术于一身，减少羽雾的排放，年均节水率最高可达 20%。

广州览讯科技开发有限公司加大自身能力建设，聚力打造冷却塔智能制造云平台中心，全面赋能冷却塔智慧云生态建设，可实现远程参观工厂、云订单高效产能、云车间现场管理、云生产数据收集、云设备能耗管理和云安全生产管理等。同时，平台基于大数据，全面覆盖生产区、办公区、试验区，将产量、质量、能耗、加工精度和设备状态等数据与订单、工序、人员进行关联，可以实现生产过程的全程追溯，真正做到生产现场无人化、生产数据可视化、生产设备网络化、生产过程透明化。

上海金日冷却设备有限公司投资建设冷却塔综合性能测试系统、冷却塔风机性能测试装置、冷却塔填料性能测试装置、冷却塔散水系统性能测试平台、冷却塔材料物理性能实验室，为冷却塔整体及核心零件性能测试、优化、验证提供了一系列实验验证平台，为不断推出新零件、新部件、新产品提供保障。公司每年将营业额的约 4% 用于研发测试和新产品创新投入。公司与上海理工大学、扬州大学等高校建立联合研发中心，聘请了上海交通大学知名教授以及冷却塔行业知名专家为指导顾问。KFT 系列逆流低噪声冷却塔、HKD 系列横流开式冷却塔、高效逆流冷却塔填料、FRP 型节能低噪声风机、多种型式和规格的布水喷头、低阻力高效率 KD 收水器、横流吊挂型填料等新产品不断涌现。公司发明专利和实用新型专利数量快速增加，核心产品的保护力度不断增强。2020 年，公司获得发明专利 4 项、实用新型专利 5 项。

2020 年，新菱空调（佛冈）有限公司申请实用新型专利 3 项、外观设计专利 1 项，待审核专利共 11 项；研发的变流量 SC 系列冷却塔获得中国环境保护产品认证。公司加大中央空调冷却水系统节能技术的研发投入，首创的“变流量喷淋技术及冷却塔平衡系统”可以实现冷却塔内部均匀布水的效果，即使多台冷却塔运行，仍然可以改善近端水多、远端水少的不平衡现象。当前该项技术已广泛应用在酒店、轨道交通等项目中。此外，公司在进一步降低冷却塔的能耗方面取得了突破性进展，研发的永磁同步直驱电动机不仅能大大降低冷却塔的能耗，还可以解决后期的维护问题。当前该产品已成功通过测试，开始应用于市场。

隆华科技集团（洛阳）股份有限公司自主研发的高效复合型冷却（凝）器可通过智能控制，对传统空气冷却和蒸发冷却两种方式进行优势组合，可根据实时工况自动切换最佳运行模式，在国内大型炼化一体化项目中反响良好。2020 年 9 月，公司与中国科学院过增元院士及科研团队签署了战略合作协议，进一步开展科技研发创新和科技成果转化，推动技术创新体系建设，培养创新实用人才，夯实高科技产业集团的科研基础。2020 年，公司先后获得河南省民营制造业百强企业、洛阳市前 50 强企业、河南省质量标杆企业和河南省知识产权示范企业等称号。

大连斯频德环境设备有限公司研发的 KG 系列冷却塔采用意大利 IVI 高效轴流风机、自主研发的填料、IoT 智能监测系统，噪声更低，耗电更少，飘水减少到 0.005%。2020 年 9 月，该产品被评为辽宁省中小企业“专精特新”产品，并应用于中国移动数据中心、中海油研发产业基地等多个项目中，节能、节水效果显著。

山东格瑞德集团有限公司（简称格瑞德集团）经过不断的发展，先后成为山东省高新技术企业、山东省企业技术中心、山东省地源热泵工程研究中心、山东省工业设计中心，并与中国机械科学研究总院、浙江大学、西安交通大学、清华大学、中央财经大学、哈尔滨工业大学、山东大学等单位建立了长期稳定的产学研协作关系。格瑞德集团多次承担国家和省（市）级科技攻关项目，累计专利技术成果 250 多项。利用互联网 +，构建数字化客户协同平台、数字化供应协同平台、数字化内部运营平台、数字化设计开发平台和数字化决策支持平台的同时，逐渐形成了格瑞德集团特色的信息化系统。

四、标准化工作情况

2020 年，冷却设备分会积极参与制定国家标准，组织制定团体标准，发挥了规范、引领和保障作用。

（1）完成了协会标准《中小型冷却塔性能评价（认证）技术规范》的修订工作，通过了中国通用机械工业协会冷却设备分会标委会及理事会的审查。该标准于 2020 年 5 月实施，为今后冷却设备分会进行 CCTI 性能评价（认证）工作提供了参考依据。

（2）完成了团体标准《消雾节水机械通风冷却塔》的制定工作。2020 年 12 月，形成报批稿，进入报批阶段。

（3）完成了北京市地方标准《民用冷却塔节水管理规范》的制定工作，并通过了北京市市场监督管理局及北京市水务局的审查。该标准于 2020 年 12 月 24 日发布，2021 年 4 月 1 日实施，为今后冷却塔使用单位对产品的节水运行管理提供了参考依据。

（4）完成了团体标准《复合材料冷却塔结构设计规程》的申报立项工作。2020 年 12 月，项目建议书及相关资料提交中国通用机械工业协会，进入立项阶段。

五、冷却塔性能评价情况

2020 年，新增 4 家申请冷却塔性能评价（CCTI）的企业。当前，共有 17 家企业的 22 个系列冷却塔通过了 CCTI 认证。

2020 年共有 10 家会员单位申请开展性能评价工作，其中，9 家会员单位的 13 个系列冷却塔通过了测试，获得性能评价确认函；1 家企业因疫情原因未开展测试工作。通过测试的企业和冷却塔产品分别是：东莞空研冷却塔有限公司的 GXE 横流系列冷却塔，浙江菱电冷却设备有限公司的 RT 矩形横流开式系列冷却塔，广州览讯科技开发有限公司的 LMB 横流闭式系列冷却塔、PL 方形横流系列冷却塔及 LC 系列方形逆流系列冷却塔，湖南元亨科技股份有限公司的 YHW 横流系列冷却塔，益冷和众科技（北京）有限公司的 ELN 逆流闭式系列冷却塔和 ELH 横流闭式系列冷却塔，上海良机冷却设备有限公司的 LRCM-H 系列冷却塔和 LRCM-HS 系列冷却塔，新菱空调（佛冈）有限公司的 SCH 方形横流式系列冷却塔，四川中乙制冷设备有限公司的 ZYFH 系列冷却塔，深圳市港福菱冷却设备有限公司的 RTK 横流开式系列冷却塔。已申请但未开展测试的企业为江苏意塔冷却技术有限公司。

六、行业人才培养和职称评定情况

1. 专业技术培训

为提升冷却设备行业从业人员冷却塔测试技术水平，帮助企业利用自身设备和条件，便捷、经济地获取填料性能参数，提升产品精准设计能力，冷却设备分会于 2020 年 8 月 6—7 日在浙江湖州举办了冷却塔填料性能测试培训班。来自全国冷却设备企业的工程技术人员、管理人员和销售人员共 40 人参加了本次培训。

本次冷却塔填料性能测试培训班在课程设置上大胆创新，将基础理论、测试操作及数据处理相结合。本次培训班邀请了中国水利水电科学研究院赵顺安副所长给大家授课。

2. 行业人才职业技能鉴定

为规范冷却设备行业从业者的从业行为，引导职业教育培训的方向，为职业技能鉴定提供依据，中国通用机械工业协会冷却设备分会组织有关专家，于 2020 年 12 月筹备冷却设备安装、维修工职业技能鉴定事宜，初步起草《冷却设备安装维修职业技能标准》。旨在弥补冷却设备行业安装、维修从业人员鉴定服务的不足，客观、公正、科学地鉴定安装、维修从业人员的实际工作水平，培养造就高素质、高水平的工程技术人才队伍。

七、行业发展形势和任务

1. 行业发展形势

总体来看，冷却设备行业正从传统生产方式加速向先进制造模式和循环经济的制造模式过渡。虽然短期内受到新冠肺炎疫情的冲击，行业经济发展出现了短暂的停滞，经济增速逐渐放缓，但行业企业不断拓展国际市场，积极推进技术发展和科技进步，加大产品研发投入，在新产品开发、高端制造、标准和专利等方面都取得了重大进步。随着供给侧结构性改革的不断推进和我国工业总体技术水平的不断提升，以及国内研究机构和冷却塔生产企业研发力量的不断增强，我国冷却设备技术与国际先进水平的差距会越来越小。但行业发展面临着一些问题，具体如下：

（1）行业创新能力偏弱，缺乏研发平台和共性技术研究。具体体现在：很多中小企业基本上是边接订单、边设计、边生产，满足于用户某一方面的需求，缺乏对产品技术发展的全面审视，在某种程度上造成了研发设计的被动性、局限性和工艺的不成熟。大多数企业没有能力建设各种产品性能试验台，如填料热力阻力性能试验台、风机性能试验台和各种主要零部件的试验台等。

（2）产品技术与国际先进水平存在差距。当前，行业中虽然形成了一批骨干企业，但无论产品的技术水平、制造能力，还是企业规模，与国际知名企业相比仍有一定的差距。在塔体结构方面，不少企业设计的塔身存在空气流场分布不均的问题，产生的无用风阻较大，性能不佳；在淋水填料方面，许多企业通过价格优势来争抢市场份额，没有形成自己的品牌，产品性能也大打折扣；在喷头方面，企业自身的研发技术落后，产品多为仿制品。行业中缺少一些能够打入欧美市场的具有国际知名度的大品牌。

（3）重点领域技术产业链尚不成熟。随着国家对建设资源节约型、环境友好型社会的大力推进，消雾、降噪、节能、节水等逐渐成为行业企业重点研究的内容。但国内相应的技术研究尚处于初级阶段，相应的产品研发以模仿为主，多数企业仍处在自我研发、自我优化的试验阶段，行业内未形成较为成熟、稳定的技术产业链。

（4）恶性竞争仍普遍存在。行业内产品同质化竞争激烈，许多企业为了抢夺市场，微利甚至无利也承接订单，造成产品价格低、产品质量良莠不齐。另外，拖欠货款情况严重，企业的资金被占用，盈利更无从谈起。

（5）人才匮乏。高校中没有设置专门的课程，且行业涉及交叉学科多，人才培养困难。制造企业不能招聘到受过专业教育培训的技术人员，只能招聘相关专业的人员。大多数企业缺乏相关技术资料和设计经验，难以培养出业务熟练、技术精湛的人才，进一步导致了行业创新能力薄弱，无法满足市场对新技术、新产品的需求。

2. 行业发展任务

以国家产业政策为导向，瞄准国际国内两个市场，围绕国家节能、绿色、环保政策，加大技术创新力度，加快创新平台建设，实施设备、产品“走出去”战略，促进行业企业打造更具国际竞争力和影响力的品牌。

（1）普及行业共性技术研究，加强创新能力建设。鼓励现有高校、科研院所、企业的科研平台开展共性研究，帮助企业进行产品诊断，为企业提供技术服务；鼓励企业加快产品试验、检测等基础技术和研发平台建设，为产品研发、性能测试等提供基础保障。建议政府相关部门在政策和资金上给予支持。

（2）完善产业链水平。鼓励冷却设备生产企业相对集中的地区筹建产业技术联盟或产学研联盟，争取依托当地政府的支持，形成技术研发中心、人才培育中心、产品试验与检测中心，逐步形成区域市场竞争优势，形成具有国际竞争力和品牌影响力的冷却设备产业“舰队”。

（3）加快产业结构调整，提高行业整体竞争力。鼓励有条件的企业通过改制、改组，分离从事零部件、配件和中间材料的生产单位，从而形成一批专、精、优的专业化企业和“小巨人”企业，激发中小企业的发展活力。

（4）促进绿色制造、智能制造、服务型制造更好更快地发展。帮助企业推进大数据、互联网、人工智能与生产制造的深度融合，助推其产品设计、研发、制造、服务等全生命周期的各个环节及相应系统的优化集成，从而实现绿色、优质、高效、稳定的生产模式。

（5）加强人才培养。企业与高校、科研院所等联合举办针对从事冷却设备设计、制造、测试、选型、技术支持等工作的工程技术人员，从事节水、节能方面的工程技术人员的培训班；开展行业工程技术人员专业技术职务任职资格的评价工作，为工程技术人员提供学习交流的平台。

〔撰稿人：中国通用机械工业协会冷却设备分会张文玲、马麟　审稿人：中国通用机械工业协会冷却设备分会尹证〕

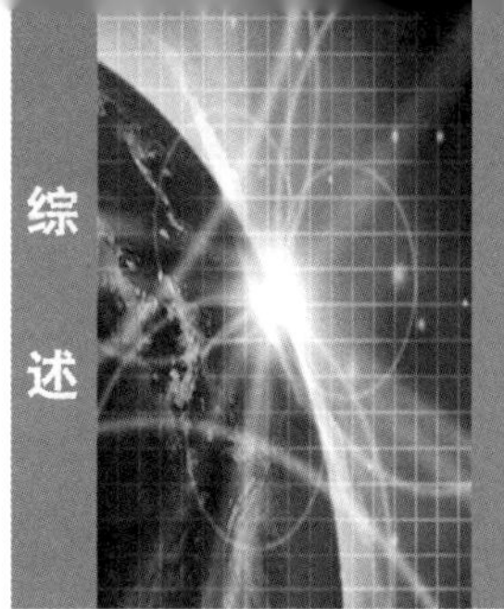

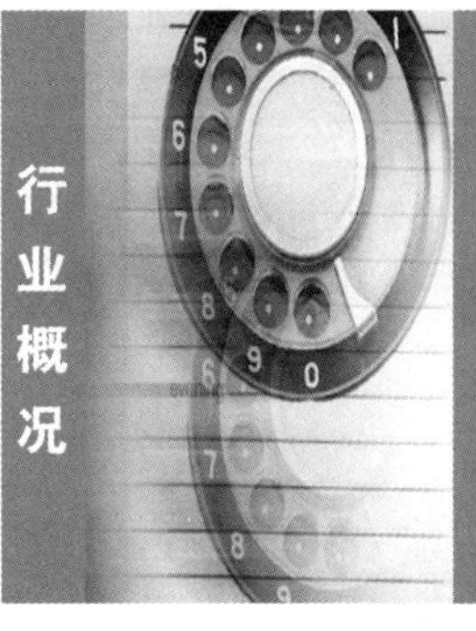

2020年度中国通用机械行业科技进步贡献奖获奖人员介绍

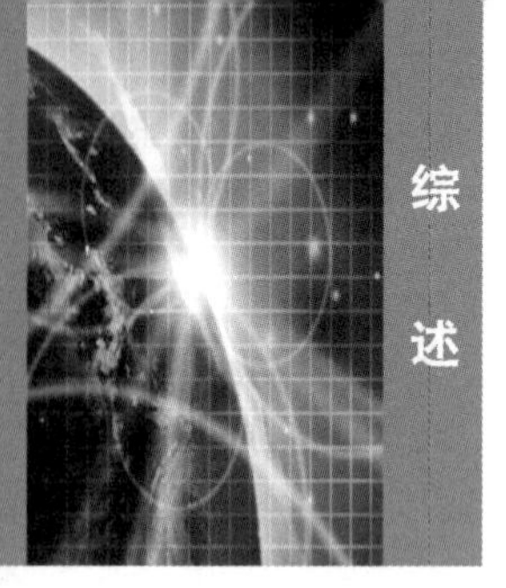

2020 年度“中国通用机械行业科技进步贡献奖”获奖名单

人物介绍

人物

2020年度“中国通用机械行业科技进步贡献奖”获奖名单

“科技创新突出贡献奖”名单

序号	企业名称	姓名	序号	企业名称	姓名
1	杭州制氧机集团股份有限公司	彭旭东	11	常州电站辅机股份有限公司	邵　杰
2	杭州哲达科技股份有限公司	王小华	12	上海齐耀螺杆机械有限公司	刁安娜
3	辽宁恒星泵业有限公司	姜春明	13	安瑞科（蚌埠）压缩机有限公司	周玉东
4	襄阳五二五泵业有限公司	吴志宏	14	中车戚墅堰机车车辆工业研究所有限公司	吴　刚
5	江苏赛德力制药机械制造有限公司	顾根生	15	浙江万享科技股份有限公司	叶　军
6	江苏宇通干燥工程有限公司	陆文光	16	淄博水环真空泵厂有限公司	齐晓明
7	陕西鼓风机（集团）有限公司	梁　威	17	北京中科科仪股份有限公司	李　赏
8	重庆通用（工业）集团有限责任公司	黄袁川	18	重庆水泵厂有限责任公司	杨海龙
9	中核苏阀科技实业股份有限公司	李军业	19	沈阳鼓风机集团股份有限公司	雍建华
10	兰州高压阀门有限公司	董　霞	20	山东华成中德传动设备有限公司	邢　磊

“能工巧匠突出贡献奖”名单

序号	企业名称	姓名	序号	企业名称	姓名
1	中车戚墅堰机车车辆工业研究所有限公司	陆堰龙	6	上海阿波罗机械股份有限公司	仲伟荃
2	安瑞科（蚌埠）压缩机有限公司	刘　波	7	开封空分集团有限公司	徐纪高
3	中国石油集团济柴动力有限公司成都压缩机分公司	何　伟	8	北京中科科仪股份有限公司	郑国毅
4	哈尔滨空调股份有限公司	赵守信	9	重庆气体压缩机厂有限责任公司	姜成彬
5	杭州制氧机集团股份有限公司	朱晓平	10	沈阳鼓风机集团股份有限公司	马长好

人 物 介 绍

“科技创新突出贡献奖”人物介绍

彭旭东

彭旭东，2003 年毕业于西安交通大学热能与动力工程专业，本科学历，高级工程师，现任杭州制氧机集团股份有限公司设计研究院院长。

彭旭东一直从事高效特大型空分设备国产化技术攻关和系列特大型空分设备产品的开发。参与研制的 10 万 m^3/h 等级空分设备关键指标超越国外相同产品，总体技术达到国际领先水平，获得 2018 年中国机械工业科学技术奖特等奖。主要负责研制的 12 万 m^3/h 等级空分设备，是当时世界上单套规模最大的空分设备；主要负责研制的公司第一套 7 万 m^3/h 等级空分设备，是国际上同等规模中最节能的空分设备；主要负责研制的 8 万 m^3/h 等级空分设备整装冷箱，是世界上单体最大的空分设备整装冷箱，获评 2020 年度浙江省装备制造业重点领域国内首台（套）产品。参与国家重点研发计划项目 2 项，主要负责、参与编写空分设备国家标准、行业标准多项，获得授权发明专利 3 项，获评杭州市“131”中青年人才。

王小华

王小华，1972 年出生，副研究员，工学博士。主要研究方向为复杂流动控制技术以及基于流动控制的系统高效节能技术的开发、流程工业能效分析及运行优化技术开发。

王小华基于产学研一体研究，在流体系统智慧节能方面，自主创新提出多项专利技术，涉及循环水流程、压缩空气流程和风机流程，相关技术应用于企业现场老工艺体系优化改造和新流程优化建设，取得了显著的经济效益和环境效益。在循环水流程方面，提出的系统优化运行专利技术获得 2012 年甘肃省科技进步奖二等奖。在压缩空气系统超高效智慧优化方面，自主创新研发的一体多模式智慧高效干燥系统以及压缩空气系统能效模型填补了行业空白。在流程工业系统优化方面，获得省级科技进步奖二等奖 2 项、三等奖 2 项，市科技进步奖一等奖 2 项。发表论文 30 余篇，获得发明专利 14 项、实用新型专利 28 项。

姜春明

姜春明，1969 年出生，本科学历，高级工程师，全国容积泵标准化委员会委员。1991 年参加工作，现任辽宁恒星泵业有限公司副总经理兼总工程师。

自 1993 年开始，姜春明研制成功多项填补国内空白的新产品。其中，TCB 型滑片泵获得市科技进步奖二等奖、省优秀新产品三等奖、辽宁专利金奖，被列为国家重点新产品。KSR 系列热网泵被工信部评为第三批节能产品，获得市科技进步奖一等奖。HPT 型大功率管线输送泵被列为国家重大装备国产化产品，填补了国内空白，通过国家能源局的科技成果鉴定，获得中国机械工业科学技术奖三等奖、省优秀新产品二等奖、市科技进步奖一等奖。姜春明先后被评为 2002—2003 年度丹东市先进科技工作者、丹东市劳动模范，2018 年获得辽宁五一劳动奖章。

吴志宏

吴志宏，研究员级高级工程师，现任襄阳五二五泵业有限公司技术副总、总工程师。多年从事特种工业泵技术研究工作，曾获得兵器第三事业部民品发展贡献先进个人称号，获得襄阳市第三届青年科技奖、“十二五”全国泵行业标准化工作突出贡献奖。

2004 年，吴志宏参与研制的烟气脱硫循环泵被列为国家级重点新产品，并获得国家科技部科技型中小企业创新基金支持。参与研制的 30 万 t/a 磷酸装置用 LHZ1500 立式轴流泵达到国际先进水平，实现了替代进口产品。

近几年，吴志宏作为第一技术负责人，承担 4 项省部级重大科技创新计划项目、2 项市级重点研发项目的研发及产业化。重点开发了百万千瓦火电机组超大型烟气脱硫循环泵、大功率智能化浆液泵、石油化工流程泵和重型渣浆泵，获得省部级科技进步奖一等奖 1 项、三等奖 4 项，地市级科技进步奖一等奖 1 项。个人取得 50 项专利技术，其中发明专利 8 项。

吴志宏作为全国泵标准化技术委员会委员、中国通用机械工业协会泵标准化工作委员会委员，主持或参与国家标准、行业标准的制修订工作，参与制定国家标准 2 项、行业标准 2 项，主导制定团体标准 2 项，为提高国内行业整体水平及产品国际竞争力做出了贡献。

顾根生

顾根生，同济大学 MBA 硕士，高级经济师、工程师，市五一劳动奖章获得者。现任江苏赛德力制药机械制造有限公司董事长、党支部书记，是靖江市十一届、十二届政协委员，泰州市第二届、第三届人大代表，中国化学制药工业协会副会长。曾被评为靖江市第二届十大杰出青年企业家、靖江市明星企业家、靖江市功勋企业家和靖江市优秀党员。

顾根生以第一发明人获得授权专利 120 项，其中发明专利 16 项；获得软件著作权 2 项。以第一完成人获得泰州市科技进步奖 2 项，主持和参与制定国家标准、行业标准共 3 项。带领企业研发团队在国内率先研发了多个高附加值、替代进口的高端产品，形成卧式/立式/上悬式离心机、离心干燥机、加压鼓过滤机、全自动混合机等 100 多个系列产品。

陆文光

陆文光，1968 年出生，先后在常州市干燥设备厂、常州市第二干燥设备厂工作。现任江苏宇通干燥工程有限公司董事长。

2008 年，陆文光担任“JC 型智能化植物（中药）有效成分提取－萃取集成分离机组”项目负责人，获得市科技型中小企业技术创新基金奖励。2012 年，担任知识产权计划“脱水蔬菜深加工连续干燥成套装备专利转化与产业化”项目负责人、常州市提取浓缩干燥工程技术研究中心主任。2013 年，参与科技支撑计划（农业）“蔬菜脱水深加工生产线自动化技术研究与建设”项目。2014 年，担任江苏省植物提取干燥技术及装备工程技术研究中心主任，“闭路循环、溶媒回收喷雾制粒干燥系统前瞻技术的研发”项目被认定为江苏省重点研发计划项目。

陆文光以第一发明人获得授权发明专利 20 项、实用新型专利 40 余项。主持制定了《旋转闪蒸干燥机》《沸腾干燥机》《闭路循环溶媒回收立式沸腾干燥机》《过滤洗涤真空干燥机》《双锥回转低沸溶媒回收真空干燥机》和《电气绝缘材料穿流循环烘箱》等行业标准；参与制定了《夹套圆筒刮板干燥机》《沸腾制粒机》《离心式喷雾干燥机》《振动流化床干燥机》《带式干燥机》《热板式连续真空干燥机》和《箱式干燥器》等行业标准。

梁威

梁威，高级工程师，硕士学历。2011 年从中南大学毕业后进入陕西鼓风机（集团）有限公司，从事工程技术研发工作。2017 年取得注册化工工程师执业资格证书，2019 年取得注册公用设备工程师执业资格证书。

梁威作为化工工艺技术骨干，围绕公司分布式能源市场策划，紧跟国家能源结构调整步伐和方向，积极进行天然气利用新技术及装置的研究开发工作，注重提升关键技术的创新与集成能力。参与了富甲烷气深冷液化技术研究、天然气液化系统压缩机与冷箱匹配控制技术研究和 MRC 循环制冷精准换热控制研究等项目。

梁威凭借扎实的技术功底和创新能力积累，开拓了公司多个海内外首台（套）项目。在 LNG 项目执行过程中，对国外专利商工艺包进行严格审核，并根据项目所在地气候条件，设计了寒冷地区闭式循环冷水机组系统选型方案，使项目装置年节能 1% 左右，年节约电量约 160 万 kW·h。

在做好技术工作的同时，梁威带领团队积极开展科技攻关，主持公司研发课题 2 项，参与公司研发课题 5 项，编制多项公司内部技术设计规定，并取得国家授权专利 9 项。

黄袁川

黄袁川，从事煤化工制冷压缩机设计工作多年，拥有丰富的设计和调试经验，承担了公司大量制冷压缩机新产品研发任务。

黄袁川主导设计了国内联碱行业首台大冷量离心式氨冰机，用于替代联碱行业的螺杆制冷压缩机。产品自动化程度高，解决了联碱系统进口压力、温度波动大带来的冰机系统制冷量的波动问题。加入带液预判数据库，解决了大流量离心冰机容易带液的问题。黄袁川作为项目主管，研发了公司首台离心式丙烯制冷压缩机，机组振动小于 10μm，远低于美国 API 标准规定的 25μm，受到用户好评。在制冷压缩机设计流程方面，推行标准化、模板化的设计思路，大大缩短了离心式制冷压缩机这类高度定制化机组的设计时间，设计效率提高 40% 以上。

李军业

李军业，1974年出生，兰州理工大学工程硕士。1996 年参加工作，历任中核苏阀科技实业股份有限公司技术研发中心主任助理、核电部副主任、研发项目部主任、技术研发中心副主任兼技术研发部经理、副总工程师、研究设计院院长兼科研管理部经理等职。

李军业参与了“核电站关键阀门设计及制造技术研究开发”和“浓缩铀生产关键阀门研制”项目，国家重大专项“爆破阀制造技术”和“爆破阀设备鉴定技术研究”项目，“华龙一号”主蒸汽隔离阀、CAP 爆破阀、大口径直流电动闸阀、低压差开启止回阀、“华龙一号”地坑阀和严重事故工况稳压器快速卸压阀、示范快堆蒸汽发生器快速隔离阀和大口径钠阀、高温气冷堆氦气隔离阀等科研项目，获省部级科技成果鉴定 21 项，获省部级科技进步奖一等奖 1 项、二等奖 2 项、三等奖 1 项，获得国家授权专利 48 项（其中发明专利 5 项）。发表论文 34 篇，其中 SCI 论文 5 篇。

董霞

董霞，1974 年出生，高级工程师。1995 年 7 月参加工作，现任兰州高压阀门有限公司技术研发部部长、第二党支部书记。

2006 年，董霞完成了大连石化油浆泵阀的设计开发工作，解决了高温油浆对阀体的冲刷问题，技术达到国内领先水平。2008 年，完成了普光气田高硫高酸高压硬密封平板闸阀的主要设计开发工作，解决了高硫天然气对阀门的腐蚀问题，填补了国内高压平板闸阀的空白。该项目获得中国机械工业科学技术奖三等奖。2010 年设计的茂名石化 Y 型加氢阀获得兰州市科技进步奖一等奖。2012 年，董霞作为第一完成人，设计的加氢阀、抗高硫平板阀获得发明型专利。2013—2015 年，参与研制的 1 500℃超高温阀门产品获得 5 项国家发明专利。

董霞共获得 30 多项国家专利，其中 Incoloy 825 合金抗高硫天然气高压硬密封平板闸阀获得甘肃省专利奖三等奖。共发表论文 25 篇，2019 年获得中国先进技术转化应用大赛产业化类优胜奖。2019 年获得 2018—2019 年度“甘肃质量工匠”称号，获得第十二届全省职工优秀技术创新成果三等奖。2019 年带领技术研发部创新团队先后获得甘肃省创新型班组、甘肃省十佳创新明星班组和全国机械工业先进集体等荣誉。2020 年获得“甘肃省劳动模范”称号。

邵杰

邵杰，1975 年出生，大学学历，控制工程硕士，正高级工程师。1997 年毕业于华东冶金学院工业自动化仪表专业，现任常州电站辅机股份有限公司技术部经理。

邵杰在常州电站辅机股份有限公司一直致力于阀门电动装置的研发，始终走在技术开发的最前沿。先后参与“核电站常规岛智能型电动执行机构”等国家重大专项子课题 3 项、江苏省科技支撑项目 1 项、江苏省成果转化项目 1 项、市级科技项目 5 项，其中，“SND 智能型非侵入式阀门电动执行机构”被评为国家重点新产品，12 项产品被认定为江苏省高新技术产品或常州市高新技术产品。参与制修订国家标准和行业标准共 5 项，发表科技论文 15 篇。获得发明专利 2 项、实用新型专利 14 项、软件著作权 2 项，其中“行程控制器”获得常州市专利奖优秀奖。研发的 SND 系列智能型非侵入式（多总线）阀门电动执行机构、SND 系列高性能阀门电动执行机构、“华龙一号”堆型 1E 级阀门电动执行机构获得中国机械工业科学技术奖二等奖、中国商业联合会科学技术奖二等奖和常州市创新创业大赛二等奖等奖项。

刁安娜

刁安娜，1982 年出生，2008 年毕业于西安交通大学，取得动力工程及工程热物理硕士学位。毕业后进入中国船舶集团有限公司第七一一研究所，一直从事高端动力机械装备的技术研究、产品开发及工程应用等相关工作，2018 年获得中国舰船研究院博士学位。

刁安娜先后参与并主持了多项新产品开发项目，取得授权发明专利 4 项、实用新型专利 4 项，获得中国专利优秀奖、二十一届全国发明展金奖。近年来，发表论文 17 篇，其中，SCI 收录 1 篇，EI 收录 2 篇。

刁安娜主持上海市引进吸收专项“低温余热回收利用设备——螺杆膨胀动力装置的开发及应用”，针对工业余热余压利用技术，提出新型螺杆膨胀机转子间隙设计方法，引进吸收国内外螺杆机械轴封系统的先进技术，解决了传统密封系统寿命短的技术难题，攻克了汽液两相膨胀发电技术。产品已成功应用于石化、天然气、钢铁、冶金和固废等多个领域，为我国节能环保产业发展提供了有力支撑。牵头上海市人工智能专项“基于边缘智能终端节能压缩机的研制及产业化”，开展工艺压缩机在线监测和智能诊断技术研究，将人工智能赋能压缩机制造业，有效推动了工艺压缩机装备向数字化、智能化发展。项目成果已成功应用于化工、钢铁等领域。主持企业科技攻关项目 10 余项，推动丁二烯螺杆压缩机、离心透平机组、膨胀压缩机、低温气体压缩机等产品的开发和应用。产品技术指标达到国内领先、国际先进水平，应用于化工、天然气和节能等领域。

周玉东

周玉东，2005 年毕业于安徽工程科技学院（现安徽工程大学）机械设计制造及其自动化专业，现任安瑞科（蚌埠）压缩机有限公司设计室主任。

周玉东先后参与了 MFD-5/（2-4）-250 型天然气压缩机等数十项产品的研发和设计工作。所研制的产品获得安徽省机械工业科学技术奖二等奖、安徽省科学技术奖三等奖和蚌埠市科学技术奖二等奖等奖项。获得实用新型专利和外观设计专利共 10 余项，主持或参与制定了多项企业标准。

2018 年 10 月至 2020 年 10 月，周玉东作为项目负责人，完成了 LG・M-20/250 型空气压缩机的设计和研发，使得海洋勘探领域用高压大排量船用压缩机实现完全自主国产化。该产品已获得安徽省新产品鉴定证书，正在申报安徽省首台（套）重大技术装备。

吴刚

吴刚，正高级工程师，1995 年毕业于南京理工大学，现任中车戚墅堰机车车辆工业研究所有限公司齿轮传动事业部副总经理。长期从事轨道交通齿轮传动系统的开发及研制工作，获得茅以升铁道科技奖、江苏省“333 高层次人才”等荣誉。

吴刚作为轨道交通齿轮传动领域的学科带头人之一，主攻轨道交通齿轮传动系统加工及制造工艺实现。2016—2020 年，主持和参与国家及省部级项目 5 项，带领团队突破基于齿面完整性的强化方法和施工关键工艺，齿轮承载能力提高 20% 以上，全寿命周期内检修频次降低 30%；通过研究温度与铝合金齿轮箱尺寸变化关系，解决了齿轮箱高精度加工及组装游隙稳定控制难题。牵头承担了高铁齿轮传动系统智能制造专项，创新轨道交通用齿轮传动系统智能制造模式，有效保证了产品批量工艺的一致性。经专家鉴定，产品达到国际领先水平。项目成果获得国家科技进步奖二等奖、第四届中国工业大奖、江苏省科学技术奖二等奖、中国机械工业科学技术奖一等奖和中国铁道学会科学技术奖一等奖。

叶军

叶军，2010 年从宁波大学轮机工程专业毕业，获得学士学位。2013 年从上海理工大学工程热物理专业毕业，获得硕士学位。从事蒸发冷却原理及设备、换热器及强化换热等工作近 10 年。

叶军先后主持研发了“新型板式乏汽冷凝器”等省级新产品 9 项，获得发明专利 3 项、实用新型专利 8 项，发表论文 9 篇（2 篇被 SCI 收录）。主持推进中国科学院郑平院士的院士专家工作站建设以及同上海理工大学冷却技术服务团队的长期产学研合作。2016 年受聘为上海理工大学动力工程研究所实践基地企业导师。研发的一体式板片蒸发式冷凝器配套应用于港珠澳大桥、杭州地铁等项目中；研发的直流输电用闭式冷却塔服务于我国特高压输电工程；研发的干湿复合型闭式冷却塔应用于内蒙古兴圣天然气项目中，冬季干运行效果良好。2016 年获得中国电力科学技术奖三等奖、教育部科学技术进步奖（推广类）二等奖，2020 年获得中国机械工业科学技术奖三等奖。

叶军参与制定了国家标准《机械通风冷却塔 第三部分：闭式冷却塔》，主持制定了中国通用机械工业协会团体标准《蒸发式冷凝器》、浙江制造标准《制冷系统用蒸发式冷凝器》和企业标准《板式结晶器》等。

齐晓明

齐晓明，高级工程师，现任山东华成集团淄博水环真空泵厂有限公司项目技术部副部长。自参加工作以来，一直从事水环真空泵、液环压缩机、真空成套机组及煤矿瓦斯抽采泵站等泵类产品设计及项目开发工作。

齐晓明多次参与国家能源自主创新项目、国家重点新产品、山东省科技重大专项、淄博市科技创新重点项目等，获得山东省机械行业优秀科技工作者荣誉称号。

齐晓明参与设计开发的 2BEC80 水环真空泵等 8 项产品通过省级科技成果鉴定，产品均达到国际领先水平。其中，2BEC100 水环真空泵获得山东节能核心产品奖励资金 250 万元，2BEC120 超大抽气量高效水环真空泵被列为山东省重点领域首台（套）技术装备，获得中国机械工业科学技术奖二等奖。参与研发的智能型煤矿井下移动式瓦斯抽放泵站、2BEC 系列节能水环真空泵均通过省级科技成果鉴定。核电站大容量水环真空泵（带大气喷射泵）机组工程样机通过中国机械工业联合会的鉴定。

齐晓明获得国家授权专利 9 项，获得中国机械工业科学技术奖二等奖 1 项、三等奖 1 项，山东省科学技术奖三等奖 2 项，山东省机械工业科技进步奖一等奖 3 项、二等奖 1 项，淄博市科学技术奖一等奖 1 项、二等奖 1 项、三等奖 2 项，山东省机械工业技术与工艺创新大赛二等奖 1 项。

李赏

李赏，1985 年出生，博士研究生，研究员。2011 年 3 月从北京理工大学机电学院毕业后，进入北京中科科仪股份有限公司研发中心工作。现任公司技术副总，主要从事超高真空获得技术、质谱关键技术研究，分子泵、氦质谱检漏仪产品的开发及产业化工作。

李赏作为项目核心骨干或子课题负责人，参与了多个国家重点攻关项目，如国家科技部 02 专项“磁浮分子泵系列产品开发及产业化”、科技部重大科学仪器设备开发专项“超高真空大抽速磁悬浮复核分子泵研制及应用示范”、北京市科委“基于分析仪器行业应用的小型分子泵的产业化培育”等。带领团队实现多项核心技术突破，完成系列超高转速仪器专业分子泵、一体智能化磁悬浮分子泵研制及产业化，填补了国内空白。2014 年获得“国控控股企业人才引进基金”支持奖励，2016 年获得“北京市优秀人才青年骨干个人项目”支持奖励。

杨海龙

杨海龙一直在重庆水泵厂有限责任公司从事离心泵的设计研发工作，取得了一系列成果。

杨海龙参与的“高效离心泵理论与关键技术研究及工程应用”项目获得国家科技进步奖二等奖；主持或参与多项高压、高温、高危介质多级离心泵的研发工作，引领并带动行业企业逐步采用自平衡技术，在高压多级离心泵领域全面运用，促进了泵行业技术进步。在长距离管道输送领域，杨海龙首次提出水源地一次加压到高位水池的长距离管道输送新技术，改变了以往采用梯级泵站逐级加压的方式，降低了投资、维护和管理成本，技术达到国际领先水平。主持了多项多级离心泵新产品开发工作，填补了国内空白，部分产品获得国家和省部级奖励。

杨海龙获得发明专利 1 项、实用新型专利 29 项，获得省部级科学技术奖、优秀新产品奖和重庆市优秀新产品三等奖。

雍建华

雍建华，现任沈阳鼓风机集团股份有限公司数控编程室主任。多年从事数控编程工作，承担了多项新、难、特产品的工艺研发任务。近年来，获得国家发明专利 11 项，获得市级以上奖项 5 项，集团科研成果奖、管理创新奖、新产品奖等共 10 项。

雍建华带领的技术团队几乎参与了沈鼓集团所有核心压缩机业务的重大产品制造工作，通过技术创新解决沈鼓集团核心零部件的生产制造难题。三元叶轮加工效率是制约集团产品交货周期和产量的瓶颈。雍建华带领团队进行深入的探索和研究，逐步攻克了三元叶轮插铣加工、三元叶轮摆线铣、直纹面叶轮整体硬质合金刀具侧刃加工以及三元叶轮镗床开粗等先进工艺技术，使沈鼓集团压缩机核心部件的加工技术处于国内领先地位。同时，他带领项目组自主开发了针对不同材料和设备的工艺参数数据库、仿真刀具数据库以及和车间实时互联的刀具库管理软件。随着上述工作的有效落地，沈鼓集团三元叶轮的加工效率连年提高，为集团创造了巨大的经济效益。

为了有效提升沈鼓集团核心零部件的加工质量和加工标准化程度，雍建华带领团队自主完成了“扩压器、回流器自动编程软件”“三元叶轮自动建模、编程软件”以及“五坐标设备后置处理平台”等项目开发工作，有效提高了编程质量和劳动效率。在提升自身技术能力的同时，雍建华也深度参与到合作院校申请的国家科研资助项目中，如大连理工大学申请的国家自然科学基金项目“离心压缩机整体叶轮高质高效数控加工理论与技术”。

邢磊

邢磊，工程师，现任山东华成中德传动设备有限公司技术部副部长。先后参与研发了 HB 系列、ML 系列和 M 系列等多种精密减速机产品。

邢磊主导研发的精密重载减速器采用高精度、高模块化、高可靠性和高承载能力设计，解决了产品模块化程度和承载能力不能兼顾的矛盾；通过材料优化和结构优化设计，在保证产品性能的前提下，显著降低产品的重量。该项目突破了重载减速器的技术瓶颈，打破了国外技术垄断，实现了替代进口产品。

邢磊主导研发的立式齿轮箱主要用于搅拌等需要将齿轮箱输出轴垂直于地面安装的特殊场合。通过研究变工况、变载荷下传动参数与结构耦合的动力学分析、振动噪声预估与控制方法，使之降低到工作机所需要的低转速，以满足工作机的使用要求。该系列齿轮箱主要用于造纸行业的碎浆机，也可用于氧化铝、建材等行业。

邢磊获得“一种行星齿轮箱机构及其冷却结构”“一种高速齿轮箱轴承润滑结构”等多项实用新型专利；发表了《立式水力碎浆机用减速机轴承失效分析》《立式碎浆机用减速机的防水设计》等论文。承担的项目获得多项山东省机械工业科学技术奖、淄博市科学技术奖。

“能工巧匠突出贡献奖”人物介绍

陆堰龙

陆堰龙，高级技师，1986 年 6 月毕业于常州铁路机械学校机械制造专业，中专学历。1986 年 7 月进入中车戚墅堰机车车辆工艺研究所有限公司齿轮传动事业部，从事齿轮制造工作。现为齿轮传动事业部齿轮制造现场工艺师，被评为江苏省首席技师、中车首席技能专家、中车首届高铁工匠。

2007 年，陆堰龙通过改进砂轮粒度、创新修改砂轮修整程序及磨削参数，解决了从动齿轮磨削裂纹难题。改进进口数控成型磨齿机磨削工艺，解决了渗碳硬齿面磨齿易产生烧伤及裂纹的问题。承担的“新型轮齿加工方法的研制”攻关项目，采用一次双、单面磨齿工艺及新型滚齿加工方法，磨齿效率提升 100%。该项目被列为 2018 年公司职工十大科技创新成果。该项目的加工方法被评为 2017 年度江苏省职工十大先进操作法。承担的“轮边机减速器系列行星轮组产品工艺瓶颈突破及磨齿工艺创新”项目产品填补了国内空白。该项目被列为 2019 年江苏省职工十大科技创新成果，获得 2020 年江苏省科学技术奖三等奖。承担的“关于高铁联轴节内齿套的质量攻关和工艺应用研究”和“风电行星轮磨齿瓶颈及效率提升工艺研究”项目，分别获得 2019 年公司难题攻关项目奖、2020 年公司金蓝领和劳模创新工作室项目评比一等奖。承担的“高精度双联行星轮组制造工艺研究”项目获得 2020 年度中国中车科学技术奖三等奖。

陆堰龙带领的磨齿班组获得2014年江苏省质量“信得过”班组和全国质量“信得过”班组称号。陆堰龙在国内核心期刊发表《高精度双联行星轮加工工艺研究》《控制硬齿面磨削烧伤及裂纹的工艺研究》《长轴人字齿轮机械加工工艺研究》等11篇论文，获得发明专利8项、实用新型专利2项。

刘波

刘波，安瑞科（蚌埠）压缩机有限公司数控卧式加工中心操作工。多年来，他潜心钻研数控加工技术，掌握了过硬的业务技能。

刘波通过设计多种类型的刀具，解决了生产所需，为公司节约开支60万元。根据公司气缸的加工特点，设计了“套装式”工装。该工装通用性好、装夹方便、安全可靠，工装成本节约了22万元。他设计的几十套多类型工装均应用到产品加工中，连续多年获得蚌埠市职工技术创新成果奖。

公司成立了“刘波数控劳模大师工作室”。2016年，工作室更名为“安徽省刘波劳模大师工作室”。刘波做好“传、帮、带”工作，为公司培养了40余名数控操作工。

2008年，刘波获得“蚌埠市技术能手”称号；2010年，获得“安徽省十大能工巧匠”称号，获得安徽省五一劳动奖章；2012—2014年，获得“安徽省技术能手”“安徽省新兴战略性人才”“安徽省高端能源装备领域领军人才”称号；2016年，荣获首届“珠城工匠”称号。

何伟

何伟，高级技师，中国石油天然气集团公司技能专家。长期从事压缩机总装、安装调试、修理及售后服务工作，擅长处理压缩机安装、调试运行过程中的各类难题，提出研发、设计、生产和质量等方面的工艺优化，解决企业级难题30余项。

何伟持有专利5项，发表核心期刊相关专业论文4篇，获得集团公司科技进步奖二等奖。曾荣获“四川石油管理局青年岗位能手”“西南油气田分公司优秀青年标兵”以及集团公司优秀党员、公司劳模、成都工匠等荣誉称号。

赵守信

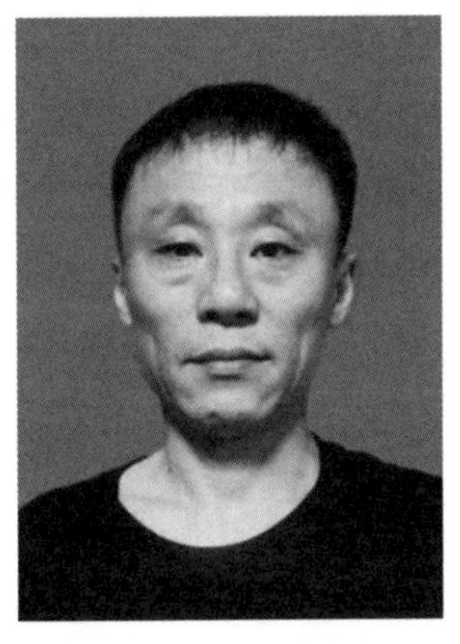

赵守信，现为哈尔滨空调股份有限公司钳工。作为一分厂管箱车间钻孔组组长，一直以来对工作兢兢业业，努力钻研技术，一次又一次地攻克生产中的技术难题。

针对堆焊管板钻孔时遇到的问题，赵守信经过反复钻孔实验，研究出加工不同材质管箱的刀具。二十多年来，他带过的徒弟有 30 多个。他对每个徒弟都是言传身教，毫无保留地传授自己的经验和技能，保证每一位徒弟都能独立完成任务。

赵守信一直从事摇臂钻床加工工作，完成的主要技术攻关项目有全国首台高压空冷器管箱管孔加工、全国首台 Ecology N08825 镍基合金空冷器管箱管孔加工、全国首台回流管箱式高温空冷器加工、全国首台蒸发式空冷器加工；参与完成的技术攻关项目有双相不锈钢空冷器研制加工、带极堆焊空冷器管板研制加工、白铜空冷器研制加工、双丝堵密封技术模拟试样研制加工。

朱晓平

朱晓平，高级工程师，2007 年从浙江大学自动化专业毕业后，进入杭州制氧机集团股份有限公司，从事仪表及自动化相关工作，现担任设计研究院智能技术与应用室副主任。2018 年被评为公司技术专家，2019 年被评为杭州市高层次人才。

朱晓平熟练掌握多种工业控制系统，熟悉各类空分设备工艺流程，具有丰富的 DCS 组态及空分设备调试经验，善于将理论与实践相结合，把现场工作经验融入设计开发工作中。擅长特大型空分设备仪表及自动化系统的设计和现场调试，专攻空分装置的自动变负荷、全自动一键启停、远程诊断及无人值守等智能化技术的开发与调试工作。

朱晓平作为 10 万 m^3/h 等级特大型空分项目仪控系统的主设计师与现场调试负责人，主持研究特大型空分设备带来的仪表瓶颈及控制难题、特大型空分装置自动变负荷先进控制技术。通过对项目各个环节进行全面优化，经过多年科技攻关，自主研发了空分装置一键启停控制技术，使复杂的启停操作过程简化为一键式操作，大幅降低了劳动强度，同时保证了空分装置的安全启停。该技术已成功应用于多个大型空分装置，提升了国产空分装置智能化水平。

朱晓平爱岗敬业，积极创新，曾获得公司科学技术奖特等奖、公司劳模及杭州市青年文明号青春标兵等荣誉。

仲伟荃

仲伟荃，高级工程师，2009 年毕业于辽宁工业大学，现任上海阿波罗机械股份有限公司副总工程师兼产品经理。2015 年，带领公司科研团队，研究乏燃料运输容器屏蔽层浇注工艺以及乏燃料干式贮存技术。

2015 年 7 月至 2019 年 8 月，仲伟荃负责乏燃料运输及贮存容器铅屏蔽浇注工艺的调研、分析，总结制定先进的制造工艺。通过借鉴国内外同类设备浇注技术，提高了冷却效率，保障了屏蔽层的厚度要求。经过模拟件的多次实际浇注，验证工艺的合理性和稳定性，达到国际同等水平。

2016 年 11 月至 2020 年 6 月，仲伟荃负责核电站核燃料循环、后处理相关设备的集成研发、设计等科研攻关。借鉴系统工程理论，开发了新式的筒体制造工艺技术，并在国内核电行业得到首次应用；自主研发了超大焊点熔焊技术，解决了吊篮组件制造的核心难点，填补了国内核电行业超大焊点熔焊的应用空白。先后攻克了30余项技术难点，组织完成了NUHOMS 32PTH1、VVER1000乏燃料干式贮存容器以及CASM320-V乏燃料干法贮存系统工程样机的研发工作。样机通过国家级鉴定，达到国际先进水平。2019年，先后完成了世界首台NUHOMS VVER1000和国内首台本地化制造NUHOMS 32PTH1乏燃料干式贮存容器的交货，并得到国内核电业主和法国ORANO公司的高度评价。

徐纪高

徐纪高，高级工程师，1984年7月毕业于洛阳工学院（现为河南科技大学）机制工艺及设备专业。在开封空分集团有限公司从事空分设备工艺、化工设备制造和非标设备设计等工作。

在空分设备制造工艺方面，徐纪高研发了带加热装置的焊接变位机。该变位机不但满足叶轮焊接时预热及保温要求，而且焊接时能任意变换焊接位置，大大提高了叶轮的焊接质量，获得实用新型专利。在煤化工装置用气化炉的研制中，完成10余项技术攻关，获得发明专利、实用新型专利共7项。完成专用设备设计攻关9项，获得发明专利、实用新型专利共13项。

徐纪高主持的攻关项目“高效气化炉制造技术开发”获得公司科技进步奖特等奖，“小管间距圆筒形膜式水冷壁制造技术开发”等2个项目获得公司科技进步奖一等奖，“小位置膜式壁管端倒坡口机”等3个项目获得公司科技进步奖二等奖。2011年，徐纪高被评为开封空分集团先进个人和优秀共产党员；2016年，被评为开封空分集团优秀共产党员，获得“河南能源科技创新优秀工作者”称号。

郑国毅

郑国毅，2003年7月从河北工业职业技术学院毕业后，进入河北太行机械厂，从事数控加工工艺与编程工作。2020年，进入北京中科科仪股份有限公司，主导转子加工技术改进项目。结合自身多年实践经验，使转子加工效率提升15%以上。另外，该技术改进项目解决了人工去除叶齿毛刺效率低的问题，节约了人力成本。

郑国毅多次担任全国和北京市数控大赛的教练员、裁判员，培养高技能人才200余人，所培养人员多次在全国和北京市技能大赛中取得优异成绩。参与人力资源和社会保障部职业技能鉴定考核标准的制定工作，以及高等教育出版社出版的《数控铣削加工技术与技能》教材编写工作。2010年，郑国毅荣获北京市教委“优秀教育工作者”称号；2012年，荣获全国数控大赛组委会“全国优秀指导教师”称号；2014年，荣获北京市职工技能大赛组委会“金牌教练”称号，并取得加工中心高级技师职业资格；2019年，取得北京市机械工程师中级职称。

姜成彬

姜成彬，现任重庆气体压缩机厂有限责任公司辅机工段高级焊工，主要负责公司压缩机组产品压力容器及管道的焊接加工。

姜成彬利用业余时间潜心学习专业知识，不断提高自身技能水平，逐步成长为公司焊接技术的排头兵。

近年来，姜成彬参与了 100m^3 不锈钢容器、直径 10m 大型容器和多层夹紧式高压容器等的加工任务，带领小组攻克了 10 余项难点问题，为产品顺利交付客户提供了保障，得到用户的一致认可。

姜成彬积极参加各类技能大赛，先后获得“巴渝工匠”杯重庆市第十届青年职业技能大赛暨重庆市第九届机械行业（机电集团）职工技能大赛焊工项目一等奖、重庆市第七届机械行业职工技能大赛第八届重庆市青年职业技能大赛焊工项目三等奖等奖项。

马长好

马长好，现为沈阳鼓风机集团股份有限公司转子车间资深主任制造师，被誉为沈鼓集团能工巧匠大师。

马长好始终以“一次干好，第一次就干好”为工作宗旨，尽全力保证每一件工件都是精品。他创造了许多实用的加工方法，如八点平均找正法、车偏去重法、角度叶轮加工法等。其中，角度叶轮加工工装获得了国家专利。

2013 年，马长好获得沈阳市五一劳动奖章，2015 年获得辽宁五一劳动奖章。2014 年被评为沈阳市特等劳动模范，2017 年被评为最美沈阳人•振兴发展带头人，2018 被评为辽宁省优秀共产党员，2020 年被评为辽宁省优秀技术能手。

〔供稿单位：中国通用机械工业协会〕

中国通用机械工业年鉴2021

企业概况

介绍部分企业的经营理念和成功经验，为管理者成功决策助力

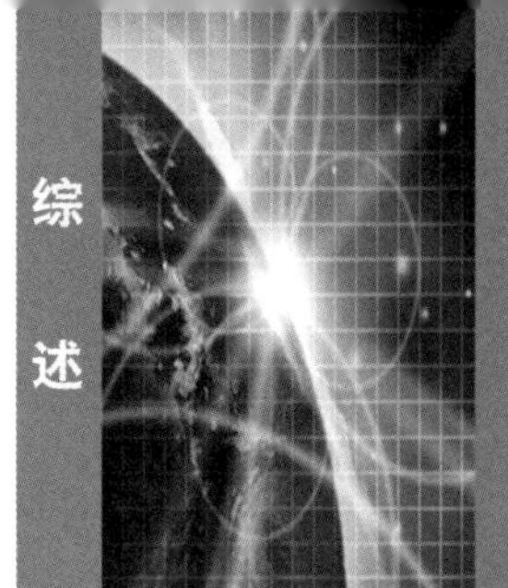

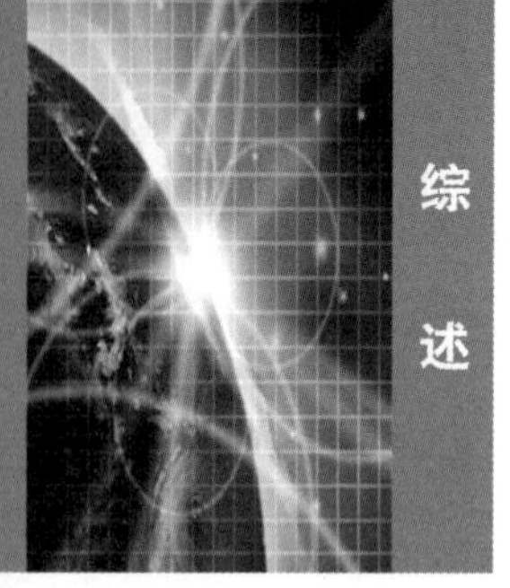

部分优秀企业介绍

企业概况

部分优秀企业介绍

凯泉以技术引领中国泵工业崛起

——上海凯泉泵业(集团)有限公司

一、发展现状

成立于1995年的上海凯泉泵业(集团)有限公司(简称凯泉)是集设计、生产、销售泵、给水设备及泵用控制设备于一体的大型综合性泵业公司,是以技术创新为导向的行业知名企业。公司总资产达45亿元,在上海、浙江、河北、辽宁、安徽等地拥有7家企业、5个工业园区,总占地面积近66.7万m^2(1 000亩),生产性建筑面积约35万m^2。

公司先后获得"全国守合同　重信用企业""全国社会保障与就业先进民营企业""中国科技创新企业""中国机械工业百强企业""中国能源装备十佳企业""全国机械行业先进集体""上海市高新技术企业""上海市文明单位""上海市质量金奖""上海市科技百强企业""上海市制造业百强"等多项荣誉。2020年,公司的销售订单突破53亿元。

二、技术与产品

凯泉自成立以来,始终以引领行业技术创新为己任,不断加大研发经费投入,每年将销售总额的近5%用于技术创新和新产品研发。当前,公司共拥有专利450多项,获得国家科学技术进步奖二等奖1项、省部级科学技术进步奖9项,承担了全国建设行业科技成果推广项目4项。公司积极引进国内外技术创新人才,建设了一个技术先进、行业领先、管理完善、善于创新的科研团队。公司现有7 000余名员,其中工程技术人员1 200名,囊括了国内知名的专家、教授。

公司积极参与国家标准、行业标准的制修订工作。自2010年以来,参与制修订国家标准、行业标准共计16项,其中国家标准10项、行业标准6项。2015年,公司被评为"十二五"全国泵行业标准化工作先进单位。公司除执行国家标准外,还执行ISO国际标准、德国DIN标准、美国ASTM标准及英国BS标准等。

公司注重产品质量和安全性,生产的各类产品符合国家规定的安全标准、客户的技术安全标准及国际规则规定的安全标准,并通过相关检测认证。产品广泛用于建筑、市政、电力、石油、化工、矿山和核电等领域,并成功用于南水北调工程、黄岛油库、中石化天津100万t/a乙烯项目、淮北矿务局、酒泉卫星发射中心、上海世博园、东方明珠电视塔和浦东国际机场等项目中。

公司注重服务与技术、业务的结合,实现客户的增值服务。公司始终致力于推动产品性能的升级,打造性能可靠的业界精品:①对公司的产品(除消防泵及控制柜、建筑用排污泵及控制柜、干式轴混流泵以外)进行配置升级换代,向国际一流产品看齐。②重点推出KQSN(SW)系列高效节能型双吸泵、第六代单级泵、第五代KQG系列数字集成全变频供水设备、新一代WQ系列潜水产品和高效脱硫泵等产品,产品性能接近或达到国际先进水平。③产品寿命接近国际先进水平（易损件寿命 5 年，产品寿命 10 ～ 20 年）。④产品采用国际名牌产品的相同配置，如采用 SKF 轴承、博曼机械密封等。⑤推出 14 项性能指标达到国际一流水平的新产品和全新概念的产品解决方案。其中，单级泵（二级能效电动机，SKF 轴承）实现增长 50%；双吸泵（SKF 轴承，进口机械密封）实现增长 60%；普通供水设备（改为特制全变频背包式 e 泵，二级能效电动机）实现增长 40%；市政大排污泵和一体化泵站实现增长 50%。⑥完成低压安注泵的研发、样机试制和鉴定；完成化工工程泵的研发、试制样机，并树立样板工程；完成光热发电机组高温长轴泵的研发并试制样机。

公司运用先进的 ERP 系统和 CRM 系统全程控制订单流程。在全国设有七大事业部、23 个分公司、600 多个办事处，实施“蓝色舰队”服务和 4 小时快速反应机制，随时响应用户的需求。

站在新的起点上，凯泉将继续以“引领中国泵工业的崛起”为发展战略，坚持技术创新，提高生产效率，降低水资源利用成本，带动产业体系的能效升级。凯泉将全力塑造民族品牌，力争进入世界泵行业十强。

科技推动创新　以诚信和实力打造品牌

——南方泵业股份有限公司

南方泵业股份有限公司（简称南方泵业）是南方中金环境股份有限公司全资子公司，创建于 1991 年，于 2010 年 12 月 9 日在深圳交易所发行上市，股票代码为 300145。

南方泵业是研发并规模化生产各种中高端泵类产品的国家重点高新技术企业，是国内不锈钢冲压焊接离心泵行业标准起草单位，旗下拥有 10 余家分（子）公司。南方泵业总占地面积 53.3 万 m^2（800 余亩），下属 10 余个生产厂区及分厂，现有员工 4 000 余人。主导产品有 CDM（F）系列不锈钢轻型多级离心泵及各类不锈钢轻型泵，TD 立式管道泵，NIS 卧式端吸泵，NFWG 管网叠压（无负压）等全系列变频供水设备，NSC 单级双吸中开式离心泵，VTP 立式长轴透平泵，GD、GM、GB、GX、FROY、JMX、JMZ 等系列机械隔膜计量泵，XC2.0SK、XC4.0SK 等系列全自动润滑油泵，WQ 潜水排污泵，SP 系列无堵塞自吸式排污泵，SS 系列高效静音水务专用泵，PQ 不锈钢喷泉专用潜水电泵，BP 静音管中泵，VMHP 系列海水淡化高压泵等系列产品，性能指标均处于国内领先水平。公司产品年产量已经突破 90 万台（套），产品销量在国内名列前茅。产品广泛应用于环保水处理、给水排水、暖通空调、工业应用、海水淡化和能源电力等诸多领域。

南方泵业建立了完善的营销服务网络，在全国主要大中城市设有 300 多个直属办事处，可为广大客户提供及时、高效的优质服务。公司在国内外承接了较多大型工程项目，如南极科考中山站、世博会中国馆、上海地铁、杭州萧山机场、六横岛海水淡化和希尔顿酒店等。公司与远大空调、三一重工、可口可乐、保利集团、杭州娃哈哈集团均建立了合作关系。在不断满足国内市场需求的同时，公司积极拓展海外市场，同 50 多个国家和地区建立了良好的业务往来关系。

南方泵业建立了完善的产品研发体系，在依托自主技术研发中心的同时，与华中科技大学、浙江大学、中南大学建设校企研发平台，并被认定为国家级企业技术中心。南方泵业在高效率泵水力模型和低磨损泵水力模型、CFD 开发泵站系统自动化、DCS 系统的开发、水系统先进节能技术、海水淡化先进能量回收装置开发、高参数泵机组可靠性研究、离心泵及其他流体机械共性关键技术研究方面处于行业领先水平。公司以“科技推动创新”为发展理念，从生产制造逐步转型为智能制造，率先创建了国内泵行业以 5G+ 物联网技术为载体的黑灯车间；以 SAP 系统和 MOM 系统为平台，调度定制四向穿梭车和 AGV 智能运输车，实现零部件进料、周转等全过程的自动化。

南方泵业拥有国家级企业技术中心，先后获得浙江省高新技术企业、浙江省先进制造业基地、浙江省诚信示范企业和国家火炬计划重点高新技术企业等荣誉。2020 年，公司销售额突破 30 亿元。

经过 30 年的发展，南方泵业以诚信和实力打造品牌，建立了完善的生产管理、质量管理和营销管理体系，全面引入专业系统管理软件，布局自动化生产流水线，打造智能制造基地，实现了企业资源的优化组合与分配，步入了科研、生产、销售于一体的规模化、专业化、综合实力雄厚的发展之路。

持续创新　打造绿色科技型制造企业

——浙江亿利达风机股份有限公司

浙江亿利达风机股份有限公司（简称亿利达）（股票代码：002686）创建于 1994 年，是国内规模较大的中央空调风机生产企业和知名的建筑通风机（工程风机）制造商，是国家高新技术企业。公司主要生产经营空调风机、建筑通风机、车载充电机及汽车配件等产品。公司注册资金 56 623 万元，现拥有净资产超过 12 亿元。2012 年 7 月 3 日，亿利达在深交所成功上市。公司凭借资本市场的助力，通过兼并重组，逐步向新材料、新能源和汽车轻量化部件等领域发展。现下辖广东亿利达风机有限公司、浙江亿利达科技有限公司、天津亿利达风机有限公司、上海朗炫企业管理有限公司、铁城信息科技有限公司等全资子公司和台州华德通风机有限公司、江苏富丽华通用设备有限公司、浙江马尔风机有限公司、上海长天国际贸易有限公司、爱绅科技有限公司、浙江三进科技有限公司等控股子公司。公司通过积极努力，致力于打造成为集风机电机制造、新能源汽车核心零部件和轻量化材料等多位一体的绿色科技型制造企业，为全球用户提供绿色节能产品，为城市的可持续发展服务。

2018 年 12 月，浙江国资委下属企业——浙商资产管理有限公司入主亿利达，为公司产业腾飞提供了强大支撑。当前公司产品涵盖风电机系统、汽车新能源、汽车轻量化部件、海洋新材料四大领域，旗下品牌包括“Yilida”“Wolter”“Fulihua”“Maer”“ESSENTEC”“AMMT”“TC charger”和“Sanjin”等。其中，“Yilida”是国内中央空调风机专业品牌；“Wolter”致力于打造国内建筑通风领域高端品牌，提供先进的通风产品及服务；“Fulihua”是国内高品质轴流风机品牌；“Maer”为行业领先的外转子轴流风机知名品牌；“ESSENTEC”是各知名空调制造商的产品零部件管家式服务的先行者；“AMMT”是船舶及海洋防护材料、功能材料、复合材料专家；“TC charger”是国内车载充电器等汽车新能源领域的品牌；“Sanjin”是国内汽车轻量化部件的供应商。

亿利达在台州、上海、杭州和深圳等多地建设了研发中心，在台州总部建有省级风机技术中心、亿利达风机省级企业研究院，致力于风机、节能电机的研究与应用，打造了一支专业的研发团队，不断开发各类新产品；在上海建立了风系统的专项研发中心，通过与国内外多家知名大专院校及研究院的合作，共同对风机及流场进行理论性研究和产品的基础性研发；以铁城为平台，在杭州建立了充电机技术研发中心，致力于充电机技术的创新研发；在深圳利用当地电控技术的资源优势，设立了高效节能电机及汽车新能源电控技术的综合研发平台，致力于节能风机、汽车新能源电控系统的研发。通过优势互补，致力于风机、节能电机、控制系统的集成优化，打造最具竞争力的产品。同时，公司投建了符合美国AMCA标准的全性能试验室，已通过国家CNS认证，最大检测风量可达250 000m^3/h。试验室可进行所有类别风机的气动性能测试、干态和湿态的实验，在定系统阻力、定转速的情况下，可同时进行进气噪声、出气噪声的声学频谱测试(倍频程、1/3倍频程)，声强指向性测试等声学指标测试。除此之外，试验室还可以进行研发过程实验、电机可靠性检测、原材料检测试验等全方位的检测试验。通过测试能力的提升，确保产品的性能与参数的高度统一，使亿利达产品始终处于行业领先地位。

亿利达将创新思维融入生产的各个环节，重视客户的个性化定制需求，并通过制造和管理模式的创新，让生产更加科学、高效。公司在浙江、广东、天津、江苏拥有八大专业制造基地，并持续加大技改投入，不断推进两化融合，打造智慧新工厂。公司拥有德国通快3000型数控加工中心、激光切割机和焊接机器人等设备，在中央空调风机产能和效率、建筑通风设备产能和品质的提升等方面实现了质的飞跃，具有强大的专业生产实力。同时将智能自动化激光下料设备、智能自动化高速冲床、自动焊接机器人、自动化喷涂线、智能立体化仓库和物联网信息管理系统等柔性生产要素纳入可持续发展的重要课题，将客户的个性化定制需求作为生产革新的重点。公司不断完善柔性生产能力，优化生产工艺流程，添置、开发自动化加工设施和专用设备，实现非标产品的高效生产制造模式。

亿利达始终以顾客需求为关注焦点，致力于为客户提供最优质的服务。公司将JIT（JUST IN TIME）导入服务体系，在广州、深圳、中山、珠海、南京、天津和重庆等多个城市设立了仓储中心，为客户提供24h应急响应等点对点服务；建立了全球服务网络，不仅在国内30多个主要城市设立办事处，并在美国、马来西亚、韩国、印度及中东、中国台湾等地区设立代理经销商，力求第一时间为全球用户解决问题；为客户提供全方位的技术支持，定期对客户进行技术培训，帮助客户更好地使用风机，力求让客户成为风机专家；同时提供全程式专家服务，开发了“Smart Air一键式智能选型软件”，提供专家选型及智能选型两种人性化的选型模式。超过70 000组的风机数据库，带来更安全、环保、节能的风动系统解决方案。用户只需输入基本条件，即可找到符合需求的理想产品。

亿利达不断创新、锐意进取，从生产传统风机到节能风机，通过产业化思维整合各方面资源，逐步实现了风机、电机及控制系统的全部件自主研发、生产，可以为客户提供冷冻机组及空调末端产品的全系列风机节能解决方案。通过公司全体员工的努力，让数千万台亿利达风机在全球各地标建筑及城市基础设施中持续运转，让更多的人享受节能、环保、健康的生活，实现社会效益与企业效益的可持续发展。

持续创新　做国内真空设备行业的领导者

——淄博真空设备厂有限公司

一、公司简介

淄博真空设备厂建于1959年，2000年改制为淄博真空设备厂有限公司。公司是原国家机械工业部重点企业、国家大型二类企业、国家高新技术企业、国家科技型中小企业、山东省瞪羚企业、山东省专精特新中小企业、山东省军民融合企业、山东省创新型企业和淄博市绿色工厂。公司设有山东省真空设备工程技术研究中心、山东省级企业技术中心、山东省“一企一技术”研发中心，真空设备科技研发能力处于国内领先水平。

公司是国内生产真空获得和真空应用设备的重点骨干企业。产品有水环式真空泵及压缩机、干式螺杆真空泵及机组、往复式真空泵、旋片式真空泵等50多个系列、1 000多个规格，广泛应用于石油化工、航空航天、电力、煤炭、制药、冶金和半导体等行业。“双山”牌商标是山东省著名商标。

公司拥有以研究员、高级工程师、省（市）突出贡献中青年专家组成的技术创新团队，专业技术底蕴深厚。先后多次承担国家火炬计划、国家重点新产品计划、省科技创新重点发展计划、省重点创新项目等，在知识产权、产品开发、理论探求和工程转化等方面取得多项成果，处于国内领先水平或达到国际先进水平。公司先后制定国家标准10项、行业标准15项；通过山东省科学技术厅鉴定的科技成果有18项。

公司拥有完备的管理体系，通过了ISO9001质量管理体系认证、IEC60300可靠性管理体系认证、ISO14001环境管理体系认证、ISO45001职业健康安全管理体系认证、ISO50001能源管理体系认证和国际CE认证。产品获得国家质量奖、山东省质量管理奖、中国机械工业科学技术奖、山东省科学技术奖和淄博市科学技术奖等各类奖项。公司在行业内率先实现了计算机辅助管理、计算机辅助测试（CAT）和计算机辅助三维设计；引入企业资源计划系统（ERP），并对高新技术产品工艺装备及试验检测设备进行了更新改造，拥有先进的产品测试中心，具有雄厚的科研实力。

公司作为山东省军民融合企业，自20世纪80年代至今，已经为航空航天领域研制了多种高端真空系统设备。尤其是公司改制后，积极探索适用于航空航天的高端定制真空设备。近年来，公司与多家单位合作，参与研制了某大型军用运输机、大型预警机、大型客运飞机和某军用教练机等国家重点工程的地面模拟环控试验真空系统。产品质量过硬，运行可靠，得到用户的普遍认可。

二、核心产品创新及应用情况

1. 水环式真空泵及机组

1996年，公司与德国西门子合资引进水环式真空泵及机组。经过多年的改进，尤其是2010年以后的几个创新产品被列入国家火炬计划、国家重点新产品计划。以尾气回收真空压缩系统、污泥干化低温真空发生系统、双泵高压压缩机组等产品为代表的新一代集成化真空系统广泛用于化工、能源、环保等行业。该类产品采用工作液闭式循环的液环压缩系统、集成式设计，介质封闭循环工作，无二次污染；自动化程度高，操作便捷；对废气进行密闭式抽吸、压缩、输送，成为收集处理VOCs废气的主要方式之一。

2. 干式螺杆真空泵及机组

2008 年，公司与韩国知名干泵制造商合资引进代表国际先进水平的新型等螺距干式螺杆真空泵技术，实现干式螺杆真空泵及机组的国产化。该产品具有环保、高效的特点，不产生任何污染排放。2016 年成立子公司，专业研发、生产螺杆真空泵。2018 年，国内首款具有完全自主知识产权的 GSP 变螺距螺杆真空泵研制成功并推向市场。与等螺距型螺杆真空泵相比，该产品具有能耗低、可靠性高、无污染等优势，比常规真空泵节能 25% ～ 50%。各系列产品气量可达到 400 ～ 2 500m^3/h，真空度为 1 ～ 1 000Pa。干式真空机组气量达到 10 000L/s，真空度可达到 0.01Pa。产品接入公司的物联网真空机组智能监测平台，可实现智能控制及远程监测。

3. 航空航天地面试验真空系统

公司在 20 世纪 80 年代初生产的旋片式真空泵获得国家质量奖。2010 年前后，公司利用产学研合作模式，与国内某航天设计单位合作研发了 DXMN-1 型航天等离子体试验系统，用于我国某重大航天地面模拟实验。研发的各类高新技术产品先后用于大型运载火箭地面物理实验真空系统工程、某重点型号预警机加油试验真空系统、某新型军用教练机地面环控试验系统、某大型运输机环控试验真空系统以及某国产大飞机燃油实验室等项目。

4. 高效耙式真空干燥机

传统的耙式干燥机采用夹套加热的方式，因干燥机内部无导流，加热介质循环不均匀，造成内部物料受热不均匀、易结块、干燥时间长。公司研制的 ZGP 型耙式真空干燥机是一种高效、卫生、节能的真空干燥设备。2020 年，该产品通过了中国机械工业联合会组织的专家鉴定。产品广泛用于精细化工、医药中间体、食品和染料等领域。公司不仅生产适用于实验室的小型干燥机，还生产大容量耙式干燥机（ZGP10000/8000/7000）。干燥机采用外附半管式加热方式，具有较强的导流性，筒体受热均匀，换热效率高。该新型干燥机可按用户要求进行非标设计，不仅可以降低企业的生产成本，还可以提高生产效率。

公司将继续以“振兴民族工业”为使命，坚持“双山真空　诚信永恒”的经营理念和“团结拼搏、求实创新”的企业精神，以打造百年企业为目标，持续创新，成为我国真空设备行业的领军企业，为行业持续发展做出更大的贡献。

厚植真空领域　打造一流企业

——兰州真空设备有限责任公司

兰州真空设备有限责任公司（简称兰州真空）前身是兰州曙光机械厂，于 1965 年由上海内迁建厂，1979 年 9 月更名为兰州真空设备厂，1997 年转制成为兰州真空设备有限责任公司。2014 年 7 月，兰州空间技术物理研究所对兰州真空进行了增资扩股，兰州空间技术物理研究所占股 70%，兰州市国资委占股 30%。

兰州真空是我国真空设备行业重点企业，主要从事真空获得设备、真空应用设备、固定式低中压容器的设计、制造、安装及其技术开发和技术服务等业务。公司是国内较早开展高真空油扩散泵、真空卷绕镀膜机、真空热处理设备、空间环境模拟实验装置、高真空多层绝热低温液体容器研制生产的专业企业，是中国通用机械工业协会常务理事单位、中国通用机械工业协会真空设备分会副理事长单位、中国真空学会常务理事单位，是甘肃省认定的企业技术中心、真空与低温技术及装备工程技术研究中心和工程实验室。公司通过了 GB/T 19001—2016 质量管理体系认证，拥有固定式低压、中压容器设计许可证及制造许可证。公司拥有“甘肃省领军人才”1 人，有 9 人次入选甘肃省“555”创新人才工程、兰州市“151”人才工程和兰州市拔尖人才。

历经 50 多年的磨砺，兰州真空主导产品已由单一的高真空油扩散泵产品发展为真空获得设备、真空镀膜设备、真空炉、空间环境模拟装备和低温液体贮运容器五大类产品、40 多个系列、300 多个品种规格。产品销售覆盖全国，同时出口到东南亚、南美洲的 20 多个国家和地区。

2020 年，兰州真空积极抢抓市场机遇，大力进行市场开拓，顺利承接中国航空制造技术研究院“超大型磁控溅射机器人镀膜系统”项目、廊坊鼎兴恒泰物资贸易有限公司“低温泵真空系统”项目、北京东方计量测试研究所“特殊环境大型综合试检装置加工研制”项目等多个 1 000 万元级订单。此外，兰州真空立项的“多室隧道连续式真空烧结研发及其产业化”项目结项验收，填补了公司在多室连续炉上的技术空白，为后续市场推广提供了技术支持，彰显了企业厚积薄发的市场竞争实力。

兰州真空在 2020 年顺利取得核安全设备制造许可证，率先成为国内具备该资质的真空设备制造企业。在此基础上，公司承接了国家重点项目专用真空设备的批产任务。公司于 2020 年年底按期完成了 5 套产品的生产，并通过用户验收，为 2021 年顺利完成后续生产任务做好了铺垫。

2020 年，兰州真空针对传统民用产品和核工业产品市场的不同特点，重新组织销售架构及人员职责分工，建立了销售人员片区负责制度和重点项目驻守机制。公司紧紧抓住核工业领域快速发展的关键机遇期，市场开拓取得丰硕的成果，新增客户 39 家，累计新签合同 260 余项，合同总额超过 10 亿元。

“十四五”时期，兰州真空将坚持“强基础、促改革，重质量、增效益，激活力、快发展”的工作思路，将企业定位于中高端真空装备制造和提供整体工程解决方案及服务的现代企业，为国防工业和国民经济建设提供一流的真空与低温技术及装备，努力将兰州真空打造成为国内一流的真空设备制造企业。

精耕细作　成就挠性联轴器专业品牌

——无锡创明传动工程有限公司

无锡创明传动工程有限公司（简称创明）是由原中航工业第六一四研究所传动工程公司于 2001 年 5 月整体改制成立的股份制公司，专业从事金属挠性联轴器系列产品的设计、开发、生产、销售和服务。公司主要产品有膜盘联轴器、膜片联轴器、风电联轴器，其中膜片联轴器、膜盘联轴器被认定为江苏省高新技术产品。公司产品主要应用于工业流程的泵、风机、压缩机等流体机械和其他同轴设备的动力传递，主要应用于石油、天然气、化工、冶金、建材、火电、风电、核电、轨道交通、舰船及航空等行业。

创明的前身自 20 世纪 80 年代初开始金属挠性联轴器设计及应用研究工作，对设计计算、选材、加工工艺及动平衡等开展了专题研究。历时数年的相关研究取得了丰硕的成果，形成了完全自主知识产权，并获得原航空航天部 1990 年度科技进步奖二等奖。公司在深入研究的基础上进行产业化开发，开发出高、中、低速全系列产品，可以满足各类流程动力设备的需要，于 1985 年开始商品交付，并逐渐形成主机配套。“专业的人做专业的事”“技术上比别人说得更清楚”是创明一贯坚持的原则，在专业化和市场化的引领下，创明逐步成长为一家掌握核心技术并可以提供全系列产品的挠性联轴器专业公司。创明的联轴器产品具有功率密度大、加工精度高、不对中补偿性能好和使用寿命长等特点，卓越的产品和服务赢得了国内外用户的广泛认同。公司逐步从进口产品的替代者成长为国内外知名的 OEM 厂商的配套合作伙伴。

近 40 年来，创明持续开展专业技术研发，不断进行产品迭代，形成了丰富的产品系列和工程应用选项，可以为各种可能的工业应用提供匹配的挠性联轴器产品和服务。当前，公司既有为工业流程泵量身打造的标准产品，又有适用于各类涡轮机械的高性能产品，可完全满足 API 标准要求。公司是江苏省高新技术企业、省级企业技术中心、江苏省联轴器工程技术研究中心。公司于 2003 年通过 ISO9001 质量管理体系认证，2012 年通过 ISO14001 环境管理体系认证，2013 年通过 OHSAS18001 职业健康安全管理体系认证。公司常用产品系列取得 CE 和 ATEX 认证。截至 2020 年年底，公司累计获得国家专利 60 项，其中发明专利 10 项。

当前，创明已经成为亚洲地区最大的挠性联轴器供应商，年交付膜片联轴器、膜盘联轴器共 15 万套左右。公司不仅是中国石化、中国石油、中国海油、国家能源集团等大型流程工业企业挠性联轴器的主要供应商，而且是众多国际知名流程动力设备厂家的产品配套和技术合作伙伴。截至 2020 年年底，公司累计交付挠性联轴器产品超过 75 万套，已交付产品最大传递功率为 110 000kW，最大公称扭矩为 10 500kN・m，最高转速为 60 000r/min，最大外径为 3 330mm，最大长度为 12m。

创明持续开展研发能力建设，逐步建立起包括动、静态试验台在内的各类研发设施，可开展各种载荷条件下的静强度试验、低周疲劳试验、高周疲劳试验，最大试验扭矩可达 5 000kN・m，最高试验转速可达 21 000r/min。

创明秉承“做专、做精、做强”的理念，通过持续的工艺技术革新、管理创新，并充分利用信息技术和智能装备的发展成果，探索出了大规模工程定制和标准产品批量生产相结合的生产管理模式，形成了基于现代技术条件的大规模定制生产能力。公司拥有齐备的专业加工和检测设备，具备稳定的供应链能力，建有包括 ERP 系统、物料条码系统、自动立体仓储系统和电子图文档系统在内的信息管理系统，已形成年产 15 万套膜片、膜盘联轴器的能力。

随着公司技术能力不断提高，创明的产品应用领域不断拓宽，应用业绩也不断取得突破。创明的联轴器产品不仅应用在泵、风机、压缩机等传统流体机械，还应用到轨道交通、升船机、挖泥船、飞机、舰船等动力驱动和各种试验研发设施的传动链中。从百万千瓦核电机组给水泵到大型炼化装置的核心压缩机，从天然气长输管线压缩机到大型空分装置的主压缩机，从南水北调到西气东输，这些曾经依赖进口挠性联轴器的场合，创明均实现了零的突破。创明已成为国内流程动力设备厂家的首选合作伙伴，而且与西门子、阿特拉斯、曼透平等国际巨头开展技术合作和产品配套。

近 40 年来，创明坚守专业初心，立志产业报国，实现了金属挠性联轴器工艺技术现代化、生产制造规模化、销售服务国际化。公司专注于挠性传动领域，与市场同频共振，与用户风雨同舟，成就了一个金属挠性联轴器专业品牌，成为“技术”和“质量”的代名词。创明人的专业敬业、踏实诚信赢得众多用户和合作伙伴的肯定。

在专业领域内精耕细作，成为“隐形冠军”是创明的初心；在挠性传动领域，为国家提供技术、产品和服务支撑，为“制造强国”贡献力量是创明的使命。展望未来，创明人坚持专业研究更深一步、产品质量更高一级、服务水平更胜一筹的执着追求，坚持专业特色，努力打造挠性传动领域的“百年老店”。

百年荏原　立足中国　服务世界

——荏原冷热系统（中国）有限公司

荏原制作所创立于1912年，至今已有109年的历史。1996年，荏原制作所出资成立了荏原冷热系统（中国）有限公司，主要生产溴化锂吸收式制冷（热泵）机组、离心式/螺杆式冷水（热泵）机组、开（闭）式冷却塔及大型风机等产品。产品主要应用于工业用冷（热）、集中供热和商业空调等领域。公司可根据客户需求量身定制冷热源一体化产品，提供冷热系统综合性解决方案。公司在行业内率先取得机电设备安装一级资质，并取得机电工程施工总承包三级、环保工程专业承包三级资质，为客户打造高效冷热源集成和智能控制系统。

一、战疫之下，调整战略方针

2020年，突如其来的新冠肺炎疫情打乱了企业运营的既定节奏。面对前所未有的挑战，在全力战疫和复工复产的关键阶段，公司提出明确的战略方向，保持吸收式机组的领先优势，继续推进电制冷机组的发展，推动冷却塔规模扩大，扩大节能服务诊断业务。

公司制定了提高客户满意度、加强培训、数字化转型等经营管理方针，应对复杂多变的市场环境，提高公司的综合竞争优势。通过优化组织和人员配置，提供24h不间断服务，缩短服务响应时间，提高服务满意度。

疫情期间，公司对全体员工进行强化练兵。在员工居家办公期间，通过线上培训、线上学习等方式，提高全员的业务能力和专业技术水平。公司加强渠道建设，与上海市能效中心等单位签署战略合作协议，共同拓展节能服务领域。

公司围绕数字化转型经营管理方针，开展“匠行·挑战——赢未来”项目，搭建实用、高效的智能化管理平台，如智能化冷却塔、各品类制冷机的智能选型报价平台等，大幅提升了工作效率。

二、精准定位，发挥品牌优势

公司结合产品的特点和品牌优势，继续深耕工业节能市场，将工业领域节能、降耗作为产品开发的目标，助推行业低碳、绿色发展。

公司的溴化锂吸收式机组可回收工业余废热，将其变废为宝，解决客户的冷热需求，减少一次能源的消耗；离心式制冷机达到国家一级能效标准，可减少对电网的冲击，降低电力消耗；开（闭）式冷却塔以低漂水率、低运行噪声博得众多客户的青睐；消雾节水型冷却塔可消除冬季冷却塔运行产生的白雾，减少视觉污染，降低蒸发损失，节约水资源。

公司可为客户量身定制优化的产品组合模式。比如，溴电结合模式（溴化锂吸收式制冷机＋离心式电制冷机联合供冷），溴化锂制冷机可充分利用生产工艺中的余废热进行制冷，当制冷量不够时，再通过高效离心式制冷机制取冷水。溴塔结合模式（溴化锂吸收式制冷机 + 冷却塔联合冷却）对需要冷却的介质实现分段式冷却，即先通过冷却塔进行预冷，再串联吸收式制冷机进行冷却。该模式下，冷源费用总投入降低，运行成本更低，经济效益显著。冷热联供模式（溴化锂吸收式制冷机供冷 + 溴化锂吸收式热泵供热）无需冷却水，将冷凝热进行回收，为客户同时提供冷水和高温热水。

三、“双碳”目标下的发展方向

荏原冷热系统（中国）有限公司作为一家节能、节电、节水设备系统集成供应商，一直以“提效降耗”为目标。在国家推动实现“碳达峰、碳中和”目标的背景下，节能设备的市场需求将大幅增加。公司将凭借先进的技术和高效、稳定的产品，为推动工业企业践行绿色低碳发展、助推工业领域节能降碳运营贡献力量。

公司将通过系统集成、节能服务诊断、节能改造、运营管理等新的业务模式，进一步扩大产业规模，将以全球一体化的思维立足中国、服务世界，推进全球冷热事业的发展。

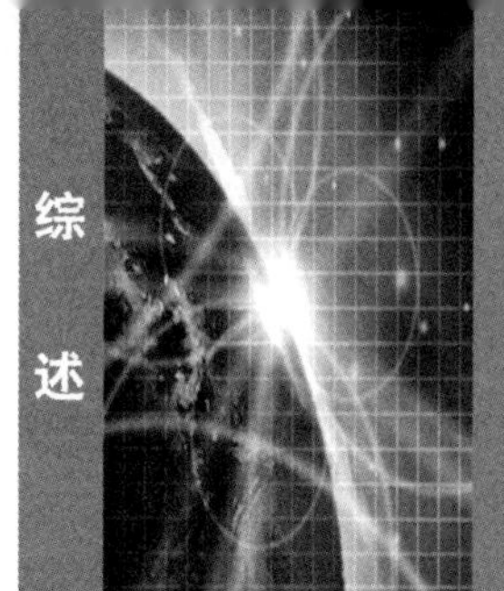

统计资料

公布2020年通用机械主要产品进出口数据

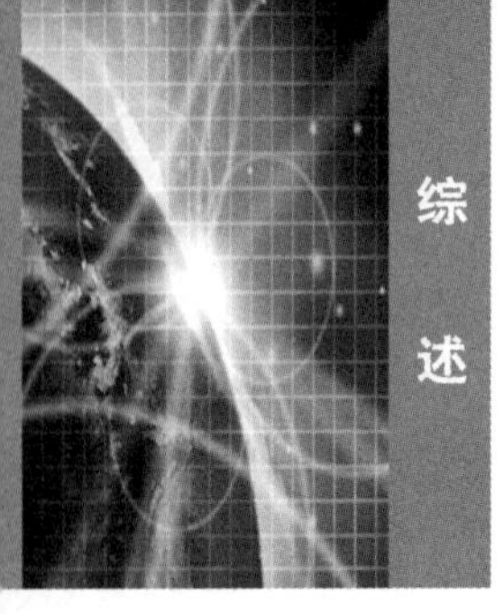

统计资料

2020 年通用机械主要产品进口情况
2020 年通用机械主要产品出口情况
2020 年通用机械主要产品进口量值（按贸易方式统计）
2020 年通用机械主要产品出口量值（按贸易方式统计）
2020 年通用机械主要进口国家（地区）量值
2020 年通用机械主要出口国家（地区）量值

2020年通用机械主要产品进口情况

商品代码	商品名称	进口量单位	进口量	进口金额（万美元）
84131100	分装燃料或润滑油的计量泵，加油站或车库用	台	2 002	203.29
84131900	其他装有或可装计量装置的液体泵	台	3 239 354	22 041.61
84135010	气动往复式排液泵	台	193 261	8 842.39
84135020	电动往复式排液泵	台	14 425 327	33 324.93
84135031	液压往复式柱塞泵	台	685 420	27 748.68
84135039	其他液压往复式排液泵	台	222 537	14 436.40
84135090	未列名往复式排液泵	台	2 108 409	7 094.37
84136021	电动回转式齿轮泵	台	4 542 550	37 492.07
84136022	液压回转式齿轮泵	台	476 349	6 584.11
84136029	其他回转式齿轮泵	台	824 697	5 597.81
84136031	电动回转式叶片泵	台	1 096 811	4 036.26
84136032	液压回转式叶片泵	台	859 102	6 256.54
84136039	其他回转式叶片泵	台	135 628	1 506.64
84136040	回转式螺杆泵	台	48 517	7 375.86
84136050	回转式径向柱塞泵	台	27 963	1 879.33
84136060	回转式轴向柱塞泵	台	324 733	18 813.79
84136090	其他回转式排液泵	台	1 019 978	7 434.39
84137010	转速在 10 000r/min 及以上的离心泵	台	412 077	1 540.84
84137091	转速在 10 000r/min 以下的离心式电动潜油泵及潜水泵	台	61 189	5 779.26
84137099	转速在 10 000r/min 以下的其他离心泵	台	3 829 627	68 320.54
84138100	未列名液体泵	台	1 751 953	12 525.63
84138200	液体提升机	台	5 891	336.10
84139100	液体泵零件	kg	31 767 248	89 119.71
84139200	液体提升机零件	kg	6 146	29.37
84141000	真空泵	台	2 270 205	80 929.25
84142000	手动或脚踏式空气泵	台	1 158 871	388.12
84145930	离心通风机	台	2 052 224	14 187.51
84145990	未列名风机、风扇	台	141 858 571	91 493.48
84148020	二氧化碳压缩机	台	17 555	1 159.71
84148040	空气及其他气体压缩机	台	460 267	72 468.11
84148090	其他空气泵，通风罩、循环气罩	台	18 412 739	22 861.47
84193100	农产品干燥器	台	153	645.19

（续）

商品代码	商品名称	进口量单位	进口量	进口金额（万美元）
84193200	木材、纸浆、纸或纸板干燥器	台	200	2 216.34
84193990	未列名干燥器	台	61 583	25 254.52
84196011	制氧量≥ 15 000m^3/h 及以上的制氧机	台	1	0.04
84196019	其他制氧机	台	687	164.22
84196090	未列名液化空气或其他气体的机器	台	340	4 522.90
84211920	固液分离机	台	3 132	15 455.92
84211990	其他未列名离心机，包括离心干燥机	台	61 709	25 831.52
84212910	压滤机	台	7 412	3 965.59
84811000	减压阀	套	43 694 530	40 309.46
84812010	油压传动阀	套	125 235 657	130 876.14
84812020	气压传动阀	套	28 753 241	58 011.09
84813000	止回阀	套	374 973 826	41 690.78
84814000	安全阀或溢流阀	套	64 383 308	41 344.96
84819010	阀门零件	kg	38 289 323	111 138.38
84834020	行星齿轮减速器	个	566 433	30 981.15
84834090	齿轮及其他变速、传动装置；滚珠螺杆传动轴	个	144 448 540	125 826.21

〔供稿单位：机械工业信息中心〕

2020 年通用机械主要产品出口情况

商品代码	商品名称	出口量单位	出口量	出口金额（万美元）
84131100	分装燃料或润滑油的计量泵，加油站或车库用	台	551 900	9 801.31
84131900	其他装有或可装计量装置的液体泵	台	2 725 730	9 356.42
84135010	气动往复式排液泵	台	1 308 191	7 430.11
84135020	电动往复式排液泵	台	33 704 383	28 911.84
84135031	液压往复式柱塞泵	台	3 173 997	9 390.78
84135039	其他液压往复式排液泵	台	3 203 688	6 122.52
84135090	未列名往复式排液泵	台	10 666 624	6 766.25
84136021	电动回转式齿轮泵	台	2 735 161	9 475.17
84136022	液压回转式齿轮泵	台	846 488	6 071.34
84136029	其他回转式齿轮泵	台	709 295	3 256.83

（续）

商品代码	商品名称	出口量单位	出口量	出口金额（万美元）
84136031	电动回转式叶片泵	台	4 670 804	8 170.73
84136032	液压回转式叶片泵	台	326 298	1 951.69
84136039	其他回转式叶片泵	台	3 911 614	8 163.17
84136040	回转式螺杆泵	台	142 860	3 206.54
84136050	回转式径向柱塞泵	台	34 365	471.71
84136060	回转式轴向柱塞泵	台	653 141	3 909.58
84136090	其他回转式排液泵	台	21 152 599	52 023.28
84137010	转速在 10 000r/min 及以上的离心泵	台	13 685 936	5 089.34
84137091	转速在 10 000r/min 以下的离心式电动潜油泵及潜水泵	台	45 902 945	107 512.46
84137099	转速在 10 000r/min 以下的其他离心泵	台	92 710 968	221 495.94
84138100	未列名液体泵	台	11 650 550	21 875.64
84138200	液体提升机	台	93 529	199.86
84139100	液体泵零件	kg	257 776 952	171 936.53
84139200	液体提升机零件	kg	750 788	945.89
84141000	真空泵	台	9 356 666	30 707.02
84142000	手动或脚踏式空气泵	台	148 425 341	28 227.50
84145930	离心通风机	台	23 985 076	42 234.72
84145990	未列名风机、风扇	台	430 157 499	198 594.36
84148020	二氧化碳压缩机	台	144 105	2 629.60
84148040	空气及其他气体压缩机	台	13 161 976	146 838.39
84148090	其他空气泵，通风罩、循环气罩	台	114 146 267	111 948.95
84193100	农产品干燥器	台	17 625	2 582.20
84193200	木材、纸浆、纸或纸板干燥器	台	4 514	5 884.72
84193910	微空气流动陶瓷坯件干燥器	台	32	50.68
84193990	未列名干燥器	台	2 259 779	43 656.82
84196011	制氧量≥ 15 000m^3/h 及以上的制氧机	台	12 269	3 099.82
84196019	其他制氧机	台	352 767	14 048.00
84196090	未列名液化空气或其他气体的机器	台	13 971	18 229.89
84211920	固液分离机	台	82 429	8 499.80
84211990	其他未列名离心机，包括离心干燥机	台	369 050	9 883.36
84212910	压滤机	台	342 596	7 928.48
84811000	减压阀	套	67 173 128	29 655.63
84812010	油压传动阀	套	12 411 266	12 232.42
84812020	气压传动阀	套	36 699 268	12 004.03

（续）

商品代码	商品名称	出口量单位	出口量	出口金额（万美元）
84813000	止回阀	套	2 138 917 142	44 459.96
84814000	安全阀或溢流阀	套	43 737 556	17 049.03
84819010	阀门零件	kg	281 232 858	215 952.48
84834020	行星齿轮减速器	个	19 806 501	23 632.98
84834090	齿轮及其他变速、传动装置；滚珠螺杆传动轴	个	247 447 367	235 906.73

〔供稿单位：机械工业信息中心〕

2020年通用机械主要产品进口量值（按贸易方式统计）

商品代码	商品名称	贸易方式	进口量单位	进口量	进口金额（万美元）
84131100	分装燃料或润滑油的计量泵，加油站或车库用	一般贸易	台	1 887	99.58
		进料加工贸易	台	10	89.75
		租赁贸易	台	1	1.32
		海关特殊监管区域物流货物	台	100	11.81
		其他	台	4	0.83
84131900	其他装有或可装计量装置的液体泵	一般贸易	台	939 206	18 652.00
		国家间、国际组织无偿援助和赠送的物资	台	30	1.56
		其他捐赠物资	台	1	0.05
		来料加工贸易	台	1 493	185.63
		进料加工贸易	台	5 212	332.92
		外商投资企业作为投资进口的设备、物品	台	5	125.45
		保税监管场所进出境货物	台	1 294	198.81
		海关特殊监管区域物流货物	台	2 290 245	2 488.60
		海关特殊监管区域进口设备	台	49	9.77
		其他	台	1 819	46.82
84135010	气动往复式排液泵	一般贸易	台	157 445	5 466.74
		来料加工贸易	台	168	31.93
		进料加工贸易	台	8 718	353.12
		租赁贸易	台	1	1.52
		外商投资企业作为投资进口的设备、物品	台	212	104.87
		保税监管场所进出境货物	台	276	76.06
		海关特殊监管区域物流货物	台	25 357	2 596.18

（续）

商品代码	商品名称	贸易方式	进口量单位	进口量	进口金额（万美元）
84135010	气动往复式排液泵	海关特殊监管区域进口设备	台	423	185.04
		其他	台	661	26.93
84135020	电动往复式排液泵	一般贸易	台	3 666 496	20 250.66
		来料加工贸易	台	2 479 012	657.80
		进料加工贸易	台	8 174 276	6 200.22
		保税监管场所进出境货物	台	5 254	709.68
		海关特殊监管区域物流货物	台	89 789	5 364.64
		海关特殊监管区域进口设备	台	264	48.98
		其他	台	10 236	92.95
84135031	液压往复式柱塞泵	一般贸易	台	603 887	20 258.12
		来料加工贸易	台	15	5.70
		进料加工贸易	台	52 635	968.97
		边境小额贸易	台	6	0.02
		租赁贸易	台	1	7.85
		外商投资企业作为投资进口的设备、物品	台	8	13.04
		保税监管场所进出境货物	台	572	765.83
		海关特殊监管区域物流货物	台	23 981	5 619.00
		海关特殊监管区域进口设备	台	45	17.89
		其他	台	4 270	92.26
84135039	其他液压往复式排液泵	一般贸易	台	184 462	11 119.60
		来料加工贸易	台	6	1.14
		进料加工贸易	台	8 265	919.43
		租赁贸易	台	1	4.14
		保税监管场所进出境货物	台	456	364.08
		海关特殊监管区域物流货物	台	22 735	1 994.46
		海关特殊监管区域进口设备	台	5	2.22
		其他	台	6 607	31.34
84135090	未列名往复式排液泵	一般贸易	台	208 045	6 034.66
		来料加工贸易	台	672 666	179.61
		进料加工贸易	台	1 225 839	692.58
		租赁贸易	台	2	0.90
		保税监管场所进出境货物	台	558	91.35
		海关特殊监管区域物流货物	台	1 157	82.64
		海关特殊监管区域进口设备	台	2	1.31
		其他	台	140	11.32
84136021	电动回转式齿轮泵	一般贸易	台	4 069 344	33 242.79
		来料加工贸易	台	3	22.09

（续）

商品代码	商品名称	贸易方式	进口量单位	进口量	进口金额（万美元）
84136021	电动回转式齿轮泵	进料加工贸易	台	420 487	1 881.62
		外商投资企业作为投资进口的设备、物品	台	23	233.83
		保税监管场所进出境货物	台	2 141	591.82
		海关特殊监管区域物流货物	台	48 522	1 437.95
		海关特殊监管区域进口设备	台	71	16.73
		其他	台	1 959	65.26
84136022	液压回转式齿轮泵	一般贸易	台	436 147	5 351.62
		进料加工贸易	台	16 459	424.60
		边境小额贸易	台	26	0.11
		保税监管场所进出境货物	台	6 931	616.57
		海关特殊监管区域物流货物	台	2 499	165.24
		海关特殊监管区域进口设备	台	2	1.05
		其他	台	14 285	24.91
84136029	其他回转式齿轮泵	一般贸易	台	660 383	4 146.44
		来料加工贸易	台	26 022	10.26
		进料加工贸易	台	134 780	753.92
		保税监管场所进出境货物	台	259	417.92
		海关特殊监管区域物流货物	台	3 087	261.19
		海关特殊监管区域进口设备	台	18	1.08
		其他	台	148	6.99
84136031	电动回转式叶片泵	一般贸易	台	1 025 542	2 621.33
		进料加工贸易	台	64 990	1 243.99
		外商投资企业作为投资进口的设备、物品	台	1	0.98
		保税监管场所进出境货物	台	504	50.64
		海关特殊监管区域物流货物	台	4 175	82.03
		海关特殊监管区域进口设备	台	37	13.19
		其他	台	1 562	24.10
84136032	液压回转式叶片泵	一般贸易	台	845 641	5 790.58
		来料加工贸易	台	2	0.06
		进料加工贸易	台	10 524	381.62
		保税监管场所进出境货物	台	42	45.39
		海关特殊监管区域物流货物	台	2 684	36.77
		其他	台	209	2.12
84136039	其他回转式叶片泵	一般贸易	台	108 267	1 456.39
		进料加工贸易	台	22 963	8.00
		保税监管场所进出境货物	台	59	8.68
		海关特殊监管区域物流货物	台	630	24.44

（续）

商品代码	商品名称	贸易方式	进口量单位	进口量	进口金额（万美元）
84136039	其他回转式叶片泵	海关特殊监管区域进口设备	台	46	1.08
		其他	台	3 663	8.04
84136040	回转式螺杆泵	一般贸易	台	42 159	4 337.47
		来料加工贸易	台	392	65.35
		进料加工贸易	台	3 232	2 383.18
		外商投资企业作为投资进口的设备、物品	台	4	3.32
		保税监管场所进出境货物	台	214	120.44
		海关特殊监管区域物流货物	台	2 262	433.27
		海关特殊监管区域进口设备	台	12	11.96
		其他	台	242	20.87
84136050	回转式径向柱塞泵	一般贸易	台	25 563	1 602.64
		进料加工贸易	台	2 127	215.85
		保税监管场所进出境货物	台	40	3.36
		海关特殊监管区域物流货物	台	213	53.36
		其他	台	20	4.12
84136060	回转式轴向柱塞泵	一般贸易	台	116 263	16 854.82
		来料加工贸易	台	7	4.58
		进料加工贸易	台	202 314	1 013.14
		外商投资企业作为投资进口的设备、物品	台	1	1.07
		保税监管场所进出境货物	台	144	85.55
		海关特殊监管区域物流货物	台	5 748	826.56
		海关特殊监管区域进口设备	台	109	7.94
		其他	台	147	20.14
84136090	其他回转式排液泵	一般贸易	台	859 662	6 297.69
		来料加工贸易	台	448	77.01
		进料加工贸易	台	133 102	602.64
		租赁贸易	台	2	2.04
		保税监管场所进出境货物	台	3 518	159.68
		海关特殊监管区域物流货物	台	21 947	262.94
		海关特殊监管区域进口设备	台	59	9.30
		其他	台	1 240	23.09
84137010	转速在 10 000r/min 及以上的离心泵	一般贸易	台	410 369	1 059.46
		进料加工贸易	台	237	400.88
		保税监管场所进出境货物	台	22	5.88
		海关特殊监管区域物流货物	台	1 395	69.76
		其他	台	54	4.87

（续）

商品代码	商品名称	贸易方式	进口量单位	进口量	进口金额（万美元）
84137091	转速在 10 000r/min 以下的离心式电动潜油泵及潜水泵	一般贸易	台	43 705	4 924.22
		来料加工贸易	台	638	200.64
		进料加工贸易	台	15 500	380.07
		外商投资企业作为投资进口的设备、物品	台	3	2.35
		保税监管场所进出境货物	台	20	17.00
		海关特殊监管区域物流货物	台	1 131	233.61
		海关特殊监管区域进口设备	台	3	1.20
		其他	台	189	20.16
84137099	转速在 10 000r/min 以下的其他离心泵	一般贸易	台	3 251 284	48 027.84
		来料加工贸易	台	1 235	589.95
		进料加工贸易	台	464 876	12 183.15
		租赁贸易	台	1	2.77
		外商投资企业作为投资进口的设备、物品	台	66	128.30
		保税监管场所进出境货物	台	28 585	1 953.39
		海关特殊监管区域物流货物	台	77 026	5 000.15
		海关特殊监管区域进口设备	台	525	281.85
		其他	台	6 029	153.15
84138100	未列名液体泵	一般贸易	台	660 706	4 562.32
		来料加工贸易	台	253	105.03
		进料加工贸易	台	1 056 484	6 781.46
		保税监管场所进出境货物	台	26 102	870.84
		海关特殊监管区域物流货物	台	3 607	148.16
		海关特殊监管区域进口设备	台	74	27.95
		其他	台	4 727	29.87
84138200	液体提升机	一般贸易	台	5 862	289.37
		来料加工贸易	台	7	44.19
		进料加工贸易	台	6	2.35
		海关特殊监管区域物流货物	台	15	0.03
		其他	台	1	0.16
84139100	液体泵零件	一般贸易	kg	26 684 576	74 360.63
		来料加工贸易	kg	81 857	109.43
		进料加工贸易	kg	3 079 430	6 579.33
		外商投资企业作为投资进口的设备、物品	kg	4	0.56
		出料加工贸易	kg	3 039	38.65
		保税监管场所进出境货物	kg	136 677	1 487.72
		海关特殊监管区域物流货物	kg	1 684 929	6 145.15
		海关特殊监管区域进口设备	kg	993	67.79

（续）

商品代码	商品名称	贸易方式	进口量单位	进口量	进口金额（万美元）
84139100	液体泵零件	其他	kg	95 743	330.45
84139200	液体提升机零件	一般贸易	kg	5 005	26.39
		进料加工贸易	kg	339	0.91
		保税监管场所进出境货物	kg	162	1.32
		海关特殊监管区域物流货物	kg	69	0.48
		其他	kg	571	0.28
84141000	真空泵	一般贸易	台	1 815 424	47 618.58
		来料加工贸易	台	12 482	177.32
		进料加工贸易	台	62 401	3 541.54
		加工贸易进口设备	台	1	0.01
		租赁贸易	台	2	6.11
		外商投资企业作为投资进口的设备、物品	台	775	1 885.70
		保税监管场所进出境货物	台	18 253	4 204.82
		海关特殊监管区域物流货物	台	353 472	12 922.63
		海关特殊监管区域进口设备	台	4 989	9 299.29
		其他	台	2 406	1 273.25
84142000	手动或脚踏式空气泵	一般贸易	台	956 935	325.79
		来料加工贸易	台	202	0.32
		进料加工贸易	台	44 135	18.91
		保税监管场所进出境货物	台	3 032	2.70
		海关特殊监管区域物流货物	台	13 929	25.25
		海关特殊监管区域进口设备	台	22	1.48
		其他	台	140 616	13.67
84145930	离心通风机	一般贸易	台	615 640	9 511.77
		来料加工贸易	台	173	78.63
		进料加工贸易	台	669 393	1 902.26
		外商投资企业作为投资进口的设备、物品	台	20	130.98
		保税监管场所进出境货物	台	13 874	229.27
		海关特殊监管区域物流货物	台	752 167	2 260.60
		海关特殊监管区域进口设备	台	122	21.12
		其他	台	835	52.87
84145990	未列名风机、风扇	一般贸易	台	22 681 179	33 950.85
		来料加工贸易	台	12 780 832	1 997.78
		进料加工贸易	台	77 606 608	33 589.46
		加工贸易进口设备	台	3	3.21
		外商投资企业作为投资进口的设备、物品	台	23	293.11
		保税监管场所进出境货物	台	4 288 059	2 678.41

（续）

商品代码	商品名称	贸易方式	进口量单位	进口量	进口金额（万美元）
84145990	未列名风机、风扇	海关特殊监管区域物流货物	台	24 445 169	18 780.90
		海关特殊监管区域进口设备	台	10 787	74.15
		其他	台	45 911	125.61
84148020	二氧化碳压缩机	一般贸易	台	6 500	1 077.11
		进料加工贸易	台	12	23.63
		海关特殊监管区域物流货物	台	11 041	39.18
		海关特殊监管区域进口设备	台	1	19.48
		其他	台	1	0.31
84148040	空气及其他气体压缩机	一般贸易	台	132 838	54 593.00
		来料加工贸易	台	4	108.92
		进料加工贸易	台	206 271	11 701.04
		加工贸易进口设备	台	1	1.17
		外商投资企业作为投资进口的设备、物品	台	10	44.04
		保税监管场所进出境货物	台	823	2 136.83
		海关特殊监管区域物流货物	台	119 696	3 664.60
		海关特殊监管区域进口设备	台	16	79.40
		其他	台	608	139.12
84148090	其他空气泵，通风罩、循环气罩	一般贸易	台	626 910	12 310.11
		来料加工贸易	台	2 688 038	354.64
		进料加工贸易	台	7 667 977	5 423.23
		加工贸易进口设备	台	2	0.002
		外商投资企业作为投资进口的设备、物品	台	7	116.65
		出料加工贸易	台	8	49.54
		保税监管场所进出境货物	台	8 890	1 592.46
		海关特殊监管区域物流货物	台	7 411 235	2 916.02
		海关特殊监管区域进口设备	台	157	58.64
		其他	台	9 515	40.18
84193100	农产品干燥器	一般贸易	台	153	645.19
84193200	木材、纸浆、纸或纸板干燥器	一般贸易	台	194	1 969.53
		保税监管场所进出境货物	台	1	190.61
		海关特殊监管区域物流货物	台	5	56.19
84193990	未列名干燥器	一般贸易	台	12 409	19 143.52
		来料加工贸易	台	75	31.90
		进料加工贸易	台	37 891	882.03
		加工贸易进口设备	台	1	2.80
		外商投资企业作为投资进口的设备、物品	台	457	3 140.17
		保税监管场所进出境货物	台	106	208.66

（续）

商品代码	商品名称	贸易方式	进口量单位	进口量	进口金额（万美元）
84193990	未列名干燥器	海关特殊监管区域物流货物	台	10 490	1 544.22
		海关特殊监管区域进口设备	台	102	257.15
		其他	台	52	44.08
84196011	制氧量≥15 000m^3/h及以上的制氧机	其他	台	1	0.04
84196019	其他制氧机	一般贸易	台	440	69.75
		其他捐赠物资	台	112	8.97
		海关特殊监管区域物流货物	台	126	85.17
		其他	台	9	0.34
84196090	未列名液化空气或其他气体的机器	一般贸易	台	277	1 408.08
		进料加工贸易	台	29	3 037.96
		外商投资企业作为投资进口的设备、物品	台	20	73.54
		海关特殊监管区域物流货物	台	5	1.12
		其他	台	9	2.19
84211920	固液分离机	一般贸易	台	2 643	9 761.67
		来料加工贸易	台	5	105.04
		进料加工贸易	台	35	82.98
		外商投资企业作为投资进口的设备、物品	台	12	543.18
		保税监管场所进出境货物	台	9	8.51
		海关特殊监管区域物流货物	台	241	4 951.10
		海关特殊监管区域进口设备	台	8	1.53
		其他	台	179	1.92
84211990	其他未列名离心机，包括离心干燥机	一般贸易	台	47 630	17 185.72
		来料加工贸易	台	12	52.39
		进料加工贸易	台	363	709.00
		边境小额贸易	台	1	2.18
		外商投资企业作为投资进口的设备、物品	台	6	53.19
		保税监管场所进出境货物	台	298	313.08
		海关特殊监管区域物流货物	台	13 275	7 444.29
		海关特殊监管区域进口设备	台	3	1.64
		其他	台	121	70.03
84212910	压滤机	一般贸易	台	7 382	3 834.61
		进料加工贸易	台	20	0.22
		保税监管场所进出境货物	台	4	25.64
		海关特殊监管区域物流货物	台	5	96.31
		海关特殊监管区域进口设备	台	1	8.80
84811000	减压阀	一般贸易	套	36 751 813	31 096.61
		来料加工贸易	套	6 382	104.25

（续）

商品代码	商品名称	贸易方式	进口量单位	进口量	进口金额（万美元）
84811000	减压阀	进料加工贸易	套	4 812 419	3 265.75
		边境小额贸易	套	16	0.06
		外商投资企业作为投资进口的设备、物品	套	4	18.91
		保税监管场所进出境货物	套	102 694	817.01
		海关特殊监管区域物流货物	套	1 955 850	4 309.35
		海关特殊监管区域进口设备	套	6 910	561.19
		其他	套	58 442	136.34
84812010	油压传动阀	一般贸易	套	116 921 793	106 722.87
		来料加工贸易	套	1 333	40.63
		进料加工贸易	套	5 151 056	12 928.53
		边境小额贸易	套	29	0.05
		保税监管场所进出境货物	套	69 100	1 270.76
		海关特殊监管区域物流货物	套	3 013 965	9 775.69
		海关特殊监管区域进口设备	套	92	5.12
		其他	套	78 289	132.49
84812020	气压传动阀	一般贸易	套	19 420 968	41 274.45
		来料加工贸易	套	334	59.28
		进料加工贸易	套	299 414	1 858.97
		租赁贸易	套	3	6.73
		外商投资企业作为投资进口的设备、物品	套	1	0.05
		保税监管场所进出境货物	套	16 527	912.70
		海关特殊监管区域物流货物	套	8 981 869	13 259.72
		海关特殊监管区域进口设备	套	13 159	443.43
		其他	套	20 966	195.76
84813000	止回阀	一般贸易	套	210 238 736	31 529.76
		来料加工贸易	套	3 983 441	243.02
		进料加工贸易	套	153 871 447	5 500.80
		外商投资企业作为投资进口的设备、物品	套	208	0.92
		保税监管场所进出境货物	套	1 092 947	1 413.44
		海关特殊监管区域物流货物	套	5 247 498	2 707.75
		海关特殊监管区域进口设备	套	4 426	142.62
		其他	套	535 123	152.47
84814000	安全阀或溢流阀	一般贸易	套	56 742 327	34 635.67
		来料加工贸易	套	137 646	114.43

（续）

商品代码	商品名称	贸易方式	进口量单位	进口量	进口金额（万美元）
减压阀	安全阀或溢流阀	进料加工贸易	套	6 898 098	4 560.01
		外商投资企业作为投资进口的设备、物品	套	75	7.43
		保税监管场所进出境货物	套	191 723	780.31
		海关特殊监管区域物流货物	套	342 226	1 121.26
		海关特殊监管区域进口设备	套	384	36.69
		其他	套	70 829	89.16
84819010	阀门零件	一般贸易	kg	30 798 763	86 094.28
		来料加工贸易	kg	189 547	698.12
		进料加工贸易	kg	5 408 000	15 071.33
		外商投资企业作为投资进口的设备、物品	kg	2	0.11
		出料加工贸易	kg	1 151	6.24
		保税监管场所进出境货物	kg	186 422	1 983.58
		海关特殊监管区域物流货物	kg	1 661 779	6 999.67
		海关特殊监管区域进口设备	kg	980	104.48
		其他	kg	42 679	180.57
84834020	行星齿轮减速器	一般贸易	个	495 091	26 523.14
		进料加工贸易	个	64 004	2 916.19
		外商投资企业作为投资进口的设备、物品	个	2	0.15
		保税监管场所进出境货物	个	561	246.50
		海关特殊监管区域物流货物	个	5 431	1 180.65
		海关特殊监管区域进口设备	个	67	12.35
		其他	个	1 277	102.16
84834090	齿轮及其他变速、传动装置；滚珠螺杆传动轴	一般贸易	个	76 040 939	86 348.34
		来料加工贸易	个	703 584	410.81
		进料加工贸易	个	61 640 960	26 971.04
		外商投资企业作为投资进口的设备、物品	个	6	20.17
		保税监管场所进出境货物	个	160 725	3 989.55
		海关特殊监管区域物流货物	个	5 749 435	7 313.25
		海关特殊监管区域进口设备	个	4 365	239.43
		其他	个	148 526	533.62

〔供稿单位：机械工业信息中心〕

2020 年通用机械主要产品出口量值（按贸易方式统计）

商品代码	商品名称	贸易方式	出口量单位	出口量	出口金额（万美元）
84131100	分装燃料或润滑油的计量泵，加油站或车库用	一般贸易	台	459 440	8 520.74
		国家间、国际组织无偿援助和赠送的物资	台	22	0.24
		进料加工贸易	台	1 296	254.80
		边境小额贸易	台	9 841	260.33
		对外承包工程出口货物	台	72	17.23
		保税监管场所进出境货物	台	342	19.89
		海关特殊监管区域物流货物	台	2 221	126.16
		其他	台	78 666	601.92
84131900	其他装有或可装计量装置的液体泵	一般贸易	台	2 516 689	7 178.56
		国家间、国际组织无偿援助和赠送的物资	台	354	15.56
		其他捐赠物资	台	319	12.43
		进料加工贸易	台	27 585	528.51
		寄售、代销贸易	台	60	0.05
		边境小额贸易	台	10 550	24.37
		对外承包工程出口货物	台	449	137.66
		保税监管场所进出境货物	台	19 639	82.37
		海关特殊监管区域物流货物	台	32 249	1 172.89
		其他	台	117 836	204.04
84135010	气动往复式排液泵	一般贸易	台	238 343	3 355.79
		进料加工贸易	台	1 011 304	3 771.96
		边境小额贸易	台	16 557	50.19
		对外承包工程出口货物	台	134	7.54
		租赁贸易	台	2	0.12
		保税监管场所进出境货物	台	9 985	131.65
		海关特殊监管区域物流货物	台	20 852	93.14
		其他	台	11 014	19.71
84135020	电动往复式排液泵	一般贸易	台	19 521 361	15 220.89
		国家间、国际组织无偿援助和赠送的物资	台	9	1.26
		来料加工贸易	台	1 453	0.18
		进料加工贸易	台	10 996 432	9 236.30
		边境小额贸易	台	108 921	335.47

（续）

商品代码	商品名称	贸易方式	出口量单位	出口量	出口金额（万美元）
84135020	电动往复式排液泵	对外承包工程出口货物	台	480	116.64
		租赁贸易	台	1	0.01
		保税监管场所进出境货物	台	1 912 102	766.83
		海关特殊监管区域物流货物	台	226 413	2 655.21
		其他	台	937 211	579.05
84135031	液压往复式柱塞泵	一般贸易	台	2 560 280	7 697.42
		国家间、国际组织无偿援助和赠送的物资	台	13	3.87
		进料加工贸易	台	193 685	686.94
		寄售、代销贸易	台	4	0.01
		边境小额贸易	台	236 913	502.65
		对外承包工程出口货物	台	225	99.18
		保税监管场所进出境货物	台	6 023	188.37
		海关特殊监管区域物流货物	台	3 281	109.11
		其他	台	173 573	103.24
84135039	其他液压往复式排液泵	一般贸易	台	2 786 394	5 024.98
		国家间、国际组织无偿援助和赠送的物资	台	17	0.87
		进料加工贸易	台	116 080	208.28
		边境小额贸易	台	126 476	294.99
		对外承包工程出口货物	台	1 206	55.99
		保税监管场所进出境货物	台	3 434	236.09
		海关特殊监管区域物流货物	台	42 920	212.93
		其他	台	127 161	88.39
84135090	未列名往复式排液泵	一般贸易	台	10 242 269	5 705.48
		国家间、国际组织无偿援助和赠送的物资	台	3	0.03
		进料加工贸易	台	313 625	661.68
		边境小额贸易	台	8 514	18.44
		对外承包工程出口货物	台	176	176.74
		租赁贸易	台	4	2.66
		保税监管场所进出境货物	台	50 693	72.27
		海关特殊监管区域物流货物	台	36 780	84.05
		其他	台	14 560	44.90
84136021	电动回转式齿轮泵	一般贸易	台	1 129 317	7 410.89
		国家间、国际组织无偿援助和赠送的物资	台	21	1.00
		进料加工贸易	台	1 403 625	1 555.52
		边境小额贸易	台	43 904	119.75
		对外承包工程出口货物	台	226	66.06

（续）

商品代码	商品名称	贸易方式	出口量单位	出口量	出口金额（万美元）
84136021	电动回转式齿轮泵	租赁贸易	台	6	0.79
		保税监管场所进出境货物	台	25 149	112.35
		海关特殊监管区域物流货物	台	72 039	133.52
		其他	台	60 874	75.30
84136022	液压回转式齿轮泵	一般贸易	台	788 158	5 268.24
		国家间、国际组织无偿援助和赠送的物资	台	50	1.86
		来料加工贸易	台	109	0.01
		进料加工贸易	台	17 880	272.25
		边境小额贸易	台	25 250	143.62
		对外承包工程出口货物	台	817	86.54
		保税监管场所进出境货物	台	4 154	229.80
		海关特殊监管区域物流货物	台	2 986	34.61
		其他	台	7 084	34.40
84136029	其他回转式齿轮泵	一般贸易	台	691 663	2 715.18
		国家间、国际组织无偿援助和赠送的物资	台	21	0.14
		边境小额贸易	台	1 627	20.06
		对外承包工程出口货物	台	298	8.69
		保税监管场所进出境货物	台	3 625	372.76
		海关特殊监管区域物流货物	台	462	5.87
		其他	台	11 599	134.14
84136031	电动回转式叶片泵	一般贸易	台	3 672 827	5 664.96
		国家间、国际组织无偿援助和赠送的物资	台	6	1.38
		来料加工贸易	台	24 624	47.80
		进料加工贸易	台	839 217	2 036.00
		边境小额贸易	台	13 394	69.53
		对外承包工程出口货物	台	328	240.68
		保税监管场所进出境货物	台	20 847	34.53
		海关特殊监管区域物流货物	台	48 687	49.99
		其他	台	50 874	25.86
84136032	液压回转式叶片泵	一般贸易	台	305 723	1 838.85
		进料加工贸易	台	6 125	31.86
		边境小额贸易	台	4 466	34.20
		对外承包工程出口货物	台	408	5.81
		保税监管场所进出境货物	台	3 815	27.28
		海关特殊监管区域物流货物	台	517	6.87
		其他	台	5 244	6.83

（续）

商品代码	商品名称	贸易方式	出口量单位	出口量	出口金额（万美元）
84136039	其他回转式叶片泵	一般贸易	台	3 165 916	7 449.13
		进料加工贸易	台	705 393	588.94
		边境小额贸易	台	18 175	66.29
		对外承包工程出口货物	台	99	5.54
		保税监管场所进出境货物	台	1 123	6.82
		海关特殊监管区域物流货物	台	797	5.08
		其他	台	20 111	41.38
84136040	回转式螺杆泵	一般贸易	台	88 972	2 496.45
		国家间、国际组织无偿援助和赠送的物资	台	15	1.20
		进料加工贸易	台	956	88.71
		边境小额贸易	台	2 239	33.39
		对外承包工程出口货物	台	215	219.46
		保税监管场所进出境货物	台	2 509	77.63
		海关特殊监管区域物流货物	台	321	79.13
		其他	台	47 633	210.58
84136050	回转式径向柱塞泵	一般贸易	台	24 520	90.09
		进料加工贸易	台	4 584	279.78
		边境小额贸易	台	187	0.45
		对外承包工程出口货物	台	78	1.85
		保税监管场所进出境货物	台	746	38.57
		海关特殊监管区域物流货物	台	877	58.37
		其他	台	3 373	2.61
84136060	回转式轴向柱塞泵	一般贸易	台	548 072	3 710.97
		进料加工贸易	台	643	5.13
		边境小额贸易	台	5 461	18.61
		对外承包工程出口货物	台	157	17.66
		租赁贸易	台	2	0.19
		保税监管场所进出境货物	台	893	54.16
		海关特殊监管区域物流货物	台	6 467	58.89
		其他	台	91 446	43.96
84136090	其他回转式排液泵	一般贸易	台	19 029 128	48 095.25
		国家间、国际组织无偿援助和赠送的物资	台	70	1.50
		来料加工贸易	台	4 635	1.10
		进料加工贸易	台	895 244	2 569.97
		边境小额贸易	台	162 833	266.24
		对外承包工程出口货物	台	755	114.59

（续）

商品代码	商品名称	贸易方式	出口量单位	出口量	出口金额（万美元）
8413609	其他回转式排液泵	租赁贸易	台	2	0.85
		保税监管场所进出境货物	台	510 134	332.14
		海关特殊监管区域物流货物	台	34 479	186.38
		其他	台	515 319	455.26
84137010	转速在 10 000r/min 及以上的离心泵	一般贸易	台	12 473 014	3 593.61
		国家间、国际组织无偿援助和赠送的物资	台	26	6.60
		进料加工贸易	台	25 970	6.82
		边境小额贸易	台	6 575	23.98
		对外承包工程出口货物	台	286	582.15
		保税监管场所进出境货物	台	6 109	19.15
		海关特殊监管区域物流货物	台	68 340	401.30
		其他	台	1 105 616	455.72
84137091	转速在 10 000r/min 以下的离心式电动潜油泵及潜水泵	一般贸易	台	39 103 688	96 434.90
		国家间、国际组织无偿援助和赠送的物资	台	653	45.81
		进料加工贸易	台	2 161 664	4 608.20
		寄售、代销贸易	台	720	0.37
		边境小额贸易	台	671 206	3 063.38
		对外承包工程出口货物	台	1 934	692.45
		租赁贸易	台	13	0.10
		保税监管场所进出境货物	台	907 728	747.40
		海关特殊监管区域物流货物	台	176 947	306.05
		其他	台	2 878 392	1 613.81
84137099	转速在 10 000r/min 以下的其他离心泵	一般贸易	台	75 490 504	171 812.24
		国家间、国际组织无偿援助和赠送的物资	台	352	72.08
		来料加工贸易	台	184 938	97.47
		进料加工贸易	台	7 602 206	12 733.08
		寄售、代销贸易	台	2 368	0.71
		边境小额贸易	台	955 480	2 458.29
		对外承包工程出口货物	台	7 908	17 666.79
		保税监管场所进出境货物	台	2 605 903	3 482.24
		海关特殊监管区域物流货物	台	284 762	3 540.49
		其他	台	5 576 547	9 632.56
84138100	未列名液体泵	一般贸易	台	7 270 261	13 852.56
		国家间、国际组织无偿援助和赠送的物资	台	185	23.68
		来料加工贸易	台	128	0.01
		进料加工贸易	台	3 230 876	4 805.04

（续）

商品代码	商品名称	贸易方式	出口量单位	出口量	出口金额（万美元）
84138100	未列名液体泵	寄售、代销贸易	台	1 631	0.54
		边境小额贸易	台	229 265	379.37
		对外承包工程出口货物	台	3 642	1 472.49
		租赁贸易	台	9	1.52
		保税监管场所进出境货物	台	373 945	743.45
		海关特殊监管区域物流货物	台	36 654	389.98
		其他	台	503 954	207.00
84138200	液体提升机	一般贸易	台	90 043	173.99
		国家间、国际组织无偿援助和赠送的物资	台	2	0.03
		边境小额贸易	台	280	3.19
		对外承包工程出口货物	台	17	1.82
		保税监管场所进出境货物	台	18	1.23
		海关特殊监管区域物流货物	台	2	11.18
		其他	台	3 167	8.41
84139100	液体泵零件	一般贸易	kg	241 175 683	153 634.47
		国家间、国际组织无偿援助和赠送的物资	kg	3 564	3.99
		来料加工贸易	kg	149 169	244.61
		进料加工贸易	kg	2 985 177	5 164.99
		寄售、代销贸易	kg	428	2.86
		边境小额贸易	kg	878 084	611.19
		对外承包工程出口货物	kg	694 487	1 473.36
		租赁贸易	kg	7 441	0.29
		出料加工贸易	kg	776	2.28
		保税监管场所进出境货物	kg	2 773 010	4 161.74
		海关特殊监管区域物流货物	kg	1 744 370	3 656.53
		其他	kg	7 364 763	2 980.20
84139200	液体提升机零件	一般贸易	kg	610 049	599.79
		进料加工贸易	kg	29 727	276.94
		边境小额贸易	kg	170	0.63
		保税监管场所进出境货物	kg	75 457	29.40
		海关特殊监管区域物流货物	kg	2 253	4.43
		其他	kg	33 132	34.70
84141000	真空泵	一般贸易	台	6 137 057	21 149.17
		国家间、国际组织无偿援助和赠送的物资	台	37	8.28
		来料加工贸易	台	157	3.39
		进料加工贸易	台	2 015 446	6 100.30

（续）

商品代码	商品名称	贸易方式	出口量单位	出口量	出口金额（万美元）
84141000	真空泵	寄售、代销贸易	台	922	1.04
		边境小额贸易	台	182 426	503.94
		对外承包工程出口货物	台	310	505.03
		租赁贸易	台	1	0.07
		保税监管场所进出境货物	台	843 381	855.85
		海关特殊监管区域物流货物	台	17 159	1 268.18
		其他	台	159 770	311.78
84142000	手动或脚踏式空气泵	一般贸易	台	101 884 462	18 473.46
		国家间、国际组织无偿援助和赠送的物资	台	25	0.04
		进料加工贸易	台	888 486	427.20
		寄售、代销贸易	台	1 829	0.52
		边境小额贸易	台	2 776 593	1 028.19
		对外承包工程出口货物	台	163	1.54
		保税监管场所进出境货物	台	6 481 733	785.00
		海关特殊监管区域物流货物	台	1 785 443	355.95
		其他	台	34 606 607	7 155.59
84145930	离心通风机	一般贸易	台	6 148 631	27 164.56
		国家间、国际组织无偿援助和赠送的物资	台	214	14.86
		来料加工贸易	台	1	1.26
		进料加工贸易	台	13 375 831	8 810.50
		边境小额贸易	台	43 063	584.98
		对外承包工程出口货物	台	2 837	2 978.10
		保税监管场所进出境货物	台	141 822	550.09
		海关特殊监管区域物流货物	台	3 765 367	1 188.60
		其他	台	507 310	941.76
84145990	未列名风机、风扇	一般贸易	台	143 746 142	114 401.46
		国家间、国际组织无偿援助和赠送的物资	台	1 048	36.52
		来料加工贸易	台	28 243 927	7 663.71
		进料加工贸易	台	201 059 970	60 082.41
		寄售、代销贸易	台	124	0.04
		边境小额贸易	台	1 737 253	1 478.07
		对外承包工程出口货物	台	8 879	3 145.40
		租赁贸易	台	61	0.27
		易货贸易	台	960	3.77
		保税监管场所进出境货物	台	16 783 262	3 608.97
		海关特殊监管区域物流货物	台	31 288 315	5 297.82

（续）

商品代码	商品名称	贸易方式	出口量单位	出口量	出口金额（万美元）
84145990	未列名风机、风扇	其他	台	7 287 558	2 875.93
84148020	二氧化碳压缩机	一般贸易	台	27 016	801.86
		进料加工贸易	台	116 860	1 693.00
		边境小额贸易	台	40	0.02
		对外承包工程出口货物	台	1	123.23
		保税监管场所进出境货物	台	150	4.96
		海关特殊监管区域物流货物	台	38	6.54
84148040	空气及其他气体压缩机	一般贸易	台	11 057 716	125 394.94
		国家间、国际组织无偿援助和赠送的物资	台	80	7.47
		来料加工贸易	台	14	97.18
		进料加工贸易	台	1 700 217	14 018.21
		边境小额贸易	台	75 666	1 767.57
		对外承包工程出口货物	台	1 103	2 685.69
		租赁贸易	台	15	35.29
		保税监管场所进出境货物	台	101 837	753.09
		海关特殊监管区域物流货物	台	144 100	982.57
		其他	台	81 228	1 096.39
84148090	其他空气泵，通风罩、循环气罩	一般贸易	台	70 586 357	84 384.63
		国家间、国际组织无偿援助和赠送的物资	台	106	7.57
		其他捐赠物资	台	1	0.08
		来料加工贸易	台	31 139	211.17
		进料加工贸易	台	25 111 029	11 473.01
		寄售、代销贸易	台	2 145	2.06
		边境小额贸易	台	670 038	881.46
		对外承包工程出口货物	台	827	784.02
		租赁贸易	台	21	5.99
		保税监管场所进出境货物	台	4 463 834	3 715.00
		海关特殊监管区域物流货物	台	7 358 509	4 888.17
		其他	台	5 922 261	5 595.80
84193100	农产品干燥器	一般贸易	台	14 066	2 373.05
		国家间、国际组织无偿援助和赠送的物资	台	3	4.94
		边境小额贸易	台	2 899	148.62
		保税监管场所进出境货物	台	73	22.10
		海关特殊监管区域物流货物	台	26	4.68
		其他	台	558	28.81

（续）

商品代码	商品名称	贸易方式	出口量单位	出口量	出口金额（万美元）
84193200	木材、纸浆、纸或纸板干燥器	一般贸易	台	4 029	4 491.07
		边境小额贸易	台	183	906.17
		对外承包工程出口货物	台	2	0.16
		保税监管场所进出境货物	台	1	0.21
		海关特殊监管区域物流货物	台	23	88.93
		其他	台	276	398.18
84193910	微空气流动陶瓷坯件干燥器	一般贸易	台	31	50.52
		其他	台	1	0.15
84193990	未列名干燥器	一般贸易	台	1 718 585	36 622.23
		国家间、国际组织无偿援助和赠送的物资	台	67	6.63
		来料加工贸易	台	36	25.81
		进料加工贸易	台	150 383	4 360.76
		边境小额贸易	台	126 302	455.35
		对外承包工程出口货物	台	1 291	607.52
		租赁贸易	台	6	5.83
		保税监管场所进出境货物	台	18 134	450.86
		海关特殊监管区域物流货物	台	36 447	463.74
		其他	台	208 528	658.10
84196011	制氧量≥ 15 000m^3/h 及以上的制氧机	一般贸易	台	10 996	1 671.64
		国家间、国际组织无偿援助和赠送的物资	台	2	0.12
		进料加工贸易	台	1	1 403.93
		保税监管场所进出境货物	台	95	2.08
		其他	台	1 175	22.05
84196019	其他制氧机	一般贸易	台	317 241	13 338.52
		国家间、国际组织无偿援助和赠送的物资	台	5	0.29
		其他捐赠物资	台	46	3.01
		进料加工贸易	台	2	168.34
		寄售、代销贸易	台	51	0.32
		边境小额贸易	台	5 101	255.61
		对外承包工程出口货物	台	7	51.76
		保税监管场所进出境货物	台	3 665	68.46
		海关特殊监管区域物流货物	台	218	7.18
		其他	台	26 431	154.50
84196090	未列名液化空气或其他气体的机器	一般贸易	台	13 111	4 932.45
		来料加工贸易	台	12	3 064.60
		进料加工贸易	台	71	9 725.27

（续）

商品代码	商品名称	贸易方式	出口量单位	出口量	出口金额（万美元）
84196090	未列名液化空气或其他气体的机器	边境小额贸易	台	23	10.13
		对外承包工程出口货物	台	101	443.26
		保税监管场所进出境货物	台	6	7.73
		海关特殊监管区域物流货物	台	3	29.10
		其他	台	644	17.35
84211920	固液分离机	一般贸易	台	69 850	6 851.56
		国家间、国际组织无偿援助和赠送的物资	台	1	0.23
		来料加工贸易	台	1	48.18
		进料加工贸易	台	141	1 153.61
		边境小额贸易	台	1 309	102.13
		对外承包工程出口货物	台	20	15.80
		保税监管场所进出境货物	台	473	25.45
		海关特殊监管区域物流货物	台	1 342	93.80
		其他	台	9 292	209.03
84211990	其他未列名离心机，包括离心干燥机	一般贸易	台	297 234	6 263.41
		国家间、国际组织无偿援助和赠送的物资	台	18	19.16
		其他捐赠物资	台	11	2.78
		来料加工贸易	台	128	405.63
		进料加工贸易	台	16 875	2 096.94
		寄售、代销贸易	台	24	0.04
		边境小额贸易	台	6 773	41.87
		对外承包工程出口货物	台	816	694.60
		保税监管场所进出境货物	台	3 482	83.45
		海关特殊监管区域物流货物	台	969	141.92
		其他	台	42 720	133.55
84212910	压滤机	一般贸易	台	342 311	5 945.32
		进料加工贸易	台	26	1 422.35
		边境小额贸易	台	98	180.36
		对外承包工程出口货物	台	37	308.19
		租赁贸易	台	2	2.37
		保税监管场所进出境货物	台	3	1.00
		海关特殊监管区域物流货物	台	4	35.12
		其他	台	115	33.77
84811000	减压阀	一般贸易	套	47 748 306	20 393.05
		国家间、国际组织无偿援助和赠送的物资	套	1 470	6.39
		来料加工贸易	套	21 624	55.03

（续）

商品代码	商品名称	贸易方式	出口量单位	出口量	出口金额（万美元）
84811000	减压阀	进料加工贸易	套	6 680 755	5 494.71
		寄售、代销贸易	套	5	0.001
		边境小额贸易	套	830 914	503.08
		对外承包工程出口货物	套	3 039	238.46
		保税监管场所进出境货物	套	1 440 583	590.51
		海关特殊监管区域物流货物	套	129 584	738.09
		其他	套	10 316 848	1 636.31
84812010	油压传动阀	一般贸易	套	12 138 607	11 050.08
		国家间、国际组织无偿援助和赠送的物资	套	4	0.05
		进料加工贸易	套	25 281	324.40
		边境小额贸易	套	41 052	207.89
		对外承包工程出口货物	套	385	17.71
		保税监管场所进出境货物	套	85 176	421.38
		海关特殊监管区域物流货物	套	40 594	151.20
		其他	套	80 167	59.70
84812020	气压传动阀	一般贸易	套	8 843 959	8 907.84
		国家间、国际组织无偿援助和赠送的物资	套	116	0.26
		进料加工贸易	套	827 257	1 845.59
		边境小额贸易	套	248 077	177.72
		对外承包工程出口货物	套	2 300	149.29
		租赁贸易	套	10	0.06
		保税监管场所进出境货物	套	26 425 972	382.25
		海关特殊监管区域物流货物	套	25 402	485.56
		其他	套	326 175	55.46
84813000	止回阀	一般贸易	套	1 735 294 037	36 229.69
		国家间、国际组织无偿援助和赠送的物资	套	1 431	7.53
		来料加工贸易	套	105 210 829	190.69
		进料加工贸易	套	228 330 893	3 999.37
		寄售、代销贸易	套	59	0.04
		边境小额贸易	套	4 847 023	270.67
		对外承包工程出口货物	套	15 238	646.56
		保税监管场所进出境货物	套	7 864 789	750.72
		海关特殊监管区域物流货物	套	45 485 085	1 322.21
		其他	套	11 867 758	1 042.48
84814000	安全阀或溢流阀	一般贸易	套	36 459 134	11 352.17
		国家间、国际组织无偿援助和赠送的物资	套	842	5.38

（续）

商品代码	商品名称	贸易方式	出口量单位	出口量	出口金额（万美元）
84814000	安全阀或溢流阀	来料加工贸易	套	389 597	216.82
		进料加工贸易	套	4 292 667	3 641.74
		边境小额贸易	套	68 828	45.92
		对外承包工程出口货物	套	2 530	758.76
		保税监管场所进出境货物	套	1 481 997	605.08
		海关特殊监管区域物流货物	套	513 098	271.82
		其他	套	528 863	151.34
84819010	阀门零件	一般贸易	kg	258 958 627	176 716.87
		国家间、国际组织无偿援助和赠送的物资	kg	32 433	11.94
		来料加工贸易	kg	344 086	3 637.33
		进料加工贸易	kg	9 871 786	22 279.93
		边境小额贸易	kg	267 539	195.50
		对外承包工程出口货物	kg	312 897	820.33
		保税监管场所进出境货物	kg	4 161 215	4 934.59
		海关特殊监管区域物流货物	kg	3 374 319	5 303.98
		其他	kg	3 909 956	2 052.02
84834020	行星齿轮减速器	一般贸易	个	18 629 099	20 793.71
		进料加工贸易	个	1 028 386	2 021.45
		边境小额贸易	个	5 513	166.61
		对外承包工程出口货物	个	114	250.88
		保税监管场所进出境货物	个	7 164	111.89
		海关特殊监管区域物流货物	个	148	170.13
		其他	个	136 077	118.31
84834090	齿轮及其他变速、传动装置；滚珠螺杆传动轴	一般贸易	个	175 833 518	171 835.69
		国家间、国际组织无偿援助和赠送的物资	个	205	1.43
		来料加工贸易	个	236 408	103.31
		进料加工贸易	个	32 715 800	55 902.62
		寄售、代销贸易	个	50	0.01
		边境小额贸易	个	507 242	840.88
		对外承包工程出口货物	个	4 679	1 219.36
		保税监管场所进出境货物	个	25 017 744	1 654.94
		海关特殊监管区域物流货物	个	10 199 544	2 369.69
		其他	个	2 932 177	1 978.80

〔供稿单位：机械工业信息中心〕

2020 年通用机械主要进口国家（地区）量值

商品代码	商品名称	国家（地区）	进口量单位	进口量	进口金额（万美元）
84131100	分装燃料或润滑油的计量泵，加油站或车库用	挪威	台	1	64.22
		德国	台	359	56.73
		荷兰	台	2	22.47
		美国	台	94	12.84
		意大利	台	613	8.82
		日本	台	26	7.53
		丹麦	台	20	4.81
		澳大利亚	台	5	4.20
84131900	其他装有或可装计量装置的液体泵	德国	台	2 709 083	11 647.12
		美国	台	91 938	2 397.86
		日本	台	22 041	1 804.39
		法国	台	53 382	1 515.76
		芬兰	台	140 337	888.78
		意大利	台	18 441	669.47
		波兰	台	33 519	576.00
		瑞士	台	5 888	572.23
		韩国	台	17 840	396.68
		英国	台	1 466	393.74
		中国	台	12 914	147.52
		爱尔兰	台	57 078	141.03
		印度	台	12 437	136.53
		加拿大	台	486	115.59
		中国台湾	台	12 548	113.28
		新加坡	台	22	103.83
		罗马尼亚	台	17 912	62.20
		奥地利	台	469	52.82
		马来西亚	台	3 434	41.77
84135010	气动往复式排液泵	美国	台	35 356	3 783.71
		日本	台	23 966	1 364.78
		韩国	台	1 097	1 239.71
		德国	台	14 769	1 189.95
		中国台湾	台	4 471	201.84

（续）

商品代码	商品名称	国家（地区）	进口量单位	进口量	进口金额（万美元）
84135010	气动往复式排液泵	瑞士	台	523	184.38
		意大利	台	3 232	135.88
		英国	台	5 426	124.40
		法国	台	789	115.86
		中国	台	90 797	97.27
		匈牙利	台	152	59.50
		瑞典	台	273	45.40
84135020	电动往复式排液泵	德国	台	729 505	8 930.53
		捷克	台	232 431	3 833.33
		瑞士	台	398 805	3 245.19
		中国	台	9 189 939	3 155.52
		日本	台	1 376 709	2 979.77
		美国	台	44 278	2 899.70
		意大利	台	1 968 481	2 733.98
		荷兰	台	426	1 191.99
		巴西	台	14	924.74
		韩国	台	140 835	800.28
		英国	台	6 348	781.93
		法国	台	34 978	408.02
		丹麦	台	94 098	306.88
		中国台湾	台	37 006	228.99
		奥地利	台	36 168	220.11
		墨西哥	台	31 167	145.30
		罗马尼亚	台	2 131	107.09
		比利时	台	379	76.21
		芬兰	台	638	58.01
		瑞典	台	638	46.02
84135031	液压往复式柱塞泵	美国	台	25 028	6 510.97
		德国	台	30 082	6 338.89
		日本	台	53 076	5 626.95
		意大利	台	169 968	3 213.69
		韩国	台	139 115	2 581.37
		法国	台	37 522	1 044.08
		荷兰	台	422	416.17
		英国	台	12 032	354.51
		中国台湾	台	22 693	351.68
		斯洛伐克	台	4 885	262.97

（续）

商品代码	商品名称	国家（地区）	进口量单位	进口量	进口金额（万美元）
84135031	液压往复式柱塞泵	马来西亚	台	2 742	167.12
		瑞士	台	14 157	160.41
		丹麦	台	434	94.74
		以色列	台	8 024	80.39
		芬兰	台	291	79.84
		中国	台	154 331	71.02
		匈牙利	台	21	59.31
		墨西哥	台	339	55.84
		加拿大	台	172	54.41
84135039	其他液压往复式排液泵	日本	台	156 153	7 473.25
		德国	台	9 178	2 131.74
		韩国	台	9 961	1 697.49
		美国	台	2 209	689.22
		捷克	台	446	372.39
		意大利	台	5 008	352.82
		乌克兰	台	6 149	285.37
		法国	台	1 911	257.24
		瑞士	台	1 113	255.74
		英国	台	349	248.91
		墨西哥	台	3 241	173.51
		波兰	台	81	107.49
		印度	台	4 907	73.31
		奥地利	台	293	52.22
		瑞典	台	433	40.96
		中国台湾	台	15 548	37.83
		澳大利亚	台	42	26.43
		土耳其	台	4 210	25.03
		中国	台	114	22.73
		芬兰	台	269	22.41
		新加坡	台	37	20.55
84135090	未列名往复式排液泵	日本	台	172 261	2 727.38
		韩国	台	23 523	1 916.10
		德国	台	8 698	1 297.21
		中国	台	1 879 988	507.65
		美国	台	3 957	274.65
		墨西哥	台	1 427	70.91
		意大利	台	2 276	64.37

（续）

商品代码	商品名称	国家（地区）	进口量单位	进口量	进口金额（万美元）
84135090	未列名往复式排液泵	马来西亚	台	3 879	54.41
		法国	台	85	32.86
		荷兰	台	4	26.12
84136021	电动回转式齿轮泵	日本	台	1 346 309	12 678.87
		德国	台	514 060	7 990.22
		意大利	台	1 646 076	5 463.89
		美国	台	124 328	3 193.61
		波兰	台	146 627	2 451.91
		瑞士	台	5 843	1 778.70
		韩国	台	516 642	1 532.78
		丹麦	台	88 504	700.38
		法国	台	29 232	353.39
		英国	台	2 192	305.80
		中国台湾	台	25 681	207.18
		捷克	台	14 000	192.52
		比利时	台	1 005	98.82
		西班牙	台	963	89.98
		奥地利	台	216	67.26
		突尼斯	台	63 660	50.67
		白俄罗斯	台	2 190	49.11
		荷兰	台	114	47.96
		墨西哥	台	1 292	37.67
		加拿大	台	6 131	31.53
		中国	台	2 507	30.98
84136022	液压回转式齿轮泵	德国	台	97 300	2 493.69
		日本	台	85 693	1 019.71
		意大利	台	163 519	830.47
		美国	台	14 791	794.27
		印度	台	39 032	216.98
		比利时	台	293	185.31
		墨西哥	台	1 445	131.15
		瑞士	台	380	129.96
		法国	台	21 917	125.38
		英国	台	968	118.58
		韩国	台	5 720	104.99
		中国台湾	台	24 606	51.94
		挪威	台	18	50.06

（续）

商品代码	商品名称	国家（地区）	进口量单位	进口量	进口金额（万美元）
84136022	液压回转式齿轮泵	捷克	台	2 093	47.27
		加拿大	台	58	45.30
		土耳其	台	2 040	37.63
84136029	其他回转式齿轮泵	韩国	台	518 120	1 773.95
		德国	台	133 410	1 574.36
		日本	台	96 046	633.76
		美国	台	28 264	595.61
		意大利	台	29 803	298.99
		中国台湾	台	7 988	221.11
		瑞士	台	7 224	198.43
		英国	台	184	136.46
		丹麦	台	196	34.64
		西班牙	台	295	20.54
84136031	电动回转式叶片泵	日本	台	242 593	1 200.70
		荷兰	台	3 269	697.53
		韩国	台	240 284	379.18
		德国	台	12 930	313.86
		美国	台	1 268	310.73
		意大利	台	336 276	306.36
		中国台湾	台	20 382	237.76
		墨西哥	台	42 963	119.17
		法国	台	545	95.00
		英国	台	277	82.27
		挪威	台	9	61.00
		波兰	台	2 543	50.47
		瑞士	台	128 068	36.79
		丹麦	台	34	30.98
84136032	液压回转式叶片泵	日本	台	819 443	5 226.73
		挪威	台	8	292.63
		中国台湾	台	22 072	203.12
		德国	台	3 132	137.68
		波兰	台	1 552	117.21
		美国	台	752	107.72
		印度	台	765	38.96
		韩国	台	7 908	35.25
		意大利	台	2 463	27.90
		法国	台	172	18.13

（续）

商品代码	商品名称	国家（地区）	进口量单位	进口量	进口金额（万美元）
84136039	其他回转式叶片泵	德国	台	28 479	490.43
		英国	台	105	269.68
		日本	台	66 163	242.46
		意大利	台	20 344	215.76
		保加利亚	台	1 952	88.30
		中国台湾	台	7 805	84.60
		美国	台	245	40.76
		墨西哥	台	6 235	21.95
		法国	台	810	18.61
84136040	回转式螺杆泵	德国	台	5 383	2 356.83
		日本	台	2 628	1 701.60
		意大利	台	19 978	1 088.59
		美国	台	1 684	757.97
		奥地利	台	2 500	319.09
		丹麦	台	357	228.52
		挪威	台	46	224.13
		中国台湾	台	1 388	209.07
		荷兰	台	70	138.36
		西班牙	台	146	66.45
		韩国	台	11 275	48.20
		瑞典	台	62	44.65
		巴西	台	152	42.79
		芬兰	台	19	40.06
		法国	台	2 519	28.96
		印度	台	10	21.07
		英国	台	130	20.22
84136050	回转式径向柱塞泵	德国	台	13 779	930.63
		日本	台	3 293	254.57
		意大利	台	2 263	226.12
		瑞典	台	5 542	206.53
		美国	台	669	159.95
		中国台湾	台	1 588	32.09
		比利时	台	38	15.88
84136060	回转式轴向柱塞泵	德国	台	36 628	7 458.53
		日本	台	53 920	5 217.09
		土耳其	台	4 079	2 269.58
		韩国	台	11 563	1 682.91

（续）

商品代码	商品名称	国家（地区）	进口量单位	进口量	进口金额（万美元）
84136060	回转式轴向柱塞泵	美国	台	6 175	551.54
		意大利	台	12 871	517.37
		丹麦	台	665	322.83
		奥地利	台	63	172.94
		瑞士	台	1 199	154.36
		英国	台	786	92.14
		新加坡	台	906	59.55
		中国	台	69 303	53.89
		法国	台	558	50.04
		墨西哥	台	685	49.63
84136090	其他回转式排液泵	德国	台	508 099	4 215.71
		美国	台	9 375	786.56
		日本	台	43 018	662.98
		英国	台	2 111	285.56
		中国	台	102 899	162.05
		法国	台	1 117	151.07
		加拿大	台	8 306	122.53
		意大利	台	9 306	119.49
		韩国	台	76 275	110.89
		荷兰	台	117	100.99
		泰国	台	67 015	99.60
		越南	台	33 027	79.34
		瑞典	台	633	65.86
		中国台湾	台	6 770	61.68
		丹麦	台	832	57.25
		瑞士	台	83 543	48.07
		挪威	台	176	45.39
		土耳其	台	7 124	45.00
		墨西哥	台	3 923	43.04
84137010	转速在 10 000r/min 及以上的离心泵	意大利	台	555	384.16
		日本	台	288 411	275.67
		美国	台	793	218.52
		德国	台	1 948	175.45
		荷兰	台	152	124.49
		丹麦	台	244	77.21
		瑞典	台	85	58.69
		瑞士	台	101	46.91

（续）

商品代码	商品名称	国家（地区）	进口量单位	进口量	进口金额（万美元）
84137091	转速在 10 000r/min 以下的离心式电动潜油泵及潜水泵	德国	台	6 940	2 102.92
		匈牙利	台	8 006	652.36
		美国	台	1 689	441.93
		韩国	台	466	415.97
		意大利	台	11 777	389.58
		法国	台	942	330.93
		中国台湾	台	7 675	230.65
		日本	台	10 178	227.54
		英国	台	38	171.37
		新加坡	台	503	152.71
		瑞典	台	52	122.09
		墨西哥	台	7 389	108.69
		俄罗斯联邦	台	21	97.73
		丹麦	台	563	97.55
		爱尔兰	台	444	66.16
		荷兰	台	133	59.56
		阿拉伯联合酋长国	台	43	47.58
84137099	转速在 10 000r/min 以下的其他离心泵	德国	台	157 479	10 037.18
		美国	台	21 344	8 840.27
		日本	台	1 227 365	8 651.06
		意大利	台	149 409	7 126.12
		法国	台	519 081	4 912.74
		瑞士	台	1 425	3 385.52
		丹麦	台	9 329	3 274.64
		挪威	台	285	2 548.11
		中国台湾	台	83 834	2 437.48
		奥地利	台	245	1 960.99
		韩国	台	312 666	1 848.40
		澳大利亚	台	216	1 686.41
		荷兰	台	1 172	1 448.98
		西班牙	台	7 561	1 155.68
		瑞典	台	3 734	1 115.18
		英国	台	1 911	1 107.35
		比利时	台	94	921.65
		塞尔维亚	台	78 438	822.55
		墨西哥	台	55 529	753.83
		中国	台	126 304	700.55

（续）

商品代码	商品名称	国家（地区）	进口量单位	进口量	进口金额（万美元）
84137099	转速在 10 000r/min 以下的其他离心泵	新加坡	台	136	574.93
		斯洛伐克	台	485 752	535.98
		印度	台	35 494	403.47
		匈牙利	台	11 212	386.41
		巴西	台	31	370.25
		捷克	台	348 142	341.35
		芬兰	台	547	302.86
		波兰	台	7 051	215.30
		加拿大	台	1 100	120.07
		泰国	台	48 882	102.59
		俄罗斯联邦	台	10	35.47
		土耳其	台	1 982	33.31
84138100	未列名液体泵	日本	台	158 073	2 885.39
		德国	台	53 744	1 960.75
		挪威	台	361	1 768.28
		美国	台	14 607	1 224.98
		新加坡	台	169	993.73
		意大利	台	831 235	708.15
		英国	台	6 423	516.01
		瑞士	台	33 986	472.96
		丹麦	台	162	292.24
		韩国	台	30 015	290.80
		中国台湾	台	10 845	247.03
		瑞典	台	2 394	201.23
		西班牙	台	280	198.50
		中国	台	260 836	146.42
		越南	台	289 489	79.61
		土耳其	台	37 952	79.27
		比利时	台	179	76.80
		法国	台	1 015	57.31
84138200	液体提升机	德国	台	5 618	248.78
		丹麦	台	7	44.19
		意大利	台	23	19.21
		奥地利	台	9	8.99
84139100	液体泵零件	德国	kg	5 528 708	21 079.86
		日本	kg	7 457 972	19 350.10
		美国	kg	2 364 509	10 149.52

（续）

商品代码	商品名称	国家（地区）	进口量单位	进口量	进口金额（万美元）
84139100	液体泵零件	丹麦	kg	818 617	6 749.06
		韩国	kg	2 976 971	4 165.15
		意大利	kg	1 614 841	3 326.71
		中国台湾	kg	3 049 479	2 644.35
		西班牙	kg	891 285	2 351.91
		瑞士	kg	322 979	1 986.05
		捷克	kg	303 331	1 644.93
		奥地利	kg	319 485	1 459.56
		法国	kg	379 449	1 326.74
		英国	kg	230 037	1 288.38
		荷兰	kg	280 170	1 065.98
		罗马尼亚	kg	399 136	943.61
		越南	kg	496 366	910.05
		匈牙利	kg	392 131	864.35
		印度	kg	852 497	856.74
		瑞典	kg	313 394	827.05
		泰国	kg	399 383	793.99
		波兰	kg	241 347	712.75
		中国	kg	203 393	610.46
		加拿大	kg	318 428	536.33
		挪威	kg	277 637	484.04
		新加坡	kg	61 538	403.07
		斯洛文尼亚	kg	47 072	401.57
		墨西哥	kg	106 633	292.41
		土耳其	kg	258 524	228.95
		比利时	kg	79 227	216.66
		巴西	kg	63 885	179.74
		芬兰	kg	42 872	147.31
		澳大利亚	kg	132 317	143.48
		马来西亚	kg	31 151	141.74
		俄罗斯联邦	kg	1 298	126.40
		南非	kg	175 028	122.74
84139200	液体提升机零件	美国	kg	1 336	9.15
		中国	kg	614	6.84
		日本	kg	293	6.03
		德国	kg	2 330	2.21
84141000	真空泵	日本	台	987 973	22 664.35

（续）

商品代码	商品名称	国家（地区）	进口量单位	进口量	进口金额（万美元）
84141000	真空泵	韩国	台	78 948	16 929.36
		德国	台	587 054	15 837.57
		法国	台	118 549	4 624.05
		中国台湾	台	49 065	4 520.25
		捷克	台	72 163	3 722.21
		瑞士	台	67 011	3 599.38
		美国	台	21 804	2 738.88
		意大利	台	23 547	1 687.91
		英国	台	22 545	647.95
		马来西亚	台	1 855	613.66
		芬兰	台	107	465.68
		罗马尼亚	台	56 150	392.43
		西班牙	台	3 985	352.40
		匈牙利	台	54 391	275.05
		中国	台	28 422	269.07
		挪威	台	174	192.48
		印度	台	1 010	165.91
		墨西哥	台	17 244	162.09
		新加坡	台	8 007	138.87
		土耳其	台	33 970	112.58
		瑞典	台	7 283	93.49
		保加利亚	台	17 917	89.62
		丹麦	台	728	85.60
		比利时	台	201	81.68
		荷兰	台	861	81.45
		俄罗斯联邦	台	23	80.40
		巴西	台	46	79.60
84142000	手动或脚踏式空气泵	中国台湾	台	994 867	157.05
		美国	台	2 919	64.75
		德国	台	11 207	60.20
		日本	台	49 313	34.30
		中国	台	79 706	17.83
		西班牙	台	3 326	17.70
84145930	离心通风机	德国	台	170 817	5 775.58
		韩国	台	138 429	1 411.26
		日本	台	5 968	828.56
		意大利	台	73 152	767.95

（续）

商品代码	商品名称	国家（地区）	进口量单位	进口量	进口金额（万美元）
84145930	离心通风机	马来西亚	台	15 928	504.13
		波兰	台	8 530	482.16
		美国	台	10 274	468.90
		西班牙	台	10 678	412.38
		斯洛文尼亚	台	10 435	373.69
		泰国	台	143 225	324.15
		法国	台	11 660	321.74
		荷兰	台	3 402	277.77
		瑞士	台	14 851	275.42
		中国	台	585 007	233.73
		比利时	台	202	195.16
		越南	台	641 407	151.23
		芬兰	台	377	149.46
		墨西哥	台	108 826	137.44
		中国台湾	台	4 855	116.14
		葡萄牙	台	16	112.55
		捷克	台	4 899	112.42
		加拿大	台	77	83.78
		乌克兰	台	1 887	79.96
		瑞典	台	4 682	77.37
		丹麦	台	587	70.95
		匈牙利	台	12 954	66.51
		奥地利	台	107	63.62
		英国	台	192	58.34
84145990	未列名风机、风扇	中国	台	75 099 825	24 481.59
		菲律宾	台	26 679 087	18 447.79
		德国	台	1 934 065	14 083.70
		意大利	台	1 100 123	6 561.16
		韩国	台	1 010 584	4 612.28
		越南	台	14 489 582	3 862.65
		美国	台	75 100	2 753.16
		泰国	台	4 732 299	2 727.52
		中国台湾	台	2 679 284	2 684.35
		日本	台	360 390	1 801.44
		柬埔寨	台	10 779 499	1 721.01
		比利时	台	2 190	1 128.78
		芬兰	台	902	922.19

（续）

商品代码	商品名称	国家（地区）	进口量单位	进口量	进口金额（万美元）
84145990	未列名风机、风扇	匈牙利	台	297 527	878.15
		瑞士	台	32 517	796.05
		法国	台	23 517	478.71
		瑞典	台	37 252	462.26
		奥地利	台	514 220	429.22
		印度尼西亚	台	1 617 035	394.46
		荷兰	台	1 773	293.31
		英国	台	7 555	245.84
		印度	台	109 945	210.33
		波兰	台	4 023	190.24
		马来西亚	台	18 365	188.77
		丹麦	台	1 917	174.78
		捷克	台	3 257	169.50
		墨西哥	台	15 601	158.10
		斯洛伐克	台	101 692	138.40
		西班牙	台	5 718	129.42
		斯洛文尼亚	台	2 231	106.02
84148020	二氧化碳压缩机	日本	台	31	749.72
		德国	台	410	179.38
		意大利	台	1 122	157.37
		奥地利	台	15 960	33.91
		美国	台	4	20.75
		荷兰	台	5	10.64
84148040	空气及其他气体压缩机	德国	台	54 344	21 910.07
		日本	台	25 867	17 511.40
		瑞士	台	316	13 483.59
		美国	台	8 710	5 377.44
		韩国	台	7 389	3 355.69
		法国	台	3 676	2 948.65
		比利时	台	769	1 920.81
		意大利	台	3 259	1 650.28
		英国	台	512	832.74
		印度	台	28 734	545.02
		阿曼	台	2	406.22
		墨西哥	台	3 597	364.59
		芬兰	台	88	264.77
		泰国	台	247 718	243.39

（续）

商品代码	商品名称	国家（地区）	进口量单位	进口量	进口金额（万美元）
84148040	空气及其他气体压缩机	挪威	台	151	242.33
		匈牙利	台	270	234.90
		中国	台	12 182	171.64
		西班牙	台	49	125.59
		奥地利	台	515	125.35
		新加坡	台	40	112.38
		马来西亚	台	3 437	110.24
		中国台湾	台	1 659	92.76
		菲律宾	台	118	91.71
		荷兰	台	65	84.91
		斯洛伐克	台	1 005	82.54
84148090	其他空气泵，通风罩、循环气罩	德国	台	45 805	3 841.67
		美国	台	73 128	3 179.70
		中国	台	16 526 558	2 874.78
		日本	台	338 537	1 898.49
		瑞士	台	1 200	1 770.22
		韩国	台	9 265	1 345.19
		法国	台	22 418	1 316.59
		印度尼西亚	台	10 900	976.47
		加拿大	台	548	769.30
		中国台湾	台	135 654	743.13
		奥地利	台	140 477	583.14
		荷兰	台	412	549.85
		马来西亚	台	681 826	497.81
		意大利	台	1 187	469.02
		英国	台	355	292.12
		挪威	台	226	286.49
		比利时	台	240	196.65
		澳大利亚	台	35 115	163.42
		捷克	台	32 329	151.11
		瑞典	台	661	106.30
		丹麦	台	1 321	104.56
		菲律宾	台	3 902	91.96
		爱尔兰	台	329	88.18
		波兰	台	33 478	83.46
		越南	台	97 363	82.22
		印度	台	599	80.37

（续）

商品代码	商品名称	国家（地区）	进口量单位	进口量	进口金额（万美元）
84148090	其他空气泵，通风罩、循环气罩	泰国	台	214 592	74.49
		匈牙利	台	1 282	60.34
		新加坡	台	84	55.33
		芬兰	台	35	51.47
84193100	农产品干燥器	德国	台	6	278.27
		中国台湾	台	25	119.11
		日本	台	12	90.94
		荷兰	台	5	90.74
		韩国	台	16	22.93
		英国	台	75	18.45
		意大利	台	3	15.04
84193200	木材、纸浆、纸或纸板干燥器	德国	台	146	683.36
		芬兰	台	33	654.80
		中国台湾	台	2	310.02
		奥地利	台	2	198.94
		瑞典	台	3	187.40
		法国	台	1	60.69
		荷兰	台	1	59.71
		意大利	台	5	56.26
84193990	未列名干燥器	德国	台	36 210	6 452.88
		韩国	台	858	6 014.25
		日本	台	3 345	3 670.91
		意大利	台	960	1 802.08
		中国台湾	台	8 603	1 329.96
		美国	台	1 202	1 141.25
		瑞士	台	110	834.52
		英国	台	276	804.59
		比利时	台	143	753.27
		荷兰	台	32	557.46
		印度尼西亚	台	3	333.67
		西班牙	台	116	297.29
		丹麦	台	37	297.27
		中国	台	4 378	241.77
		法国	台	904	189.40
		奥地利	台	37	189.38
		泰国	台	280	80.65
		新加坡	台	952	53.31

（续）

商品代码	商品名称	国家（地区）	进口量单位	进口量	进口金额（万美元）
84193990	未列名干燥器	马来西亚	台	3	51.56
84196011	制氧量≥ 15 000m^3/h 及以上的制氧机	德国	台	1	0.04
84196019	其他制氧机	斯洛文尼亚	台	2	83.60
		德国	台	233	44.94
		美国	台	36	11.50
		韩国	台	32	7.68
		日本	台	43	6.32
		澳大利亚	台	70	5.98
84196090	未列名液化空气或其他气体的机器	巴西	台	1	1 460.81
		意大利	台	2	1 308.12
		法国	台	1	450.23
		瑞士	台	3	336.02
		美国	台	35	236.84
		德国	台	216	222.35
		丹麦	台	2	189.46
		中国台湾	台	24	96.20
		荷兰	台	6	89.27
		挪威	台	2	50.60
84211920	固液分离机	德国	台	1 225	6 032.50
		美国	台	192	3 176.96
		日本	台	420	2 790.18
		英国	台	17	986.93
		瑞士	台	20	676.39
		瑞典	台	32	521.43
		波兰	台	38	356.52
		丹麦	台	17	255.80
		意大利	台	88	254.33
		印度	台	40	124.78
		中国	台	17	81.64
84211990	其他未列名离心机，包括离心干燥机	德国	台	16 916	12 840.43
		美国	台	6 799	3 735.52
		日本	台	4 414	3 080.52
		法国	台	1 088	1 574.85
		瑞典	台	409	890.56
		瑞士	台	185	629.06
		斯洛伐克	台	6	614.67
		意大利	台	254	582.93

（续）

商品代码	商品名称	国家（地区）	进口量单位	进口量	进口金额（万美元）
84211990	其他未列名离心机，包括离心干燥机	印度	台	363	280.93
		马来西亚	台	164	279.15
		中国	台	1 759	249.53
		英国	台	19 704	202.50
		芬兰	台	34	161.25
		韩国	台	3 914	118.46
		波兰	台	71	116.98
		西班牙	台	92	91.01
		加拿大	台	46	85.38
		新加坡	台	75	61.48
84212910	压滤机	德国	台	7 160	2 806.64
		中国台湾	台	50	550.35
		美国	台	109	219.03
		韩国	台	6	159.21
		日本	台	10	121.18
		马来西亚	台	2	41.18
84811000	减压阀	德国	套	3 912 723	8 109.22
		日本	套	6 529 890	7 072.55
		美国	套	6 439 547	6 640.68
		意大利	套	3 582 249	5 537.59
		韩国	套	3 698 401	2 119.64
		法国	套	489 400	1 427.00
		英国	套	341 394	1 139.36
		中国	套	2 252 253	1 089.59
		匈牙利	套	253 096	1 013.99
		印度	套	34 574	883.68
		墨西哥	套	231 454	684.34
		中国台湾	套	1 109 913	658.48
		捷克	套	448 764	543.78
		瑞士	套	13 484 130	396.70
		泰国	套	140 065	360.90
		保加利亚	套	12 460	260.63
		马来西亚	套	465	257.56
		西班牙	套	13 684	238.57
		以色列	套	17 615	195.00
		新加坡	套	3 112	175.11
		奥地利	套	17 890	170.10

（续）

商品代码	商品名称	国家（地区）	进口量单位	进口量	进口金额（万美元）
84811000	减压阀	荷兰	套	13 730	166.91
		波兰	套	134 296	146.22
		罗马尼亚	套	57 580	137.07
		土耳其	套	8 549	133.30
		菲律宾	套	80 775	107.54
		卢森堡	套	6 104	102.02
84812010	油压传动阀	日本	套	71 692 448	44 982.02
		德国	套	3 931 632	21 132.61
		韩国	套	12 227 238	14 092.73
		美国	套	6 947 950	13 081.19
		越南	套	6 866 770	12 527.24
		意大利	套	2 153 989	7 928.36
		中国台湾	套	907 043	3 375.48
		英国	套	1 049 994	2 967.03
		瑞士	套	95 263	2 286.70
		比利时	套	17 043 855	2 068.63
		墨西哥	套	1 528 065	1 178.73
		丹麦	套	11 188	879.75
		印度	套	142 512	863.04
		瑞典	套	13 692	710.80
		奥地利	套	1 945	658.38
		法国	套	67 336	499.78
		捷克	套	463 553	326.36
		菲律宾	套	6 849	325.47
		泰国	套	10 893	164.29
		新加坡	套	682	101.59
		中国	套	7 032	99.79
		波兰	套	22 564	93.52
		土耳其	套	9 125	89.97
84812020	气压传动阀	日本	套	10 430 439	17 175.89
		德国	套	4 030 932	11 676.14
		英国	套	39 191	4 632.32
		美国	套	344 850	4 127.71
		瑞士	套	1 273 290	3 602.86
		波兰	套	1 594 763	3 446.20
		印度	套	7 183 642	2 807.89
		意大利	套	254 823	1 827.21

（续）

商品代码	商品名称	国家（地区）	进口量单位	进口量	进口金额（万美元）
84812020	气压传动阀	韩国	套	843 100	1 514.51
		法国	套	45 454	1 220.20
		中国台湾	套	1 078 071	1 186.52
		匈牙利	套	413 266	962.71
		卢森堡	套	204 358	887.95
		西班牙	套	9 116	446.51
		捷克	套	28 782	250.97
		中国	套	43 937	244.83
		芬兰	套	406	239.40
		新加坡	套	22 431	233.75
		荷兰	套	2 085	194.48
		澳大利亚	套	1 405	150.21
		奥地利	套	2 976	135.88
		以色列	套	27 180	134.00
		加拿大	套	4 308	126.17
		瑞典	套	124 459	121.90
		马来西亚	套	312	97.34
		巴西	套	29 375	96.04
		挪威	套	124	87.41
84813000	止回阀	德国	套	52 224 115	9 313.26
		美国	套	53 111 834	6 264.45
		日本	套	148 105 472	5 239.02
		意大利	套	6 126 380	3 709.21
		英国	套	13 295 464	3 147.89
		韩国	套	17 414 120	2 694.90
		法国	套	10 428 797	2 383.11
		中国台湾	套	32 077 957	1 212.59
		荷兰	套	3 413 187	891.94
		西班牙	套	2 314 493	708.93
		瑞士	套	3 440 821	650.06
		加拿大	套	5 280	573.88
		墨西哥	套	2 463 285	532.73
		印度	套	47 803	518.70
		瑞典	套	245 994	489.08
		捷克	套	1 471 272	389.78
		以色列	套	2 102 896	326.45
		芬兰	套	3 888	271.14

（续）

商品代码	商品名称	国家（地区）	进口量单位	进口量	进口金额（万美元）
84813000	止回阀	中国	套	18 906 456	235.61
		奥地利	套	2 739 208	235.21
		匈牙利	套	428 039	233.60
		波兰	套	617 872	229.72
		丹麦	套	42 040	198.22
		卢森堡	套	826 202	178.78
		菲律宾	套	876 580	166.48
		泰国	套	1 055 193	142.83
		罗马尼亚	套	18 549	119.34
		新加坡	套	2 354	111.13
84814000	安全阀或溢流阀	德国	套	10 483 887	8 164.85
		美国	套	5 335 073	6 739.14
		日本	套	8 801 418	6 371.05
		意大利	套	5 130 679	4 260.64
		韩国	套	5 604 315	2 708.16
		新加坡	套	879	2 351.92
		中国台湾	套	1 117 859	1 535.71
		英国	套	151 964	1 417.15
		捷克	套	3 682 437	1 405.96
		法国	套	262 840	1 092.41
		瑞士	套	16 540 710	944.88
		中国	套	2 157 929	568.64
		罗马尼亚	套	419 221	448.15
		泰国	套	2 257 238	426.92
		印度	套	126 882	320.91
		加拿大	套	2 728	302.73
		墨西哥	套	333 538	238.28
		匈牙利	套	119 699	213.92
		挪威	套	4 791	198.35
		奥地利	套	67 692	191.57
		丹麦	套	13 365	183.65
		斯洛伐克	套	837 002	159.47
		瑞典	套	3 102	137.31
		波兰	套	76 209	136.24
		荷兰	套	141 129	121.16
		西班牙	套	46 929	92.79
		卢森堡	套	42 389	90.84

（续）

商品代码	商品名称	国家（地区）	进口量单位	进口量	进口金额（万美元）
84819010	阀门零件	日本	kg	12 077 533	29 373.08
		德国	kg	4 154 027	21 415.26
		美国	kg	1 976 247	13 794.60
		韩国	kg	8 422 459	9 981.18
		法国	kg	469 611	4 225.13
		意大利	kg	2 252 390	3 975.45
		中国台湾	kg	1 857 885	3 944.67
		马来西亚	kg	924 264	2 652.06
		中国	kg	693 717	2 134.49
		奥地利	kg	191 978	1 999.44
		英国	kg	176 851	1 857.14
		丹麦	kg	467 016	1 535.38
		瑞士	kg	229 857	1 521.81
		西班牙	kg	409 879	1 515.71
		印度	kg	1 221 189	1 506.07
		泰国	kg	648 710	1 445.09
		新加坡	kg	88 358	865.11
		荷兰	kg	84 647	846.95
		越南	kg	174 587	736.88
		墨西哥	kg	136 900	576.32
		匈牙利	kg	97 448	539.53
		比利时	kg	132 078	494.59
		加拿大	kg	81 549	453.21
		芬兰	kg	66 325	444.31
		捷克	kg	159 699	437.57
		瑞典	kg	50 376	415.80
		以色列	kg	440 918	391.49
		挪威	kg	33 227	352.88
		波兰	kg	92 006	277.88
		斯洛伐克	kg	109 063	226.59
		罗马尼亚	kg	28 797	205.55
		巴西	kg	26 833	202.15
		澳大利亚	kg	79 995	163.29
		印度尼西亚	kg	65 535	136.67
84834020	行星齿轮减速器	德国	个	93 847	10 005.66
		日本	个	105 690	5 171.74
		意大利	个	33 901	4 120.96

（续）

商品代码	商品名称	国家（地区）	进口量单位	进口量	进口金额（万美元）
84834020	行星齿轮减速器	韩国	个	43 923	3 618.87
		中国台湾	个	183 538	2 632.59
		印度	个	66 802	1 821.04
		中国香港	个	4 586	1 163.61
		美国	个	1 853	869.84
		法国	个	3 171	325.42
		斯洛伐克	个	906	281.30
		瑞士	个	4 510	267.23
		菲律宾	个	17 083	237.95
		中国	个	4 174	98.28
84834090	齿轮及其他变速、传动装置；滚珠螺杆传动轴	中国台湾	个	26 511 062	28 356.29
		德国	个	20 076 724	26 859.56
		日本	个	32 367 562	23 825.06
		美国	个	1 933 595	13 280.63
		意大利	个	19 652 055	5 565.23
		法国	个	1 055 683	5 372.29
		芬兰	个	20 700	3 453.94
		比利时	个	6 926	3 128.79
		韩国	个	7 117 992	2 611.58
		瑞士	个	10 115 921	1 601.68
		印度	个	480 548	1 489.83
		捷克	个	1 543 412	1 339.89
		斯洛伐克	个	36 884	1 152.01
		中国	个	9 484 472	863.06
		奥地利	个	79 131	785.11
		瑞典	个	912 967	782.90
		西班牙	个	353 308	780.12
		波兰	个	347 903	620.60
		英国	个	31 810	609.87
		新加坡	个	1 105 711	449.00
		越南	个	462 165	437.09
		丹麦	个	6 161 980	368.00
		印度尼西亚	个	9 674	285.80
		菲律宾	个	880 363	256.77
		匈牙利	个	80 000	239.09
		荷兰	个	5 493	213.00
		加拿大	个	486 809	211.00

（续）

商品代码	商品名称	国家（地区）	进口量单位	进口量	进口金额（万美元）
84834090	齿轮及其他变速、传动装置；滚珠螺杆传动轴	挪威	个	1 525	203.49
		墨西哥	个	254 794	114.42
		土耳其	个	405 870	106.26
		罗马尼亚	个	52 825	66.21
		马来西亚	个	1 008 182	62.64

〔供稿单位：机械工业信息中心〕

2020 年通用机械主要出口国家（地区）量值

商品代码	商品名称	国家（地区）	出口量单位	出口量	出口金额（万美元）
84131100	分装燃料或润滑油的计量泵，加油站或车库用	尼日利亚	台	8 395	904.97
		菲律宾	台	5 288	768.89
		沙特阿拉伯	台	6 209	625.99
		澳大利亚	台	4 502	611.29
		美国	台	114 892	459.53
		泰国	台	8 410	427.13
		印度尼西亚	台	5 787	400.11
		俄罗斯联邦	台	20 196	292.37
		也门	台	13 792	290.24
		加纳	台	1 232	272.22
		越南	台	17 660	248.00
		肯尼亚	台	7 756	238.03
		伊拉克	台	10 363	230.74
		乌兹别克斯坦	台	462	216.61
		乌干达	台	930	193.42
		斯里兰卡	台	998	192.82
		柬埔寨	台	3 183	175.19
		埃及	台	6 270	164.81
		缅甸	台	1 652	151.65
		印度	台	5 599	134.20
		刚果（金）	台	402	131.27

（续）

商品代码	商品名称	国家（地区）	出口量单位	出口量	出口金额（万美元）
84131100	分装燃料或润滑油的计量泵，加油站或车库用	苏丹	台	1 074	125.62
		坦桑尼亚	台	1 532	125.36
		巴基斯坦	台	6 846	123.43
		马来西亚	台	35 627	113.70
		巴西	台	14 310	110.66
		阿拉伯联合酋长国	台	10 908	108.36
84131900	其他装有或可装计量装置的液体泵	美国	台	922 581	920.71
		中国香港	台	85 573	842.97
		日本	台	50 991	732.28
		意大利	台	259 712	583.71
		俄罗斯联邦	台	202 304	469.50
		泰国	台	46 347	435.74
		韩国	台	29 661	426.22
		德国	台	74 233	414.36
		新加坡	台	43 498	328.50
		印度尼西亚	台	174 669	256.20
		法国	台	25 646	251.11
		巴西	台	28 942	192.60
		越南	台	30 578	191.13
		中国台湾	台	18 546	188.30
		马来西亚	台	42 201	169.76
		阿拉伯联合酋长国	台	21 908	158.73
		印度	台	37 443	157.71
		英国	台	35 537	157.33
		伊拉克	台	25 563	147.39
		罗马尼亚	台	30 036	127.94
		荷兰	台	19 180	116.66
		澳大利亚	台	12 860	114.67
84135010	气动往复式排液泵	中国台湾	台	8 952	1 136.40
		美国	台	151 737	1 103.78
		比利时	台	248 768	778.30
		英国	台	448 199	584.78
		新加坡	台	19 680	464.22
		委内瑞拉	台	813	442.66
		韩国	台	14 627	275.03
		巴西	台	14 762	251.75

（续）

商品代码	商品名称	国家（地区）	出口量单位	出口量	出口金额（万美元）
84135010	气动往复式排液泵	澳大利亚	台	19 411	207.30
		法国	台	138 225	180.48
		越南	台	12 645	156.35
		马来西亚	台	6 351	125.74
		俄罗斯联邦	台	6 531	120.22
		日本	台	35 594	103.46
		泰国	台	19 871	103.36
		南非	台	3 675	102.84
84135020	电动往复式排液泵	中国香港	台	8 504 445	3 706.33
		美国	台	2 747 579	3 435.94
		印度尼西亚	台	7 647 948	3 174.05
		印度	台	2 402 797	1 951.85
		越南	台	1 289 653	1 329.51
		俄罗斯联邦	台	353 666	980.46
		巴西	台	578 463	613.73
		韩国	台	1 192 647	563.72
		意大利	台	1 602 055	540.86
		土耳其	台	1 197 811	533.01
		日本	台	123 670	513.30
		德国	台	575 211	479.00
		沙特阿拉伯	台	301 960	434.15
		埃及	台	419 069	413.42
		泰国	台	426 901	364.55
		荷兰	台	148 796	318.10
		新加坡	台	613 610	318.08
		英国	台	85 796	269.88
		马来西亚	台	684 056	265.97
		澳大利亚	台	74 419	226.26
		伊拉克	台	184 551	197.00
		波兰	台	117 364	178.69
		阿拉伯联合酋长国	台	166 144	176.64
		墨西哥	台	239 297	159.50
		塔吉克斯坦	台	10 762	153.93
		塞尔维亚	台	4 874	149.30
		哈萨克斯坦	台	30 880	142.32

（续）

商品代码	商品名称	国家（地区）	出口量单位	出口量	出口金额（万美元）
84135020	电动往复式排液泵	法国	台	189 098	140.43
		中国台湾	台	56 669	125.46
		瑞士	台	12 127	122.68
		加拿大	台	65 860	104.88
84135031	液压往复式柱塞泵	美国	台	1 094 214	2 816.70
		越南	台	449 239	941.74
		印度尼西亚	台	328 197	596.41
		俄罗斯联邦	台	221 270	591.62
		巴西	台	259 199	571.74
		印度	台	72 520	303.80
		泰国	台	54 654	236.25
		菲律宾	台	65 508	189.21
		澳大利亚	台	3 145	183.48
		哈萨克斯坦	台	2 131	169.08
		日本	台	9 864	164.97
		沙特阿拉伯	台	2 194	160.76
		新加坡	台	1 391	152.72
		德国	台	2 671	131.15
		伊朗	台	52 120	117.30
		中国香港	台	256	112.58
		韩国	台	5 165	110.83
		阿拉伯联合酋长国	台	9 469	105.48
		阿尔及利亚	台	37 080	105.29
		马来西亚	台	129 953	102.86
84135039	其他液压往复式排液泵	美国	台	348 265	1 396.74
		马来西亚	台	163 946	449.18
		德国	台	20 233	390.19
		越南	台	391 147	377.61
		巴西	台	117 470	346.13
		哈萨克斯坦	台	177 261	274.18
		印度尼西亚	台	489 671	252.42
		泰国	台	15 093	160.20
		韩国	台	7 668	151.19
		新加坡	台	1 502	144.79
		中国香港	台	1 069	126.33
		俄罗斯联邦	台	33 549	125.25

（续）

商品代码	商品名称	国家（地区）	出口量单位	出口量	出口金额（万美元）
84135039	其他液压往复式排液泵	加拿大	台	1 736	116.56
		阿拉伯联合酋长国	台	132 842	102.71
		印度	台	15 531	97.86
		墨西哥	台	123 325	91.57
84135090	未列名往复式排液泵	美国	台	419 714	1 641.15
		俄罗斯联邦	台	7 294	542.12
		韩国	台	240 669	432.24
		加拿大	台	74 627	429.25
		意大利	台	70 801	371.43
		马来西亚	台	2 968 506	340.99
		中国香港	台	2 876 205	313.29
		印度尼西亚	台	1 626 546	292.60
		泰国	台	1 576 216	242.56
		阿拉伯联合酋长国	台	57 866	217.20
		阿曼	台	2 422	144.17
		沙特阿拉伯	台	1 378	120.33
		印度	台	63 047	116.82
		法国	台	9 992	116.36
		澳大利亚	台	19 129	108.80
		阿尔及利亚	台	10 951	107.08
84136021	电动回转式齿轮泵	美国	台	359 581	5 189.58
		日本	台	737 121	1 204.27
		英国	台	13 473	504.50
		荷兰	台	29 773	378.61
		韩国	台	326 915	245.10
		泰国	台	485 496	182.55
		印度	台	36 976	174.74
		印度尼西亚	台	111 119	136.96
		越南	台	27 903	123.46
		德国	台	25 282	107.73
		新加坡	台	70 005	87.66
		丹麦	台	672	80.10
		马来西亚	台	64 655	78.45
		哈萨克斯坦	台	11 962	54.66
		土耳其	台	27 180	52.83
		法国	台	15 771	52.09

（续）

商品代码	商品名称	国家（地区）	出口量单位	出口量	出口金额（万美元）
84136022	液压回转式齿轮泵	美国	台	270 964	2 093.20
		马来西亚	台	29 922	349.82
		巴西	台	36 731	273.79
		俄罗斯联邦	台	31 777	256.27
		韩国	台	36 128	242.54
		印度	台	25 598	220.91
		中国香港	台	1 539	182.37
		越南	台	35 566	170.26
		日本	台	10 154	150.25
		泰国	台	11 671	146.49
		土耳其	台	44 143	137.68
		加拿大	台	22 265	106.26
		印度尼西亚	台	7 810	104.19
		墨西哥	台	7 427	103.91
		意大利	台	44 240	96.57
84136029	其他回转式齿轮泵	美国	台	143 116	646.87
		越南	台	45 218	428.69
		印度尼西亚	台	96 285	224.61
		印度	台	58 022	159.53
		泰国	台	19 658	149.26
		巴基斯坦	台	79 186	132.21
		韩国	台	8 559	101.84
		马来西亚	台	15 862	92.41
		新加坡	台	1 597	87.28
		俄罗斯联邦	台	6 434	77.55
		中国香港	台	912	75.24
		巴西	台	31 385	70.30
84136031	电动回转式叶片泵	美国	台	504 673	1 079.09
		孟加拉国	台	342 805	732.32
		日本	台	375 468	728.83
		泰国	台	107 745	620.63
		俄罗斯联邦	台	159 249	342.59
		法国	台	63 182	270.42
		巴基斯坦	台	63 736	259.57
		韩国	台	285 261	255.78
		加拿大	台	43 659	238.07

（续）

商品代码	商品名称	国家（地区）	出口量单位	出口量	出口金额（万美元）
84136031	电动回转式叶片泵	英国	台	82 305	209.16
		澳大利亚	台	76 543	206.44
		越南	台	98 475	186.97
		伊拉克	台	111 452	178.44
		刚果（金）	台	89	173.90
		阿拉伯联合酋长国	台	141 686	158.89
		比利时	台	128 912	146.03
		哈萨克斯坦	台	56 834	135.07
		墨西哥	台	329 092	116.48
		土耳其	台	74 335	110.63
84136032	液压回转式叶片泵	美国	台	88 862	405.89
		日本	台	5 201	183.54
		阿拉伯联合酋长国	台	55 516	172.84
		越南	台	31 639	165.97
		韩国	台	7 339	154.37
		俄罗斯联邦	台	25 177	143.77
		印度	台	8 173	71.70
		泰国	台	11 145	70.45
		中国台湾	台	2 978	61.61
		巴西	台	4 145	52.94
		德国	台	14 659	49.72
84136039	其他回转式叶片泵	日本	台	573 403	1 471.51
		美国	台	902 820	1 355.19
		阿拉伯联合酋长国	台	192 099	712.36
		德国	台	154 633	586.42
		印度尼西亚	台	913 236	563.05
		巴西	台	151 375	462.62
		墨西哥	台	113 092	331.61
		泰国	台	170 290	318.75
		俄罗斯联邦	台	51 720	210.21
		土耳其	台	45 780	170.67
		越南	台	41 123	155.78
		伊朗	台	41 493	106.05
		英国	台	66 956	99.83
		埃及	台	29 548	95.52
		马来西亚	台	23 678	92.92

（续）

商品代码	商品名称	国家（地区）	出口量单位	出口量	出口金额（万美元）
84136039	其他回转式叶片泵	印度	台	29 549	92.89
84136040	回转式螺杆泵	印度尼西亚	台	2 840	318.28
		南苏丹共和国	台	27	267.54
		荷兰	台	1 630	249.80
		日本	台	2 523	247.59
		新加坡	台	1 093	158.23
		哈萨克斯坦	台	1 402	138.34
		澳大利亚	台	4 527	130.61
		越南	台	2 541	97.16
		泰国	台	7 333	90.29
		韩国	台	1 659	86.36
		吉尔吉斯斯坦	台	18 350	78.60
		埃塞俄比亚	台	13	75.98
		中国香港	台	250	63.84
		马来西亚	台	3 071	59.90
		菲律宾	台	1 402	57.87
		沙特阿拉伯	台	1 661	55.89
		俄罗斯联邦	台	3 783	54.82
		斯里兰卡	台	75	54.63
		阿拉伯联合酋长国	台	3 927	52.30
84136050	回转式径向柱塞泵	丹麦	台	3 936	237.25
		韩国	台	2 291	128.89
		泰国	台	1 707	14.81
		印度	台	12	9.16
84136060	回转式轴向柱塞泵	日本	台	11 346	928.49
		美国	台	318 579	897.54
		巴西	台	46 731	279.72
		印度尼西亚	台	76 599	260.26
		印度	台	22 838	225.74
		泰国	台	35 813	212.43
		澳大利亚	台	761	134.56
		马来西亚	台	3 252	106.15
		越南	台	14 927	62.48
		墨西哥	台	17 198	60.95
		俄罗斯联邦	台	2 674	57.13
		德国	台	4 679	53.91

（续）

商品代码	商品名称	国家（地区）	出口量单位	出口量	出口金额（万美元）
84136060	回转式轴向柱塞泵	中国香港	台	4 514	52.55
84136090	其他回转式排液泵	美国	台	2 431 511	6 765.58
		德国	台	1 299 637	4 970.35
		俄罗斯联邦	台	721 602	1 916.99
		土耳其	台	755 501	1 600.85
		泰国	台	1 138 561	1 465.77
		阿拉伯联合酋长国	台	359 155	1 414.98
		伊拉克	台	659 973	1 389.97
		乌兹别克斯坦	台	384 555	1 312.04
		法国	台	341 407	1 176.36
		墨西哥	台	547 838	1 096.03
		澳大利亚	台	212 015	1 071.59
		意大利	台	410 080	1 040.00
		孟加拉国	台	242 734	1 026.96
		伊朗	台	249 761	961.03
		越南	台	361 141	936.25
		阿尔及利亚	台	384 100	927.03
		尼日利亚	台	138 618	892.64
		巴西	台	644 562	787.09
		印度	台	811 798	782.03
		缅甸	台	247 899	766.55
		加纳	台	109 689	761.13
		波兰	台	364 975	706.71
		印度尼西亚	台	368 192	702.72
		马来西亚	台	144 193	665.86
		沙特阿拉伯	台	198 291	647.33
		哈萨克斯坦	台	160 484	633.18
		加拿大	台	203 387	627.28
		英国	台	1 037 939	584.44
		西班牙	台	259 628	543.85
		比利时	台	114 674	538.87
		日本	台	958 876	534.15
		埃及	台	162 587	459.52
		乌克兰	台	169 316	445.88
		也门	台	95 031	432.82

（续）

商品代码	商品名称	国家（地区）	出口量单位	出口量	出口金额（万美元）
84136090	其他回转式排液泵	阿根廷	台	194 872	425.65
		智利	台	142 422	423.36
		柬埔寨	台	146 049	419.62
		荷兰	台	109 626	399.38
		匈牙利	台	92 041	353.57
		捷克	台	715 936	335.03
		多米尼加共和国	台	107 602	312.08
		菲律宾	台	73 289	304.51
		罗马尼亚	台	63 128	291.63
		中国香港	台	175 105	281.38
		韩国	台	117 863	281.08
		南非	台	72 284	279.60
		摩洛哥	台	60 442	264.71
		阿富汗	台	70 524	263.88
		新加坡	台	16 771	260.65
		秘鲁	台	108 880	225.65
		阿塞拜疆	台	104 933	220.96
		巴基斯坦	台	112 377	216.43
		埃塞俄比亚	台	29 072	208.54
		利比亚	台	67 152	208.40
84137010	转速在 10 000r/min 及以上的离心泵	韩国	台	3 439 269	846.09
		美国	台	1 418 392	372.03
		巴基斯坦	台	30 738	325.43
		摩洛哥	台	4 676	286.23
		乌兹别克斯坦	台	18 297	256.14
		德国	台	1 220 955	236.15
		泰国	台	298 977	182.88
		伊朗	台	826 903	167.27
		印度	台	778 781	136.34
		俄罗斯联邦	台	656 091	134.67
		印度尼西亚	台	214 263	122.37
		意大利	台	743 124	105.99
		土耳其	台	629 707	103.69
		阿拉伯联合酋长国	台	231 992	84.41
		波兰	台	478 838	84.10

（续）

商品代码	商品名称	国家（地区）	出口量单位	出口量	出口金额（万美元）
84137091	转速在10 000r/min以下的离心式电动潜油泵及潜水泵	美国	台	6 688 734	14 679.08
		俄罗斯联邦	台	2 575 291	5 948.35
		泰国	台	1 191 580	5 546.70
		印度尼西亚	台	5 256 682	5 500.79
		越南	台	2 002 423	5 214.69
		德国	台	1 939 549	4 936.56
		孟加拉国	台	698 479	3 995.17
		巴基斯坦	台	1 429 159	3 096.16
		尼日利亚	台	687 235	3 064.43
		墨西哥	台	1 994 834	2 583.12
		伊拉克	台	2 294 548	2 453.81
		波兰	台	941 316	2 410.94
		巴西	台	1 171 911	2 181.39
		日本	台	1 535 324	1 895.42
		伊朗	台	536 240	1 811.72
		摩洛哥	台	256 570	1 781.40
		阿拉伯联合酋长国	台	325 089	1 640.56
		法国	台	709 391	1 612.62
		乌克兰	台	603 897	1 584.47
		荷兰	台	903 783	1 466.33
		澳大利亚	台	617 802	1 450.90
		罗马尼亚	台	463 412	1 374.82
		韩国	台	714 215	1 369.49
		英国	台	792 839	1 346.47
		意大利	台	413 638	1 148.19
		阿尔及利亚	台	107 735	1 132.04
		加拿大	台	388 959	1 075.12
		印度	台	569 836	1 015.28
		沙特阿拉伯	台	626 595	990.46
		土耳其	台	292 197	964.44
		马来西亚	台	974 135	897.77
		缅甸	台	248 565	842.37
		阿根廷	台	175 355	785.33
		西班牙	台	254 034	777.38
		南非	台	210 400	770.60
		哈萨克斯坦	台	106 524	766.23

（续）

商品代码	商品名称	国家（地区）	出口量单位	出口量	出口金额（万美元）
84137091	转速在 10 000r/min 以下的离心式电动潜油泵及潜水泵	柬埔寨	台	177 646	760.35
		利比亚	台	150 306	710.00
		加纳	台	92 556	709.94
		新加坡	台	238 976	708.82
		乌兹别克斯坦	台	117 228	663.01
		捷克	台	207 147	611.03
		斯里兰卡	台	164 890	534.32
		埃及	台	475 430	484.64
		肯尼亚	台	61 071	476.46
		也门	台	59 823	472.36
		智利	台	88 364	471.99
		中国香港	台	250 219	470.13
		阿富汗	台	96 403	388.56
		坦桑尼亚	台	44 465	375.80
		菲律宾	台	294 651	334.54
		厄瓜多尔	台	30 464	323.99
		莫桑比克	台	40 186	317.88
		中国台湾	台	208 032	310.29
		希腊	台	118 653	309.31
		塔吉克斯坦	台	22 075	297.83
		比利时	台	99 567	269.91
		瑞典	台	157 871	267.91
		葡萄牙	台	260 672	267.19
		津巴布韦	台	30 556	260.91
		叙利亚	台	69 437	239.34
		阿曼	台	113 552	232.43
		巴拉圭	台	25 273	212.16
		刚果（金）	台	3 539	201.93
84137099	转速在 10 000r/min 以下的其他离心泵	美国	台	9 539 207	20 105.52
		印度尼西亚	台	2 181 459	13 183.47
		泰国	台	8 702 774	11 141.37
		伊拉克	台	4 023 657	8 301.47
		越南	台	1 921 688	8 052.52
		俄罗斯联邦	台	5 843 021	7 973.65
		巴基斯坦	台	651 358	7 382.88
		阿拉伯联合酋长国	台	1 031 335	6 689.66

（续）

商品代码	商品名称	国家（地区）	出口量单位	出口量	出口金额（万美元）
84137099	转速在 10 000r/min 以下的其他离心泵	日本	台	2 782 687	5 933.29
		土耳其	台	9 255 907	5 757.46
		墨西哥	台	4 413 436	5 323.04
		波兰	台	4 720 280	4 970.35
		孟加拉国	台	1 133 356	4 561.49
		巴西	台	2 356 800	4 484.39
		马来西亚	台	1 885 880	4 481.70
		印度	台	2 494 981	4 258.80
		澳大利亚	台	585 749	4 168.75
		德国	台	1 466 623	4 040.20
		缅甸	台	746 889	3 711.18
		菲律宾	台	893 396	3 580.81
		沙特阿拉伯	台	965 862	3 552.78
		伊朗	台	1 588 261	3 488.41
		埃及	台	1 958 360	3 085.18
		乌兹别克斯坦	台	895 645	3 080.02
		中国香港	台	1 150 835	3 076.14
		韩国	台	1 071 462	3 054.12
		意大利	台	1 500 221	2 836.05
		新加坡	台	216 280	2 280.11
		哈萨克斯坦	台	579 070	2 267.48
		中国台湾	台	450 086	2 222.60
		荷兰	台	760 890	2 099.49
		刚果（金）	台	33 517	2 052.55
		阿尔及利亚	台	624 668	1 922.45
		尼日利亚	台	414 375	1 880.68
		英国	台	1 004 602	1 807.77
		加拿大	台	436 613	1 763.40
		阿根廷	台	876 053	1 734.75
		法国	台	373 136	1 663.09
		西班牙	台	353 707	1 480.10
		智利	台	370 003	1 468.81
		加纳	台	218 100	1 447.85
		乌克兰	台	701 266	1 411.31
		罗马尼亚	台	851 556	1 370.11
		柬埔寨	台	285 582	1 317.38

（续）

商品代码	商品名称	国家（地区）	出口量单位	出口量	出口金额（万美元）
84137099	转速在 10 000r/min 以下的其他离心泵	南非	台	330 816	1 310.74
		塞尔维亚	台	17 874	1 157.69
		奥地利	台	267 201	982.43
		哥伦比亚	台	294 423	773.85
		捷克	台	990 267	746.20
		丹麦	台	40 927	728.51
		厄瓜多尔	台	145 668	718.63
		利比亚	台	237 991	702.03
		秘鲁	台	186 797	689.45
		巴拿马	台	201 147	652.37
		老挝	台	34 519	651.93
		塞内加尔	台	254 877	622.11
		斯里兰卡	台	152 317	593.20
		白俄罗斯	台	432 557	575.12
		匈牙利	台	87 516	570.02
		肯尼亚	台	87 303	565.36
		坦桑尼亚	台	87 912	563.33
		比利时	台	185 650	558.49
		津巴布韦	台	27 181	554.90
		埃塞俄比亚	台	22 683	533.71
		摩洛哥	台	130 740	531.14
		也门	台	140 931	510.32
		安哥拉	台	79 805	502.29
		新西兰	台	55 063	480.24
		莫桑比克	台	170 667	459.49
		多民族玻利维亚国	台	9 959	455.58
		委内瑞拉	台	166 102	445.40
		希腊	台	101 578	443.37
		约旦	台	199 797	436.06
		瑞典	台	269 756	427.94
		吉尔吉斯斯坦	台	92 550	416.29
		阿塞拜疆	台	129 700	408.10
		南苏丹共和国	台	278	406.09
		巴林	台	28 907	403.83
		利比里亚	台	8 784	389.61
		叙利亚	台	177 776	354.49

（续）

商品代码	商品名称	国家（地区）	出口量单位	出口量	出口金额（万美元）
84137099	转速在 10 000r/min 以下的其他离心泵	阿曼	台	134 079	345.74
		格鲁吉亚	台	127 269	336.72
		以色列	台	63 393	304.44
		苏丹	台	125 711	300.79
84138100	未列名液体泵	美国	台	1 618 206	4 368.25
		墨西哥	台	1 482 269	1 350.71
		俄罗斯联邦	台	138 346	1 082.06
		英国	台	432 714	1 057.40
		中国香港	台	1 494 311	980.65
		德国	台	1 334 165	896.57
		印度尼西亚	台	360 792	885.50
		越南	台	237 804	676.99
		泰国	台	447 587	671.46
		印度	台	144 998	614.05
		日本	台	178 952	570.75
		澳大利亚	台	173 364	564.45
		阿拉伯联合酋长国	台	120 596	510.14
		伊拉克	台	56 198	486.09
		韩国	台	301 948	365.08
		马来西亚	台	177 713	338.80
		缅甸	台	109 114	291.10
		巴基斯坦	台	45 551	283.64
		土耳其	台	437 435	259.54
		伊朗	台	134 355	251.10
		菲律宾	台	61 514	248.32
		新加坡	台	60 761	233.46
		波兰	台	208 082	228.09
		巴西	台	191 478	219.27
		乌克兰	台	88 391	212.23
		西班牙	台	47 103	208.01
84138200	液体提升机	德国	台	4 041	53.68
		沙特阿拉伯	台	60 163	21.22
		印度尼西亚	台	729	19.06
		意大利	台	113	16.34
		美国	台	163	12.30
		巴基斯坦	台	205	11.09

（续）

商品代码	商品名称	国家（地区）	出口量单位	出口量	出口金额（万美元）
84138200	液体提升机	泰国	台	1 417	11.05
		越南	台	375	10.54
84139100	液体泵零件	美国	kg	58 462 392	42 028.35
		日本	kg	13 798 701	10 521.59
		德国	kg	11 032 825	8 962.63
		意大利	kg	15 177 831	7 859.81
		加拿大	kg	7 721 010	7 338.04
		印度尼西亚	kg	24 928 579	6 805.51
		俄罗斯联邦	kg	8 111 375	5 358.23
		墨西哥	kg	7 410 438	4 983.99
		印度	kg	5 375 150	4 414.82
		韩国	kg	11 523 216	4 241.12
		越南	kg	4 491 795	4 190.37
		新加坡	kg	2 161 280	3 412.15
		澳大利亚	kg	6 125 749	3 057.44
		西班牙	kg	3 408 825	2 888.35
		荷兰	kg	3 970 508	2 878.69
		中国台湾	kg	5 565 158	2 794.29
		伊朗	kg	3 070 094	2 574.82
		中国香港	kg	1 347 469	2 242.43
		英国	kg	2 665 052	2 169.50
		阿拉伯联合酋长国	kg	2 136 496	2 057.01
		泰国	kg	2 991 005	1 975.59
		丹麦	kg	2 182 894	1 823.96
		法国	kg	3 275 096	1 765.82
		刚果（金）	kg	960 180	1 693.84
		巴基斯坦	kg	2 308 205	1 598.77
		波兰	kg	1 770 330	1 517.28
		马来西亚	kg	2 163 054	1 479.74
		芬兰	kg	1 502 745	1 422.93
		南非	kg	2 624 561	1 410.19
		匈牙利	kg	2 724 700	1 404.40
		巴西	kg	1 055 339	1 306.30
		土耳其	kg	1 327 202	1 261.13
		沙特阿拉伯	kg	1 610 743	1 062.70
		加纳	kg	3 969 610	866.67

（续）

商品代码	商品名称	国家（地区）	出口量单位	出口量	出口金额（万美元）
84139100	液体泵零件	埃及	kg	1 350 240	840.94
		瑞典	kg	1 069 878	826.56
		爱尔兰	kg	2 577 914	812.32
		阿根廷	kg	956 184	731.20
		伊拉克	kg	758 942	715.35
		智利	kg	999 517	653.23
		罗马尼亚	kg	497 431	643.10
		菲律宾	kg	1 072 674	621.67
		秘鲁	kg	707 272	615.68
		哈萨克斯坦	kg	940 847	610.81
		捷克	kg	376 799	589.20
		巴拿马	kg	135 550	562.47
		尼日利亚	kg	887 800	489.86
		以色列	kg	518 755	481.26
		南苏丹共和国	kg	28 783	446.45
84139200	液体提升机零件	美国	kg	197 793	219.10
		瑞典	kg	9 171	117.13
		巴西	kg	4 741	69.52
		新加坡	kg	19 969	66.65
		希腊	kg	6 000	59.70
		印度	kg	9 396	53.92
		以色列	kg	108 341	48.25
		英国	kg	3 163	42.07
		南非	kg	69 741	34.99
		巴拿马	kg	40 318	27.90
84141000	真空泵	美国	台	3 353 599	7 869.16
		墨西哥	台	938 756	3 195.66
		日本	台	479 240	1 927.30
		德国	台	408 685	1 798.02
		韩国	台	815 863	1 524.91
		印度	台	145 850	1 472.62
		越南	台	220 732	1 198.77
		中国台湾	台	65 024	1 080.11
		中国香港	台	315 311	842.86
		俄罗斯联邦	台	82 697	719.42
		意大利	台	134 214	689.48

（续）

商品代码	商品名称	国家（地区）	出口量单位	出口量	出口金额（万美元）
84141000	真空泵	泰国	台	95 824	669.32
		印度尼西亚	台	179 591	575.98
		马来西亚	台	177 526	551.44
		英国	台	362 043	499.97
		捷克	台	8 721	399.73
		澳大利亚	台	77 527	398.96
		土耳其	台	190 831	374.40
		比利时	台	58 333	310.70
		巴西	台	68 399	286.52
		荷兰	台	85 669	286.00
		加拿大	台	105 494	265.47
		新加坡	台	17 652	256.75
		阿拉伯联合酋长国	台	65 021	252.52
		法国	台	44 798	241.75
		波兰	台	90 859	241.56
		巴基斯坦	台	57 292	235.51
84142000	手动或脚踏式空气泵	美国	台	18 303 942	4 285.31
		印度	台	12 811 829	2 002.99
		越南	台	5 278 540	1 453.99
		印度尼西亚	台	6 531 883	1 299.74
		英国	台	3 969 065	1 211.84
		德国	台	5 663 505	1 165.12
		日本	台	5 498 035	1 015.07
		法国	台	2 792 348	791.94
		荷兰	台	3 690 380	771.42
		菲律宾	台	3 994 449	738.74
		巴西	台	5 607 389	629.00
		泰国	台	2 787 329	589.31
		韩国	台	3 157 247	569.23
		马来西亚	台	2 411 979	530.24
		加拿大	台	1 383 707	499.87
		墨西哥	台	3 880 475	496.21
		俄罗斯联邦	台	3 924 716	415.09
		加纳	台	2 183 005	399.16
		澳大利亚	台	1 824 922	387.21
		伊拉克	台	1 915 219	380.72

（续）

商品代码	商品名称	国家（地区）	出口量单位	出口量	出口金额（万美元）
84142000	手动或脚踏式空气泵	阿拉伯联合酋长国	台	1 452 127	334.96
		新加坡	台	1 868 659	316.67
		哥伦比亚	台	2 389 791	316.40
		意大利	台	1 414 787	311.62
		波兰	台	1 685 372	302.92
		比利时	台	1 038 247	291.77
		西班牙	台	1 277 135	286.71
		土耳其	台	2 168 773	278.20
		智利	台	1 156 936	225.97
		沙特阿拉伯	台	1 096 356	221.46
		坦桑尼亚	台	1 451 675	211.54
		南非	台	1 085 340	205.67
84145930	离心通风机	美国	台	1 908 307	5 848.38
		日本	台	2 329 228	3 170.17
		越南	台	354 817	3 085.71
		韩国	台	5 642 411	2 537.58
		中国香港	台	1 836 993	2 059.67
		印度尼西亚	台	124 309	1 786.18
		印度	台	201 118	1 703.37
		德国	台	1 015 980	1 448.10
		荷兰	台	64 408	1 082.78
		意大利	台	2 036 684	1 074.00
		土耳其	台	679 124	1 020.92
		澳大利亚	台	215 043	1 018.28
		俄罗斯联邦	台	252 335	1 002.03
		马来西亚	台	180 701	929.46
		泰国	台	737 223	917.19
		墨西哥	台	448 060	887.65
		菲律宾	台	2 819 628	866.04
		巴基斯坦	台	15 430	829.39
		阿拉伯联合酋长国	台	122 587	734.02
		中国台湾	台	50 100	680.96
		法国	台	308 624	668.89
		加拿大	台	249 441	663.75
		英国	台	445 533	648.46
		新加坡	台	100 729	568.85

（续）

商品代码	商品名称	国家（地区）	出口量单位	出口量	出口金额（万美元）
84145930	离心通风机	伊朗	台	386 588	441.12
		伊拉克	台	205 999	355.11
		乌兹别克斯坦	台	14 522	304.27
		沙特阿拉伯	台	97 162	302.56
		西班牙	台	68 384	301.78
84145990	未列名风机、风扇	美国	台	31 189 486	36 824.94
		中国香港	台	152 053 344	34 782.81
		日本	台	34 849 909	14 121.34
		韩国	台	24 512 808	8 723.35
		中国台湾	台	24 507 598	7 496.64
		越南	台	16 905 331	6 863.48
		德国	台	10 029 874	5 522.90
		马来西亚	台	7 393 331	5 062.87
		波兰	台	8 028 206	4 493.74
		印度尼西亚	台	4 669 892	4 423.06
		泰国	台	9 946 576	4 169.88
		俄罗斯联邦	台	8 185 969	4 041.93
		墨西哥	台	4 779 011	3 990.67
		新加坡	台	4 660 769	3 938.45
		英国	台	4 777 389	3 576.09
		巴西	台	8 931 797	3 388.29
		荷兰	台	3 015 005	3 358.60
		印度	台	25 443 449	3 347.53
		加拿大	台	2 190 218	3 142.77
		土耳其	台	7 270 278	2 983.73
		意大利	台	3 799 868	2 571.15
		菲律宾	台	5 138 574	2 323.40
		澳大利亚	台	1 389 140	2 133.93
		阿拉伯联合酋长国	台	1 510 690	1 874.37
		捷克	台	2 642 568	1 537.01
		法国	台	813 143	1 220.04
		埃及	台	1 161 113	1 118.86
		西班牙	台	1 552 764	1 081.13
		沙特阿拉伯	台	472 452	1 015.12
		塞尔维亚	台	198 155	989.54
		比利时	台	473 587	870.52

（续）

商品代码	商品名称	国家（地区）	出口量单位	出口量	出口金额（万美元）
84145990	未列名风机、风扇	巴基斯坦	台	404 541	850.47
		南非	台	570 908	748.38
		以色列	台	724 042	726.75
		奥地利	台	1 324 519	625.14
		哥伦比亚	台	468 552	604.02
		尼日利亚	台	703 613	593.30
		智利	台	228 964	534.53
		孟加拉国	台	835 287	505.78
		匈牙利	台	1 514 832	504.77
		乌克兰	台	579 242	457.08
		罗马尼亚	台	308 025	421.21
		伊拉克	台	124 158	395.99
		希腊	台	227 089	388.58
		瑞典	台	604 166	379.95
		巴拿马	台	122 176	349.14
		新西兰	台	136 717	315.89
		丹麦	台	234 892	315.01
		芬兰	台	767 584	302.43
84148020	二氧化碳压缩机	日本	台	118 629	1 654.18
		俄罗斯联邦	台	464	474.57
		土耳其	台	2	162.94
		多民族玻利维亚国	台	1	123.23
		越南	台	2	48.00
		巴基斯坦	台	7	33.78
		丹麦	台	12	30.23
		意大利	台	269	24.99
		马来西亚	台	8 670	19.22
		尼日利亚	台	3	15.31
84148040	空气及其他气体压缩机	美国	台	3 906 223	27 923.38
		越南	台	240 490	7 517.47
		俄罗斯联邦	台	357 348	6 534.12
		德国	台	869 560	6 492.54
		伊朗	台	28 320	5 607.81
		泰国	台	223 326	5 145.34
		印度尼西亚	台	208 464	4 836.44
		澳大利亚	台	264 842	4 222.75

（续）

商品代码	商品名称	国家（地区）	出口量单位	出口量	出口金额（万美元）
84148040	空气及其他气体压缩机	意大利	台	1 062 148	4 200.08
		中国台湾	台	56 206	3 790.32
		印度	台	293 665	3 784.90
		乌兹别克斯坦	台	47 115	3 569.12
		土耳其	台	199 963	3 458.87
		韩国	台	307 637	3 438.16
		巴基斯坦	台	64 434	2 993.55
		马来西亚	台	144 850	2 812.49
		墨西哥	台	430 688	2 495.70
		波兰	台	608 326	2 480.38
		日本	台	481 665	2 317.63
		尼日利亚	台	16 577	2 263.09
		加拿大	台	204 348	2 051.66
		巴西	台	215 635	2 015.50
		英国	台	217 541	1 852.41
		法国	台	271 989	1 825.56
		新加坡	台	21 456	1 687.62
		荷兰	台	213 378	1 595.57
		哈萨克斯坦	台	52 434	1 586.72
		比利时	台	85 791	1 546.24
		南非	台	63 238	1 259.36
		菲律宾	台	63 193	1 204.53
		阿拉伯联合酋长国	台	52 032	1 170.43
		埃及	台	92 070	1 160.41
		缅甸	台	68 825	1 123.67
		瑞典	台	100 550	1 082.30
		乌克兰	台	132 951	974.37
		西班牙	台	113 512	968.00
		阿根廷	台	123 500	920.21
		孟加拉国	台	64 538	899.76
		秘鲁	台	82 978	784.78
		塞尔维亚	台	24 991	734.97
		智利	台	50 367	712.49
		白俄罗斯	台	37 881	688.50
		罗马尼亚	台	59 559	497.46
		沙特阿拉伯	台	29 832	483.42

（续）

商品代码	商品名称	国家（地区）	出口量单位	出口量	出口金额（万美元）
84148040	空气及其他气体压缩机	哥伦比亚	台	62 496	457.13
84148090	其他空气泵，通风罩、循环气罩	美国	台	19 106 440	26 802.84
		德国	台	5 871 867	6 831.17
		英国	台	3 519 715	5 647.93
		日本	台	20 371 277	4 686.58
		俄罗斯联邦	台	2 894 928	3 453.85
		韩国	台	3 627 076	3 376.15
		越南	台	3 523 302	2 921.93
		巴西	台	2 167 715	2 885.04
		印度	台	3 211 235	2 762.55
		荷兰	台	1 996 683	2 562.89
		泰国	台	5 648 735	2 528.48
		中国香港	台	6 204 311	2 443.38
		印度尼西亚	台	5 587 455	2 428.21
		澳大利亚	台	1 211 357	2 211.20
		伊朗	台	161 669	2 178.54
		比利时	台	1 711 923	2 056.79
		加拿大	台	1 376 948	2 030.22
		匈牙利	台	130 791	1 641.67
		法国	台	1 561 922	1 633.01
		马来西亚	台	4 733 089	1 614.87
		中国台湾	台	2 289 963	1 556.17
		波兰	台	1 444 207	1 430.40
		捷克	台	2 203 563	1 329.32
		墨西哥	台	1 677 229	1 219.09
		意大利	台	503 204	1 204.91
		突尼斯	台	11 367	1 144.89
		西班牙	台	430 917	1 096.10
		沙特阿拉伯	台	779 574	1 073.13
		阿拉伯联合酋长国	台	319 994	1 038.11
		菲律宾	台	868 123	882.65
		土耳其	台	900 118	788.22
		新加坡	台	314 612	743.62
		埃及	台	333 627	679.75
		伊拉克	台	346 126	671.40
		乌兹别克斯坦	台	346 575	665.01

（续）

商品代码	商品名称	国家（地区）	出口量单位	出口量	出口金额（万美元）
84148090	其他空气泵，通风罩、循环气罩	巴基斯坦	台	607 920	624.64
		厄瓜多尔	台	46 934	575.14
		孟加拉国	台	134 221	542.58
84193100	农产品干燥器	缅甸	台	270	488.24
		印度尼西亚	台	146	316.11
		越南	台	2 460	185.66
		泰国	台	1 745	169.28
		加拿大	台	1 190	122.74
		美国	台	3 315	111.12
		印度	台	68	91.11
		孟加拉国	台	59	90.88
		厄瓜多尔	台	17	76.50
		土耳其	台	5	70.75
		菲律宾	台	46	66.04
		哥伦比亚	台	28	63.50
84193200	木材、纸浆、纸或纸板干燥器	越南	台	1 564	1 631.57
		俄罗斯联邦	台	148	539.11
		印度尼西亚	台	204	493.60
		马来西亚	台	217	372.33
		泰国	台	72	288.36
		印度	台	969	239.09
		乌兹别克斯坦	台	16	121.51
		缅甸	台	18	120.06
		菲律宾	台	46	118.29
		美国	台	42	116.64
		秘鲁	台	3	105.41
		埃及	台	38	104.71
		加蓬	台	37	88.28
		伊朗	台	50	86.97
		厄瓜多尔	台	40	82.69
84193910	微空气流动陶瓷坯件干燥器	伊朗	台	1	19.83
		土库曼斯坦	台	1	9.00
		孟加拉国	台	3	6.60
		马来西亚	台	5	6.43
		中国台湾	台	2	4.17
		印度尼西亚	台	4	2.51

（续）

商品代码	商品名称	国家（地区）	出口量单位	出口量	出口金额（万美元）
84193990	未列名干燥器	越南	台	257 171	4 075.69
		印度尼西亚	台	10 366	3 661.34
		印度	台	48 225	3 071.78
		美国	台	798 916	2 859.85
		俄罗斯联邦	台	38 403	2 454.74
		日本	台	31 480	1 653.91
		韩国	台	56 324	1 609.52
		泰国	台	29 883	1 484.46
		西班牙	台	6 924	1 289.00
		马来西亚	台	31 974	1 208.51
		巴西	台	61 161	1 158.84
		土耳其	台	31 245	1 135.15
		孟加拉国	台	5 645	1 020.83
		澳大利亚	台	40 159	779.64
		意大利	台	2 714	757.84
		白俄罗斯	台	4 559	749.18
		阿拉伯联合酋长国	台	42 998	714.66
		新加坡	台	14 225	666.71
		德国	台	122 618	664.18
		墨西哥	台	3 580	651.37
		中国台湾	台	53 794	647.84
		波兰	台	22 200	641.28
		英国	台	107 650	560.55
		芬兰	台	917	542.25
		加拿大	台	20 815	515.24
		菲律宾	台	9 474	481.57
		乌兹别克斯坦	台	4 100	469.16
		阿根廷	台	7 938	403.77
84196011	制氧量≥ 15 000m^3/h 及以上的制氧机	美国	台	161	1 406.11
		阿拉伯联合酋长国	台	51	1 307.36
		乌兹别克斯坦	台	3 406	85.39
		俄罗斯联邦	台	14	68.89
		赞比亚	台	605	42.45
		缅甸	台	1	26.75
		吉尔吉斯斯坦	台	52	15.32
		多哥	台	200	14.80

（续）

商品代码	商品名称	国家（地区）	出口量单位	出口量	出口金额（万美元）
84196011	制氧量≥15 000m^3/h 及以上的制氧机	哈萨克斯坦	台	460	14.59
		印度尼西亚	台	206	13.27
		西班牙	台	112	10.64
84196019	其他制氧机	美国	台	47 919	1 135.13
		乌克兰	台	25 745	1 133.17
		秘鲁	台	19 570	1 038.61
		俄罗斯联邦	台	23 294	1 011.97
		印度	台	22 282	957.29
		乌兹别克斯坦	台	18 754	720.36
		捷克	台	276	529.56
		哈萨克斯坦	台	11 082	514.88
		阿尔及利亚	台	9 613	386.29
		孟加拉国	台	2 882	357.56
		吉尔吉斯斯坦	台	9 334	323.72
		阿根廷	台	242	258.08
		巴基斯坦	台	2 488	239.83
		波兰	台	9 388	229.34
		德国	台	3 046	224.08
		刚果（金）	台	201	223.01
84196090	未列名液化空气或其他气体的机器	美国	台	51	4 668.70
		韩国	台	88	3 502.86
		爱尔兰	台	3	1 686.03
		中国台湾	台	46	1 281.07
		新加坡	台	83	1 259.60
		墨西哥	台	9	1 052.55
		伊朗	台	6	761.57
		埃及	台	14	577.38
		越南	台	54	563.77
		阿尔及利亚	台	85	560.53
		印度尼西亚	台	60	226.55
		马来西亚	台	111	205.39
		俄罗斯联邦	台	10 668	169.78
		日本	台	13	135.44
		阿拉伯联合酋长国	台	17	122.55
		泰国	台	89	116.85
		巴基斯坦	台	38	94.39

（续）

商品代码	商品名称	国家（地区）	出口量单位	出口量	出口金额（万美元）
84196090	未列名液化空气或其他气体的机器	意大利	台	5	92.50
84211920	固液分离机	美国	台	28 907	1 209.03
		法国	台	979	649.11
		巴西	台	99	521.30
		俄罗斯联邦	台	815	398.30
		印度	台	1 892	376.61
		越南	台	2 682	346.38
		加拿大	台	1 305	327.26
		塞尔维亚	台	34	319.45
		印度尼西亚	台	159	292.01
		德国	台	8 276	274.02
		日本	台	495	273.69
		泰国	台	863	228.04
		马来西亚	台	2 094	205.06
		阿根廷	台	159	202.63
		老挝	台	51	202.06
		阿拉伯联合酋长国	台	55	196.11
		韩国	台	1 641	154.28
		中国香港	台	140	153.45
		意大利	台	143	133.15
		澳大利亚	台	2 947	118.93
		埃及	台	217	109.74
		南非	台	569	108.07
84211990	其他未列名离心机，包括离心干燥机	韩国	台	4 210	1 088.34
		美国	台	74 658	869.28
		俄罗斯联邦	台	6 035	822.11
		德国	台	6 579	434.37
		越南	台	7 868	372.27
		智利	台	4 475	364.33
		印度尼西亚	台	68 982	351.62
		阿拉伯联合酋长国	台	1 578	318.86
		日本	台	6 564	302.63
		中国台湾	台	1 595	281.82
		印度	台	7 046	280.97
		新加坡	台	5 816	272.37
		巴西	台	8 522	253.09

（续）

商品代码	商品名称	国家（地区）	出口量单位	出口量	出口金额（万美元）
84211990	其他未列名离心机，包括离心干燥机	中国香港	台	4 429	238.60
		澳大利亚	台	4 900	230.41
		巴基斯坦	台	3 651	203.84
		泰国	台	26 402	137.09
		西班牙	台	3 348	130.92
		菲律宾	台	10 561	128.47
		多民族玻利维亚国	台	327	128.25
		荷兰	台	2 214	128.15
		乌兹别克斯坦	台	2 509	107.84
		白俄罗斯	台	924	103.52
		刚果（金）	台	129	102.77
84212910	压滤机	印度尼西亚	台	183	1 324.75
		印度	台	89	892.78
		刚果（金）	台	57	775.99
		秘鲁	台	24	466.57
		俄罗斯联邦	台	80	465.17
		阿尔及利亚	台	8	426.42
		阿根廷	台	143	380.35
		越南	台	273 203	352.69
		中国台湾	台	73	194.42
		塞尔维亚	台	7	184.92
		泰国	台	155	175.18
		巴西	台	20	173.50
		马来西亚	台	100	167.85
		南非	台	48	163.72
		缅甸	台	85	159.89
		美国	台	37	125.63
		韩国	台	33	115.84
		墨西哥	台	27	108.17
84811000	减压阀	美国	套	8 040 381	4 978.68
		日本	套	2 080 784	2 876.96
		韩国	套	1 463 908	2 176.87
		越南	套	2 996 403	1 347.45
		新加坡	套	224 369	1 049.19
		伊拉克	套	2 729 272	806.49
		德国	套	1 099 477	777.60

（续）

商品代码	商品名称	国家（地区）	出口量单位	出口量	出口金额（万美元）
84811000	减压阀	墨西哥	套	1 485 897	759.44
		澳大利亚	套	608 813	743.26
		印度尼西亚	套	2 682 784	737.15
		中国台湾	套	624 658	736.65
		中国香港	套	2 147 211	631.91
		菲律宾	套	2 259 034	610.20
		马来西亚	套	1 669 346	604.98
		孟加拉国	套	4 582 379	592.06
		比利时	套	1 244 291	577.82
		巴西	套	1 911 433	527.93
		印度	套	874 568	502.44
		意大利	套	2 050 728	491.75
		泰国	套	661 336	435.51
		俄罗斯联邦	套	833 312	376.86
		丹麦	套	1 128 417	372.96
		秘鲁	套	445 670	309.68
		西班牙	套	815 650	303.34
		荷兰	套	363 581	298.39
		南非	套	1 042 388	296.72
		尼日利亚	套	1 072 472	273.80
		英国	套	569 845	264.59
		阿拉伯联合酋长国	套	222 783	236.48
		摩洛哥	套	1 713 712	218.05
		加拿大	套	438 332	207.23
		土耳其	套	602 159	205.79
84812010	油压传动阀	美国	套	3 187 639	2 369.82
		韩国	套	884 502	1 299.35
		巴西	套	129 020	988.20
		印度	套	877 575	835.83
		德国	套	750 834	584.61
		日本	套	1 060 375	569.44
		越南	套	206 284	456.56
		澳大利亚	套	169 852	366.26
		英国	套	931 895	363.14
		俄罗斯联邦	套	369 315	350.11
		法国	套	168 678	299.82

（续）

商品代码	商品名称	国家（地区）	出口量单位	出口量	出口金额（万美元）
84812010	油压传动阀	土耳其	套	136 003	280.84
		匈牙利	套	441 086	274.29
		比利时	套	23 442	268.37
		墨西哥	套	219 350	266.56
		泰国	套	120 909	233.04
		意大利	套	443 056	206.08
		新加坡	套	15 402	201.86
84812020	气压传动阀	德国	套	1 434 557	2 047.55
		日本	套	450 105	1 589.24
		美国	套	905 412	1 155.77
		墨西哥	套	470 990	975.16
		越南	套	1 037 402	648.33
		中国台湾	套	892 009	592.54
		韩国	套	284 606	475.19
		中国香港	套	129 001	351.95
		新加坡	套	102 425	323.57
		印度	套	677 872	268.53
		乌兹别克斯坦	套	9 332	252.03
		印度尼西亚	套	26 597 279	216.08
		马来西亚	套	134 194	214.45
		土耳其	套	193 801	204.93
		利比里亚	套	232	203.13
		伊拉克	套	284 190	201.74
		阿拉伯联合酋长国	套	143 260	165.44
		泰国	套	151 288	153.17
		巴西	套	164 074	122.20
		瑞典	套	31 091	116.65
		法国	套	61 303	112.93
		俄罗斯联邦	套	39 179	108.98
		英国	套	138 421	102.86
		意大利	套	525 589	102.37
84813000	止回阀	美国	套	266 025 937	8 960.21
		印度尼西亚	套	244 330 153	3 129.50
		韩国	套	62 815 616	2 242.88
		越南	套	125 920 164	1 814.05
		阿拉伯联合酋长国	套	16 745 179	1 341.55

（续）

商品代码	商品名称	国家（地区）	出口量单位	出口量	出口金额（万美元）
84813000	止回阀	巴基斯坦	套	102 209 631	1 292.23
		德国	套	112 298 079	1 273.62
		日本	套	20 130 820	1 214.91
		泰国	套	104 240 980	1 159.08
		英国	套	51 003 861	1 116.66
		意大利	套	94 858 817	1 096.89
		法国	套	129 713 598	1 054.30
		中国台湾	套	77 934 391	972.85
		巴西	套	100 556 277	971.35
		俄罗斯联邦	套	30 086 226	920.83
		澳大利亚	套	21 818 763	911.95
		墨西哥	套	37 588 912	885.84
		印度	套	95 706 630	871.60
		西班牙	套	16 589 866	822.51
		波兰	套	46 455 450	738.53
		加拿大	套	15 904 165	684.09
		新加坡	套	1 382 138	626.11
		中国香港	套	21 406 135	594.12
		孟加拉国	套	34 638 526	563.96
		马来西亚	套	9 481 195	553.61
		伊朗	套	29 139 343	537.21
		沙特阿拉伯	套	26 604 439	512.09
		土耳其	套	29 561 363	391.16
		荷兰	套	8 243 632	334.71
		菲律宾	套	13 959 924	327.21
		埃及	套	4 676 647	288.14
		丹麦	套	1 724 270	278.58
		智利	套	4 682 241	273.83
84814000	安全阀或溢流阀	美国	套	2 737 238	2 343.19
		俄罗斯联邦	套	1 334 065	1 399.98
		加拿大	套	424 861	1 050.31
		日本	套	987 462	851.80
		越南	套	11 249 774	791.58
		泰国	套	10 591 306	776.93
		沙特阿拉伯	套	105 690	716.68
		印度尼西亚	套	1 113 285	685.06

（续）

商品代码	商品名称	国家（地区）	出口量单位	出口量	出口金额（万美元）
84814000	安全阀或溢流阀	阿拉伯联合酋长国	套	787 210	628.78
		中国台湾	套	1 159 827	604.61
		印度	套	2 379 404	503.20
		中国香港	套	631 338	501.15
		韩国	套	896 606	489.52
		新加坡	套	68 171	483.42
		墨西哥	套	758 958	337.54
		德国	套	578 176	320.95
		巴基斯坦	套	39 790	313.33
		澳大利亚	套	238 104	294.53
		比利时	套	172 651	277.50
		马来西亚	套	46 532	257.68
		英国	套	231 586	255.36
		伊拉克	套	63 478	254.76
		挪威	套	1 108	237.60
84819010	阀门零件	美国	kg	70 300 960	55 425.52
		日本	kg	20 680 585	23 965.77
		德国	kg	12 986 927	12 288.94
		意大利	kg	16 079 024	11 032.64
		韩国	kg	20 538 970	9 387.78
		中国香港	kg	2 388 266	6 722.31
		中国台湾	kg	11 434 794	6 397.85
		英国	kg	7 186 533	5 462.46
		墨西哥	kg	6 593 200	5 289.61
		丹麦	kg	10 823 730	5 279.45
		印度	kg	6 670 241	4 860.86
		西班牙	kg	10 090 723	4 780.06
		荷兰	kg	5 595 005	4 231.50
		泰国	kg	3 828 185	4 081.79
		法国	kg	6 450 311	3 907.02
		加拿大	kg	4 890 597	3 641.23
		越南	kg	3 607 831	3 600.69
		马来西亚	kg	3 527 831	3 153.56
		俄罗斯联邦	kg	4 254 406	2 946.05
		新加坡	kg	2 978 228	2 907.68
		阿拉伯联合酋长国	kg	3 467 118	2 428.61

（续）

商品代码	商品名称	国家（地区）	出口量单位	出口量	出口金额（万美元）
84819010	阀门零件	沙特阿拉伯	kg	3 647 180	2 405.27
		澳大利亚	kg	3 334 286	2 102.22
		芬兰	kg	1 668 462	2 076.62
		巴西	kg	1 909 607	1 994.06
		波兰	kg	3 567 533	1 859.64
		土耳其	kg	3 619 054	1 669.37
		以色列	kg	3 727 977	1 585.19
		捷克	kg	1 737 736	1 562.05
		印度尼西亚	kg	1 828 007	1 247.67
		埃及	kg	2 071 573	1 191.22
		比利时	kg	1 556 618	1 116.71
		阿根廷	kg	1 323 450	1 053.67
		阿尔及利亚	kg	1 097 817	921.80
		罗马尼亚	kg	1 026 298	803.16
		瑞士	kg	835 084	761.54
		伊朗	kg	1 165 254	752.84
		瑞典	kg	589 595	735.65
		挪威	kg	655 338	563.12
		伊拉克	kg	392 543	504.34
		匈牙利	kg	435 595	504.04
		奥地利	kg	413 855	438.61
		南非	kg	1 107 276	434.18
		巴基斯坦	kg	309 690	423.62
		哈萨克斯坦	kg	427 900	406.01
		卡塔尔	kg	683 333	358.32
		阿曼	kg	420 400	353.52
		菲律宾	kg	285 695	306.94
84834020	行星齿轮减速器	墨西哥	个	605 047	4 674.14
		德国	个	492 361	3 973.59
		美国	个	2 625 767	3 679.44
		日本	个	920 664	2 392.60
		印度	个	5 962 545	1 986.96
		意大利	个	52 281	1 192.93
		俄罗斯联邦	个	193 551	562.68
		巴西	个	37 929	494.48
		韩国	个	15 540	391.96

（续）

商品代码	商品名称	国家（地区）	出口量单位	出口量	出口金额（万美元）
84834020	行星齿轮减速器	印度尼西亚	个	807 404	340.96
		加拿大	个	7 442	330.43
		越南	个	7 196	283.10
		菲律宾	个	823 917	184.18
		泰国	个	169 187	174.36
		埃及	个	991 312	172.99
		阿尔及利亚	个	847 049	137.40
		乌兹别克斯坦	个	237 095	133.90
		伊朗	个	610 593	131.80
		斯洛文尼亚	个	103 163	106.66
		澳大利亚	个	757	104.72
		中国台湾	个	8 755	103.19
84834090	齿轮及其他变速、传动装置；滚珠螺杆传动轴	美国	个	28 151 712	49 977.98
		巴西	个	6 544 643	19 368.21
		印度	个	18 133 631	9 569.83
		德国	个	11 744 768	8 727.43
		智利	个	154 373	8 230.64
		意大利	个	6 127 273	8 223.24
		越南	个	20 827 080	7 667.98
		澳大利亚	个	256 237	7 489.81
		墨西哥	个	18 959 132	6 356.27
		西班牙	个	2 022 833	5 887.35
		日本	个	18 246 696	5 739.56
		南非	个	184 907	5 366.95
		印度尼西亚	个	3 468 318	5 199.76
		瑞典	个	1 217 185	4 989.48
		俄罗斯联邦	个	3 578 481	4 818.74
		阿拉伯联合酋长国	个	935 350	4 483.01
		沙特阿拉伯	个	244 974	4 468.34
		韩国	个	7 503 680	4 462.70
		马来西亚	个	4 652 914	4 403.46
		土耳其	个	6 099 234	4 305.03
		伊朗	个	2 515 369	4 274.26
		泰国	个	1 713 724	4 233.17
		波兰	个	2 073 959	3 252.74
		中国香港	个	16 237 070	3 144.07

（续）

商品代码	商品名称	国家（地区）	出口量单位	出口量	出口金额（万美元）
84834090	齿轮及其他变速、传动装置；滚珠螺杆传动轴	挪威	个	7 941	2 530.66
		加拿大	个	3 449 813	2 419.86
		芬兰	个	143 024	2 256.63
		新西兰	个	33 983	2 030.72
		荷兰	个	1 721 182	1 726.05
		英国	个	820 619	1 710.47
		中国台湾	个	2 689 993	1 681.51
		法国	个	1 781 099	1 658.69
		巴基斯坦	个	5 449 225	1 607.71
		新加坡	个	626 987	1 494.48
		罗马尼亚	个	3 585 759	1 457.65
		菲律宾	个	14 860 929	1 353.89
		比利时	个	412 745	1 316.83
		孟加拉国	个	9 398 099	1 254.01
		捷克	个	5 171 854	1 199.07
		阿根廷	个	318 274	1 143.53
		乌克兰	个	223 450	1 012.63
		埃塞俄比亚	个	25 910	1 007.01
		埃及	个	2 566 234	780.35
		刚果（金）	个	15 893	528.14
		萨尔瓦多	个	20 112	496.74
		匈牙利	个	2 407 276	472.54
		阿尔及利亚	个	534 534	442.08
		缅甸	个	142 841	441.25
		塞尔维亚	个	37 601	434.44
		丹麦	个	129 910	434.30
		以色列	个	144 191	406.46

〔供稿单位：机械工业信息中心〕

公布2020年通用机械行业部分获奖项目和“能效之星”产品目录，介绍2020年第十届中国（上海）国际流体机械展览会情况

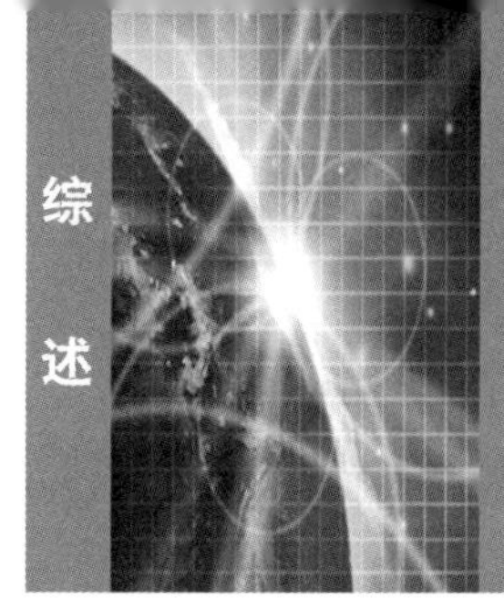

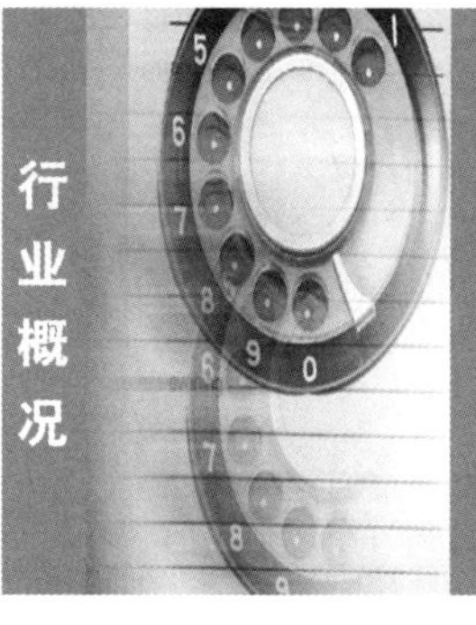

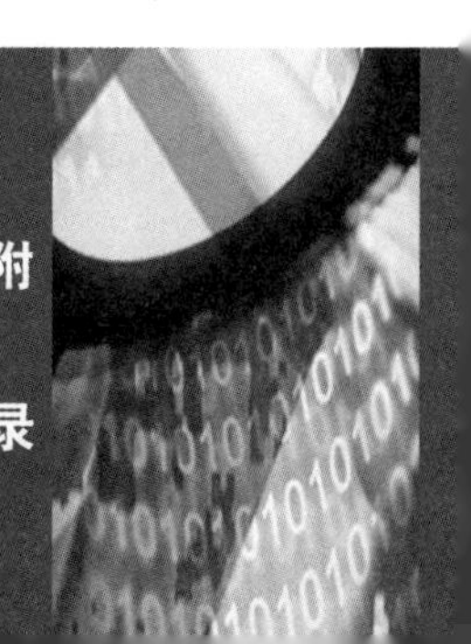

附录

2020 年通用机械行业获奖项目
“能效之星”产品目录（2020）（摘选）
2020 第十届中国（上海）国际流体机械展览会概况

2020年通用机械行业获奖项目

项目名称	获奖名称	主要完成单位
“华龙一号”等百万千瓦核电机组MSR先导式安全阀的研制	中国机械工业科学技术奖三等奖	哈电集团哈尔滨电站阀门有限公司
36万t/a高效宽工况硝酸四合一机组研发及应用	中国机械工业科学技术奖二等奖	西安陕鼓动力股份有限公司
36万t/a硝酸四合一机组研发及应用	中国石油和化学工业联合会科技进步奖三等奖	西安陕鼓动力股份有限公司
MAC180空气压缩机	“中德园杯”中国·东北“好设计”金奖	沈阳鼓风机集团股份有限公司
大型高效合成气制乙二醇装置关键设备	中国机械工业科学技术奖二等奖	沈阳透平机械股份有限公司
大型煤矿智能化刮板输送机用行星减速器关键技术研发及产业化	中国机械工业科学技术奖二等奖	山东华成中德传动设备有限公司
大型石化装置用节能环保智能控制柱塞式高温掺合阀	中国机械工业科学技术奖二等奖	浙江石化阀门有限公司
大型氧化脱氢制丁二烯装置生成气压缩机组研制	中国机械工业科学技术奖二等奖	中国船舶重工集团公司第七一一研究所
大型乙烯装置乙烯制冷压缩机组研制	第十届中国技术市场协会金桥奖一等奖	沈阳鼓风机集团股份有限公司
大型蒸汽裂解装置用离心压缩机组的研制	中国机械工业科学技术奖特等奖	沈阳鼓风机集团股份有限公司
低阶煤过热蒸汽干燥技术及关键装置	山东省企业技术创新促进会优秀成果一等奖	山东天力能源股份有限公司
电厂用高效双速循环水泵节能降耗关键技术研究与产业化	中国机械工业科学技术奖三等奖	沈阳工业泵制造有限公司
高效、低噪、高可靠性大型轴流风机叶轮关键技术研发及产业	山东省科学技术奖三等奖	威海克莱特菲尔风机股份有限公司
高效板式换热器系列研发和产业化	中国机械工业科学技术奖三等奖	浙江万享科技股份有限公司
高性能低振动低噪声舰船用泵关键技术及产业化	中国机械工业科学技术奖三等奖	江苏振华泵业制造有限公司
高盐高浓度有机废水处理关键技术与装备	第十届中国技术市场协会金桥奖优秀奖、山东省技术市场协会科技金桥奖一等奖	山东天力能源股份有限公司
“华龙一号”（ACP1000）安全壳延伸功能地坑阀	中国机械工业科学技术奖三等奖	中核苏阀科技实业股份有限公司
口罩用熔喷聚丙烯树脂回转法脱除VOC和降低气味等级成套技术及装备	中国化工集团技术发明奖三等奖	天华化工机械及自动化研究设计院有限公司
硼酸输送核级往复泵研制及工程应用	中国机械工业科学技术奖三等奖	重庆水泵厂有限责任公司
陕鼓能源互联岛系统解决方案——分布式能源智能综合利用项目	第六届中国工业大奖	陕西鼓风机（集团）有限公司

（续）

项目名称	获奖名称	主要完成单位
十万等级制氧量空分装置 MAC180 离心压缩机	“好设计”金奖	沈阳鼓风机集团股份有限公司
石化装置用超大型往复压缩机研制	中国石油和化学工业联合会科技进步奖二等奖	沈阳鼓风机集团股份有限公司
水下油气生产系统用 ROV 驱动阀门国产化研制及工程应用	中国机械工业科学技术奖二等奖	苏州纽威阀门股份有限公司
钛制强制循环泵的研发	中国机械工业科学技术奖三等奖	西安泵阀总厂有限公司
污泥处理专用高压隔膜压滤机	中国机械工业科学技术奖三等奖	景津环保股份有限公司
新型旋流泵内部流动机理研究及系列产品开发	中国机械工业科学技术奖二等奖	江苏大学
悬臂式整体齿轮增速离心泵系列化设计及工程运用	中国机械工业科学技术奖三等奖	北京航天石化技术装备工程有限公司
一种发电机组高水分、低热值褐煤干燥和水回收方法及其装置	中国化工集团专利奖金奖	天华化工机械及自动化研究设计院有限公司
一种适用于大扭矩阀门的平行双导向执行机构研制及应用	中国机械工业科学技术奖二等奖	成都迈可森流体控制设备有限公司

“能效之星”产品目录（2020）（摘选）

清水离心泵

制造商	产品型号	能效指标（实测值）效率（%）	能效指标（评价值）效率（%）
安徽舜禹水务股份有限公司	SY15-6	74.69	优于能效一级
上海凯泉泵业（集团）有限公司	100KQL100-32-15/2	81.40	
上海凯泉泵业（集团）有限公司	KQSN350-M12SJ/330	85.70	
湖南湘电长沙水泵有限公司	SGB700×500IVJ	91.66	

井用潜水电泵

制造商	产品型号	能效指标（实测值）效率（%）	能效指标（评价值）效率（%）
新界泵业集团股份有限公司	100QJY6-21-5-0.37	43.75	优于能效一级
新界泵业集团股份有限公司	100QJY6-90-20-2.2	48.18	
山东鸿志机电科技有限公司	250QJ230-120-125	73.87	

污水污物潜水电泵

制造商	产品型号	能效指标（实测值） 效率（%）	能效指标（评价值） 效率（%）
亚太泵阀有限公司	80QW50-10-3	55.49	优于能效一级
利欧集团浙江泵业有限公司	50WQ20-19-2.2T	50.60	
浙江丰球克瑞泵业有限公司	350WQ1130-32-160	67.67	

一般用喷油螺杆空气压缩机

制造商	产品型号	能效指标（实测值） 机组输入比功率/ [kW/（m^3/min）]	能效指标（评价值） 机组输入比功率/ [kW/（m^3/min）]
厦门东亚机械工业股份有限公司	ZLS175-2C/8	5.84	优于能效一级

一般用变频喷油螺杆空气压缩机

制造商	产品型号	能效指标（实测值） 机组输入比功率/ [kW/（m^3/min）]	能效指标（评价值） 机组输入比功率/ [kW/（m^3/min）]
德耐尔节能科技（上海）股份有限公司	DAV-132+/7	5.52	优于能效一级
宁波鲍斯能源装备股份有限公司	BMF75-8II	6.02	
厦门东亚机械工业股份有限公司	ZLS175-2iC/8	6.04	
上海斯可络压缩机有限公司	SCR1500LHPM-5	4.60	
石家庄康普斯压缩机有限公司	SMP540ZII	5.75	
宁波德曼压缩机有限公司	DDV200-7	5.65	
萨震压缩机（上海）有限公司	SVC-160A- Ⅱ	4.74	
泛亚气体技术（无锡）有限公司	LU18PMi	7.21	
力达（中国）机电有限公司	LWH-175PM	6.36	

离心鼓风机

制造商	产品型号	能效指标（实测值） 效率（%）	能效指标（评价值） 效率（%）
山东天瑞重工有限公司	TR150	89.80	优于能效一级
山东天瑞重工有限公司	TR300	89.29	
北京智拓博科技有限公司	B150	85.70	
南京磁谷科技股份有限公司	CG/B 350	85.60	
潍坊富源增压器有限公司	F50	81.00	

离心通风机

制造商	产品型号	能效指标（实测值） 效率（%）	能效指标（评价值） 效率（%）
伦登风机科技（天津）有限公司	MBF560	81.40	优于能效一级
伦登风机科技（天津）有限公司	MBF1000	84.60	
苏州顶裕节能设备有限公司	HF-421B/No 11.2	84.20	

轴流通风机

制造商	产品型号	能效指标（实测值） 效率（%）	能效指标（评价值） 效率（%）
伦登风机科技（天津）有限公司	ADT1000	81.80	优于能效一级

2020 第十届中国（上海）国际流体机械展览会概况

2020 年 12 月 11 日，由中国通用机械工业协会主办的第十届中国（上海）国际流体机械展览会（CFME2020）在国家会展中心（上海）圆满收官。为期 3 天的展会，共有 545 家企业参展，共计接待观众 62 558 人次，向行业呈现了我国流体机械行业的蓬勃活力与发展潜力。

一、展会规模、展品品质、服务水平等均上新台阶

第十届中国（上海）国际流体机械展览会展出面积为 5 万 m^2，创 10 届展会最大规模。展区按功能划分为产品展示区、媒体发布区、会议区和商务休闲区。产品展示区分为泵、风机、压缩机、阀门、气体分离设备、分离机械、真空设备、减变速机、干燥设备、冷却设备十大专业展区。展会吸引了 545 家流体机械行业知名企业参展，现场观众达 62 558 人次。观众覆盖装备制造、原材料与零部件、工程设计、工程建设、咨询服务、综合服务等领域的专业生产商和采购商。展会期间举办了高端论坛、技术交流会、研讨会、新产品发布会、国内外采购对接会、现场签约会及商业推介等 43 场活动，对 60 余家企业进行了视频采访，受到广大参展商和观众的广泛赞誉和普遍好评。

二、展会亮点突出

1. 展会规模大，展品品质高

本届展会的展出面积比上届增长 88%，参展企业数量比上届增长 40%，特装比例达到 87.5%。参展企业现场展品达 1 500 余件，展品展示出行业最高水平。

2. 采购人员占比高

本届展会的观众超过 8 成是采购人员或采购相关人员，其中，有采购决定权的占 31.4%，评估 / 执行采购任务的占 23.8%，建议 / 收集采购信息的占 28.5%，观展 / 不涉及采购的占 16.3%。

3. 现场活动丰富，针对性强

展会上举办的技术类活动专业性强、市场指导性强、技术引领作用性强；发布、推介、签约类等活动品牌宣传、市场推广作用强，引起行业及观众的广泛关注；采购对接类活动促进国际贸易交流与合作，扩大了展商和产品的国际影响力。

4. 宣传推广力度大

主办方从多个角度对本届展会和参展商进行了大范围的宣传和推广，与83家行业主流媒体、3家直播平台合作，利用纸媒、网媒、微媒和现场直播等多个渠道进行立体化推广，吸引现场观众、线上观众及采购商22万余人次。

5. 首次推出“云展会”

为了满足部分业内人士因新冠肺炎疫情而无法到现场参展或参观的需求，主办方首次推出线上“云展会”，构建全新的线上服务平台。通过“实体展会＋云展会”的创新模式，开辟更广泛的采购对接、商贸合作及资讯共享的新机遇，以满足不断变化的市场需求。现场观众体验展会“黑科技”——3D展览馆，可实现在线观展、与展商交流。

三、提供全方位服务

展会主办方按照市场化运作的方式，高度重视展会的整体策划。从参展商及观众的需求出发，在展会的整体布局、品牌展示、活动组织、现场管理及观众引导等方面悉心策划，克服疫情带来的不利影响。提前为参展商搭建绿色通道，准备往返于展馆与酒店的班车；为参展商和观众准备防疫用品；开设预登记平台，以减少展会现场入场时的人员聚集；提前发布活动详细内容及路线，为观众提供现场参观导览图及参观手册；利用展馆的广播循环播放展会期间的活动及重要事件通知；通过媒体中心和现场直播平台，实时播放参展商展品、现场活动、企业现场采访及企业品牌展示的内容。主办方全方位、深度宣传展会，给参展商及观众留下了深刻印象。

四、探本溯源促发展

展会结束后，主办方对545家参展企业进行了问卷调查。根据收回的325份问卷的满意度调查结果统计，82%的参展企业对本届展会表示非常满意或满意，68%的企业表示还会继续参加流体展。这是广大参展企业对展会的高度认可。通过对9 412位观众进行统计，主办方了解到参展观众的身份和参观需求，从展会的源头掌握最重要、最基础的信息，从而更好地满足参展商与观众的核心需求。

2020中国（上海）国际流体机械展览会在国家会展中心（上海）成功举办，得到了广大参展商及观众的认可。作为展会的主办方，今后将在开拓流体机械配套市场、开拓国际市场、提升展会专题活动国际化技术水平、加强国际交流与合作、促进商贸合作等方面深耕细作，将中国国际流体机械展览会办成参展商忠爱、观众喜爱的流体机械行业知名品牌展会。

〔撰稿人：中国通用机械工业协会邱明杰〕

2021 年 7 月，林德华谊钦州一体化项目供气装置正式投产运行

林德 Linde

全球领先的工业气体和工程公司之一，2020 年销售总额为 272 亿美元。每一天，我们矢志不渝，践行企业使命——精益丰产，惠泽全球，以高质量的技术、服务和解决方案，帮助客户取得更大的成功，在保护我们的地球的同时使之可持续发展。目前旗下包含林德气体公司和林德工程公司。

林德工程

100 多年来，凭借约 1400 项气体工艺工程专利应用，已为全球的第三方客户和林德气体提供了 4600 多套工业气体装置。自 1913 年向中国提供首套空分装置以来，林德工程已向多个行业的客户提供了 200 多套包括空分设备、制氢和天然气液化装置在内的工业气体装置，并建立了长期友好的合作关系。

林德工程亚太

林德工程总部位于德国慕尼黑，目前主要设有亚太与美洲等区域中心以及 20 多个分支机构。其中，亚太区中心位于中国，同时在新加坡、马来西亚、印度、泰国、韩国、澳大利亚等地设立了 10 余个分公司及办事机构。目前，林德工程在中国拥有近 1000 名员工。

1986 年，林德工程在北京设立了第一个代表处。1995 年，开设了大连生产工厂，1996 年设立上海工程中心。2002 年，林德工程（杭州）有限公司成立。2020 年 9 月，林德工程亚太区总部正式落户杭州。林德率先成为在杭州设立亚太区域性总部的世界 500 强外资企业。